水下文化遗产保护

白鹤梁题刻原址水下保护工程

谢向荣　吴建军　章荣发·著

东南大学出版社
SOUTHEAST UNIVERSITY PRESS
·南京·

主　　编：谢向荣
副 主 编：吴建军　章荣发
执行主编：丁　援　王环武
编　　写：高洪远　郭　晓　龚　斌　郭　靖　韩建成　尹振强　周　圣　陈华蕾

序一

张柏
原世界博物馆协会亚太地区联盟主席
原国家文物局党组副书记、副局长
中国文物保护基金会理事长

如果从大禹治水开始算起，中国已有4000多年的治水历史了。

中国人自古“逐水而居”，讲究“风水”，对水的利用和整治都是每一朝代的大事。从更广阔的范围来看，中国不仅有漫漫的陆上丝绸之路，还有绵长的海上丝绸之路，郑和七下西洋成为世界航海史上的壮举，中国文化的影响远及东、南沿海各国。但对于绝大多数中国人而言，至少是目前，“水下文化遗产”还是个新词，“水下文化遗产保护”更加陌生。

从国际层面来看，“水下文化遗产保护”早已有之：它起源于欧洲，其主要关注的对象是欧洲在发展海洋文明时期所遗存的诸如遗址遗迹、沉船、飞行器等文物。自20世纪中期以来，水下文化遗产越来越发展形成一个独立的门类，联合国教科文组织、国家法协会等组织机构制定了各类有关于水下文化遗产保护的国际公约与法律，越来越多的国际文件谈及水下文化遗产的保护和利用。从中国国家层面来看，新中国成立以来几次重大的文化遗产保护工作都是与水利工程建设有关的：20世纪50—70年代兴建的刘家峡水电站是当时全国最大的水利电力枢纽工程，它位于甘肃省永靖县境内的黄河干流，沿线分布着众多历史遗迹，其中全国首批重点文物保护单位——炳灵寺位于水库上游，为保护文物古迹的安全，在施工期间浇铸了防护堤坝。20世纪80、90年代应对三峡水利枢纽工程的建设，在国家文物局的领导下，中国历史博物馆水下考古研究室开展了大量关于三峡工程水下文物的考古调查工作，对重庆白鹤梁水下题刻、朝天门码头灵石水下碑林、云阳龙脊石题刻等古代遗迹进行了详细的探摸与记录，并获得了丰富的成果资料。21世纪初开展了举世瞩目的南水北调工程，其线路深入黄河和长江，穿越了中国古文化、文明核心区域，途经河北、河南、湖北、山东等地，涉及大量珍贵的文物遗迹，各有关文物部门积极地参与到工程实践的文物保护工作中，并及时开展了保护和抢救性工作，许多重要文物遗迹得以留存，取得了显著成就。

《中华人民共和国文物保护法》中规定："考古调查、勘探中发现文物的，由省、自治区、直辖市人民政府文物行政部门根据文物保护的要求会同建设单位共同商定保护措施……需要配合建设工程进行的考古发掘工作，确因建设工期紧迫或者有自然破坏危险，对古文化遗址、古墓葬急需进行抢救性发掘的，由省、自治区、直辖市人民政府文物行政部门组织发掘……"相关的法律条文规范了文物保护工作的要求和程序，但在应对实践中的诸多问题与困境时，除了需要技术人员高超的专业水平与高度的敬业精神外，还需要他们对祖国宝贵的文化遗产的崇敬与责任之心。跨世纪展开的白鹤梁题刻保护工程造就了世界上独一无二的遗址类水下文物博物馆，其水下保护的技术和方法走在了世界水下文物保护的前沿，赢得了国内外专家的钦佩，并获得了国家文物局文物保护工程一等奖第一名。白鹤梁题刻保护工程的实践是我国水下文化遗产保护工程的典范，它的努力与成就体现了工程实践者们的高超技能和对文化遗产的责任与担当。

大禹治水，以"疏"代"堵"，这是工程思想、工程技术上的高明和巧妙；"三过家门而不入"，这是品德的高尚。大禹"泽被天下"，因此受到了历代人民的推崇。

时至今日，治水之道仍然是与民生息息相关的国家大事，而大型工程的兴建又常常与文化遗产的保护形成局部的冲突。如何协调它们之间的关系，越来越成为工程专家与文物保护者们工作的难点之一。

白鹤梁题刻保护工程实践所取得的丰硕成果则是一个很好的例证：它是科技的前沿，实践的先锋，也是当代科技人员敬业精神的体现与中国文化遗产传承尊崇的典范，是今后科技与文化协同发展的方向。它启示人们：大型工程带给世界的，不仅仅是经济和实用，还有美丽与乡愁。

序二

葛修润
中国工程院院士

说到水利工程，人们一般都会想到满眼的混凝土，或者是巨型的坝体和船闸。这些年来，人们的生活因水利工程而改善，无论是三峡工程还是南水北调工程，都是新时代的水利杰作，是科学的结晶，的确很精彩。值得我们欣慰的是，这些动辄投资上百亿的水利工程，不仅实现了其主体功能，同时注重文化、景观价值的挖掘和展示，特别是工程的设计和施工中对于文化遗产的保护。

白鹤梁题刻历经1200年的岁月积淀，成为集历史、科学、艺术价值于一身的国之瑰宝，被联合国教科文组织（UNESCO）誉为“保存完好的世界唯一古代水文站”。但是，随着三峡工程建成蓄水，这一千年“水下碑林”将没入水下，“永无天日”。因此，在三峡库区1087处文物中，白鹤梁最早被列为“国宝级”文物，号称“三峡一号文物”。如何让白鹤梁“绝处逢生”成为一道难题。2001年2月在涪陵召开的评审会上，我大胆提出了“无压容器”的解决方案，利用一个壳体容器把白鹤梁罩起来以后，通过平压静水系统相连通，外面作用一个压力，里面反作用一个压力，就抵消掉了，因此它就相当于零压力。我的构想得到了专家的支持，并且得到了中央领导的首肯。白鹤梁是国之瑰宝，无价之宝，保护它是无法与眼前的经济利益挂起钩来的，这是我无法计算的。我认为，作为一名科技工作者，能参与到国家文化遗产的保护中去，我感到责无旁贷，也是无上光荣的。

白鹤梁水下博物馆的建成已引起国际同行的关注。联合国教科文组织驻京办事处多次到涪陵考察，由联合国教科文组织、中国文化遗产研究院和重庆市文物局于2010年11月24—26日在重庆市召开了“水下文化遗产的保护、展示与利用国际会议”，来自德国、法国、英国、印度、埃及与瑞典等国的专家和中国专家一同介绍和交流了这方面的经验，并赴涪陵参观了白鹤梁水下博物馆。专家们一致认为，“白鹤梁水下博物馆是世界上唯一的遗址类水下博物馆”。

序 PREFACE

有媒体朋友说我是“世界水下文化遗产保护的开创者”，这是不确切的。水下遗产保护的概念来自欧洲，联合国教科文组织于2001年11月2日在第31届大会上正式通过了《水下文化遗产保护公约》(Convention on the Protection of Underwater Cultural Heritage)，明确规定不得对水下文化遗产进行商业开发。这是世界范围内通过的第一个关于保护水下文化遗产的国际性公约。另一方面，白鹤梁水下博物馆的实现有赖于长江勘测规划设计研究院专家们的共同努力。

白鹤梁水下原址保护工程涉及因素复杂，牵涉面广，保护难度大，质量要求高。要做好这样一个题目，需要具体的设计者和施工者对于水下文化遗产保护知识的了解，需要整合社会各界力量，实现遗产保护发展的跨学科、跨行业联手。同时更重要的是，工程技术人员要以保护文化遗产为己任，在工程设计和实施过程中，以敬畏的心态，通过科学的保护手段，为保护和传承中华民族优秀的历史文化遗产而不遗余力。

我生有幸，能和长江勘测设计研究院及上海交通大学的同仁合作，共同完成了白鹤梁古水文题刻水下原址保护工程，并能够看到他们把工程设计、施工过程中的积累、思考和实践成果结集出版，为后人留下宝贵文献。

水下文化遗产的保护是个世界级的难题，新的挑战仍然存在。这本书的出版，功莫大焉，善莫大焉！

是为序。

CONTENTS

目录

目录 CONTENTS

上篇

1 水下文化遗产的提出与保护

1.1 从水下考古到水下文化遗产

1.1.1 水下考古学的发展

水下文化遗产的提出与发展与水下考古学的发展紧密相连。水下考古学是水下文化遗产发现、保护的前提和基础，因此只有充分掌握并科学使用水下考古技术才能完成水下文化遗产的保护目标。

图 1–1 水下考古

图 1–2 奥西拉河遗址

水下考古学，直译来自于 underwater archaeology，是指水下的考古学（archaeology under water），在日本则称之为“水中考古学”。水下考古学的萌芽可以追溯到16世纪，但水下考古学作为一门科学则开始于20世纪初。美国人爱德华·赫伯特·汤普森在1904年至1907年间曾对墨西哥境内的古玛雅人祭祀用的水池进行了潜水打捞，并获得了一些雕刻精美的金圆盘、面具、戒指等遗物，由于这一时期的潜水技术比较落后，无法进行精细操作和考古记录，算不上是真正意义上的考古活动，但这却为未来的文化遗产发展指引了一个新的方向。

1943年法国人亚克斯·库托斯率领的水下工作组研制出空气压缩机，发明了自携式水下呼吸器(图1-1，图1-2)，为水下考古的实施提供了技术支持，但这一时期对于水下文化遗存的发掘并没有使用现代考古学的工作方法。直到1960年，美国考古学家乔治·巴斯带领宾夕法尼亚大学博物馆的一支考古队，使用自携式水下呼吸器在土耳其格里多亚角附近海域采用考古学方法发掘了一艘大约为公元前1200年青铜时代的沉船，并以此为据对地中海周边贸易做了更深入的研究，至此，水下考古学作为一门科学的地位正式确立，并逐步发展成熟和完善。

水下考古学在本质上并不是一种新型考古学，而只是陆地田野考古学的水域延伸，它以水下文化遗存为主要研究对象，借助潜水技术、水下探测、水下工程等手段，运用考古学方法对沉(淹)没于海洋和江河湖泊的文化遗迹、遗物进

图1-3 白鹤梁题刻

图1-4 地中海水下石棺残骸

图1-5 古罗马混凝土公共浴室遗址，Caesarea

图1-6 克罗地亚Brioni岛古罗马遗址

行调查、发掘、保护和研究，以揭示和复原埋藏于水下的人类活动的历史。随着潜水技术的发展，一些考古专家尝试着将考古学方法应用到水下的一些文化遗迹中，由此产生了“水下考古学”，随着相关技术的发展，水下考古在全世界范围内得到发展，领域也不断扩大，从沿海到远洋，再到内陆的江河湖泊。

水下考古学作为一门独特的考古学分支学科，以技术手段为主要特征，除了运用基本的考古学技术、方法外，同时还必须借助多种水下专门技术支持才能开展，如潜水工程技术、水下记录方法、海洋遥感物探技术、出水文物保护技术等。

水下文化遗产作为水下考古学的直接成果，既是基于水下考古的技术手段，同时也包含了“文化遗产”的概念，已成为国际上文化遗产的有机组成部分，与其他文化遗产具有共性。

1.1.2 水下文化遗产概念的提出

“文化遗产”的概念则又是来源于“文化财产”和“遗产”。英文“遗产”，heritage，源于拉丁文，指的是“父亲留下的财产”，到了 20 世纪，“遗产”一词的内涵和外延发生了改变，成为“先辈留下来的共同的财产”，可以是有形的，可以是无形的，包括文化或者自然的人类财富。

1972 年联合国教科文组织在巴黎通过的《保护世界文化和自然遗产公约》主要规定了文化遗产和自然遗产的定义，而“水下文化遗产”（underwater cultural heritage，UCH）即“位于水下的文化遗产”，它是文化遗产的组成部分。相对于陆上文化遗产而言，它具有环境上的特殊性。

保护文化遗产，传承优秀文化，其意义不言而喻。问题在于法律如何选择：我们从先辈那里继承文化，运用这些文化并传承给后辈。但出于经济、政治、社会等某些原因，我们可能需要有选择地对待这些文化遗产，保护其中某些文化遗产并传承给后辈，而不是直接利用。换言之，并非所有的文化遗产都需要保护，在资源有限的情况下，我们需要根据一定的标准，界定其适用对象，并对这些文化遗产进行良好的管理和保护。

事实上，“文化遗产”一词并非一开始就被相关的国际文件所采纳，它有一个逐渐发展的过程。传统上，法律是将“文化遗产”作为财产看待的，经常使用的是“文化财产”（cultural property）一词，如1954年《关于发生武装冲突时保护文化财产的海牙公约》（1954, Hague Convention for the Protection of Cultural Property in the Event of Armed Conflict，以下简称《海牙公约》）所界定的“文化财产”包括：

（1）对各国人民的文化遗产具有重大意义的动产或不动产，例如建筑、艺术或历史上的纪念物（不论是宗教性的或者是世俗的）；考古遗址；具有历史或艺术上价值的整套建筑物；艺术作品；具有艺术、历史或考古价值的手稿、书籍及其他物品；以及科学收藏品和书籍或档案的重要珍藏或者上述各物的复制品。

（2）其主要目的为保存或展览（1）款所述可移动文化财产而修建的建筑，例如博物馆、大型图书馆和档案库以及拟于发生武装冲突时准备用以掩护（1）款所述可移动文化财产的保藏所。

（3）用以存放大量的（1）、（2）两款所述文化财产的中心站，称为“纪念物中心站”。

1954 年的《海牙公约》是第一个真正尝试保护文化财产的国际公约，也是世界上第一个武装冲突情况下全面保护文化遗产的专门性和国际性公约，它系统地规定了武装冲突情况下文化遗产保护的原则、范围、缔约国的义务、特别保护制度、标记和运输、执行措施等内容。在此之后，1968年的《关于保护受到公共或私人工程危害的文化财产的建议》，1970 年的《关于禁止和防止非法进出口文化财产和非法转让其所有权的方法的公约》，1976 年的《关于文化财产国际交流的建议》等一系列国际文件都对“文化财产”做出了以“重要性”、“重要意义”的“价值为核心”的定义，并暗示文化

图 1–7　库列治总统号邮船（President Coolidge）残骸

图 1–8　意大利 Lina 号残骸

财产具有的是文化价值，而不是商业价值。这些国际文件里列举的例子包括建筑、艺术或历史上的纪念物、艺术品等不可移动和可移动的文化财产，还包括收藏有可移动文化财产的建筑，如图书馆、博物馆和档案馆。

最早提出“文化遗产”一词的也是 1954 年的《海牙公约》。1954 年《海牙公约》在序言中指出：“缔约各方认识到文化财产在最近武装冲突中遭受到严重的损失……深信对任何民族文化财产如遭受到损失，也就是全人类文化遗产所遭受的损失……考虑到文化遗产的保存对世界各国人民都非常重要，因此文化遗产必须获得国际性的保护……”；《海牙公约》第1条规定：“文化财产……应包括对各国人民的文化遗产具有重大意义的动产或不动产……”，但“文化遗产”并没有取代“文化财产”成为法律保护对象之统称的意思，而且这些措辞似乎表明，“文化财产”是“文化遗产”下的一个分类。

1972 年联合国教科文组织颁布的《关于在国家一级保护文化和自然遗产的建议》（以下简称《建议》）和《保护世界文化和自然遗产公约》明确地将保护对象称为“文化遗产”。《建议》列举的应当被视为“文化遗产”者包括古迹、建筑群和遗址。古迹指建筑物、不朽的雕刻和绘画作品，包括穴居和题记以及在考古、历史、艺术或科学方面具有特殊价值的组成部分或结构；建筑群指因其建筑、谐调或在风景中的位置而具有特殊历史、艺术或科学价值的单独或相连建筑群；遗址指因风景秀丽或在考古、历史、人种或人类学方面的重要性而具有特殊价值的地形区，该地形区是人类与自然的共同产物。由此可见，1972 年《建议》所规定的“文化遗产”主要是不动产。《保护世界文化和自然遗产公约》也采用了列举法，其所列举的“文化遗产”包括文物、建筑群和遗址。文物指从历史、艺术或科学角度看，具有突出的普遍价值的建筑物、碑雕或碑画、具有考古性质的成分或结构、铭文、窟洞以及联合体；建筑群指从历史、艺术或科学角度看，在建筑式样、分布均匀或与环境景色结合方面，具有突出的普遍价值的单立或连接的建筑群；遗址指从历史、审美、人种学或人类学角度看，具有突出的普遍价值的人类工程或自然与人联合工程以及考古地址等地方。该公约所列举的“文化遗产”基本上限于不动产，和《建议》的规定十分接近。

虽然有关的国际公约和建议经常提到“文化遗产”或“文化财产”，但二者的界限并不明确。由于各个文件的宗旨和目的不尽相同，导致各个定义之间也颇有差异，但随着“世界遗产”概念的推广，“文化遗产”概念的权威地位确立，学术界普遍认为“文化遗产”更能强调其见证性和历史传承性，比“文化财产”之措辞更可取。“文化遗产”和“自然遗产”是一组相对的概念，“文化遗产”根据其存在状态可以分为有形的和无形的两种，前者具有历史、艺术、科学等文化保存价值，并经政府机构或国际组织指定或登录之物品。“文化遗产”在概念上可分为“有形文化遗产”和“无形文化遗产”：“有形文化遗产”包括历史文物、历史建筑、人类文化遗址；“无形文化遗产”包括被各群体、团体、个人视为其文化遗产的各种实践、表演、表现形式、知识和技能及其有关的工具、实物、工艺品和文化场所。“自然遗产”包括代表地球演化历史中重要阶段的突出例证；代表进行中的重要地质过程、生物演化过程以及人类与自然环境相互关系的突出例证；独特、稀有或绝妙的自然现象、地貌或具有罕见自然美地域；尚存的珍稀或濒危动植物栖息地等。目前的国际法和国内法律的保护对象基本上都限于有形的文化遗产，而少有涉及无形的文化遗产。

中国以往更多地采用了“文物”的概念。根据2002年修订后的《中华人民共和国文物保护法》对文物所作的列举——古文化遗址、古墓葬、古建筑、石窟寺、石刻、壁画，具有纪念、教育意义或史料价值的近现代重要史迹和代表性建筑来看，“文物”一般都具有历史、艺术和科学价值，可以分为可移动文物和不可移动文物两种，主要指人工制品，或者与人类活动有关的遗迹、遗址、遗物等，范围大体上相当于上述国际文件中提到的文化遗产或文化财产。不过，“文物”的措辞至少表明我国更关注“物”，而忽略了无形的文化遗产，忽略了物所在的“环境”，与《西安宣言》的理念还有一定差距。

水下文化遗产是文化遗产的组成部分，不同的是其环境上的特殊性。早期因为技术上的限制，人

图 1-9　吕睿同伴前往菲律宾海底考古时拍下的“二战”时期的沉船

图 1-10　牙买加皇家港口因为海盗传奇而著名，但现在该城市已被淹没于海平面之下。这个沉没的遗址的重要意义在于，人们可以从中看出 17 世纪加勒比海殖民地的城市规划、建筑结构以及日常生活

图 1-11　位于澳大利亚大堡礁 Lady Elliot 岛附近的 Severence 沉船上的两只桅杆依然保存良好。沉船位于水深 20 m 的珊瑚中，与鱼类嬉戏共存

们水下考古发掘活动十分有限，水下文化遗产的保护也就没有那么急迫。早期的法律保护体系并没有根据环境进行明确区分，只是笼统归于文化财产（遗产）之内。比如，联合国教科文组织颁布的三个有关文化遗产保护公约（即 1954 年《关于发生武装冲突时保护文化财产的海牙公约》、1970 年《关于禁止和防止非法进出口文化财产和非法转让其所有权的方法的公约》和 1972 年《保护世界文化和自然遗产公约》）都没有提到水下文化遗产。

不过，联合国教科文组织 1956 年《关于适用于考古发掘的国际原则的建议》第1条关于“考古发掘”的定义，包括了在成员国内陆或领海的水底地层上或地层下进行的考古发掘活动，自然也就包括了水下文化遗产，这表明公约的起草者已经想到需要保护水下文化遗产了。该建议广为成员国的国内立法所采纳，但这限于成员国的内陆或领域内的发掘活动。1985 年《有关文化财产犯罪的欧洲公约》（European Convention on Offences Relating to Cultural Property）以及 1992 年修订后的《保护考古遗产欧洲公约》（European Convention on the Protection of the Archaeological Heritage Revised 1992）中特别提及水下，从而将水下文化遗产纳入调整对象的方法。

随着科技的发展，特别是 20 世纪 60 年代初期自携式水下呼吸器（self-contained underwater breathing apparatus，SCUBA）广泛应用以来，人们可以较为自由地探索水下世界。一方面，人们对水下文化遗产了解增加了；另一方面，对水下文化遗产的人为破坏也大大加剧了，因此加强对水下文化遗产的法律保护的呼声也提高了，法律逐渐开始将水下文化遗产独立于陆上文化遗产加以保护。

20 世纪 70 年代末在谈判海洋法公约时，就有代表提出水下文化遗产保护问题。鉴于公约发展进程缓慢，且海洋考古在海洋法公约的谈判中地位不高，一些国家呼吁欧洲理事会在欧洲层面上就水下文化遗产保护问题准备一个报告。1978 年欧洲理事会通过了《水下文化遗产报告》（Underwater Cultural Heritage, 亦称“Roper Report”），这也是首次明确提出“水下文化遗产”的国际文件。随后，欧洲理事会又通过了有关水下文化遗产的第 848 号建议（Recommendation 848），建议起草一项有关水下文化遗产保护的欧洲公约。根据第848号建议起草的1985年《保护水下文化遗产欧洲公约》(草案)(Draft European Convention on the Protection of Underwater Cultural Heritage)将保护对象规定为:全部或部分位于海洋、湖泊、河流、运河、人造水库或其他水体,或有潮汐现象的地区,或其他周期性被水淹没地区之所有遗迹、物品及人类存在的遗迹;或从以上环境寻回之所有遗迹、物品及人类存在的遗迹。虽然公约保护的是存在100年以上的水下文化遗产,但不影响缔约国对不足100年的水下文化遗产采取相同的保护措施。

国际法协会(International Law Association,ILA)于1994年通过的《保护水下文化遗产布宜诺斯艾利斯公约》(草案)(Buenos Aires Draft Convention on the Protection of Underwater Cultural Heritage)第1条中规定:

"水下文化遗产指所有人类生存的水下遗迹,包括:(1)遗址、建筑、房屋、人工制品(artifacts)和人类遗骸,及其有考古价值的环境和自然环境;(2)诸如失事的船舶、飞行器、其他运输工具或其任何部分,所载货物或其他物品,及其有考古价值的环境和自然环境……"

除了所列举的遗址、建筑、房屋、人工制品、人类遗骸、失事船舶、飞行器、其他运输工具或其任何部分、所载货物或其他物品之外,该定义的一个突出特点就是包括了"有考古价值的环境和自然环境"。

联合国教科文组织2001年《保护水下文化遗产公约》的定义与国际法协会1994年公约草案的定义颇为相似。该公约第1条中规定:

"水下文化遗产系指至少100年来,周期性地或连续地,部分或全部位于水下的具有文化、历史或考古价值的所有人类生存的遗迹,比如:(1)遗址、建筑、房屋、人工制品(artifacts)和人类遗骸,及其有考古价值的环境和自然环境;(2)船舶、飞行器、其他运输工具或其任何部分,所载货物或其他物品,及其有考古价值的环境和自然环境;(3)具有史前意义的物品……"公约明确排除了海底铺设的管道、电缆以及其他仍在使用的装置。显然,该定义十分宽泛,将绝大部分的水下遗存都纳入了保护范围。

学者们对水下文化遗产所作的分类并不完全一致。有的分为可移动的水下遗存(船舶)和固定的水下遗存(港口、城镇和史前遗址等);有的将水下考古遗址分为四种:垃圾场、历史悠久的遗址、淹没或沉没的人类居住区或场所以及沉船;还有的分为淹没的居住区、港口工程、垃圾场和沉船。

从有关国际文件来看,1994年国际法协会《保护水下文化遗产布宜诺斯艾利斯公约》(草案)基本上采取了两分法,将水下文化遗产分为人类居住区和失事船舶、飞机等及其所载货物,并包括了有考古价值的考古环境和自然环境。联合国教科文组织的有关文件也基本上遵循了这一思路:例如,1995年10月4日在巴黎举行的第28期会议通过的《关于准备一份保护水下文化遗产的国际文书的初步可行性研究》(Preliminary Study on the Advisability of Preparing an International Instrument for the Protection of the Underwater Cultural Heritage)中指出,水下文化遗产主要包括历史性沉船和与之相关的单件人工制品,另外还包括因侵蚀、地震、海平面变动而淹没的人类居住区(human settlements)等。2001年《保护水下文化遗产公约》第1条也采取了类似的分类,并明确指出,除了各种有形物以外,水下文化遗产还包括其相关的考古环境和自然环境。

1.2 水下文化遗产的特性

文化遗产是独一无二的历史文化载体和人类历史发展的见证，具有时代性、不可再生性、不可替代性的特点，其作用是永续的。文化遗产也具有符号和象征的作用，同时与人类的文化感情、群体认同具有密切的联系，是一段历史时期的一定人群根据当时的政治、经济、军事、文化等需要，运用当时所能使用的材料和技术创造出来的，蕴藏了当时政治、军事、经济、科学技术、文化艺术、宗教信仰等诸多信息，也是一个国家和民族历史文化成就的重要标志。

文化遗产的时代性决定了它的不可再生性，文化遗产是一种已经消失的文明或者文化传统，但能够提供这样的一种见证。例如耶路撒冷建筑古迹，这是一个非常重要的遗产项目，它反映了古老的人类文明在这里产生发展，可能有一部分这样的文明，或者这样的一个文化，今天已经变了，已经消失了，但是耶路撒冷是它们发源地，是它们曾经存在的一个历史见证。

图 1-12　耶路撒冷建筑古迹

文化遗产的历史性也决定了它的不可替代性，文化遗产一旦灭失，其原件永远不会再次出现，这种损失不是单纯的金钱所能衡量或弥补的。

文化遗产的历史性决定了其作用的永续性。文化遗产作为人类发展历史和文明的载体，见证历史、纠正错讹。受到技术限制，其所蕴含的信息不可能一代人一次就完全提取，因而可以供后人不断借鉴、继承，更可以作为精神文明的体现成为创造它的那个群体（民族）的精神支柱，发挥永续性的作用。

文化遗产中的很大部分并非前人有意流传，通常没有现代意义上个人之间明确的财产遗留、赠与或归属关系，后世的子孙同样具有对它们的继承权。也正如此，我们应尽可能完好地将它们传承下去，这是一种责任，人为地损坏或浪费是不道德的。

文化遗产是特定历史时代特定人类活动的产物，一般都具有历史(考古)价值、科学价值、艺术(审美)价值、社会价值等。文化遗产显然具有历史(考古)价值，该文化遗产作为过去的某一重要事件、重要的发展阶段和重要人物密切相关的线索与物证，能够告诉我们人类历史——一个群体的文化史或一个地区的发展史的相关方面。同时，它还具有科学价值，能够从不同的角度和侧面反映当时社会的科学技术水平和生产力水平，说明当时社会的发展情况。另外，文化遗产还具有艺术(艺术)价值，通过某个设计构造、建筑情调带给人们精神上或情绪上的感染，或者是它所展示的特殊的设计、风格、艺术上的进步和高水准的技艺供后人借鉴或欣赏、陶冶情操。文化遗产的社会价值体现在文化遗产在多大程度上或以什么方式向多数或少数群体宣泄精神的、政治的、民族的或其他的文化情绪，标志一个群体的精神认同，同时体现了人类历史与文化的多样性。作为文明的见证，文化遗产又常常以丰富多彩的实物展现出来，具有良好的宣传和教育价值。

由于任何一个文化遗产的价值都是多方面的，对其认识具有科学性和体验性，是一个不断展开的历史性的过程。在不同的社会历史背景下，不同社会群体和不同的人往往只关心或看到其价值的不同侧面。因此，在当前文化遗产价值的认识上应克服上述的局限性和狭隘性，并在文化遗产价值评估中予以充分的体现，以便决策管理者在文化遗产的保护、利用与管理中能够做到文化遗产的整体价值。

水下文化遗产包括所有现在和过去位于水下的具有文化或历史价值的人类生存遗迹。作为文化遗产的一种，水下文化遗产也具有文化遗产的上述特性和价值。

图 1-13　不可移动水下文化遗产——水下遗址

图 1-14　不可移动水下文化遗产——建筑遗迹

图 1-15　可移动水下文化遗产——沉船

图 1-16　可移动水下文化遗产——飞行器

图 1-17　可移动水下文化遗产——工艺品

图 1-18　可移动水下文化遗产——人类遗骸

图 1-19　巴哈马水下飞机残骸

（一）国内方面关于水下文化遗产的价值分析

水下文化遗产是指至少 100 年以来，周期性地或连续性地，部分或全部位于水下的具有文化、历史或考古价值的所有人类生活遗迹，如遗址、建筑、工艺品、人的遗骸、船只、飞行器等及其他有考古价值的考古环境和自然环境。

图 1-20 Tux Kapaxa Cave 墨西哥水下远古洞穴

图 1-21 帕劳群岛的飞机残骸

从国内层面上来看，水下文化遗产具有物的使用价值、考古和历史价值、经济价值、艺术和教育价值以及文化价值等。可辨明的物主、考古学家和历史学家、商业打捞者、包括潜水爱好者在内的公众，以及国家，都对水下文化遗产具有所有权。

由前文可知，水下文化遗产包括有形的实物和无形的环境。首先，就这些有形物而言，都曾经具有使用价值。这些物原来都有物主，只是因为种种原因才丧失了对该物的控制，但并不意味着就绝对地丧失了对该物的所有权。如果确有可辨明的物主，物主有权主张对该水下文化遗产的所有权。当然，物主取得所有权并不一定是为了实现物的商业价值，也可能是出于纪念意义或其他考虑。其次，水下文化遗产所具有的考古价值和历史价值是显而易见的。对考古学家和历史学家而言，水下文化遗产是重要的非文献性证据，见证了人类社会的发展和经济进步。由于处于特殊的环境，外来干预较少，这些沉船、遗址保存得相对完好，能够给史学家和考古学家提供大量可靠的宝贵信息，可以由此推断出当时社会的商业和贸易往来路线和状况、船舶的建造技术以及人们的生活方式等等。当然陆上的遗址、遗迹中获取的信息也可以被验证，但有些信息在陆上的遗址、遗迹中很难获取。我国有300多万 km^2 海疆和3.2万 km 海岸线和丰富的内陆水域，隐藏着丰富的水下文化遗产。在这些海域及内陆湖泊航线的通道上遗留了数量庞大的水下古物和遗迹。由于水下文化遗产保护工作的特殊性和认识的滞后性以及专业人员、专用经费、技术装备等诸多因素影响，我国水下考古工作区域多集中于沿海海域的“咸水区”，而忽略了“淡水区”和“深水区”。我国的内湖内河等亦存有大量文化遗产。2005年6月平潭县屿头岛东南海域碗礁附近的清代沉船打捞和2007年泉州后渚港的宋代沉船打捞等是我国水下文化遗产保护工作的范例，这也说明我国尚有许多水下文化遗产处女地亟待保护和挖掘。

图 1-22　水下文化遗产的保护与发掘工作

图 1-23　华光礁一号打捞出水的水下工艺品

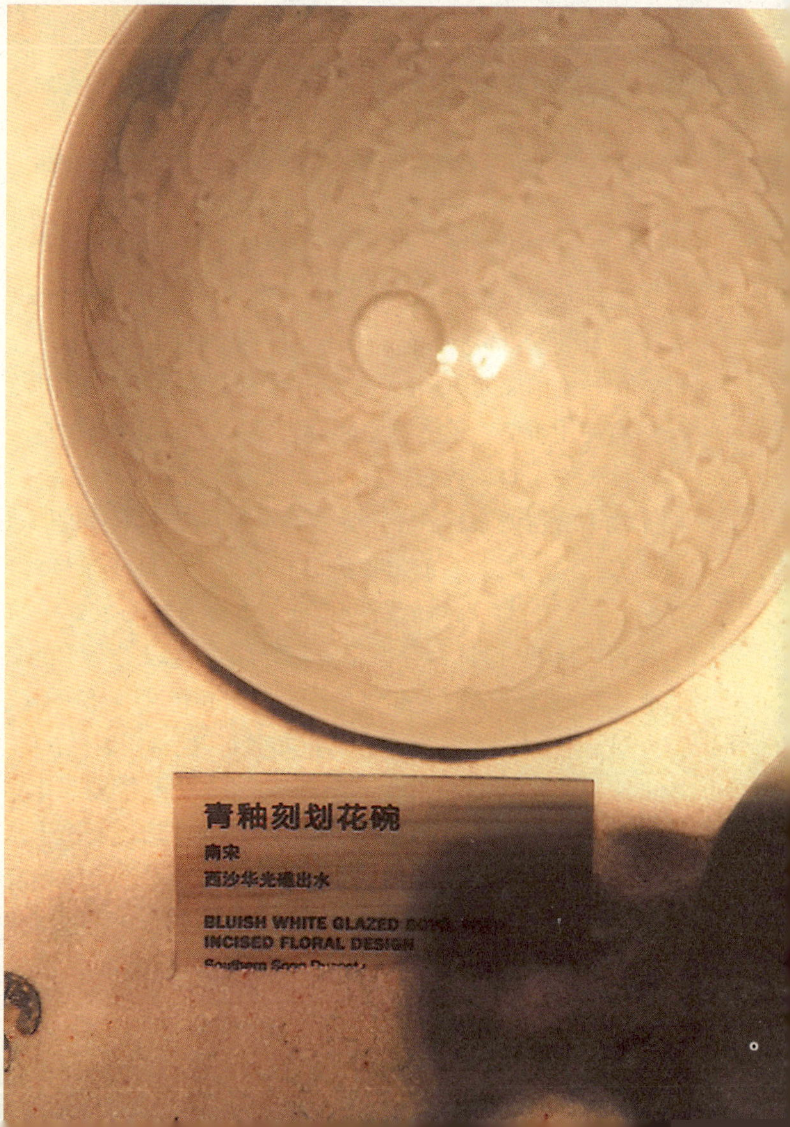

考古学家和历史学家的兴趣在于探究历史，致力于从这些沉船、沉物和遗址中获取各种有关历史的信息，深入了解特定历史时期社会生活的方方面面，从而更好地解读历史。他们并不在乎打捞出来的物品是否具有商业价值，即使是商业打捞者看来毫无经济价值的物品，也可能因为具有潜在的考古价值而为他们视若珍宝。因此，考古学家和历史学家通常力主就地保存，并认为，即使要发掘，也应该在制定详尽考古发掘计划的基础上，在专业人士的监督、指导或参与下，进行细致深入的发掘并做出完整的记录，且从一处遗址上发掘的物品也应当作为一个整体加以登记、保管，不应当造成失散，并坚决反对以交易或投机为目的出卖发掘物品。然而，对水下文化遗产展开搜寻、定位并打捞出水，无疑需要充足的财力和人力作支撑，和资本雄厚的商业打捞公司相比，考古学界和历史学界的力量则明显不足。

水下文化遗产具有潜在的商业价值。虽然并非每一件打捞出水的物品都具有商业价值,但其中一些物品确实具有巨大的商业价值。商业打捞者和寻宝者更加关注水下文化遗产的商业价值,力图最快、最好、最省地将他们认为有价值的水下文化遗产打捞出水,并力图获得打捞出水的物品所有权,以便实现其商业价值,获取巨大的经济利益。

水下文化遗产是宝贵的文化资源,体现了特定群体文明的发展过程,具有独特的艺术和文化价值。从发掘的情况看,沉船、遗址中既包含了生产、军事用品和器具,也有大量的生活用品和器具,其中一些水下遗存还具有很高的艺术欣赏价值。对于生产、创造这些水下遗存的人民后代而言,其所蕴藏的文化特性弥足珍贵。公众有权了解、欣赏自己所在群体的文明,并从中得到娱乐和教育,例如,潜水爱好者和游客可以在水下参观、欣赏该文化遗产并拍照,从中得到乐趣和启迪。

综上所述,水下文化遗产所具有的价值是方方面面的。为了实现这些不同的价值,水下文化遗产可能有如下几种处理方式:

(1)如果有可辨明的物主,则尊重物主的权利和意愿。比如允许物主打捞出水后加以收藏或作其他处置,或者将水下文化遗产视为公共资源,统一由国家保护和处置。

(2)如果没有可辨明的物主,则就地保护,并可以对公众开放参观;或者打捞出水后统一妥善保管在公共机构中,并可以对公众开放参观;或者对遗址进行长期监管和保护,可以防止对水下考古遗址造成的破坏和损坏,也可以减少微生物或风暴等环境因素对其所造成的损坏;或者打捞出水后通过交易或投机谋取利润。

这些处理方式都需要国家出面保护和管理水下文化遗产。因为水下文化遗产形式及其环境的多样性,具体应当采取何种方式,也是各国政府面临的一个难题。

(二)国际方面对水下文化遗产的利益考量

从国际层面上而言,水下文化遗产的保护和管理可能涉及水下文化遗产所在的沿海国,沉没船舶或飞行器的船旗国或登记注册地国,具有文化、历史或考古联系的国家,进行打捞、发掘或研究作业的船舶的船旗国,被发掘的水下文化遗产的进口国和出口国以及相关国际组织等的利益冲突。例如潜水旅游和海上博物馆对某一个地区或某一座城市可以产生巨大的经济吸引力,门票的收入有可能很可观,但更重要的是它们对文化旅游业和当地旅游住宿业产生的经济影响。

由于水下文化遗产所在的海域性质不同,沿海国的控制和管理能力也不同。如果被发现或拟进行发掘的水下文化遗产和特定国家相关,比如具有来源上、文化发源上或考古、历史发源上的联系或是船旗国、沉没飞行器的注册登记地国,这些相关国家往往主张对该水下文化遗产的所有权或管辖权。对于可能涉及豁免问题的国家船舶、飞行器,争议会更加激烈。

可以想象,即使有严密的控制和管理要求,在高利的诱惑下许多水下考古遗址会遭到严重的掠夺,这类文物的打捞和买卖让我们想起了 100 多年前在许多陆地考古遗址上曾经发生过的事情。在过去的 30 年里,有 345 艘大型船只遭到大规模的商业开发,每艘船只遗骸有多达 50 万件文物遭打捞和买卖,船只的外壳遭到损坏。遭盗窃和掠夺的"灰色数字"要高得多,此时,进口非法打捞的水下文化遗产的国家和有关出口国之间会产生利益冲突:进口国是否有义务返还查获的非法发掘的水下文化遗产?还有那些不负责任的潜水娱乐者越来越多地损坏遗骸和遗址。有研究显示,位于地中海沿岸潜水深度区域的遗骸只有很少一部分没有遭到损坏。由于商业开发而遭到损坏和损毁的知名遗骸包括 Geldermalsen、Nuestra Señora de Atocha、Tek Sing。

一些具有影响力的国际组织，如联合国教科文组织和国际古迹遗址理事会 (International Council on Monuments and Sites，ICOMOS)，认为水下文化遗产是全人类文化遗产总体的组成部分，应当为后世保存、保全，防止、阻止这些宝贵的遗产遭受劫掠者的破坏。它们也为此拟定了大量的指南和建议，帮助各国通过可以在各种国内法律体制中实施的规则。非政府间国际组织，比如国际法协会，则通过在国际上宣传其对此问题的看法和观点，间接推动各国采取一些行动。水下文化遗产蕴含了丰富的信息，见证了人类历史发展的片断，也是人类了解自身历史的重要途径。就此而言，在当今科学技术手段有限的情况下，保存、保全这些遗产并使后世可以获取这些资源，至关重要。

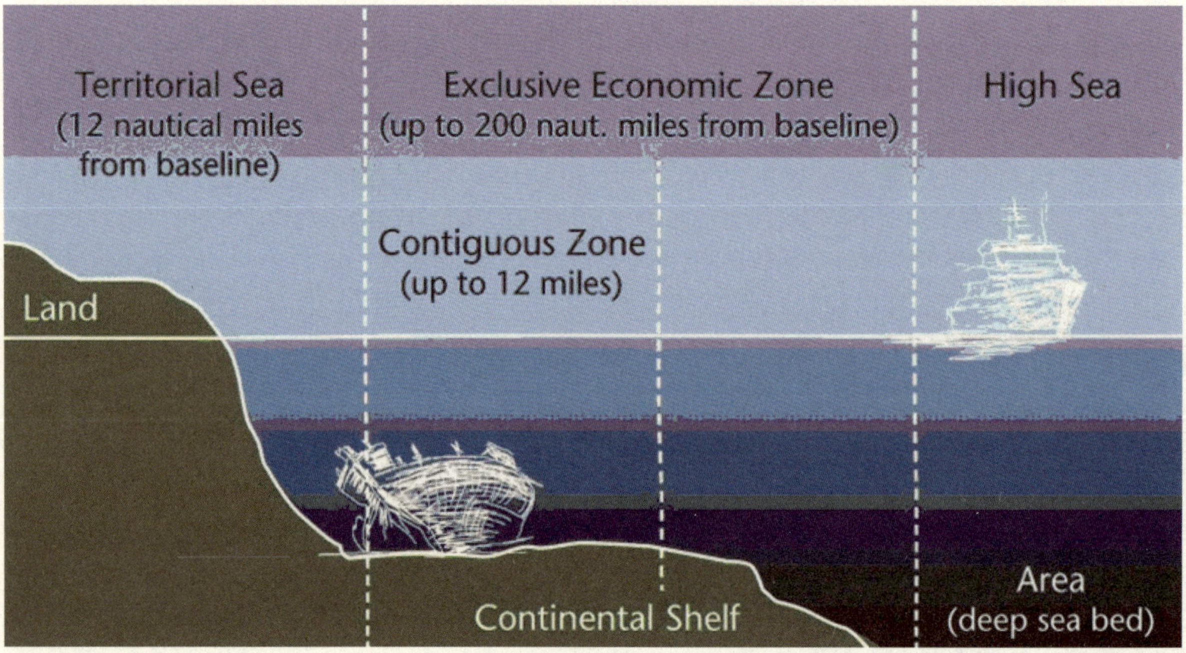

图 1-24　联合国教科文组织公布的沉船海域划分

每个民族都有自己丰富的文化内涵。文化总是有共性的，同时文化也具有其特殊性。在各国的文化及其表现方式中，人们总是可以找到一些共性和一些特性，共性总是存在于特性之中并通过特性表现出来，而特性则是共性的必要表现形式和存在方式。文化的两面性也使得文化遗产兼具特殊性和普遍性。一方面，文化遗产总是和特定的群体有关，这一点对于具体文化遗产的返还问题格外重要。从逻辑上讲，表现某一国家特色、体现该国文明特点的文化遗产，应当属于创造它的那个群体，因为它对于该群体具有文化上和精神上的重要性。

另一方面，文化遗产的保护和保全又有全球性。文化遗产是不同民族或者国家之间进行文化交流，促进相互理解、相互学习、相互补充的宝贵资源，一个民族或者国家的文化遗产不仅仅属于本民族或者本国，而且属于全人类。特定的文化遗产受破坏或灭失不仅仅是特定群体的损失，也是全人类的损失，很多国际文件都明确体现了这一思想。

水下文化遗产作为文化遗产的组成部分，也具有国内性和国际性。不过，因为陆上文化遗产一般位于一国领土内，国家可以依据领土主权予以管辖，而水下文化遗产则不能一概而论。水下文化遗产可能位于一国享有主权的内水、群岛水域和领海内，可能位于一国享有特定管辖权和权利的毗连区、专属经济区内或大陆架上，也可能位于各国管辖范围之外的国际海底区域内；除位置位于国外，还可能涉及来源国、文化上发源国或历史和考古上的来源国的权利，情况就更为复杂。

1.3 世界水下文化遗产的保护与威胁

（一）水下文化遗产面临的威胁

作为历史的一个重要侧面，人类共同遗产的一部分，水下文化遗产面临的威胁与日俱增。随着勘探技术的迅猛发展，深入海底越来越便利，海底沉船残骸或水下遗址中发现的物品的利用与交易成为一项相当常见而且利润丰厚的活动。海洋考古遗址被掠夺，在很多情况下造成珍贵的科学和文化材料的损失甚至毁坏，对于人类历史都是不可估量的损失。

截至目前，世界上对水下文化遗产的人工干预逐年递增，并且破坏性的活动远远超过了保护性工作。

（1）泰坦尼克号邮轮（加拿大纽芬兰）

这艘举世闻名的豪华邮轮（图1-25）于1912 年撞上冰山沉没了，在随后的许多年里，虽经多方寻找，却一无所获。直到 1985 年，一支探险队才找到了泰坦尼克号邮轮。当时尽管国际社会要求将这艘沉船作为一座群葬墓和考古遗址加以重视和保护，可是1987年，另一支探险队却从该遗址拿走了若干手工艺品，后来又有一支私人探险队从沉船中打捞出 1 800 件手工艺品，其中大部分都有被出卖的危险。因此，英国、加拿大、法国和美国目前正在为更好地保护这艘沉船而共同努力。

图 1–25　泰坦尼克号沉船

（2）亚历山大港法罗斯岛灯塔（埃及亚历山大）

公元 14 世纪发生了一系列的地震，使古代世界的第七大奇迹——亚历山大港法罗斯岛灯塔的所有遗存都被海水淹没。如今，它们仍然沉睡在埃及亚历山大沿海 6 ～ 8 m 深的水下。一支考古队为保护这个遗迹，在亚历山大研究中心（CEAlex）的支持下，于 1994 年开始工作，迄今已对法老、托勒密和古罗马等各时期相互重叠的 3 000 多件文物（雕像、狮身人面像、柱石和块石）进行了分类。从较重的花岗岩石块所处的位置和状况看，科学考察队深信它们就是闻名遐迩的亚历山大灯塔遗存。有些残块已被打捞出水，修复后在亚历山大一座露天剧场向公众展出。目前，计划将其他遗存留在原处，并正在考虑建设水下考古园原地保护这些遗迹。

图 1-26　亚历山大港法罗斯岛灯塔

（3）泰兴号商船（南中国海）

1999年，从中国的最后几艘平底帆船之一的泰兴号上打捞了大量瓷器（图1-27）。该船全长 60 m，宽逾 10 m，是一家私人企业在南中国海发现的，从船上打捞出的 30 多万件瓷器，在德国的斯图加特拍卖。这艘沉船已遭毁坏，所载的精美货物散落在世界各地。打捞者根本不在乎这艘沉船的遗存是

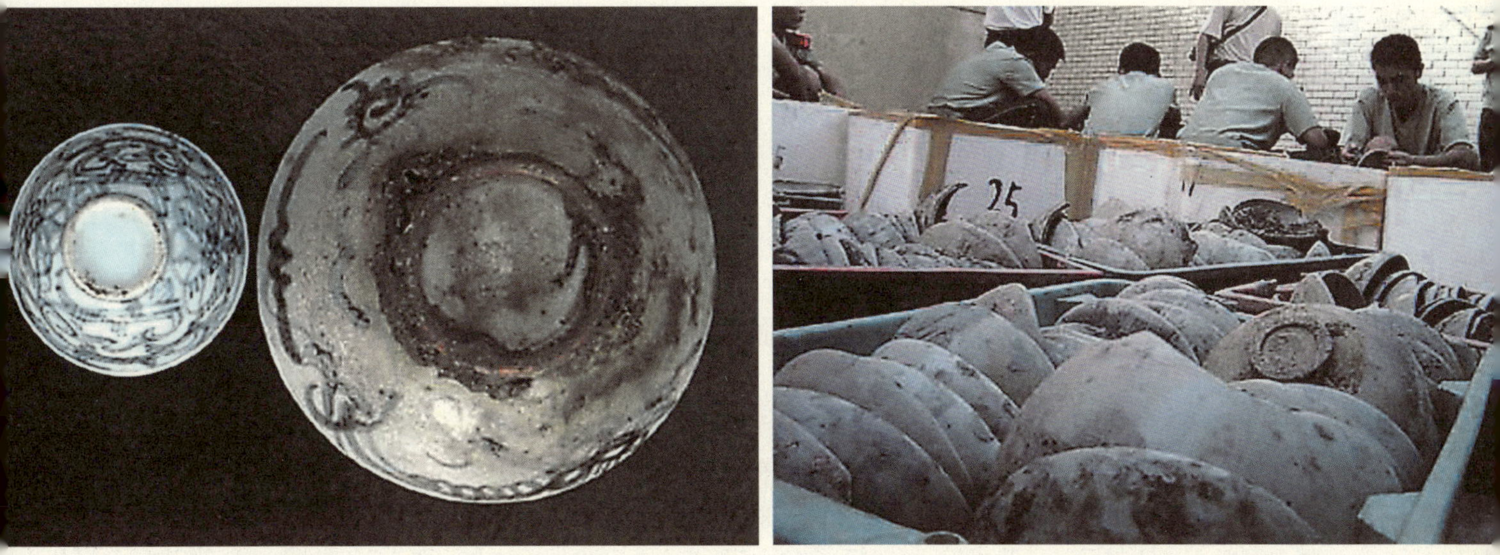

图 1-27　泰兴号商船打捞

最大海难之一的见证这一事实，当时沉船载有大约 1 500 人，全部随船沉入深海，比泰坦尼克号邮轮沉没时的罹难人数还多。

（4）伊丽莎白和玛丽号（菲普斯船队）（加拿大拜提尼泰）

1994 年，在不到 3 m 深的水下发现了伊丽莎白和玛丽号（图1-28），它是在魁北克发现的最早沉船，也是迄今发现的最完好的 17 世纪考古园地。加拿大国家公园部水下考古部门用三年夏天的时间，对该沉船进行了考察、保护和发掘。为了防止风暴破坏和寻宝人掠取，对沉船进行日夜看守；这样的精心守护也有助于快速捞出浮出水面的手工艺品。考古学家对船体的遗存进行了追踪、登记，剥去其表面的积垢并重新沉入附近的湖中。该遗址出水了大约 400 块结核，其中有大量文物。

（5）海尔德马尔森号船（印度尼西亚 A.S. 礁）

1986 年，一艘英国打捞船发现了海尔德马尔森号沉船（图1-29）的残骸。这是一艘荷兰帆船，1751 年沉没，当时船上装载了大量的茶叶、丝绸、金子和瓷器等货物。打捞队并不关心该船的考古价值，他们打捞出了 126 块金条和 160 000 件瓷器——这是迄今所发现的最大一批中国出口瓷器。在打捞者尚未完成打捞之前，国际海洋博物馆大会就对破坏该残骸的行径予以谴责。大会要求以科学方法发

图 1-28　伊丽莎白和玛丽号

图 1-29　海尔德马尔森号船

掘像海尔德马尔森号这样重要的考古发现。然而，该船的货物遭到洗劫，为的是在市场上销售，全然不顾其历史意义。沉船遭到毁坏，所载瓷器以“南京货”为名在阿姆斯特丹进行了拍卖。

（6）潘多拉号战舰（澳大利亚昆士兰）

潘多拉号是一艘战舰，1790 年受命去寻找有名的 Bounty 号船上的叛变船员。它的沉没是南半球最重大的沉船事件之一。1791 年，它沉入澳大利亚沿岸水域，几乎没有遭到什么破坏，因为很快就被泥沙所覆盖。昆士兰博物馆共进行了九次发掘，第一次始于 1983 年，这些发掘为人们了解 18 世纪晚期的欧洲文化和航海生活打开了一个独特的窗口，使海洋考古者在安放在 30 ~ 34 m 深的沙层上的网箱内工作，全力发掘船长和船员们生活、工作的区域，使科学家们得以更多地了解船上的日常生活和社会习俗。发掘工作十分有助于了解 Bounty 号船员的叛变事件和叛变者的踪迹。

（7）阿托卡夫人号船（美国佛罗里达州马克萨斯群岛）

阿托卡夫人号船（图1-30）是迄今发现的最有价值而且也可能是最有争议的沉船。该船是定期往返于哈瓦那和西班牙之间的西班牙船队中的一艘，于 1622 年沉没。1970 年，一家美国私人企业开始搜寻阿托卡夫人号及其所载货物。在发现该船之后，该企业经佛罗里达州许可，开始发掘工作。他们

图 1-30　阿托卡夫人号沉船

使用类似“邮筒”的工具，清除沉船上面覆盖的沙子和其他物质，找到了金银以及大量的轻剑、旧式步枪及小型武器、储存罐和硬币。阿托卡夫人号遗址的发掘受到船舶考古学家们的严厉批评，他们认为寻宝者的技术粗劣，极具破坏性。

（8）青铜器时代的海难（土耳其博德鲁姆）

在博德鲁姆水下考古学博物馆有一个开创先河的“活博物馆”，里面摆放着发掘出的一艘据知是最古老的船——雄伟壮观的乌鲁布伦（Uluburun）沉船（图 1-31）。对该沉船的科学考察始于 1982 年，历经 11 年之久，挖掘出 20 t 人工制品。考古学家在船上发现了水果和干果等各种有机物质，还发现

了陶瓷器皿、金银器、青铜器和武器。与该船一同展出的还有一批闻名遐迩的收藏品，它们是在最初的水下发掘时发现的，引起了全世界对博德鲁姆博物馆的关注。

（9）正义号战船（法国卢瓦尔河谷地区）

1759 年，法国国王路易十五时期的一艘战船“正义号”（图 1-32）沉没了。19 世纪 70 年代初期，该船的残骸被疏通卢瓦尔河口航道的挖泥船毁坏，但是沉船的一些残片和许多火炮被抢救了出来。从巴黎海洋博物馆展出的沉船残骸可以看出，在沉船被毁坏时，其木头和缆绳依然完好，因此考古学界失去了这个弥足珍贵的宝物。

水下文化遗产在许多情况下都具有历史和文化重要价值，但在 2001 年以前绝大多数的国家和国际法律都不能适当地解决所有相关问题。尽管在 1982 年签署的《联合国海洋公约》中对海洋法做了一般性规定，该公约中的其中两条条款（第 149 条和 303 条）专门述及考古和历史文物，规定了缔约国有义务保护这类文物（第 149 条和第 303 条第 1 段），从而区别于这类文物与普通物品。但是从整体上来看，这两条规定都没有具体述及和保证赋予水下文化遗产的严格保护准则。为了解决水下文化遗产面临的严峻问题，联合国教科文组织用了近二十年的时间制定并于 2001 年颁布了《保护水下文

图 1-31 青铜时代的乌鲁布伦沉船，位于土耳其格里多亚角向西 40 mile 的乌鲁布伦海岸附近

图 1-32 正义号战舰

图 1-33　大型遗址发掘现场——华光礁一号

化遗产公约》，该公约的颁布填补了国家文化遗产法方面的空白，同时确保通过专门的保护机制和缔约国之间的合作方案来保护水下文化遗产。

（二）《水下文化遗产保护公约》与水下文化遗产保护事业的发展

该国际公约保护具有文化、历史或考古特征，且沉在水中100年以上的人类遗迹。保护对象囊括了各类的遗迹，例如古代沉船、水下构造物及建筑、沉到水中的洞穴中的人类遗体或遗迹，或者沉没的史前景观及村庄。公约确立了保护水下文化遗产的基本原则，提供了一个具体的国家间合作体系，以及一些广为接受的对水下遗迹进行处理与研究的科学准则。

公约中指出在进行水下文化遗产保护时，首要选择的是原址保护。然而“第一选择”并不等同于“唯一选择”或“优先选择”。在不同场合、不同情形下，部分或者全部发掘可能会更可取。虽然公约指出了人工移置的负面影响，例如可能破坏遗址、遗迹和周边环境的联系，但公约也同时规定，如果有

图 1-34　白鹤梁水下博物馆

图 1-35　中山舰博物馆

图 1-36　“南海一号”博物馆

充分的理由，遗产可以进行打捞，因此公约并不是无条件地禁止打捞复原。

对水下文化遗产进行原址保护的根本原因源于对遗迹原始真实性的渴望和欣赏，尽管在公约中有可以打捞的理由，但是就地保护依然应当作为第一选择。就地保护的重要性，科学客观地反映了文化遗产历史背景和科学价值的重大。同时由于工程技术的发展，遗迹展示方式使公众能够接触到这些遗迹，如我国重庆涪陵的白鹤梁博物馆就是采用这样的展示方式。

从就地保护的必要性来看，水下文物的移动可能会产生权属的分歧，正如地上文物目前面临的状况一样。对于有历史意义和社会价值的文物，其原所有地会要求现文物保存处归还文物，如果采取异地保护水下文化遗产也会面临相同的问题，而水下文化遗产的权属问题的复杂性远远超过了地面文物，这样的权属纠纷对保护水下文化遗产并不利。

多年以来各国专家都在寻找将水下遗产向公众展示的方法。建造水下博物馆是最理想的方式，但是建造水下博物馆往往会因为水的净化度、遗址的能见度、水压、安全或资金问题而“夭折”。经过这几年，虽然也通过局部解决方案使得潜水员可以接近这些遗迹，但是这种方法并不适用于全部公众。

将沉船打捞，进行干燥，然后在博物馆展览的做法，使得水下遗产为世人所知，并且吸引了大量的公众，但是沉船或水下遗骸周围的水域及其历史遗址的背景环境对于水下遗迹的完整鉴赏来说同样是重要的财产。因此建造真正的水下博物馆仍然占据全世界水下考古学家的议事日程，但是建造一座水下博物馆所面临的挑战和问题很多，既有总体性问题也有建筑学和技术问题。

需要解决的总体性问题包括与博物馆选址有关的遗迹原始性及考古学上的考虑，还有遗产的展示以及对遗址及其文化遗产进行全面保护的问题。建筑既不能对原址造成损坏，也不能使其变样。当然，如果在水下建造水族馆并以人工方式在里面展示遗物甚至复制品，或者建造一座模拟博物馆，并不能使游客得到想要的真正体验，那都是没有意义的。

另一个重要问题是水质和水下能见度。大多数水下遗迹起初都是被淤泥、沙子覆盖的，因为水流让这些东西移动。如果遗址需要每天或者每小时来清洁才能保证能见度，那么这就为它们的展示和保护带来了问题。大多数自由流水并不完全纯净透明，因此会给参观者的体验带来负面影响，而限制在一定空间内的静水又容易长海藻，需要清理。

其他方面的问题主要是安全问题，例如来自内部的爆炸和外部的压力或者过往船只的碰撞等事件，可能会导致建筑被灌水甚至倒塌，危及参观者和遗迹的安全。

到目前为止，无论是在建造水下博物馆进行原址保护方面，还是打捞干燥，并建设专门的博物馆方面，或者是先进行打捞，再通过对原环境的分析，建造人工控制博物馆环境，使文物处在与原环境相类似的异地保护方面，我国都行走在了世界前列。白鹤梁水下博物馆（图1–34）、中山舰博物馆（图 1–35）、“南海一号”博物馆（图 1–36），均是对水下文化遗产的成功实践。

1.4 中国水下文化遗产保护

中国是一个海洋大国，拥有18 400多 km 长的海岸线及300 多万 km^2 的领海和管辖海域。在几千年的历史中，中国不仅发展了以黄土文化为主的农耕文化，也发展了东夷文化和百越文化等海洋文化。悠久的农耕文化及海洋文化为后代留下了丰富的水下文化遗产，它们分布在中国领海、内水和管辖海域的广大范围内。为了更好地保护这些珍贵的水下文化资源，中国从 20 世纪 80 年代开始创立水下考古专业队伍，开展水下考古工作，积极探索中国特色的水下文化遗产保护之路。

1986 年 9 月中国政府开始发展水下文化遗产研究工作，1987 年3月经国务院批准成立“国家水下考古协调小组”，委托中国历史博物馆承担该项任务，同年 11 月，中国历史博物馆考古部成立“水下考古学研究室”，承担水下考古工作，著名考古学家俞伟超为主要负责人，从此水下考古开始在中国发展。

1987—1990 年，开始派遣技术人员出国进行培训学习，逐步建立起我国水下考古的技术支撑框架。经过 30 余年的发展，中国水下考古工作取得了丰硕的成果。

（1）广东南海一号南宋沉船遗址调查与发掘

南海一号南宋沉船遗址（图1-37）调查与发掘是我国水下考古工作的第一次实践经历。在此之前，中国尚无进行水下考古的实际经验，本着对文物负责、对历史负责的态度，同时也抱着学习和快速提高的心态，经过一年多与国外学术机构的沟通和准备工作后，由中国历史博物馆和日本“水中考古学研究所”合作，组成“中国南海沉船水下考古调查队”，这是中国改革开放以来文物考古界第一次与国外研究机构进行合作，是中国水下考古事业蓬勃发展的里程碑。

（2）福建连江定海白礁一号沉船遗址发掘

白礁一号沉船（图1-38）位于福建连江，是中国水下考古调查与发掘工作开展最早的遗址之一。1990 年，中国历史博物馆与澳大利亚阿德莱德大学东南亚陶瓷研究中心合作，进行了白礁一号沉船遗址的首次调查与发掘工作，这次的调查与发掘工作除了对沉船进行考古工作外还承担着培训全国首期水下考古专业人员的实习任务，最后

图 1-37　南海一号打捞，南海一号博物馆

图 1-38　连江定海白礁一号沉船

在 1999 年又跟随第二期全国水下考古专业人员实习任务进行了第三次调查与发掘工作。对于白礁一号沉船一直的发掘是我国首次将培训水下考古专业人员与水下考古工作结合起来，是水下考古专业产研学结合的开端。

（3）辽宁绥中三道岗元代沉船遗址

绥中三道岗元代沉船是北方沿海地区为数不多的水下文化遗产之一，1991 年经调查确认沉船位置，1992—1997 年，中国历史博物馆历时六年对该遗址进行了较大规模的调查、发掘，并于 1993 年评为年度中国考古十大新发现之一。这也是中国水下考古专业队伍成立以来首次独立完成大规模的发掘工作。

（4）西沙群岛华光礁一号南宋沉船遗址发掘

华光礁一号南宋沉船（图 1–39）位于西沙群岛华光礁，1996 年由渔民发现，1997 年曾遭到非法盗掘，沉船一直破坏严重，1998—1999 年进行了初步调查和试掘。2007—2008 年进行了较大规模的挖掘，出水了一大批瓷器等遗物，并对船体进行了编号测绘，分解提取运回博物馆进行脱盐、脱水，采集了大量的相关信息，全面获取了船体及其保存环境等信息。华光礁一号南宋沉船是我国第一次开展的远海水下考古发掘工作，同时也是一项较为全面系统、记录详尽的水下考古实践。

经过 20 多年的探索发展，中国水下考古工作已经由单一的水下考古进入到了全方位的水下文化遗产保护过渡的关键时期。

中国特色的水下文化遗产保护模式主要体现在国家主导、地方支持、各相关部门协同配合的水下文化遗产保护管理体系。

国家主导是指中国政府给予中国水下文化遗产保护工作法规、机构、经费等多方面、全方位保障。作为世界上主要的水下文化遗产大国，中国一直致力于水下文化遗产保护的法制建设。中国于1989年正式颁布的《中华人民共和国水下文物保护管理条例》，是世界上较早关于水下文化遗产的专项法律。该条例中明确规定，水下文物属于国家所有，国家对其行使管辖权，从法律上保障任何人不能对水下遗址进行破坏。

在完善法律体系的同时，中国水下文化遗产保护机构也在不断健全。1987年中国成立了由国家文物局、交通部、国家海洋局等部门组成的水下考古工作协调小组。1989年，中国成立了第一支水下考古队伍。2009年9月，国家文物局成立了“国家水下文化遗产保护中心”，负责全面组织协调、交流培训、规划实施中国的水下文化遗产保护工作。

地方支持是指除了国家级的专业机构以外，沿海各省、市建立水下考古、出水文物保护修复等方面的专业机构，建设专业人才队伍。这些地方支持大大提升了中国水下文化遗产保护的能力和水平。

各部门协同配合是指不同部门、不同领域机构共同为水下文化遗产工作提供全方位保护。在项目工作层面，当国家文物局决定对大型遗址进行抢救性发掘时，项目组会调集全国力量参加工作，共同保护。在国家层面，一旦有重要遗址需要调查保护时，财政部、国家海洋局、交通部、公安部等多个部门会迅速成立工作小组，实行跨部门、跨领域、跨行业的合作。这种多部门合作不仅成为目前中国水下文化遗产工作的普遍模式，同时对盗捞、走私水下文物等违法犯罪行为起到了有效的遏制作用。实践证明，“多部门协同配合”的工作模式让水下文化遗产保护工作在实施上获益匪浅。

作为联合国教科文组织《水下文化遗产保护公约》坚定的支持者，中国遵守制定公约的目的。但在中国，水下文化遗产保护工作作为一门新兴起的学科，其不仅要满足公约中的保护理念，同时也随着时代和技术的发展，对保护理念有所创新。中国较早就树立了全面保护的理念，并在此理念下进行了长期探索，结合具体形势，取得了一系列的经验成果。践行、完善并发展了公约中“原址保护、完整保护”的遗产保护理念。

图 1–39　西沙群岛华光礁一号南宋沉船遗址

图 1–40　白鹤梁水下题刻

“白鹤梁水下博物馆”自 2001 年提出建馆时，就确立了原址建馆、原环境保护、原状态展示的全面保护理念。正是在这样理念的支撑下，中国的水下遗产保护工作技术人员攻克大量技术难关，将岸上博物馆与堤防工程进行了大胆、有机的结合，最终建成了水下遗址博物馆。如今公众可以在原址观赏并研究白鹤梁题刻，研究长江水文、区域及全球气候的变化。这座博物馆的建设理念与《水下文化遗产保护公约》中强调的“让公众了解、欣赏和保护水下文化遗产，鼓励人们以负责的和非闯入的方式进入仍在水下的文化遗产，以对其进行考察或建立档案资料”的理念是完全一致的。

广东“南海一号”沉船保护项目是中国跨行业、跨部门合作保护水下文化遗产的实例，也是对联合国教科文组织文化遗产保护“原真性”、“完整性”原则的最好诠释和科学发展。保护工作人员借鉴了陆地整体搬迁的方式，采用整体打捞技术完成了对沉船的迁移式保护，并通过对沉船的保存状况和埋藏环境特点的分析，在人工控制的环境中对这一水下文化遗产进行发掘、保存和展示。这也是对水下文化遗产保护方式的新探索。

通过结合全国文物普查，组织开展水下文物普查工作，发现水下文物线索，确认水下文化遗产遗址，摸清中国水下文化遗产的分布规律和保存现状，为下一步主动全面保护全人类的水下文化遗产提供了基础数据。这一系列工作的开展，是《水下文化遗产保护公约》中主动承担保护责任的最好实践。

自 20 世纪 80 年代开始，中国的水下文化遗产保护工作始终与国际同行保持良好的互动关系，共同推动世界水下文化遗产保护工作的开展。中国的水下考古从创立到发展始终坚持国际交流合作，从1988年国家文物局首次派出两名学员赴荷兰学习并参加水下考古，到近年国家文物局从韩国考察水下工作船建造，20多年间，中国先后与日本、澳大利亚、美国、法国、印度尼西亚等国家就水下文化遗产保护工作进行过合作与交流，并努力为全球的水下文化遗产保护工作做出应有的贡献。

近年来，随着国家投入和支持力度不断加大，中国水下文化遗产保护的理念、技术、人员装备、后勤保障等方面有了极大进步，工作范围正在不断扩大。随着水下文化遗产保护对象日益多样，工作领域日益扩展，涉及的部门和行业日益增多，水下文化遗产的工作不再局限于水下文物调查和重要沉船遗址的抢救发掘。国家文物局以国家水下文化遗产保护中心为支撑，搭建了一个开放式的工作平台，充分整合现有资源，凝聚有生力量，集中开展一批具有重大示范意义的水下文化遗产保护项目。并通过这些重大项目和课题的开展，促进水下文化遗产保护理论、技术研究，培养、锻炼专业人才队伍，提高科技应用水平，促进全方位水下文化遗产保护事业的发展。

面对当前水下文化遗产保护工作中出现的新情况与新问题，中国政府始终按照《水下文化遗产保护公约》中“缔约国开展合作，进行水下考古、水下文化遗产保存技术等方面的交流和培训，并按彼此商定的条件进行与水下文化遗产研究、保护有关的技术转让”精神，逐步加强与相关国家、国际组织、专业机构的联系与合作，吸收、学习国际同行的先进保护理念、经验、技术，同时积极参与相关国际合作。

通过举办国际水下文化遗产学术研讨会，促进不同学术思想、学科领域的交流和碰撞，催生出更加先进的水下文化遗产保护理念、方法和成果，从而推动整个事业的全面进步。

2 内陆水下文化遗产的保护

2.1 内陆水下文化遗产的发展与特性

20 世纪 90 年代，中国水下考古工作范围不断扩大，由沿海地区逐渐延伸到内陆水域，也成为水下考古工作的重要领域。目前，由于工作内容与范围限制，进展依然有限。这项工作主要体现在三峡工程水下文物调查与中山舰打捞两个方面。

1996 年 9 月，为了配合三峡建设，受三峡文物保护规划办公室委托，中国历史博物馆水下考古学研究室赴三峡地区，对重庆朝天门码头灵石水下碑林、白鹤梁水下题刻、云阳龙脊石题刻等古代遗迹进行实地调查，掌握了长江三峡地区古代遗迹的水文、深度等第一手资料，为下一步调查与保护工作奠定了基础。1996 年，为了配合白鹤梁保护方案的设计，中国历史博物馆水下考古学研究室再次对白鹤梁进行了系统的水下考古调查，发现了一些以前仅见文献记载而未见实物的题记或以前未见的石刻题记，还对白鹤梁水下地质结构进行了详细摸探，拍摄到大量水下录像资料，取得了一定的成果。

1997—1998 年，中国历史博物馆水下考古学研究室赴四川云阳，对三峡龙脊石水下碑刻（图 2–1）做了前期预备调查，1998 年 2 月，为了配合三峡库区文物保护工作，再次赶赴三峡进行了水下调查，新发现一些文献记载之题记或部分未有记载之题记，对龙脊石水下碑刻分布情况有了一定的了解和较详细的认识。

1996—1997年，受国家文物局委托，为确保中山舰打捞（图2-2）安全出水，中国历史博物馆水下考古学研究室参与了中山舰打捞工作，实地监督打捞方案的实施，做好相关的文字、摄影、水下摄影摄像等全面记录及后期整理工作。保证了打捞工作的顺利实施与科学记录。其后，在1997年4月，就中山舰有关出水保护与修复等问题进行了科学探讨。这是我国水下考古工作首次接触到现代沉船遗迹，也是这一领域工作的首次尝试，在文化遗产保护事业方面具有一定的开创意义。

2001年6月，水下考古队对云南抚仙湖水下建筑遗迹（图2-3）进行了勘察工作。调查期间，水下考古队对湖底遗迹进行了小范围探察，发现了人为遗迹，并采集出水1件陶釜。鉴于遗迹范围大，调查工作无法深入开展，遗迹性质无法得以确认，尚待进一步水下考古工作。总体而言，这也是中国水下考古队第一次对内陆湖泊水域开展调查工作，为今后相关调查积累了经验，奠定了基础。

图2-1　三峡龙脊石水下碑刻

图2-3　云南抚仙湖水下建筑遗迹

2011 年 10 月，经国家批准，根据《中俄合作开展旅顺港外沉船水下考古调查项目协议书》，中国国家博物馆、中国文化遗产研究院与俄罗斯“伊斯克拉”海洋搜寻中心合作，在旅顺港外合作开展了沉船水下考古调查项目。此次调查主要针对俄方在 1904 年日俄战争期间沉没的“彼得罗巴甫洛夫斯科”号沉舰（图 2–5）进行搜索。调查工作以物探扫测为主，水下摸探为辅。通过现代科技探测技术，对整个水域进行了较为全面的扫测，虽未发现沉船，但确定一处磁力异常区域，完成了此次合作水下考古项目。

国家文物局前局长单霁翔表示，“水下文化遗产保护不仅要关注咸水，也要关注淡水”，其中“淡水”就是指“内陆水下文化遗产”。

从水下文化遗产保护的趋势看，保护范围以海岸线为中心，由近海海域逐渐发展到深海海域，由海洋逐渐发展到内陆。

图 2–2　中山舰打捞工作

图 2–4　重庆朝天门码头水下碑林

图 2–5　“彼得罗巴甫洛夫斯科”号沉舰

比较内陆和海洋文化遗产的特性，首先是两者的水环境不同。海水是一个复杂的对材料有腐蚀性的环境，受到很多组合变量和相互影响的变量的影响，作用于考古遗迹的蚀变。这些变量包括：水、溶解盐（主要是氯化物）、溶解气（包括氧气）、酸碱度、温度、压强、生物活动、悬浮物、沉淀物和洋流。当船只沉没时，物理、化学、生物毁坏过程直接开始作用于沉船的所有元件：金属腐蚀、盐的渗漏、玻璃和陶瓷的损坏、有机材料的水解……它们对物体蚀变的影响根据沉入环境的变化而变化（图 2-6）。可是，不管是什么材料都会渐渐朝与环境相对稳定的状态发展。

内陆水下文化遗产的水环境主要是淡水，即含盐量小于0.5 g/L 的水。相对于海水，淡水对于水下文化遗产的影响较小，虽然也有金属腐蚀和有机材料的水解发生，但淡水中文化遗产的环境还要包括泥沙。泥沙和淡水对文化遗产的影响也是根据环境的变化而变化，逐渐向与环境相对稳定的方向发展。

图 2-6 “二战”时期战舰残骸，长期沉入水底，融入海洋环境，成为海洋生物的栖息地

其次，在对于水下文化遗产的概念界定上，学术界更习惯于以文化遗产的价值来评判内陆水下文化遗产，而不是以“一百年以上”的时间为界定。这是因为，内陆水下文化遗产的位于消落带，枯水季节露出水面，丰水季节落于水下，时间很难界定清晰；而且，国际公约中规定的水下文化遗产着眼于国

际法的规格，对于学术界的界定有指导意义，但不能替代国际文化遗产保护领域。

目前，以国际古迹遗址理事会（ICOMOS）为代表的国际文化遗产保护领域主要以文化遗产的价值来界定文化遗产，并作为保护的依据，而不是主要以时间来划线。价值判断主要是艺术价值、历史价值和科技价值，看这些价值能不能反映一定时间和区域的有杰出代表性的特色。正因为如此，悉尼歌剧院成为世界遗产，武汉长江大桥成为国保单位。

2001 年的《水下文化遗产保护公约》没有规定受保护遗址或文化物品的最低重要性水平，因为这不是一部法律文书可以界定的。公约还声明在海底对水下文化遗产进行保护是首选，并且只有证明在科学上是可行的，才能实施打捞。因此，缺乏重要基准并不意味着缔约国必须对所有现存的被淹没遗产进行发掘。

第三，内陆水下文化遗产与海洋水下文化遗产的典型类型不同。海洋水下文化遗产大多数为沉船等可移动文物，而内陆水下文化遗产多为建筑、聚落、石刻等不可移动文物。

对于一般海洋水下文化遗产而言，人们津津乐道的是：海底散落着 300 万艘以上未被发现的沉船，如《海难词典》列出 1824—1962 年间在海上遇难的 12 542 艘航船和战舰。这些沉船大都位于近海，容易为研究人员关注。而位于黑海的众多新石器时代村落等文化遗产，至今仍然是科研的盲区。

此外，对于一些腹地广阔的国家，内陆水下文化遗产的意义更加巨大。比如中国自古有风水观念，堪天舆地的主要手法就是把文化与自然结合、与水结合，在选址上容易放在临水区域。自古人民依水而居，内陆水网密布，水陆交通便利，而这种格局很容易因为地质条件的变化，或者水位的上升而使得大量人工建设沉入水底。因此，中国内陆水下古代文化遗产、古建筑基址、古墓葬等分布密集，内陆水下文化遗产抢救性保护迫在眉睫。

2.2 人工淹没区文化遗产与水下文化遗产保护

在中国国家博物馆统一组织实施的全国水下文物普查工作中，将南海海域中部分“二战”时期遗留的文物也纳入水下文化遗存范畴，并对其做了精确的定位和记录，为进一步调查和保护工作奠定了基础。从中国国家博物馆的这次水下文物普查可以看出，我国对水下文化遗产的范围并不局限为《水下文化遗产保护公约》中对水下文化遗产定义，而是将其结合中国的实际国情，以文物遗存所具有的价值为评判标准，来判定文物遗存的文化遗产特性。

严格意义上来说，人工淹没区内的历史古镇或文物古迹并不能称为水下文化遗产，但是由于其与水库发生了关联，我们认为其可以作为一种水下文化遗产来解读。

内陆水下文化遗产的特殊之处还在于它与淹没区文化遗产的概念的交叉与保护的互动。淹没区的形成有人工和自然两种，大自然沧海桑田的转换造成的水下文化遗产与海洋水下文化遗产类似，类型比较单纯，而人工淹没区的文化遗产则较为复杂。

人类的活动使得在历史进程中创造出来的人工成果始终有一个不断洗牌的过程，新旧之轮换对于遗产保护有无奈，也有必然。人工淹没区主要产生于人工的水利工程的建设，从各国的实际情况看，水利工程是关乎民生的基础性建设，文化遗产保护在法理上是居于这些民生工程之后的，如何协调这两者的关系，需要从理论上和实践上进行梳理。

首先，人工淹没区文化遗产不完全是水下文化遗产。淹没区文化遗产是潜在的水下文化遗产，但如果保护及时，这些潜在的水下文化遗产可以被转移或者围堰保护。因此，在人工淹没区文化遗产、水下文化遗产和抢救性文化遗产中，有不同，也有交集。

其次，即使是淹没到水下的部分，淹没区文化遗产的保护、保存方式也与内陆水下文化遗产不尽相同。淹没区的文化遗产由于在淹没前有时间做好相关的档案收集工作，所以它可以通过文献档案保存、视频记录、样本采集等方式保留文化遗产的信息。目前，世界上对于水利工程形成的淹没区文化遗产的保护，十分注重收集资料，建立工程博物馆。

另外，人工淹没区的形成主要是人类工程的结果，淹没区的整体环境为人工设计，既可以体现当时的物质和精神水平、时代风貌，蕴含着丰富的历史文化信息，又可以体现出设计者的美学涵养和科技水平，因此淹没区的工程特别是水利工程，也可以被视为一种特殊的内陆水下文化遗产。

提到人工淹没区文化遗产保护，不能不提两个重要的案例：一是阿斯旺大坝与阿布辛巴神庙的保护，一是三峡工程的抢救性文化遗产保护。

阿布辛巴神庙（又译：阿布辛拜勒神庙、阿布辛贝神庙）（图 2–7），是埃及南方城市阿斯旺的重要旅游景点，位于阿斯旺以南 280 km 处。建于公元前 1300—前 1233 年，古埃及新王国第十九王朝的拉美西斯二世（Ramses Ⅱ）建造了这座大型岩窟神庙，距今已有 3 300 年的历史了，也是新帝国的法老王时代最受保护的遗迹。神庙由勘察者伯克哈特于 1813 年发现，后来由贝尔佐尼挖掘。据说名字来源于向导（一个小男孩）的名字。阿布辛巴神庙因兴建阿斯旺水坝（图 2–8）而整体迁移，是世界文物建筑保护方式的成功尝试。

由于 20 世纪人口的大量增加，埃及和苏丹政府决定建造一座新的大坝以更有效地调节和分配水源，增加土地灌溉，生产更多的粮食，大坝的水电能力也将为民用和工业提供更多的能源。这样一座大坝像一个屏障，其后面将出现一个大面积的水域，取名为纳塞尔湖，这将覆盖一块长 312 mile、12 ～ 16 mile 宽的地域。实际上，这块古时候称作努比亚现在由埃及和苏丹各拥有一半的土地将消失在水中。其结果是居住在那里的人将失去他们的家园和农田，许多重要的古建筑和遗址也将不复存在，其中包含阿布辛巴神庙。

由于这些神庙与其背景十分协调，所以拯救方案决定将它们移到一个同样的背景中去。这样，为了保证神庙重新落脚在纳塞尔湖的水面上，新地址高出以前所在位置 210 ft，从尼罗河后移 590 ft。瑞

图 2–7 阿布辛巴神庙

图 2–8　阿斯旺大坝

典公司 VBB（现为瑞典工程咨询公司 SWECO）设计的这一方案优于其他方案而被选中。

在四年的时间里，神庙上边悬崖边缘的大量石头被去掉，以便将建筑从它们最初的位置上释放出来。工程师们建造了一个围堰挡住湖水，然后建筑被切割成一块块地拆除，再运到神庙的正面和内墙被重新建成的新地点之前，最大的石块被先挪离到一个存放处。在新址的后面部分，建造一个加固的混凝土拱顶形的结构，包围并聚合住恢复的部件，支持住岩石正面。实际上，这个建筑取代了原来悬崖边缘上完整的神庙。

迁移完成后，阿布辛巴神庙于 1968 年重新开放。参观者仍然能够进入神庙，原来神庙的一个重要特色——太阳节奇观（阳光一年两次照亮圣殿神像）被保留了下来。不过因为无法如古埃及人般确切掌握天文，现在阳光照进的时间比原来提前了一天。

这个抢救行动总体被认为是极为成功的。不仅使神庙得以保存，使后来一代代人赞叹研究，还有许多不同国家的专家参与工程，这就为前所未有的考古国际合作做出了榜样。阿布辛巴和它下游至菲莱岛的许多遗迹一起作为努比亚遗址，被联合国教科文组织评定为世界文化遗产。

图 2-9　三峡人工淹没区遗址——丹江口水库古代墓葬遗址

图 2-10　屈原祠

2.3　三峡工程的抢救性文物保护

2.3.1　三峡工程抢救性文物保护概况

内陆水下文化遗产和淹没区文化遗产保护的中国典型案例是三峡工程的抢救性文化遗产保护。

1992 年 3 月，中国政府决定修建长江三峡水利枢纽工程，对三峡文化遗产的抢救与保护引起世界的关注。2010 年 10 月 26 日，三峡水库坝前水位达到设计的海拔 175 m，标志着三峡工程建设阶段顺利结束，也表明三峡工程建设阶段的文物抢救与保护工作基本结束。三峡文物保护与三峡建设工程、三峡移民工程一道，走过了“前三峡”时期，进入到“后三峡”时期。

三峡文物大抢救的主要内容包括：

（1）地下文物保护

考古勘探与发掘点 772 处，其中重庆 528处；

考古勘探 1 219.8 万 m^2，其中重庆库区 1 021.2 万 m^2；

考古发掘 186.2 万 m^2，其中重庆库区 130.2 万 m^2；

出土文物约 25 万件套，其中重庆 14 万套。（修复整理动态中，尚有 182 处未统计）

（2）地面文物保护

文物保护点 365 处，其中重庆 246 处；

留取资料 69 处，其中重庆 98 处；

原地保护 60 处，其中重庆 55 处；

搬迁复建、复制132处，其中重庆92处。（含龙脊石1处）

（3）大型专项保护项目

重庆云阳张恒侯庙搬迁保护工程；

重庆忠县石宝寨原地保护工程；

重庆涪陵白鹤梁原址水下保护工程；

湖北屈原祠复建工程。

（4）三峡文物研究和出版项目

已经出版发掘简报和考古专题报告3 000

万字。

已经发表研究论文、专著1 500万字。

已收集档案资料 20 万余册(张)。其中重庆库区纸质资料 4 771 卷、26 642 册。

摄影资料反转片 29 513 张、照片 103 954 张，数字光盘 3 474 盘、录像带 383 盘。其中湖北库区有 80 多万字的文字图表资料，3 000 多张地面古建筑测绘设计图纸，5 万余张黑白照片底片，2 000 多张光盘，200 多张软盘。为今后的系统整理和综合研究打下了良好的基础。

已计划出版考古报告 4 000 万字，研究课题 90 个，在后三峡中加速。

(5) 博物馆建设项目

重庆库区已建成重庆中国三峡博物馆、白鹤梁水下博物馆及库区文物开放点 9 个。在建 10 个，拟建 15 个，后三峡时期将加速建设。

三峡文物大抢救的主要保障有三点：

①得到国务院三峡工程建设委员会办公室的资金保证与国家文物局有力的领导和协调，重庆市和湖北省省政府的领导和管理到位。②有一个较完善的 280 万字的《三峡工程淹没区及迁建区文物保护规划报告》。规划专家组由中国一流的文物考古专家与 30 个文博机构、高校的 300 余名专家组成，在国家文物局的领导下工作。中国历史博物馆馆长俞伟超先生担任规划组组长。规划组的主要专家在规划的实施阶段担任重庆市人民政府三峡文物保护专家顾问组成员，俞先生继续担任该顾问组组长，确保了规划的实施。③全国文物工作者协同努力。在国家文物局的协调下，全国 120 多家高等院校和文物机构的工作人员来三峡库区从事文物抢救工作，其中在重庆库区工作的达 110 家。加上业外机构，共达到 210 家，其中 181 家在重庆库区参与文物保护。全国文物大协作、大支援，富有中国特色，是中国文物界的优良传统之一。

另外，三峡工程、三峡移民和三峡文物保护，为建设三峡博物馆群创造了条件，而三峡博物馆群建设又是三峡工程、三峡移民和三峡文物保护必要的后续和成果的深化与巩固。三峡博物馆群是指：以三峡为专题的在三峡地区的博物馆的集合体。它的第一层面由重庆中国三峡博物馆(已建成)、三峡移民纪念馆(在重庆万州区，已建成)、长江三峡工程纪念馆(在湖北宜昌，筹建中)三馆构成。第二层面由三峡地面文物保护所构建的空间组成，如白鹤梁、石宝寨、张飞庙、大昌古镇、屈原祠、云阳三峡文物园、丰都古建筑群、湖北江渎庙古建群等，以及后三峡规划的 5 处遗址公园，共约 20 处。第三层面由三峡库区 22 个区、县、市已建和新建的博物馆(包括民营博物馆)组成，用于展示、研究、收藏三峡出土文物和当地特色文化，约 25 座。三峡博物馆群共有 45 ~ 50 座博物馆，将在三峡国际黄金旅游线上大放文化之光。

2.3.2 巫山县大昌古镇保护案例

(一) 古镇概况

大昌古镇始建于春秋战国时期，位于大昌镇西端，长江支流大宁河中游北岸，大宁河小三峡的滴翠峡北口，海拔高程 142.5 ～ 150.7 m。古镇南距巫山县 60 km，北与巫溪县毗邻，是巫溪县及巫峡以北地区水陆交通要冲和物资集散重镇。大昌盆地四面环山，东有核桃山，西有岗家岭，南有笔架山，北有白云山，整个盆地随着大宁河道狭长走向。大宁河自西向东在古镇南穿流而过，形成两岸平缓的河谷台地，地势略呈北高南低。大昌古镇就位于靠近大昌盆地中部，大宁河宽谷台地北岸的平缓坡地上。

大昌古镇现保存有东、西、南三座城门，分别称为紫气、通远、临济，由东、西、南三条街道形成的“丁字街”和部分民居。东西街长 330 m，宽 5~7 m，南城门外为大宁河船码头，南街长 150 m。全城面积进 66 000 m^2，是一座“一灯照全城，四门能通话；堂上打板子，户户能听见”的“袖珍古城”。整个古镇地势呈北高南低，除城楼坍塌外，石拱城门尚在。古镇内地势平坦，沿街多为两层双披檐木构建筑，房舍多带一重或两重天井。沿街的重重封火山墙勾勒出古镇丰富的轮廓线。整个古镇基本保存了清代的风貌。

古镇整个城墙近圆形，除西门到南门的城墙基脚尚存外，其余三段城墙地面部分均已不复存在，但城墙的走势仍清晰可辨。整个城址轮廓依然清晰，基本保存完好。西南城墙全长约 150 m，是大昌古镇唯一一段在地表可见的城墙，城墙主体为石砌结构，内外两侧用厚30 ~ 35 cm，长宽约 40 ~ 45 cm 的石灰石块砌成，宽约 202 m，现高约 1.0 m。城门除箭楼坍塌外，东、南、西三个城门拱券尚在。

建筑结构以穿斗排架式为主，少有抬梁式。柱网布置灵活排列，明间多用骑马柱，而两山有多柱落地，也有一些山墙用硬山墙上搁檩。临街前堂多为两层，下为铺面，上为阁楼。各建筑面阔一至四间不等，完全依环境和经济状况而定。各建筑的屋檐以挑枋出挑，分单檐和双披檐两类，而这种双披檐的做法在峡江地区的其他城镇比较少见。建筑屋面施小青瓦，墙头和墙檐下加以雕饰和彩绘。格调淡雅平和，具有鲜明的地方特色。檐下多施斜撑挑出屋檐。雕花门窗，厅堂屋舍，天井环廊，曲回幽深，错落有致，空间处理主次分明，门窗雕刻装饰丰富多样，石刻柱础品种繁多，雕花砖墙，玲珑剔透，体现出建筑工匠的高超制作工艺。整个民居建筑青砖黛瓦，白墙飞檐，雕梁画栋，古朴典雅，独具风姿，其中以关帝庙、帝主宫为代表。

明崇祯十三年（1640 年）十月张献忠义军强渡大宁河，攻克大昌城；清初李自成旧部刘体纯、袁宗弟、郝摇旗等部以古镇为据点，同清兵激战；嘉庆年间白莲教首领王聪儿、冉天元率众

图 2-11　大昌古镇西街民居

图 2-12　大昌古镇东街民居

图 2-13　帝主宫弧形山墙

部在大昌镇抗清；1922 年 10 月，大昌镇农民为抵抗压迫，武装起义，攻克大昌城达四年之久；1932 年冬，贺龙率红军转战川鄂湘边区。大昌古镇在 1700 余年的历史进程中留下了辉煌的篇章，具有一定的历史价值，2001 年成为重庆市历史文化名镇。

总体来看，大昌古镇的古民居群以群体的整体风貌特征为特色。石板的街道、城门、码头、阶梯踏步，拆拆装装的铺面板，高高矮矮的封火山墙，丛丛点缀的树木和缕缕的炊烟，都传递出古镇宁静古朴的魅力。

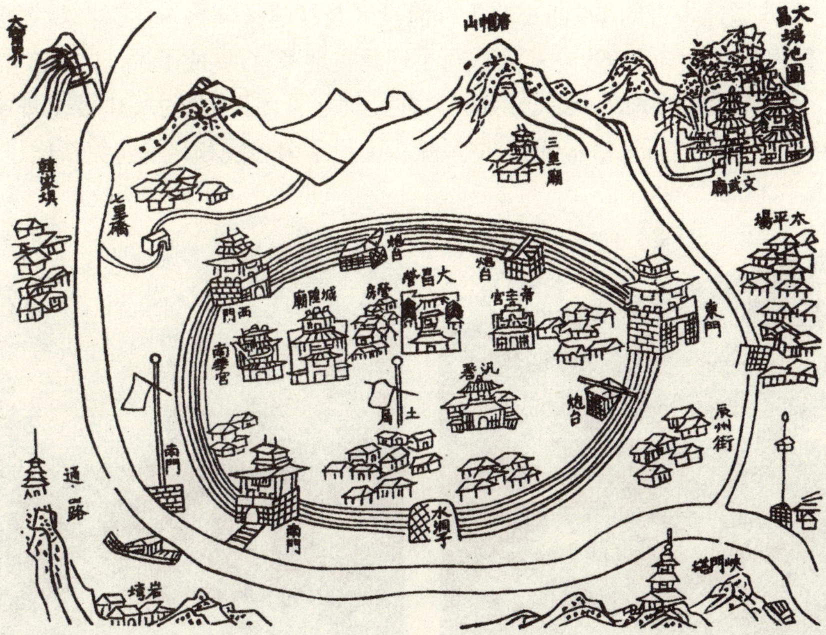

图 2–14　清光绪十九年《巫山县志》中的大昌城池图

图 2–15　清光绪十九年《巫山县志》中的巫山县域

（二）保护措施

1）规划背景

长江三峡工程修建后的蓄水海拔高程为 175 m，而大昌古镇在海拔高程 142.5 ～ 150.7 m，处于三峡库区 175 m 水位线以下。大昌古镇是三峡工程淹没区重庆段保存规模最大而且最完整的古建筑群。其建筑组群的完整性、布局的灵活性和装饰的丰富性方面都较为突出，是地方传统建筑的代表。大昌古镇的这种历史变迁和独特的建筑风貌，对于研究三峡地区的古代城镇历史和民风民俗以及传统建筑艺术都具有重要价值。

2001 年 1 月正式通过审查的《长江三峡工程淹没区及迁建区文物古迹保护规划报告》将巫山县大昌的保护正式列为规划范围。1999 年年底进行了现场实地考察，完成了选址，2000 年年底确定了搬迁新址定于大昌新镇的西包岭地段(移民迁建区)，并且确立了“在实施过程中要求集中布置、重点处置，在保持原有环境风貌和建筑风格基础上，尽量减少街道空余地段和尽量避免新增建筑物”的原则。

图 2-16　大昌古镇与 175 m 水位线

图 2-17　大昌古镇复建后的东街

2）保护规划

（1）总体规划

大昌古镇选址在大宁河的滩地，周围山势不高，且坡度较缓，植被较好。整体环境优美，视野开阔。古城巧妙地利用地形，与环境极为协调，有强烈的地方特点。搬迁后的新址最大限度地接近原有环境风貌，尽量保持古建筑群与大宁河的相对关系，其地形地貌也尽量与原地形接近。搬迁后的古建筑群在街道格局、空间特征、建筑式样、装饰风格等各方面也尽量保持原汁原味。

大昌古镇确定搬迁的民居共 30 处，寺庙 2 处，城门 3 处，由于搬迁量较大，搬迁后要保持原有街道的完整风貌具有一定困难，因此在搬迁规划时确定了“依据地形减短街道长度，在保持街道空间形态的前提下，适当将搬迁的古民居集中布置，并作为重点处理”的指导思想。对于街道空余地段，考虑部分新建筑，但对新建建筑的建造风格、式样、色彩、高度等方面进行严格控制。

搬迁后的大昌古民居群仍然位于大宁河北岸，且地形平坦。用地范围东西长 270 m，南北宽 160 m，街两侧各控制 35 m，总计 30 000 m^2。利用新镇规划的道路网，结合地形的特点，将古城东门和西门之间的距离由搬迁前的280 m改为搬迁后的230 m，其中东门至丁字街口仍保持原格局，西门至丁字街口的距离缩短。东门外规划的南北道路略向东调整19 m，以保证交通的便捷性和东西门之间的距离。

为保持搬迁前南门与丁字街路口的相对关系不变，同时保留新镇规划的滨河道，但道路不宜太宽。为保持南门与大宁河的相对关系，南门前码头加宽，两侧与滨河步行道相接。南门处复原一段古城墙(以考古结果为依据)。原东门外保护完好的古建筑在搬迁后移入东门内，置于东门内现已改建为新建筑的位置，使东门至丁字口的距离不仅与搬迁前相同，而且基本为古建筑，可较好地再现传统风貌。在街道丁字口以西，原装保存的古建筑较少，搬迁后西街减短，将街北仅存的一座古民居向丁字街口靠近，为保持街道的完整性，增建了部分新建筑，但新增的建筑严格按照设计和传统风格建造。

搬迁后的建筑可考虑作为前店后住、下店上住的形式，综合考虑店、卧、厨、卫、储等使用功能。在风貌控制区西南开辟旅游商业用房，仿古建筑，建筑面积约2 500 m^2，控制区北侧即城镇主干道以南，为公建用地，建筑高度限制在10 m以内。

(2)具体设计

①基础及台明设计

基础设计。为保证建筑物的安全，基础设计根据地质勘察资料，充分考虑建筑的安全。在基础不可见部分采用现代材料和现代常规做法，如混凝土地梁等。

台明及踏步部分设计(即基础露明部分)。使用原材料和原做法，台明为条石或块石砌筑，原有的条石尽量加固、粘补好继续使用，确实不能使用和缺失的部分用同质地和颜色的条石更换或补配。

阶条用条石，并保留原建筑明间用当心石的做法。阶条石以内檐柱以外地坪用方砖或石板铺装。

道路为条石铺装，条石排列式样应尽量保持原有形式，南街道路较陡，考虑防滑设计。

搬迁建筑经过年使用，市内外地平高差已有变化。部分建筑台明和内地平标高不一样，还有部分建筑原地平被改动情况不详，解体时以原地平情况考虑。

②木结构设计

尽量使用原有的木构件，解体后的木构件必须进行清理、加固、防腐处理。糟朽严重的予以更换，缺失的添配。添配的新料达到5%的含水率。

添配的构件形式按原式样加工，其中主要构件(脊檩、梁、柱)在隐蔽处做出标记。

各建筑穿枋缺失较多，根据现存榫眼和各建筑已有的穿枋尺寸添配。少量复建建筑的构件及做法应参照该建筑原有构件和做法。

原有的承重木构件，按《古建筑木结构维护和加固技术规范》的原则采用替补、墩接或更换的方法。

木构件应做防腐防虫处理，建议防腐防虫材料为氟芬合剂(三氯酚钠)，或在桐油中掺入菊酯涂刷。

③木隔断和装修设计

装修的复原是搬迁工作的难点，经过多年使用，几乎每一座建筑的内部都经过改建，原有的木隔断和门窗确实破损严重。设计中遵循内部尽量复原木装修的原则，内部分隔多采用木板壁，木板壁厚20～25 mm，高度和划分及边梃的做法以现存建筑为参考进行。

室内用木板壁分隔，一般枋的横断面(60～80) mm×(150～200) mm，板厚20～25 mm。室内穿斗构架之间同样用木板壁挡封。山架紧贴山墙处可不挡封。

楼板用楞木和楼板，板厚25 mm。按当地习惯，在房屋较隐蔽处留口(800 mm×1 400 mm)，并设木爬梯。

设计多种门、窗、隔扇及横批的标准设计，在施工中根据各种建筑的情况灵活选择，其加工方式和

图 2-18　大昌古镇民居窗饰图

构件的各部分尺寸参照当地习惯做法。

考虑室内采光要求，在各建筑的后檐墙处增设了木窗，一般尺寸为900 mm × 900 mm 或 1 200 mm × 1 200 mm。室内增设双扇内开木板窗，用木栓。

对天井的厢房外檐用木装修，并开窗以保证采光。

根据室内光线情况，增加明瓦(为当地习惯做法)。

今后使用过程中需要时可在后院增建卫生间及厨房，施工过程中可在后檐墙处开门。

各建筑室内门补配的板门宽 800 mm，高 2 000 mm，按当地传统式样进行制作。

沿街民居建筑前檐装可拆卸的木板，或用门板，不可用砖墙。

添配更换所有的封檐板，60 mm × 140 mm。

部分建筑前檐下有卷棚或木封板，且损毁严重，搬迁后根据痕迹复原。

④瓦石设计

原建筑室内多为三合土地面，考虑搬迁后的建筑为公众使用，多数建筑改 150 mm 厚 3∶7 灰土垫层，60 mm 厚 C10 素混凝土地面，上抹 1∶2.5 水泥砂浆压实抹光，面层 400 mm × 400 mm 方砖墁地或石板铺地。也可按当地民居的习惯做法。应有少量建筑保持三合土地面的做法，以传达历史信息。

天井、散水、外地面尽量使用原有条石，不足的可添配同样质地、颜色和尺寸的条石。条石下 3∶7 灰土厚 150 mm。

各建筑的柱础不规范，变换很多，尽量保留原有柱础。考虑保护木柱，无柱础的应添配柱础，其样式可参考该建筑中已有的形式，或简单的方形。

屋面坡度 1∶0.5。椽板上冷摊小青瓦。原瓦头、滴水等损毁严重，需要重新添配。

原各建筑外墙厚度略有不同，多在 300~350 mm 之间，一般民居可考虑统一采用 350 mm 厚的墙体。外墙以清水墙为主，青瓦陡砌(按解体时的记录)，多数为一斗一眠。原空陡墙内填土加碎石，搬迁后墙内可以用有机砖填心。

多数封火墙下有角柱石，尽量保持该做法，以利于山墙的保护。

封火墙脊饰损毁严重，一方面参考设计图，另一方面请地方老匠人按传统方法制作。封火墙檐下400 mm宽白灰线脚，少量建筑如帝主宫、解放街191号～193号等封火墙檐下有彩绘，颜色主要为黑、铁红、白，应特别仔细记录，搬迁后重新绘制。

图2-19　大昌古镇民居建筑山墙拆迁施工图

所有木构件用桐油饰面，桐油两道，保持木材原色，显现原来清新古朴的独有特色，新补配构件应做旧处理。

3） 搬迁及复建保护措施

（1）搬迁工程

大昌古镇共有35处搬迁的文物建筑，是三峡库区实施异地搬迁的最大规模的文物保护工程项目，为保证文物建筑的安全性、完整性，并根据三峡库区阶段性蓄水和古民居拆迁工程的工期要求，大昌古民居文物建筑群的拆解工程分为三个阶段：

第一阶段：由于大昌古镇东门外的胜利街33号、35～37号、39～43号、98～102号共4处古民居建筑在三峡库区二期蓄水水位线（139 m）下，因此，2002年10月，对该4处民居建筑提前实施了保护性拆解，并对拆解的构件进行编号、堆放。其拆解面积为522 m^2。

第二阶段：大昌古镇关帝庙和帝王庙属于公用建筑，原为大昌镇人民政府使用，2004年镇政府迁至大昌新镇后，两座寺庙建筑一直空置，考虑到两座寺庙建筑的安全，镇政府要求对其提前进行拆解搬迁。在办理移交手续后，立即组织施工单位对两座建筑实施拆解和转运，其拆解面积1 206.89 m^2。由于帝王庙所处位置无直通公路，为解决帝王庙及其他民居建筑拆解后的木构件及其他材料转运的问题，专门修建了一条简易临时公路。

第三阶段：为保证在三峡库区 156 m 蓄水水位到来之前完成大昌古镇的移民搬迁工作，同时考虑到文物建筑拆解工程具有的特殊性，巫山县政府要求对余下的 29 处文物建筑实施搬迁。2005 年 12 月开始进行古民居建筑的拆解施工。古民居建筑群的整体拆迁和运输工程于 2006 年 8 月前顺利完成。

所有构件在拆解时要求施工单位对木构件进行编码，并将编码牌钉牢，严防脱落遗失，并对构件进行残损状况登记，特别是木构件（无论大小）的连接关系及具体位置要进行编号，后进行捆绑，构件统一堆码，整齐堆放、待运。做好防火、防盗、防雨、防潮工作，确保文物安全。在运输过程中做到轻装、轻吊、轻卸、堆放有序，避免了文物构件在拆解、运输过程中的二次破坏。对封火山墙上的彩画、灰塑做好资料收集。对易损的构件如灰塑脊饰必须采用技术措施进行拆解、包装和运输，并有专人负责。

图 2-21　大昌古镇复建后的民居

图 2-20　大昌古镇南门黄槲树搬迁施工图

图 2-23　大昌古镇复建施工

图 2-22　大昌古镇搬迁后的关帝庙

（2）复建工程

复建工程必须保持原大昌古镇“丁”字形的布局，两面沿街布局复建古民居。但在复建工程的具体实施过程中发现了布局位置会影响今后的使用功能，有的会影响视觉通道，因此，在征得设计单位的同意下，对原设计进行了微调。

大昌古镇的文物建筑属于保护性搬迁，复建时必须对拆解的封火墙、屋面各种灰塑（正脊、中脊、脊吻等）以及已残损和缺失的各种木作进行复原和修补。为了使复原修补后的封火墙、屋面灰塑以及木作等尽量保持原有的色调关系，因此，在复原和修补过程中采取了相应措施。

图 2-24 大昌古镇复建后的民居群

对封火墙的砌筑，凡墙体外露部位必须采用薄叶砖（片砖）砌筑，做到墙面整洁、灰缝明快，屋面各种灰塑由白灰中加入适量的煤粉、黏土拌制成灰膏后进行塑制，或采用焦墨兑清水对其进行喷刷以达到做旧的效果，对新补的木作构件，如隔断板壁、门窗、封檐板等采用焦墨、铁红兑清水进行涂刷做旧处理。另外，由于复建的古民居等文物建筑均为页岩砖基础，且部分砖基础裸露于地表之上，与环境极不协调，对此选用厚 5 ~ 10 mm 自然片石做贴面处理。

大昌古民居群等文物建筑由于年久失修，许多木质构件已糟朽、蛀蚀、劈裂、断裂，而有的木装修如门窗、木隔断、楼板、卷棚、雀替等早已遗失或被人为锯截取走，其柱础石、街沿石、天井石、城墙石等石作构件也有部分缺失，对于这些损毁的各类构件，要求应尽量采用传统工艺进行修补。

糟朽、蛀蚀的大木构件如木柱、拉接梁、穿枋、木檩按要求更换，其余采用挖补、墩接、加箍的方法进行修复加固。门窗、木隔板、楼板、卷棚、雀替等按当地传统进行制作安装，门窗花格的制作采用榫卯拼装，禁止使用铁钉、枪钉，需要补配的装饰瓦件参照现存瓦件的规格、形制、纹饰进行了专门加工烧制。

2.3.3 忠县石宝寨保护案例

（一）文物建筑概况

石宝寨位于重庆市东部，忠县境内长江北岸的玉印山，西距忠县县城 37 km，东至万州区 51 km。石宝寨集玉印山特殊的自然景观和独具匠心的人文景观于一体。

玉印山山体平面略呈椭圆形状，山顶高程为 208 ～ 211.04 m，山顶平台西南至东北长约 100 m，宽约 20 m。玉印山 158 m 高程以上孤峰拔起，危岩壁立，158 ～ 170 m 高程以下为坡地，坡地较为平缓。石宝寨环绕在玉印山周围，街道地面高程一般为 150 ～ 160 m。

据《四川通志》记载，“明末，谭宏起义自称武陵王，曾据此为寨”，故名“石宝寨”。

石宝寨建筑有五大特点，虽楼宇不多，错落起伏也不复杂，但是在处理手法上却是丰富多彩、灵活巧妙。石宝寨无论是在中轴线的安排、大门位置还是在楼梯布局、外形处理、窗洞装饰上，都颇有特色。

图 2-25　寨顶的魁星阁

图 2-26　石宝寨寨楼入口

图 2-27　依山而建的石宝寨寨楼

由于地形山势，石宝寨的建设持续时间较长，寨楼和魁星阁上下两组建筑并不因循常规安排在同一主轴上，而是稍加错移顺应山势结构进行建设。从远处望，整个建筑群形式统一，气势浑成。山顶殿宇的修建因地制宜，前后内院不在同一主轴上，而将后殿与正殿的轴线向南偏移了 1 m 有余，但从正殿后望庭院东端的后殿并无不自然的感觉，反而因轴线稍偏斜更增加了透视上的灵动感。

按照传统，一般建筑的大门会正对主体建筑，但石宝寨大门的位置突破了常规。由于山势局促，为了给台阶留出空间，因此大门独具特色。大门不对中，山墙也不对称。至于山顶上的几处建筑出入口的大门也都采用了不对称的处理方式，显得建筑活泼灵动。

由于石宝寨逐层往上的平面面积缩小，楼梯的位置不可能安排在同一条垂直线上，但在处理各层楼梯的布局上也考虑了功能需要，因结构限制而巧妙更换上下楼梯的位置，安排有横有竖、有斜有直，并适当就势布置观赏路线。

对于寨楼外形的设计，石宝寨也别具特色。寨楼虽紧依悬崖而各层飞檐都采用了三方四角的处理，使每层出檐都保持了完美的形式。檐角处都用斜撑角梁支撑角戗，做翼角飞展起翘之式，更显得出檐深远，轻快凌空。十二层重檐层层叠在玉印山上，更加衬托出玉印山孤峰的高峻和挺拔。寨门与两侧高低墙的配置，山墙殿宇墙面的色彩处理，各殿正脊上的宝顶和脊兽，马头山墙的布置，都极具南方建筑特色，在白墙上饰以红、蓝二色的边线突出檐脊，再配以青砖花脊，黑中有白，素中带彩，简洁明了，重点突出。

石宝寨以及天子殿，高低起伏，错落有致，形式与内容非常统一，通过山顶建筑两侧墙面及轮廓的处理，把整个玉印山装饰得玲珑剔透，使得无声的孤峰石熠熠生辉。

石宝寨在窗洞处理上与四川民间的庙宇殿堂建筑有着显著的不同。石宝寨的楼阁，每层正面檐间木板墙上多设计圆形窗洞，窗洞不装饰窗扇。窗洞一般直径为 1.3 m，规格标准，形式统一，各层间又随面宽不同而安置不同数目的窗洞。第二层至第五层均设三个窗洞，间以方格棂窗配置，第六层主体为两个窗洞，七至九层均设一个窗洞。窗洞层层递减，数目虽有多和少的变化，但风格协调统一。采用圆形窗洞的形式，连续重叠运用于高层楼阁上，在中国传统建筑中尚属少见，因而更显特色。

（二）保护措施

1）规划背景

石宝寨是长江沿岸最高的木构建筑，其独具匠心的艺术造型和高超的环境处理手法享誉大江南北，是为世人瞩目的长江景观。

石宝寨所处的地区，自新构造运动以来，长期处于间歇性上升状态，并经构造剥蚀作用，形成多级夷平面，在后期水流侵蚀和多组构造卸荷裂隙作用下，缓倾厚层砂岩和泥岩出露地段形成石坝和石台。石坝侧壁陡峻，危岩重叠，玉印山即为其中的石坝之一。玉印山下部支撑岩体为泥岩，表面风化深度达15~20 m，受水浸泡易软化，受水冲刷易崩塌。

在三峡水库蓄水前，石宝寨一带在枯水季节，长江水位 118 m，石宝寨一般地面高程 150 ～ 160 m，位于建库前天然洪水位之上。

三峡水库建成之后，正常蓄水位为 173.24 m，最高风浪线 175.44 m，汛防期间限制水位143.24 m，百年一遇洪水位 173.54 m。水库蓄水后，石宝寨寨门和寨楼一层地面处于防洪限制水位和正常蓄水位年份水位变化区，寨门地面淹没水深 1.93 m，同时石宝镇街道位于正常水位之下，石宝寨周围全镇迁移，玉印山将成为“库中之岛”。

2）保护规划

从文物保护角度来看，石宝寨门楼、上山甬道等建筑群依玉印山而做，玉印山山体是古建筑的基础，同时古建筑与玉印山融为一体构成石宝寨人文景观。因此，石宝寨的保护不仅仅是古建筑的保护，还应包括玉印山山体和一定区域内的环境景观保护。

三峡水库建成蓄水对石宝寨文物的淹没影响，直接涉及的古建筑有："必自卑"牌楼、石宝寨寨门、上山甬道。另一方面，周边绿地淹没、玉印山山体下部浸泡于水库中，山脚堆积体失稳、山体变形、危岩崩塌将间接危及古建筑物的安全和石宝寨周边的环境。

大凡历史遗留下来的古建筑文物，与其独有的自然景观相互依存，相互映衬。失去独特的自然环境，无论从考古、科学还是观赏价值方面，都将大为失色。石宝寨依托玉印山独有的自然山体，加上古人巧夺天工的建筑构思，将建筑与大自然融为一体，形成一道供世人观赏的风景线，石宝寨文物建筑保护的不仅仅是建筑，玉印山及其自然风貌（尤其是上部悬崖绝壁的气势）也应该加以保护，因此对石宝寨的保护采用的是就地保护方式，而不是异地保护。

因此，石宝寨文物保护任务是：保证玉印山山体稳定和控制山体的变形；采取必要的工程措施，防止库水淹没重要的古建筑；对危岩体进行加固处理；根据具体情况对古建筑进行加固处理；对玉印山周边主要环境条件进行适当保护；修建必要的对外交通通道；配套建设必要的运行维护管理设施。

3）保护措施

（1）文物载体——玉印山山体稳定的保护方案

玉印山目前天然地下水位在 148 ～ 158 m 高程间变动，玉印山下部泥岩有 7 ～ 15 m 处于天然地

图 2-28　三峡水库蓄水后的石宝寨

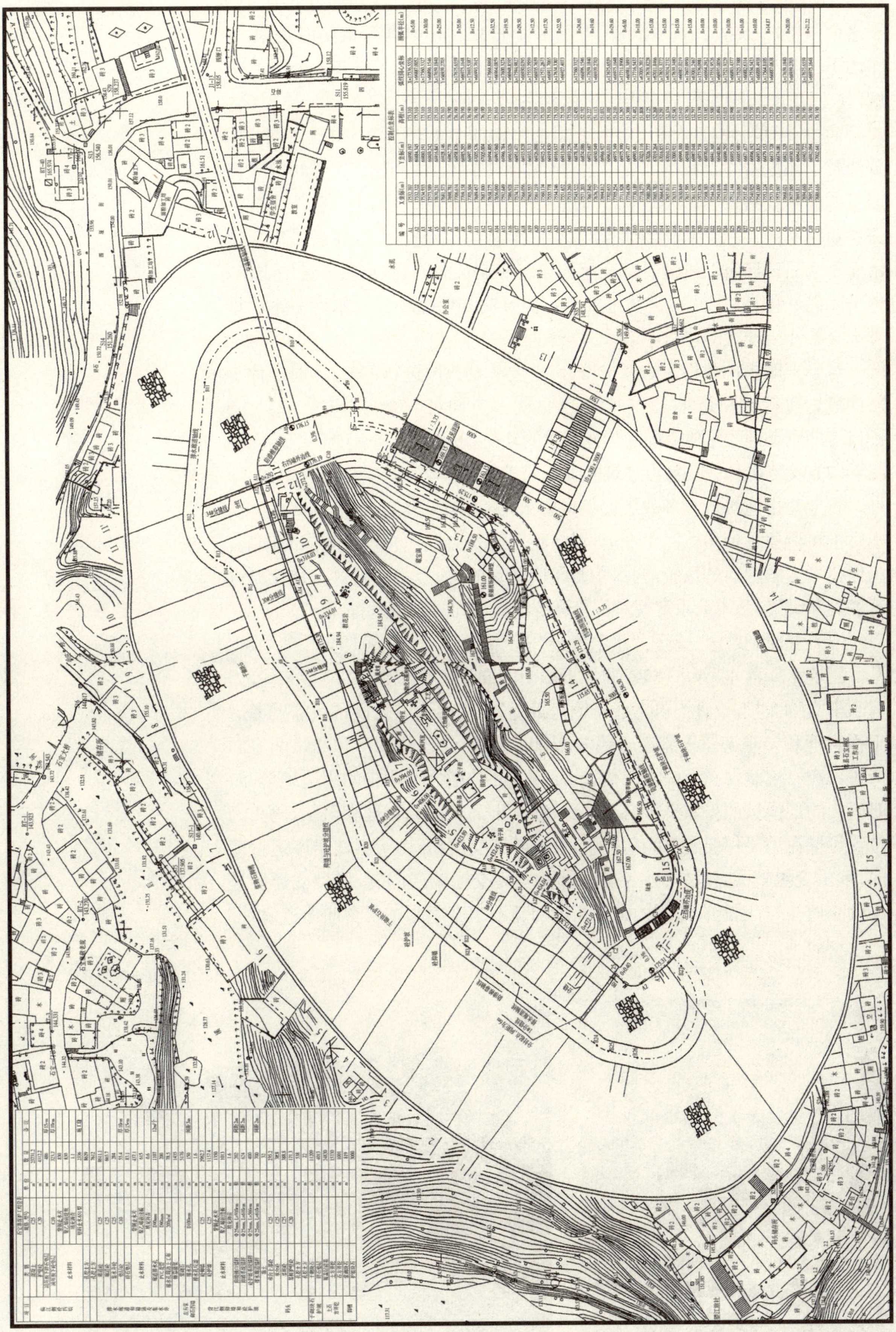

图 2-29 石宝寨保护工程平面图

下水位以上，三峡水库蓄水后，正常蓄水位 173.24 m，若不采取防渗措施，玉印山下部将有 17 ~ 27 m 的部分泡在水中，该部分的泥岩将会产生软化和崩解，使玉印山变形加剧，危及上部岩体和古建筑安全。

通过计算机建模、分析，结合玉印山的地质条件，玉印山的山体稳定主要涉及上部危岩稳定和下部支撑岩体（泥岩）的稳定性问题。为尽可能维持原有的自然景观对玉印山危岩部分的稳定宜以锚固措施为主。整个山体的保护重点在于解决山体下部泥岩部分的稳定，下部泥岩则主要是由于三峡水库蓄水后，其岩体存在软化、崩解和风浪冲刷几面问题，实质上是地表水、地下水防护问题，因此问题转化成为主要解决如何缩小三峡水库蓄水后地下水文条件与现状的差别。

对于玉印山山体稳定的保护设计，主要从两方面进行：一方面对山体上部的危岩进行锚固处理，提高其稳定性；另一方面对下部泥岩进行保护，防止风浪冲刷和地下水位变幅而加速岩体的软化和风化。

（2）文物本体——对古建筑的维修保护方案

石宝寨古建筑群大多数历史年代悠久，由于年久失修，加上三峡水库蓄水后不可避免地使山体产生变形，对古建筑还是会存在一定范围内的影响，为保持石宝寨原有的风貌，在保护玉印山稳定的同时，必须要对古建筑群进行加固和维修，基本采用常规对古建筑维修和加固的方法进行。

（3）交通问题——解决“水中盆景”利用的方案

三峡水库蓄水后，水位较高时，玉印山四面环水，结合环岛地形条件，为有利于文物保护，设计不再考虑车辆直接上岛，交通通道的设置只需要考虑工程管理和参观游览人流进出要求，因此对外的交通从水路和陆路两方面考虑。在石宝寨保护工程临江侧设置游船码头，结合玉印山的周边地形，游船码头的规模按照停靠小型游船设计，便于上岛人流的管理和组织，码头的位置尽量在满足停船要求的前提下，靠近陆路交通桥；由于三峡水库运行期间，水位变幅较大，仅依靠水路交通无法实现交通畅通问题，增设交通桥是一种交通补充，因此在玉印山围堤东段与新石宝寨之间布置交通通道，承担

图 2-30　石宝寨北侧西部新建的护坡与围堤

图 2-31　石宝寨北侧中部新建的护坡与仰墙

图 2-33 石宝寨正立面测绘图

图 2-32 石宝寨西立面测绘图

图 2-34 石宝寨东立面测绘图

新石宝镇至玉印山的陆路交通。

4）保护工程实施

结合地形地质条件，从文物保护作用、工程投资、运行维护等方面综合考虑，对石宝寨的保护工程采用了背江侧贴坡加仰墙、临江侧围堤保护的方案。

临江侧围堤采用衡重式挡土墙，基础采用实体混凝土，在实体混凝土内设置帷幕灌浆及排水廊道，围堤上部上下游面采用浆砌石砌筑。围堤每 15 m 设一条永久变形缝，封面设置止水和廊道周边止水。围堤堤顶高程 176.24 m，宽 5 m。外侧高程 162.5 m 以上坡比 1∶0.15，以下垂直；内侧高程 167 m 以下坡比 1∶0.8，以上垂直。为保证围堤基础稳定，在围堤外侧填筑压脚平台，平台顶高程 162.5 m，宽 5 m，平台外坡坡比 1∶3，坡面设干砌石，干砌石下设碎石垫层，坡脚设脚槽。

背江侧坡面采用直接贴坡方案，贴坡在高程上分两级，高程 152.24～176.24 m，采用混凝土贴坡方式对山体进行保护，坡面依山势而定，只进行局部修整，山坡坡度缓于 1∶1 时，贴坡厚度 50 cm；当山坡坡度陡于 1∶1 时，贴坡厚度采用 80 cm，并加设锚杆，贴坡混凝土下部设镇脚，镇脚内布置帷幕灌浆及排水廊道。

图 2-35　石宝寨新建游船码头与地形结合

图 2-36　石宝寨新建人行廊道

图 2-37　石宝寨新建的入口石阶平台

图 2-38　石宝寨登顶小道

3 水下文化遗产保护工程设计的原则

3.1 真实性

联合国教科文组织（UNESCO）世界遗产委员会将文化遗产“历史真实性”列为世界文化遗产审定标准的首要原则，这也是国际间定义、评估和监控世界文化遗产的一项基本因素。

“真实性”概念最早出现于《威尼斯宪章》（Venice Charter，1964）中，之后在欧洲社会逐渐得到广泛认可。其中以法定形式确立了“真实性”对世界遗产定义、评估、监控和保护中的意义，提出“将文化遗产真实地、完整地传承下去是我们的责任”这一核心理念。当时它主要针对欧洲文物古迹的保护与修复，因而现在主要用于文化遗产。世界遗产领域内关于“真实性”的解释最初见于《实施〈保护世界文化与自然遗产公约〉的操作指南》（以下简称《操作指南》），比较详细的解释见于《奈良文件》（Nara Document, 1994）。

通过对文化遗产的真实性的阐述，来衡量文化遗产的表现形式与其文化含义的内在统一程度。真实性与多种有价值的信息来源有关，它的判断取决于遗产的本质、文化脉络和时间演进。《奈良文件》第13款指出，“想要多方位地评价文化遗产的真实性，其先决条件是认识和理解遗产产生时及其随后形成的特征，以及这些特征的意义和信息来源。真实性包括：遗产的形式与设计，材料与实施，利用与影响，传统与技术，位置与环境，精神与感受。有关‘真实性’详实信息的获得和利用，需要充分地了解一项具体文化遗产独特的艺术、历史、社会和科学层面的价值”。文化遗产真实性还在于，“不同的文化和社会都包含着特定的形式和手段，它们以有形或无形的方式构成某项遗产”。

世界遗产委员会在《操作指南》（第 10 版，1997）第 24 段指出：“列入《世界遗产名录》的文化财产（property）至少应具有《保护世界文化与自然遗产公约》所说的突出的普遍价值中的一项标准以及真实性标准”；每个被确认的项目都应“满足对其设计、材料、工艺或背景环境以及个性和构成要素等方面的真实性的检验”。另外，《操作指南》还从立法与管理角度提出对真实性的保护，应“具备足够的法律的 / 合同的 / 传统的保护和管理机制，确保被提名的文化财产或文化景观有足够的保护。国家、省、市的保护性立法，以及服务于保护的管理和规划控制机制，是一切遗产保护的基础，必须在提名格式中予以正确说明。这些法律的 / 合同的 / 传统的保护机制的贯彻实施是必要的。而且，为了保护文化景点（sites）的完整性，尤其是那些对大量投资者开放的地方，相关成员国应该提供合理管理的足够证据，保证文化财产的合理保护、保存和对公众的开放”。

《北京文件——关于东亚地区文物建筑保护与修复》指出：真实性可以理解为信息来源的可靠性和真实性。文物建筑与遗址本身作为信息的来源具有根本的重要性，体现在诸如形式与设计、原料与材料、用途与功能、位置与环境，以及传统知识体系、口头传统与技艺、精神与情感等因素中。任何维修与修复的目的应是保持这些信息来源的真实性完好无损。2003 年的会安协议认为由于真实性和多种信息来源有关，故通常被理解为多重面向的，包含位置与场域、形式与设计、用途与功能以及“非物质”或本质的特性。

表3-1　真实性要素表

位置与场域	形式与设计	用途与功能	本质特性
场所	空间规划	用途	艺术表达
场域	设计	使用者	价值
“地方感”	材质	关联性	精神
环境中的定位	工艺	随时间而改变的用途	感性影响
地形和景致	建筑技术	用途的空间分布	宗教脉络
周边环境	工程	使用的影响	历史关联性
生活要素	区域地层	因地制宜的用途	声音、气味、味道
对场所的依赖程度	与其他特性或遗产地的联系	回应历史脉络的用途	创造性过程

近年来，“真实性”所涉及的对象不仅仅局限在文化遗产领域，也包括在自然遗产领域；不仅涉及有关建筑等历史遗产，更扩展到非物质文化遗产的范畴，及水下文化遗产等领域。

水下文化遗产可分为可移动的水下遗产（船舶）和不可移动的水下遗产（港口、城镇和史前遗址等）两种类型，在对遗产的真实性进行判定时，不同类型的水下遗产的标准也有所不同。针对可移动的水下遗产，其真实性的判定应当排除不必要的复杂性，诸如遗产在沉水前、后受到的外界干扰，而以发现遗产时的保存状况为基准。而针对不可移动的水下遗产，为了能够更好地尊重遗产，其信息来源真实性的判定则应当以遗产的原始状态为基准。评价要素都应包含遗产的位置和场域、原料和材料、形式和设计及其本质特性等。

在 2001 年联合国教科文组织在《水下文化遗产保护公约》中提出建议对水下遗产进行“就地保护”（preservation in situ），即在发掘遗产之前，需要考虑将遗产先留在原来的位置，即保留环境的真实性；即便是需要进行发掘，对遗产进行异地的保护，也需要为发掘、打捞等活动设立科学的标准与规定。

这种举措并不意味着不允许或不鼓励进行水下文化遗产的发掘，而是要对在发掘过程中可能对遗产本体和环境的真实性造成的破坏与需要进行发掘而能够更好地保护、利用，并有利于公众接近、了解水下遗产两者之间进行权衡。

《水下文化遗产保护公约》附件《关于开发水下文化遗产活动的规章》第1条提出“就地保护”（preservation in situ）原则为“首选”（the first option）。理解为“就地保护”是作为水下文化遗产保护的第一选择，为能更好地反映遗产的历史背景和科学价值的重大，在采取任何保护行动措施之前，应首先考虑进行对文化遗产进行就地保护的可能性。然而针对不同的地域、不同遗产的现存状况，首要的选择并不是唯一或是优先选择。公约指出对遗产进行发掘、移置的不良影响，如可能造成的对遗产本体的破坏和遗产相关环境之间联系，但同时也规定，在具有充分理由的情况下遗产可以进行部分或全部打捞，因此公约并不是无条件地禁止打捞复原。这些理由包括防止劫掠、保护重大科学价值，或者有利于公众对重大文化遗产的了解与认识。有些情况下，例如遗产所处环境不够稳定（土壤松动或洋流变化），而对濒危遗址进行经常性稳定加固的成本过高，对遗址进行移位的异地保护则会更优于就地保护的方案。尽管如此，“就地保护”仍然是保护水下文化遗产真实性的首要选择，或许在文化遗产与考古遗迹有限的情况下，随着探索与研究技术的进步，未来对文化遗产原始遗址的相关研究也会变得非常重要。

3.2 完整性

“完整性”（integrity）一词来源于拉丁词根，原词根有两层意思，其一为安全的，其二为完整的、完全的。现代语言一般将其理解为完整的性质和未受损的状态。

完整性最初被运用于评估自然遗产。世界遗产委员会在《操作指南》(第10版，1997)第44条指出，一项自然遗产在被提名列入《世界遗产名录》时，委员会将认定其是否至少符合自然遗产的4条标准之一，并检验其完整性。《操作指南》提出检验“完整性”所包括的要素有：时间上的连续性；地域上的关联性；生态系统的完整性和类型的多样性；具有持续且完备的立法、监管和保护措施等。《操作指南》规定，任何一项世界自然遗产的评定都必须至少符合四条认定标准中的一条及其所对应的完整性条件。

“完整性”的概念在国际文化遗产保护宪章中第一次出现于《威尼斯宪章》（Venice Charter，1964）中。第14条指出“古迹遗址必须成为专门管照对象，以保护其完整性，并确保用恰当的方式进行清理和开放”。在当时的认知水平下，宪章只提出要将纪念物和一定范围的环境作为特殊管照的对象，而没有对其做出更详细的解释。宪章中的“完整性”只是希望通过周边环境的缓冲来确保纪念物的价值，其“古迹”指价值相对较高的纪念物，大面积的历史环境在这时候并没有引起重视，所以也就没有认识到历史环境作为整体存在的重要意义。

《内罗毕建议》（《关于历史地区的保护及其当代作用的建议》，1976）第34条指出完整性的概念，“在农村地区，所有引起干扰的工程和经济、社会结构的所有变化应严加控制，以使具有历史意义的农村社区保持其在自然环境中的完整性”。此时的完整性，已经不仅仅包括物质环境的安全，还考虑到经济、社会等方面的影响，较《威尼斯宪章》中的概念又有了进一步的完善。

《操作指南》（第10版，1997）第24条指出，一项文化遗产被提名列入《世界遗产名录》时，委员会将认定其是否至少符合文化遗产的6条标准之一并检验其真实性。此时的“真实性”对应文化遗产，“完整性”对应自然遗产。《操作指南》是判定遗产价值的直接标准，而在实际操作过程中，人们发现原则与遗产类型的对应关系并不能解决很多实际的问题。2005年修订后的《操作指南》将原来对文化遗产与自然遗产独立的认定标准合并为10条标准，第87条明确指出“文化遗产和自然遗产的认定都需要满足完整性的原则”，第88条提出“完整性是评判自然遗产和文化遗产及其品质是否处于完整无缺和健康无损状态的标准”。完整性要求包括：所有显示突出的普遍价值的要素；拥有足够的规模以确保遗产重要特征的完整性；能够承受来自发展和忽略两方面的不良影响。

近年来，文化遗产中对“完整性”的理解又有了新的发展。《维也纳备忘录》和《保护历史城市景观宣言》（以下简称《宣言》）综合考虑当代建筑、城市可持续发展和景观完整性之间的关系，以更好地实现历史环境的复兴与当代发展。《宣言》指出“功能用途、社会结构、整治环境、经济发展的不断变化都体现在对历史城市景观的结构干预中，应该承认它们是城市传统的一部分”。《西安宣言》指出“文化遗产及其环境包含着大范围、多维复杂的相互关系，包含着相关的方方面面人为与自然的、传统与现代的、有形与无形要素等各方面的因素”。

有关文化遗产完整性的内涵由最初确保纪念物的安全而保护其周边环境，延伸到考虑经济、社会等方面的因素对遗产的影响。现在，“完整性”的内涵包括从无形到有形、历史与现状、人工和自然等多方面的因素。

水下文化遗产完整性的保护不同于一般性的文化遗产，水下文化遗产因常年沉没在水中，经过多年浸蚀已经和周围环境形成了一种平衡状态，任何自然或人工的干预都可能会扰乱这种平衡。而且就目前的技术水平而言，特别是遗产保存技术相当有限，对水下文化遗产进行考古发掘、打捞出水等并不是最有效的保护方式。相反，遗产在水下环境处于较为稳定的状态下，在技术水平达到可以妥善保存发掘出的水下遗产之前，对文化遗产采取就地保护的方式，将更有利于保全遗产本体的完整性。通过保全遗址本体物理上的完整性，也就保全了它所包含的考古、历史或文化信息。

实行就地保护同时也是对水下文化遗产所处环境完整性的保护，但并不是消极地将水下文化遗产留在原地，不做任何保护措施。《水下文化遗产保护公约》第2条第4款指出“按具体情况单独或联合采取一切必要措施来保护水下文化遗产，并应根据各自的能力，运用各自能用的最佳的可行手段”。对于新发现的水下文化遗产，有必要首先对该遗产和周边相关环境进行初步研究调查，在了解遗产和周边环境现状特性的基础上，根据需要采取积极的措施，防止周围环境出现不利于遗产保护的变化，诸如遗产周围海域污染的控制、环境的治理，从而减缓遗址自然腐坏、恶化的速度；遗产周围保护区划的确立，从而防止人为因素（如捕鱼打捞、军事演习、武器测试等活动）对遗产本身及周围环境的干扰等。

3.3 延续性

根据《实施〈保护世界文化与自然遗产公约〉的操作指南》及业内相关人士的研究，延续性（存续性）可表述为在历史进程和环境演变中时间和空间上的延续，以及在文化和精神传统上的存续。

表3-2 延续性要素表

<table>
<tr><td rowspan="2">有形遗产</td><td>遗存本体</td><td>遗存本体是否发生过较大改变；在过去和现在的时间进程中发生或进行的改变过程是否会影响遗产在未来的时间进程中的存在</td></tr>
<tr><td>历史环境和相关遗存</td><td>历史环境是否发生过改变，原有的历史环境是否能够继续存活；相关遗存是否可以存在并将继续存在</td></tr>
<tr><td rowspan="4">无形遗产</td><td>用途和功能</td><td>历史上的功能是否存在并将继续存在下去</td></tr>
<tr><td>传统活动</td><td>原有缅怀、祭祀活动是否存在并在相当的时间内仍具有生命力</td></tr>
<tr><td>精神</td><td>遗产原有的精神价值和意义是否发生了变化；象征性和意义是否能够继续存在</td></tr>
<tr><td>传统建筑工艺</td><td>传统建筑工艺及装饰技艺是否传承延续</td></tr>
</table>

从一般性的有形文化遗产领域延伸到水下文化遗产保护，其延续性由于遗产所处的海水环境而具有一定的特殊性。

海水环境的复杂性体现在对材料的腐蚀性上，考古遗迹受到海水中多种组合变量（包括水、溶解盐（主要是氯化物）、溶解气（包括氧气）、酸碱度、温度、压强、生物活动、悬浮物、沉淀物和洋流等）的相互作用和影响，发生蚀变。遗产沉没初期，各种物理、化学、生物的反应直接作用于遗产元件上，出现金属腐蚀、盐的渗漏、玻璃和陶瓷的损坏、有机材料的水解等毁坏现象。这种蚀变现象的发生根据沉入水下环境的变化而变化，并随着时间的推移渐渐朝着与环境相对稳定的状态发展。《水下文化遗产保护公约》第1条第1款指出“水下文化遗产系指至少100年来，周期性地或连续地，部分或全部位于水下的具有文化、历史或考古价值的所有人类生存的遗迹”。遗产在水下经历100年后，将处于一个相对稳定的状态，在外界不发生较大变动或干扰的情况下，能够依照长期以来的保存状况延续下去。对于遗产周边的环境而言，与遗产共存于水下，相比于陆上文化遗产，受到的人为或历史因素的破坏较少，其延续性也能够较好地维持下去。

随着科技的进步，全球沉船打捞不断升温，人们对海底世界的探索也变得越来越自由，发现并获取了沉睡在海底已经几百年的文化遗产，无论是沉船、沉物，还是陷落水下的建筑遗址，都见证了人类文明发展的历程，其中所蕴含的考古和文化信息，无疑让我们对人类文明的发展历程和自身的历史有了更深刻的了解。从1982年的《联合国海洋公约》形成对水下文化遗产保护的基本思路，到1989年的《国际救助公约》进一步提出保护水下文化遗产的考古、历史价值的救助方法，再到2001年的《水下文化遗产保护公约》制定出对水下文化遗产保护的一套技术标准，都表明了国际社会正朝着不断完善水下文化遗产和其历史背景保护的目标而前进。水下文化遗产所承载的文化信息，并没有因为其沉入海底而中断、消失，而是在人们发现它时，通过对过去人类文明的探索与了解，填补了发展历程中的空白，让文明得以延续。

4 水下文化遗产保护策略与方法

4.1 水下文化遗产的保护策略

4.1.1 就地保护的“优先选择”

文化遗产的就地保护已成为水下文化遗产管理的重要组成部分，但并非是唯一的方法。发掘水下文化资源和异地保护也是可以选择的，但是必须要有充分的理由和详尽的执行方案。目前从实际和理论两个方面的考虑，就地保护在当前的技术和社会条件下是保护水下文化遗产最优先的选择。

首先，我们需要水下文化遗产中那些具有代表性的部分，供以后鉴赏和研究。具有考古意义的沉船以及其他水下遗址数量众多，分布极广，明确每个水下遗迹的地理位置，考证其对文化遗产保护的潜在意义具有重要的意义。对此，通过对此类遗址的价值评估来确认其保护的潜在意义的重要价值。对此，可以挑选出那些具有重要价值的遗址进行保护，否则，这些水下文化遗产将随着时间和空间的变化湮灭在历史当中，从而失去鉴赏和研究的机会。

其次，就地保护其本质具有合法性。2001 年公布的《水下文化遗产保护公约》中就地保护是其主要的原则之一。在大部分国家已经建立的保护水下文化遗产法律体系中的“风险预防原则”要求国家不仅要承担保护本国过去的陆上和水下的文化遗产的责任，同时还应该保护与别国共有的文化遗产。水下文化遗产的共有性是其一个显著特征，对水下文化遗产的就地保护在很大程度上可以避免共有体之间的利益冲突。

第三，从目前发现的水下文化遗产的数量和研究能力不足，就地保护是一种不得不进行的保护选择。随着潜水运动越来越普及，许多潜水爱好者发现并报告了他们发现的水下文化遗产，直接的后果就是越来越多具有考古意义的水下沉船多了起来，面对突然开放的海事史，研究能力的问题成为一个比较显著的制约因素。水下文化遗产保护的技术也不能满足目前对水下文化遗产的保护要求。

第四，水下文化遗产所处环境的特殊性，导致了保护成本较大。尽管潜水不再是一项奢侈的运动，水下干预的成本依然昂贵。由于水体的特殊性，专门的设施花费是一项必不可少的开支。为了保证水下研究的精准性，专业的水下工作培训和大量的水下工作时间也使得水下发掘成本远远高于陆地。

第五，目前对文物某些侵蚀过程的不了解，也是实施就地保护的另外一个因素。由于水下文化遗产所处环境的特殊性，其侵蚀的过程也具有多样性，目前的科学知识尚不能清楚地了解这些侵蚀过程。在此种情况下，就地保护是对水下文化遗产最优先的选择。

图 4-1　水下原址保护——Uchrd-cage

图 4-2　原址保护方式——保护罩

就地保护的另一个重要环节是就地展示。

将水下遗址留在海底以取代发掘，这种倾向已对传统博物馆处理水下考古资源的方式产生了重要影响。参观者可亲身进入博物馆，博物馆应该是向公众提供信息、提高其保护意识的中心场所。它们的重要性不仅在于设计水下文化遗产的丰富性及其所处的特殊环境，更主要的是，它们事关文物背后和文物之外的故事。就这一点，考古学家主要依靠博物馆，而这种关系是双赢的：提高公众的意识能够更有效地保证水下文化遗产得到保护，同时，受影响的人群或者会成为博物馆的常客。

在向民众传达信息方面，有些博物馆已经取得了巨大成就，然而，这些博物馆是基于发掘过程中收集的材料和信息建立起来的，其船体与内部物品都被异地保护了。

带参观者到遗址是展示水下文化遗产的重要方式之一。将参观者带往水下遗址，往往会涉及潜水运动。目前世界上水下文化遗产的发现，确实有很大一部分来源于潜水运动。在世界上的一些国家，潜水社团是考古新发现的主要消息来源，同时还扮演着专业考古学家和水下文化遗产政策制定者的

“耳目”的角色，因此，有必要变客人为主人，使业余潜水员的身份转化成为水下考古队员，全面管理水下文化遗产。水下考古协会便是这样的一个全球性运营的水下考古社团，它囊括了业余考古学家和职业考古学家。

图 4-3　水下文化遗产标志牌

法律的实施或实物的保护对于接触水下文化遗产的行为实行限制，从而对这类人群的参与构成了严重的威胁。那么，如果阻止其前往某处遗址，就应该通过增加其接触其他遗址和区域的机会来弥补。这一观念正在得到发展，同样，旨在帮助走进水下考古遗产的新创意也在发展。

水下公园和保护区已创设了相当长的一段时间，在全世界各个地区都有这样的典范。将沉船残骸纳入这些水下公园的想法也已经确立，这并不仅仅出于保护生物多样性的考虑，更关键的是由于沉船自身作为文化遗产所具备的价值。与此同时，向大众开放的单个水下文化遗址的数量也在增加。

尤其是随着世界范围内积极参与潜水运动的爱好者的人数不断增加，自然资源与文化资源保护对国家旅游业的影响逐步深入，发展水下文化遗产参观，创设前往单个遗址的通道是一桩可能会创造上百万美元收益的大买卖。然而，这尚未被全面开发利用。水下文化遗产参观或遗址参观应该具有教育意义。对公众开放的单个水下遗址可能不是区域里最具考古价值的那个，因为后者也许会被遮蔽起来，不对公众开放。由于后者的缺场，公众接触到的遗址变成在更广的语境下讲述某些特定船只的场所。

潜水是一种体验，潜入某个海难事故发生地点更多的是一个多重体验。水下文化遗产的潜力极大，想象一下，真正的沉船残骸就躺在海底，躺在你面前，而同时，你能够见证被重新构建的过程。

但是潜水运动并不适用所有想亲身体验水下文化遗产的人们。对于多数人来讲，进入博物馆是一个更容易接触和选择的方式。为了满足这类人的需求，建立水下博物馆是一种必须要进行的活动。尽管水下博物馆的建立会遇到很多方面的问题，或是技术的、成本的，或是对水下文化遗产本体的影响，然而建立水下博物馆对于公众参与了解和保护水下文化遗产却是很有必要的。

图 4–4　亚历山大港水下博物馆

4.1.2　异地保护的选择

异地保护的选择，往往是经过统筹考虑进行的决定，目前世界上采取异地保护的模式经常是异地博物馆保护。异地博物馆保护往往要经过水下文物的打捞、文物的保护处理、博物馆的建设、文物的展陈以及博物馆的运营等环节。

目前对于水下文化遗产采用异地保护已经有比较成功的案例。位于斯德哥尔摩的瓦萨博物馆是世界上访问频率最高的海洋博物馆之一。该博物馆属于展陈沉船博物馆的典型案例。

瑞典战舰“瓦萨号”于1626—1628年在斯德哥尔摩建造，有69 m长，52 m高，5 m宽，是当时世界上最大的船舶之一。“瓦萨号”由年轻的瑞典皇帝古斯塔夫·阿道夫斯二世下令营造，由荷兰人建成。当船起航时，“瓦萨号”显得不够稳固且难以驾驭，其处女航刚行进

图 4–5　“瓦萨号”博物馆，打捞出的沉船、设备、船员的遗骸，以及随船携带的大批物品

图 4-6 水下文化遗产打捞

了 30 min 便沉没了，就在斯德哥尔摩的正中央，当时有数千人目睹了这一惨剧。国王对“瓦萨号”甚为自豪，本想以此来扩张瑞典王国，但结果却是如此失败。

当船沉没时，其船员和装备似乎不足。有 150 人在船上，30 人丧生。后来有 16 具遗体在沉船残骸上被发现。

对沉船的打捞花了好几年时间。海军潜水员在船体上开了 6 个通道，船体位于水下 32 m。将钢丝绳穿过这些通道，然后再连接到海面的打捞浮船上。最后，经过数次提升，沉船于 1961 年被打捞出水。之后对沉船的考古发掘是在水面上进行的。花了大约半年的时间对 40 000 件物体进行了修复。

沉船上的物品加上橡木船体本身总共有 1 500 t 重，对于保存工作来讲确实是一个巨大挑战。在测试了一些可能的方法与材料后，聚氧乙烯（PEG）被用来处理“瓦萨号”的木料，防止其干燥过快造成船体损坏。1962 年 4 月开始喷洒 PEG。PEG 的浓度从较低的5％逐渐提高，最后的浓度将近40％。还加入了硼盐来阻止微生物的生长并中和酸性物质。

几年中，在“瓦萨号”上测试了多种 PEG，PEG 4000、1500 和 600 都曾使用过。PEG 被涂到船体表面，收集到储存槽中然后再利用。PEG 喷洒工作持续了 17 年，从 1962 年 4 月到 1979 年 1 月，然后又花了 9 年时间来缓慢地风干。为了加固船体表面，又在船体表面涂了最后一层 PEG 4000。

对“瓦萨号”的保存工作算是一个实验，但是“瓦萨号”保存工作者们的开创性研究为世界上许多的其他沉船发掘项目铺平了道路。

“瓦萨号”在临时博物馆进行复原时已经对公众开放。今天的瓦萨博物馆是在 1990 年开放的，当时计划每年接待参观者 60 万人，这对任何博物馆来说都是一个很高的数字，但是瓦萨博物馆每年的参观者人数从未低于 73 万人。2010 年该博物馆接待了 210 万参观者，只有25% 的参观者是瑞典人。瓦萨博物馆是瑞典参观人数最多的博物馆之一，也是世界上参观率最高的的海洋博物馆之一。

图 4–7 水下打捞品

图 4–8 私人商店中的打捞出的亚洲沉船物品

图 4–9 一家商业公司从一艘船舶遗骸里打捞出来的物品

参观瓦萨博物馆的游客可能并不会觉得瑞典的政治、军事或经济史有趣。相反，“瓦萨号”的故事却可以拍成一部好莱坞电影，因为它触及了人类的经历，它诉说了生命与死亡，希望与失望，船体雕塑的皇家奢华气派，沉船复原的艰难，沉船的庞贝特征。它是一粒包含上述一切因素的“时空胶囊”，这枚胶囊中封装保存着历史。

瓦萨博物馆还利用了这一事实：一艘船是一个空间经历。空间性是建筑设计和风格的关键因素。从游客开始进入时，“瓦萨号”戏剧般的展示方式就打动了他们。灯光经过了周密的设计，出于娱乐保存船只和将冲击感最大化的双重考虑。七层楼高的博物馆倾斜式屋顶下的广阔空间给人一种大教堂或是神庙的感觉。建筑内的所有展览空间都要遵从这一空间经历，博物馆的任何角落都可通船体，所有的展览都在广大的内部空间进行。

瓦萨博物馆有着为参观者提供专业服务的好名声，这些服务在其他博物馆较为少见。为了每天尽可能多地接待参观者，尽管有天气方面的限制，但还是建立了一个有效的排队引导操作体系。系统被设计得尽可能让人们直接进入。博物馆营业时间很长而且在关门之前或之后也允许旅游团进入，并为来自不同文化背景的游客们提供了多语言导游服务，文字及影片也是多语种的。博物馆员工运用不同的方案将参观者从拥挤的地方引导出来。参观者们大多数都是首次来瓦萨博物馆，他们会在博物馆发现身着不同服装的导游。在入口处有参观者服务台，既作为瓦萨博物馆的信息台，也作为出租车之类服务的预定中心。虽然夏季游客多，造成了很大的接待压力，但是博物馆运转保持正常。2009 年，瓦萨博物馆荣获外国游客瑞典最佳体验的“TRIP 全球奖”——其他竞争者是宾馆和游乐园，该奖项旨在表彰那些为来瑞典旅游的外国游客提供最佳旅游体验的旅游业经营者。

图 4-10 维京海盗船博物馆：位于罗斯基勒的海盗船博物馆重点展出古代和中世纪时期的船舶、航海及造船文化。维京船大厅被设计成一个大的展柜，陈列在 Skuldelev 发现的五艘维京船。除了展示五艘船舶外，大厅内还设有专门的临时展览，以及一艘仿制的商船和一艘仿制的装备了货物、武器的军舰

图 4-11 新近结束的平潭水下考古，发现了明清时期德化窑和安溪窑青花瓷器

图 4-12　博德鲁姆水下考古学博物馆

图 4-13　博德鲁姆水下考古博物馆藏品

图 4-14　玛丽露丝博号打捞物件

图 4-15　玛丽露丝博物馆——从朴茨茅斯旧船坞附近的海底被打捞起来。在这个外形如豌豆般的博物馆中，展出了 500 年前“玛丽露丝号”沉没时的完整船体和船中的许多工件

虽然瓦萨博物馆的异地保护是水下遗产保护的成功案例，但是其并不能解决所有水下文化遗产的保护问题。尽管“瓦萨号”的考古复原工作已经成为一个正面个案，而且瓦萨博物馆使得数百万人得以一睹水下文化遗产。瓦萨号的成功事例经常被用做沉船复原的有力论据。但是随着游客数越来越多，瓦萨博物馆获得以前而且将来也难以超越的商业上的成功。很重要的一点原因是，像“瓦萨号”这样复杂的沉船复原在今天的瑞典难以再复制。同其科研价值相比，其打捞复原工作成本太高了，而且船只保存以及博物馆能否经营成功也有很大风险。

事实上，自 1950 年以来，瑞典和世界上其他国家已经打捞复原了很多沉船，只有很少一部分成为世界有名的旅游胜地。尽管有着很高的科学价值，但是大部分复原的沉船最终都成为公众不可接近的博物馆收藏品。

在 20 世纪 50 年代末 60 年代初，沉船的复原就是一项保存行动。今天，当我们面临保护成千上万保存完好的波罗的海沉船（很多有着和“瓦萨号”一样的品质）时，我们需要想想其他方法了。

沉船和轮船有着同样的故事，但是对沉船故事的讲述却因其位于水下而得到了强化。还有，那些保存较好的波罗的海沉船的结构或多或少都有损坏，但是船上的物品还在那里，仍和船只沉没时一样。如果把波罗的海的一艘沉船和“瓦萨号”作比较，可以看得出“瓦萨号”经过了重新修整。

因此，如今的策略是将沉船保存在原来位置（海底），通过潜水公园、数字化登记、网站和展览的方式来接近它们，对它们进行研究。让非潜水人员通过使用遥控潜水器来参观和观看位于海底的沉船很有前景，在不久的将来可能会吸引数千人。

4.2 水下文化遗产的保护方法

4.2.1 保护措施——出水防氧化保护

水下文化遗产的保护方法有多种，就目前可以充分展示的保护方式绝大部分都是异地保护、博物馆展陈。这对于水下文物的保护是一个很关键的技术。从水下一个缺氧的环境到陆地上，氧化作用往往对文物会产生致命的影响，因此做好水下文物的出水保护是进行异地保护的关键环节。

类似地，考古物体表面的取样和回放不可避免地会引起断裂，如果不采取任何保护措施，对物体来说，则可能是毁灭性的。而将沉物由水中转移到大气中可能会加重蚀变，也有可能或引起新的物理化学反应和生物反应。一方面，是因为沉物暴露在氧气和光之中；另一方面，是因为物体表面被水和盐覆盖。所以，当一件含铁的金属物体从海底挖掘出来时，腐蚀层甚至是中心部位的富含氯离子的盐会与潮湿的空气（特别是氢）发生反应，最后生成盐酸（HCL）。这个反应是自然发生的，并且会自动维持下去。如果不采取任何措施，就会引起金属的损坏——即物体的自毁，以及物体表面包含的技术、历史信息丧失的无可挽回的损失。所以，从挖掘一开始，就必须采取应急措施，就像急救员对伤员的初诊：预防性维护。如果这第一个步骤准确无误地开展，随后我们就能泰然地考虑稳定甚至复原发掘物。在这些方面，近几年我们取得了重要的科技革新，尤其是在对来自水下挖掘的敏感材料的处理，例如金属和木材。

（一）预防性维护的重要性

沉船中发现的物体是海上日常生活和英雄事迹存在的证据。即使这些物体在海底看起来完好无损，事实上却并不是这样。内部缓慢的物理化学变化多多少少损坏了物质组成。专题文献中有有关浸泡在海底的材料的损坏机制的详细描述。

金属腐蚀，表面覆盖着铜绿或保护性的矿物杂质，装满盐的陶瓷制品、玻璃被浸滤作用破坏，潮湿

图 4-16 考古学家的水下考古作业

的环境下需采取特殊维护措施的有机材料的一些组成部分被溶解，比如纤维素和胶原被水代替，这些结构变化，虽然通常是看不出来的，但是依然需要针对不同材料的规定来控制物体水下部分移出过程中的蚀变。此外，由于物体结构脆化，从挖掘和提取开始就要考虑到较多的转变反应。因此，在重要的挖掘过程中，需要指定动产管理者负责操作链、挖掘物在实验室的复原，及适合这方面的方法的设计。预防性维护能最大限度地发挥最初维护对物体处理的作用，甚至是对研究的作用。所以，从易碎的、大体积的、笨重的或混合的物体提取开始，就要准备好合适的材料，保证物体的维护、处理和安全，以及转移到考古基地过程中的储存。物体应该至少浸泡在水中保存（陶瓷制品、玻璃、含锂的家具、骸骨、金属、木材、组合物体），或置于潮湿的环境中（织物和绳索、皮革、藤柳制品）。如果不考虑材料的特异性，我们会发现物体如若被置于空气中，没有采取任何预防措施，则：对于铁、铜等金属制品来说，就会发生腐蚀；对于陶瓷制品来说，因为盐的重结晶，会发生表面脱落；对于有机材料来说，干燥会引起原始形态的开裂和变性。在操作链阶段以及沉积物的清理阶段之后，应对物品进行清点、绘图、拍照和研究，以便于根据易碎性决定最终处理方法。对于一些材料来说，比如陶瓷、不变质玻璃和骸骨，除盐可以从水中开始直到结束，并且对其进行有规律的控制。对于其他材料来说，应该在有光的环境中储存，并进行长期维护，因为它们的储存时间从几周到几个月不等，甚至几年。对于金属来说，如果可能的话，最好保存在碱性环境中。对于有机材料，需要提前进行有规律的保养，甚至寄存在冷藏室中，以便控制微生物的滋生。这些在水下看起来完好无缺的材料，是进一步损坏的温床，从第一秒开始就要对它们进行维护。所以，有必要在所有考古操作开始之前就准备好挖掘需要的材料以及适合物体保存的方法。

图 4-17 German WWII military transport vessel KT-12 残骸

从 2010 年 1 月开始，法国文化与宣传部水下考古研究处设置了一个主管预防性维护和收藏品管理的部门，由 2 名水下文化遗产保存专家组成。此部门不仅要配合鉴定工作和物品提取的精密操作，在地面上进行干预，还必须唤起挖掘队对于材料维护的意识，不论这些队员是专业的还是志愿者。此部门还必须确保操作链从挖掘到增值的连续性。由于部门背负着 40 多年的债务，所以除了直接研究，挖掘出的物品常常都被忽视，只能在尚不完美的维护条件下沉睡于不同仓库中。

（二）维护复原的进展

在法国，多个维护复原实验室介入了水下文化遗产的处理。其中艾尔克昂蒂格实验室、艾尔克努克蕾埃尔实验室和阿尔勒艾一克浩斯实验室为改进处理已经开始了基础研究，以便在浸水之时和之后维护置于恶劣条件的材料。

近几年在发展过程中，科学家已着手进行了这方面的几个优化方案：

（1）装满水的木制大体积物体的处理；

(2)次临界流体对铁制品的脱氯技术;

(3)远程驾驶金属品的电解作用;

(4)金属沉船原位维护。

传统意义上的水下考古收藏的重要步骤为:

1)维护复原处理的不同步骤

在储存结束时,当遗迹被运送到复原实验室时,在水下考古物体的维护复原过程中有四个重要步骤:① 稳定(或脱氯);② 去凝结;③ 复原;④ 长期维护。

稳定是工序中持续时间最长的步骤,为使物体在新环境中保持稳定,同时有力地甚至完全限制蚀变。对于金属材料,这一步骤被称为脱氯;而对于陶瓷和玻璃,则称为脱盐。目的是为了去除在不同环境(海水、咸水、淡水和土)中埋藏了几百年的物体里聚集的盐分。这是一个被称为“被迫”的步骤,因为现在对金属使用的稳定处理是将物体浸入化学溶液中(通常是碱性的,以氢氧化钠为基础),而对于陶瓷和玻璃,只需将其浸入简单的淡水中。这些处理最大的不便就是其持续时间,因为它需要根据物体属性和其埋藏的环境(淡水、海水)变化。金属物体的时间从几个月到几年不等(来自海水的生铁物体的电解稳定时间最多三年),这个时间段总共占物体处理时间的90%。

凝结是工序中的另一个步骤,由复原物体的人完成,通常需借助机械工具、化学浴。对于海底铁制品来说,需要电解工序。根据使用的材料和程序,这一步骤能在稳定之前或之后完成。如果物体体积庞大,属于炮管或锚类别的,可以与稳定步骤同时进行。

复原,是工序中的激活阶段,由复原物品者借助与牙医使用的相似特定工具完成。微钻、微转、微刀、微凿、微喷帮助维护复原人员找到物体载有考古信息的原始表面,即隐藏着具有类型学、历史、认识论研究价值的装饰、图案和铭文的表面。在这一阶段,我们也能将同一物品的碎片粘贴,进行最终的加固。

最后的程序包括表面防护层的应用。这些防护层是可逆的,保护物体在所处的环境中(博物馆里的橱窗或者对与大体积物体来说通常在橱窗外)不受损坏。这一步骤(蜡、树脂、漆)通常针对金属物品,或需要重新打亮的玻璃。

2)装满水的木制大体积物体的处理

埋藏在普通条件下的有机材料很快就会被生物体(昆虫、微生物)损坏,氧气缺乏的水下环境(厌氧环境)更适于物体的维护,尽管一些组成部分(木材的纤维素、皮革的胶原等)在水中的溶解会对物体内部结构造成不可逆的物理、化学损坏。只要埋藏或浸入的环境不改变,装满水的有机材料就会保持稳定。但是一旦暴露在空气中,它们就会变形。如不小心操作,干燥会彻底毁坏它们。在上一节中已提过,合理的维护措施对此类物体最重要,以便在较长时间段里保证其保护和最优处理。最精细的阶段将涉及材料的干燥,因为它们的结构被损坏得尤其严重。所以,在干燥开始之前,有必要使用加固机械体结构的物体浸透这些物品。物品损坏的状态、体积、收藏过程决定了处理方式。处理时间长短根据选择方式的不同而变化,从几个月到几年不等。ARC—Nucl6art在装满水的有机材料处理方面领先于众多实验室。由于近几年的发现,例如里昂圣•乔治公园的小艇,处理含水有机材料的装置更加专业化,相关技术也获得了革新。因此,除了通过聚氧乙烯(PEG)浸透小物体或适宜长度的独木舟的传统槽,模块水池也能通过聚氧乙烯的酸雾化加固大体积小艇。在不同性质的聚氧乙烯的浸透处理之后，就可以进行干燥了，根据物体的尺寸，可以采取冰冻干燥，或者可控干燥。冰冻干燥时，实验室需备有两个大容量冰冻干燥器，一个直径 1 m、可用长度 5 m，并能进行独木舟的干燥，另一个直径 1.7 m、可用长度 3 m。对于过于庞大的物体，比如长十几米的独木舟，只能在空调壳中进行可控干燥。加罗琳王朝长 9 m 的古格奴独木舟经历了两年的浸没和一年的可控干燥。在操作阶段为了便于搬运，物体提取出来后，设计一个合适的支撑是很重要的。最后，公共展出时的支撑物是不可忽略的，如果零件已破碎，则需要重新组建一些部件。这个支撑物必须与各零件形状完全吻合，维护最脆弱或者受到机械应力最严重的部件，并且不易被发现。对于由几十个零件构成的小艇，这一设计阶段需要几个星期的思考和试安装。

3）*考古物品新稳定技术——次临界流体*

传统金属稳定技术包括将物体重新浸入合适的化学溶液中，通常是碱性的或者无水溶液。这些碱性溶液（铁制品用氢氧化钠、铜制品用碳酸氢三钠）有益于稳定腐蚀，但是速度很慢。在19 世纪 80 年代，开始使用电解法处理此类物品。这大大减短了处理时间，而且效果更持久。到了 21 世纪，一项新技术出现了，并渐渐成为前景广阔的考古铁制品的稳定方式——次临界流体技术。

次临界流体的特性在法国已经研究了40多年了，它最初被应用于冶金工厂铁皮的清洗。虽然次临界流体被应用于越来越多的工业领域（药理学、过滤、洗涤、除垢等），但是，直到 2001 年与保罗 - 马迪基安带领的维护复原团队合作的美国南卡罗莱纳克莱姆森大学材料学研究者迈克 - 德鲁斯才第一次想到将这项技术应用到金属考古物品的稳定中。一个小容积（0.75 L）的样舱很快就建成了，第一批测试开始。不久，这些测试反映考古物品的稳定效率有了戏剧性的提升。9 年的研究之后，公布的实例证明稳定时间被缩短 20 到 30 次，小物品的时间从数月被缩短到几天（最多 4 d）。

克莱姆森大学在产业化生产之前开始投入使用第二台机器，它带有30 L 的水槽。最初的处理被应用于考古物品，并获得了出人意料的成果，证明了这一项新技术的优势。

（1）原理

流体的次临界状态是一个介于液态和气态的物理中间状态，流体保留了其液态特征，也兼有气态性质（更好的挥发性、更小的黏度和密度、更弱的表面压强）。具体来说，考古物品被置于装满化学溶液的槽中，然后加压加温（直到沸点）。流体一旦进入次临界状态，就会渗透到腐蚀的物体中，瞬间引起盐析反应。溶液剂量实时变化。其间要更换一次溶液，如若需要则更换两次。当盐析完全时，槽被清空，稳定的物体被取出。

根据克莱姆森维护中心最初的测试，所有的特质都能有效减少析出金属腐蚀的主要氯化物。例如，克莱姆森维护中心已证明一件通常耗费 3 个月才能稳定的物体如若使用次临界流体只需耗费 72 h。

（2）应用革新

这项新技术拥有广阔的前景，因为此技术能够有效缩短稳定时间，将稳定溶液容积减小到最低限度，并且重新定义处理的各个步骤。

现今，当考古学家挖掘出一个金属物，他很难立即获得维护复原拨款，即使是海底挖掘。在等拨款的时候，这些物品就会被放在仓库或维护研究中心（CCE），直到研究和维护复原行动开始。这使得物体数年不能获得应有的处理，最后造成其表面蕴含的考古、历史、技术价值不可避免且无法挽回的损失。过去，很多维护复原者、考古学家、收藏管理者都曾亲见未被稳定的收藏品的彻底消失。

这项新技术的开发会给预防性维护和维护复原带来深刻的影响。

首先，在挖掘地或收藏品储存地进行大规模处理，以等待复原和研究时金属物的稳定。重要的是，一旦物品被稳定，它就能在适宜的环境中长期储存，而不用担心其损坏和消失。

其次，水下方面，从出土到海洋矿物的清除期间，对物体进行稳定，使其在干燥的环境下储存，免去了金属物在装满溶液的水槽中储存的步骤。这些溶液不仅昂贵，并且实际使用中很难管理，也会带来生物污染。

2011年末，阿尔勒艾一克浩斯实验室将装备欧洲第一套采用此类型 200 L 处理槽的机器，这是目前世界上最大容量的实验仪器。

4）网络监控电解处理

海底发现物中，大体积金属物，比如说炮管和锚，经常是很难处理的（处理技术、搬运、运输、阻塞物等），只有电化学技术才能稳定此类物体，并保证长期维护。电化学步骤持续时间长，因为彻底的盐析平均持续一到五年，并需要动用庞大的处理空间。

（1）电解原理

电化学的使用能加速析氯过程并缩短处理时间。建立一个阴极（待处理物体）和阳极（惰性金属，通常是不锈钢）之间的电场进行电化学处理，在向电解液（碱性溶液）析出氯时实现了对金属的保护。处理受到物体势能的限制以及其他两个电解参数：电流强度和电极压力（阴阳极之间的压力）。此处理首先完成了去杂质工作，并且没有造成任何损坏，然后全面完成脱氯处理。之后必须对参数进行月检测，并把物体从浸泡的溶液中取出，测量析出的氯含量。根据含量不同，为了优化脱氯时间，要有规律地更换处理溶液。脱氯时间几年内都不会有太大变化。

（2）远程监控电化学处理

此类型遗产复原在国内外的需求扩大，使得人们在近十几年来一直努力通过对当地谈判对象的培训，在发掘地或收藏品接收处完成物品的处理。信息和交流技术领域取得的进步使人们能够通过网络远程监控物品的维护并根据传输的参数相互作用。以此为基础，5 年来 ArcAntique 实验室与专业企业合作开发了这些处理措施的远程监控设备，名为 KPAKEN。它能通过 GPRS 全球定位系统、无线网和以太网交换数据，实时调控参数。完全自动化使日常操作更为便捷（电解参数监控、连续数据追溯、溶液搅拌和更换、技术警报），保障了处理的安全性和可靠性。此设备尽管使用了运输和物流，但是能在现场完成处理并且达成物品的增值。最初的处理中参数稳定得更快，所有处理的时间也缩短了几个月。这个设备现在已经成为新研究的主体，以实现压缩模式处理并最终缩短处理时间。

这套设备不仅能在发掘地附近处理物体，也能用于教育目的，通过远程协助向国外同行业者传授技能优化处理。

5）原位维护：另一种处理方式

通常，场地发掘、初调查、挖掘、物品出土和收藏品处理经费的筹集之间可能会耗费几个月甚至几年，所以随着时间的流逝，物品的原位预防性维护越来越普遍，维护方法也不尽相同：

（1）预先维护发掘地，建立海底考古公园。

（2）预先维护物品，准备挖掘和长期维护。

（3）探查、研究、挖掘发掘地，并且为了后代而重埋发掘地。

考古学家鉴定了三种方法，根据所保护的材料不同分类：有机材料的处理方法有利于研究之后沉船的重新填埋及其跟踪演变；建筑遗产的处理方法有利于利用海底考古公园的创建或物品复原实现海底文化遗产的增值。在原位预防性维护方面，R. 佩特里阿奇和 B. 大卫德发明了一种意大利方法，这是一种源于意大利 Baia 发掘地的水下复原技术。这个项目采用新型介入方法和工具，在水下进行与地上建筑物相同的复原工作。最后，金属沉船的处理方法采取妥协的态度，优先进行沉船和物品的阴极保护以及海底公园的建设。这也是我们所坚持的。

海洋建筑中的金属最先出现于铜钉或铁钉中，几百年以来，它还以别的形式存在着（例如保护木材免遭蛀木虫侵蚀的铅和铜）。但是直到 19 世纪末金属才被大量用于船只金属构件的建造。

现在，如果不采取任何措施，金属沉船就会成为濒危遗产。理论上来说，海洋中的钢铁腐蚀速度是每年 0.1 mm。这个数据是从事堤岸和平台建设的精英工程师使用的平均数字，它也是根据 50多年来海水中钢铁老化的经验得出的结论。每年 0.1 mm 意味着一百年间金属的厚度就会减少 10 mm，这是第一次和第二次世界大战中大部分船只的铁皮厚度。所以，对濒危遗产、未来历史遗迹的诊断和保护刻不容缓。

金属沉船就是船体腐蚀的代表物。观赏沉船事实上是一项不可忽视的极具潜力的潜水俱乐部游览项目。腐蚀不可避免地会造成历史和认识论信息的损失以及经济损失（如果沉船消失了，就相当于失去了潜水地点）。更严重的是，腐蚀会造成船只上层建筑的坍塌，这将威胁正在参观的潜水者的生命。最后，腐蚀也会引发生态灾难，因为铁皮穿孔会引起货物外泄（油箱燃料、化学品，比如汞）。

根据理论数据确立沉船维护战略是不合理的。所以，考古学家和维护复原者首先必须亲临挖掘地，鉴定金属船身的腐蚀速度，然后构思最合适的沉船保护措施。我们应该学习艾 • 麦克劳德建议的澳大利亚方法，其中包括废金属厚度、沉船电化学势能、沉船对沉积层和活跃层的准确而细致的分析。最初的原位跟踪表明在开放水域，平均腐蚀速度大约是理论速度的四分之一（大约 0.025 mm / 年），但是浸在水中的会引起电耦合的金属装配的腐蚀速度反而高出 2 ～ 3 倍。

21 世纪，我们将“一战”和“二战”中的金属沉船录入了考古遗产清单中，这是十分紧迫的。海底遗迹的原位维护越来越重要，它将带来历史、认识论以及经济方面的持续发展。同时，我们也要根据这些方面的要求，选择第一批参加测试和长期跟踪的沉船。

随着海底考古革新的发展以及遗迹的持续发现，海底文化遗产的维护和复原也发生了变化。海底遗产保护、增值、延续、维护和复原开始面向大众。挖掘物品却不知道要如何处理的时代已经过去，人人严格按照学科界限工作的时代也已经过去。今天，考古学、维护复原和遗产增值紧紧联系在一起，越来越多的项目旨在吸引潜水员、历史爱好者或单纯的好奇者潜入水底，无论这种潜水是真实的还是虚拟的。为了能在原位或在博物馆维护这些物品，在发现物品之时就必须采取最好的维护措施。

4.2.2 保护措施——水下文化遗产保护探索

当水下文化遗产受到的威胁程度不高，同时由于其他方面的原因，不能对水下文化遗产进行详尽研究和充分保护时，一般会采用一种简单有效的水下遗产保护方法——将沙袋覆盖于已暴露的沉船部分。这种保护水下文化遗产的方案执行起来既简单又可重复操作，花费也不大。保护目的是减缓自然力对该遗址的破坏进程。

这种方法并不适用于所有水下遗址的保护，但在处理那些半沉没遗址时效果显著，这些遗址的重要部分往往深埋于海底淤泥中，其余部分则暴露于海水中。澳大利亚已经对这种方法进行了一定的尝试。

Solway 号沉没于距海岸大约 500 m 处的海底，沉船位置距海平面 3 m。遗址发现于 20 世纪 60 年代早期。Solway 沉船作为澳大利亚第二古老并且是全国范围内第一艘被定位的沉船，其历史意义因相对来说较好的保存状况而得到提升，并在 1981 年公布的《南澳历史船骸法案》中被评为“历史文化名船”。

在 1994 年进行的一项文物调查项目中，对 Solway 号进行复查，发现船体的大部分结构仍是完整的。淤沙和残骸的长度说明遗址相当大的一部分——从船底至龙骨都深埋于海底。这进一步证明了 Solway 遗址可能包含了大量古文化遗存，包括当时船上运载的货物。

随着遗址保存状况不断恶化，澳大利亚遗产分局有关部门对 Solway 遗址的重要性做了重新的评估。对 Solway 遗址的重新评估认为，Solway 遗址的重要历史意义不仅局限于它是第一艘被发现的南澳沉船，更是最早的欧洲移民对南澳经济掠夺的象征。遗址本身的考古意义在于它很可能包含了第一批德国殖民者到达澳大利亚大陆的直接的文化遗存证据。

为更好地探讨遗址的考古意义，弄清遗址上船载货物及私人物品的种类及分布，又对沉船进行了发掘，在该次发掘中发现该遗址具有相当大的考古和研究价值。船体保存下来的部分比最初预想的要大得多，这与沉船正好位于一块由石灰岩构成的珊瑚礁上有关，这种珊瑚礁主要成分为碳酸钙，质地较软。从船体与珊瑚礁产生碰撞到沉没，船的龙骨和船底首先与较软的礁石碰触，船体本身因其自身的重量和不断向前的膨胀产生冲击，使珊瑚礁产生凹陷，并被海沙填满，由此使得船的龙骨拐角和船底都得到较好的保存。

试掘时发现大部分暴露在水中的船木保存完好，并没腐烂。但是在宽阔的甲板和船木上，只有遗址中心区域覆盖了几公分厚的泥沙，并不像 20 世纪 80 年代调查报告中说的那样，整个遗址都是被泥沙覆盖的。对遗址可能遭受威胁的重新评估认为，海底开发和船只停泊并不会对遗址产生直接的或者潜在的影响。但现有的证据也无法判断覆盖于船身上的淤沙的流失是持续不断的还是季节性的。

因此对水下遗址采取保护措施已经迫在眉睫，在保护过程中选择使用沙袋是比较有效的方法。将沙袋覆盖于暴露的船木上，将从生物学和动力学两个方面保护遗址免遭侵害。人工将沙子覆盖于遗址上，从而使腐烂的船木重新置于无氧状态下，也可以尽量减轻海生钻孔动物对遗址造成的毁坏。沙袋还可以起到防止海沙侵蚀、大型物体撞击以及充满好奇心的潜水员的查探等作用。这一区域通常不会有船只经过，可以不用担心沙袋会被起锚等行为破坏。沙袋还会成为海生动植物的栖息地，它的表面很粗糙，可以吸引足够多的海洋生物在它上面繁衍生殖，海生物的新陈代谢会在遗址表面形成一层沉淀物，不断加厚的沉积层会对遗址起到很好的保护作用。沙袋的材质很重要，麻布袋子很容易腐烂，不利于海生物的生长，而涤纶编织袋的效果则会好得多。

将袋子装满新沙后，就被搬运到遗址上，然后覆盖于刚暴露的船木上。沙袋要尽量放平，从而使它的覆盖范围达到最大。与此同时，也要开始着手实施监控项目。监控的目的是为了观察沙袋的状况、潜水员可能造成的破坏、风暴的影响、海洋生物的生长和沉积速率、海水侵蚀的产物和影响，以及遗址其他部分的暴露情况等等。

对水下遗存的观察将被复制在一份遗址平面图上，无论是新发现的遗存还是先前已经发现后来又被掩埋的遗存，都将记录在案。观测将会获得大量数据，而且每次观测都会拍照，拍照时通常都是预先设定一个位置，然后通过延时摄影技术获得遗址的影像记录资料。记录资料也包含每次观测前三天的天气状况。

沙袋部署完毕后，在接下来的遗址保护过程中，必须对这些沙袋的海底情况进行定期检查。以往的观察经验认为，整个遗址上最脆弱部分的沙袋堆会改变海水的流动模式，并导致对周围沙袋的侵蚀，使更多的船木暴露于海水当中。通过定期检查，并在遗址附近预备足够多的沙袋，可以随时覆盖新暴露的遗址部分。

沙袋对遗址外围海底沉沙移动的影响，也是定期检查需要调查的内容。通过对先前遗址观测数据的考订和最近监控设备记录的资料显示，遗址大部分区域在夏季的几个月更容易暴露在海水中。这种季节性的现象，说明遗址被破坏的部分与海洋生物的活动有很密切的关系，同时也可以检测出哪些船木是不会被海洋生物寄生的。

使用沙袋保护水下遗址的方法，花费少，快捷有效，而且整个过程符合联合国教科文组织水下文化遗产保护的规范和原则。

沙袋保护方法适用于暂时不进行研究的对象，对一些已经有研究基础，并且需要与公众进行互动的水下文化遗产，建造真正的水下博物馆是水下文化遗产的另外一种保护措施。

2006年的一次联合国教科文组织会议就曾建议在亚历山大港建造一座水下博物馆，在原地向公众展示著名的灯塔和托勒密皇宫遗迹。该博物馆的可行性研究应尽快开始。然而，建造一座水下博物馆所面临的挑战和问题很多，既有总体性问题也有建筑学和技术问题。需要解决的总体性问题包括：和博物馆选址有关的遗迹原始性及考古学上的考虑，还有遗产的展示以及对遗址及其文化遗产进行全面保护的问题。建筑既不能对原址造成损坏，也不能使其变样。当然，如果在水下建造水族馆并以人工方式在里面展示遗物甚至复制品，或者建造一座模拟博物馆，并不能使游客得到想要的真正体验，那么都是没有意义的。

建筑学和技术问题包括：水下结构方法的选择，水下浮力问题，水流压力、潮汐、暴风雨以及土地的稳定性。很多水下遗址都是由土地下陷或地震造成的，在建造博物馆时忽略这些因素是很危险的。

另一个重要问题是水质和水下的能见度。大多数水下遗迹起初都是被淤泥、沙子覆盖的，因为水流让这些东西移动。如果遗址需要每天或者每小时来清洁才能保证能见度，那么这就为它们的展示和保护带来了问题。大多数自由流水并不完全纯净透明，因此会给参观者的体验带来负面影响，而限制在一定空间内的静水又容易长海藻，需要清理。

其他方面的问题主要是安全问题，例如来自内部的（爆炸）和外部（压力，经过的船只带来的冲击）等“入侵性”事件，它们可能会导致建筑被灌水甚至倒塌，危及参观者和遗迹的安全。

和上述问题相比，设计问题，例如博物馆学向参观者展示的方式以及培训研究设施设立方面的问题似乎都显得次要了。然而事实证明这些问题和上述任何一个技术问题同样重要。一个博物馆只有对它的受众也就是公众有吸引力，它才能取得长期的成功。

除了上述一系列问题，还要强调一点，那就是在博物馆设计时要将博物馆的构造和市政规划相结合，以确保遗迹、博物馆、城市及景观之间的和谐互动。从两方面来讲这都是合理的——博物馆是对城市的补充，反过来也一样。如果不考虑一个博物馆的城市和自然环境的保护，将会对未来的成功造成致命影响，而且水下遗址的保护还要考虑到对当地渔业、港口活动、旅游和航海的影响。

同样重要的是要考虑到游客通常的游览路线，以及建造活动对所保护遗址和其他考古遗址带来的环境影响。阻碍游客参观遗迹的严重障碍，和技术问题一样都是终结博物馆建造计划的重要因素，

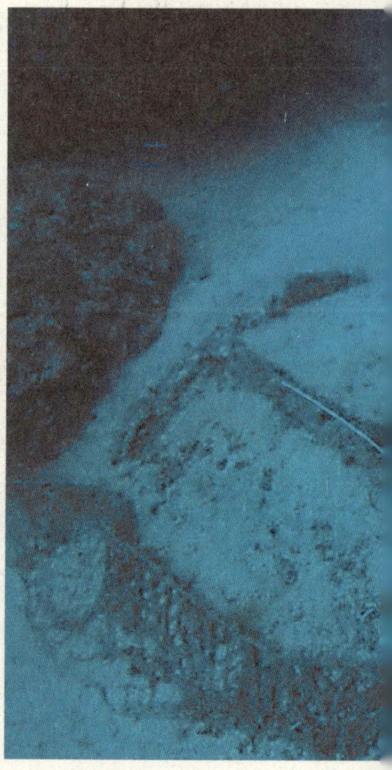

例如纳米比亚的封闭安全区就使得游客无法参观奥兰治蒙德沉船。

我国在进行对水下文化遗产保护的探索中，尝试了多样的保护途径，这为世界保护水下文化遗产提供了宝贵的经验。目前我国的白鹤梁水下博物馆和南海一号沉船博物馆是当今世界关于水下文化遗产保护模式的典范工程。

诸多的挑战和限制可能会让水下博物馆的建造显得举棋不定，例如建造像白鹤梁水下博物馆，或者是像南海一号沉船博物馆这样的半水下博物馆。这两座博物馆破纪录的建造所用的时间是其自身值得庆祝的成功。两个博物馆在其各自类别中都是“世界第一”。

白鹤梁是中国涪陵的一个考古遗址，由于新建三峡大坝，现在已经没入水中。这里有世界上最古老的水文学石刻。该博物馆于 1994 年开始规划，2002 年开始建造，它的建成花费了 2 800 万美元。

图 4–18　水下考古作业

该博物馆使得因河水上涨而淹没的遗址得到保存，使人们能够最大限度地接近并欣赏。这是世界上对水下文化遗产进行就地保护最好的也是第一个例子，这座博物馆使得非潜水者也能接近遗产。它也保存了当地民众与河流之间的文化连接。而之前由于建造三峡大坝，数百万当地人的家园和宝贵的自然环境被破坏。这几百万人和他们原来生活环境之间的文化脱节难以估量，但是至少还有一些文化遗产将这些民众与他们的根连在一起。

南海一号是一艘 800 年前的古船，在宋朝时期沉没，25 m 长，3 800 t 重。它在中国广东省南部海岸连同其周边的淤泥一起完整地被打捞出水。目前南海一号在一个位于阳江市海陵岛“十里银滩”的博物馆展览。它周围是一个旅游开发区，也是位于旅游度假区的一个文化中心点。该博物馆的主要特色就是一个水族馆，里面的水质、温度及环境和沉船打捞前一样。考古学家们准备发掘该沉船，它现在被包裹在打捞箱和淤泥之中，可以让参观者在博物馆中目睹水下考古工作。其沉船主体被保存在水中，而且参观者可以第一时间了解水下考古，这两点使南海一号沉船博物馆毫无疑问地成为世界上最重要的水下文化遗产博物馆之一。

白鹤梁水下博物馆和南海一号博物馆现在仍然面临此类工作中不可避免的问题，主要是水的清洁度和能见度。博物馆学及保护专家目前正在寻找解决方案，相信必定会找到。这两个博物馆必然会引导科学的进步，并且给国际科学界提供建造此类博物馆的可能性的第一手经验，它们将为已知的问题带来成熟的解决方案。

对于公众来说，这些博物馆的意义远不止于此——它们是对水下历史秘密的美妙体验，也是对水下考古前景的雄伟展示。

4.3 人工淹没区文化遗产保护经验模式

4.3.1 人工淹没区水下文化遗产调查

（一）水下古城址和建筑的调查方法

这些遗存的体量大，分布面积广，在淹没前曾经是现代居民密集居住区域，因此首先应该通过陆上调查走访获取这些遗存比较准确的地点，如果条件允许最好能够找到这些城址和建筑的布局规划图纸。

在此基础上对遗存所在的区域进行大规模的物理探测和扫描，包括使用旁侧声纳、前地层剖面仪以及多波束声纳等设备进行扫描。对于寻找较大体量的城址或建筑，根据以往的水下考古调查经验看应该不存在较大困难，因此调查不应仅仅局限于发现遗址点，而是要通过物探调查获取这些水下城址或建筑全面的图像。

待物探完成后，就可以进行水下调查和摸探，水下古城址和建筑调查与水下沉船遗址调查在方法上没有本质区别，但工作量要大得多。

根据物探扫描的结果，再通过水下考古调查弄清遗址全貌，并对其进行全面的录像、拍照和绘图。考虑到城址和建筑面积大，在实际操作中首先在城址或建筑的某一位置设立基点，从这个基点出发把城址或建筑划分若干个部分，并布设纵横两个方向的水下参考线，将城址或建筑用网格状参考线全部覆盖，对每一个网格进行标号，其密度由水下能见度决定。这种水下网格线类似于田野考古发掘中的探方，是录像、拍照和绘图的参考和依据，拍照时尤为重要。由于受水下遗存特殊埋藏环境和能见度的限制，无法一次性获得水下城址或建筑的全貌照片，因此必须要通过摄影拼接的方式来完成，而进行摄影拼接必不可少的一个要素就是参考线的设置。

通过物探、水下测绘、录像和拍照，我们就可以了解到水下城址或建筑的现状，并对其与淹没前的面貌进行对照，以考察和评估这些水下城址或建筑的变化以及水下环境对其造成的影响，提出并制订保护规划。

在此基础上，对那些不利于水下保存的遗物进行适当提取。

（二）水下遗址和墓葬的调查方法

相对于水下城址和建筑，水下遗址和墓葬的调查显得尤为困难，这是由于水下墓葬和遗址不仅处于水下，而且还处于水底地表以下，具有二重埋藏环境，水下地表特征不明显。

早期的陆上调查和物理探测是必不可少的，通过这些工作我们可以在一定程度上缩小水下调查范围。根据陆上田野调查的结果，在发现墓葬和遗址的区域附近进行物理探测，除了使用旁侧声纳、浅地层剖面声纳、多波束声纳等设备外，针对有的墓葬中可能会埋藏有金属质地的随葬品，在扫描中还要使用磁力仪等设备。根据扫描结果，对可疑区域进行水下钻探，2004 年曾在福建东山县冬古沉船遗址尝试过水下钻探，取得一定的效果。

人工淹没区一般受建设时期所处时代的限制，有一些遗存在没有经过科学系统的考古发掘和搬迁的情况下就被淹没于水下，而且那个时候也较少受到盗扰破坏，因此，这些遗存被淹没时应该是一种比较好的保存面貌。经过长期的水下浸泡，其现状令人担忧。因此，对这些遗存进行水下考古调查也是非常必要的。

虽然在以前工作中对水下城址、建筑、墓葬和遗址这些遗存涉及不多，缺乏这方面的经验，在调查过程中可能会面临较多困难和挑战，但是中国水下考古事业经过近 30 年的发展，已经积累了相当丰富的经验，拥有各种先进的设备，技术人员储备也相当充足，可以开展人工淹没区内的水下考古调查工作。

4.3.2 人工淹没区文化遗产保护经验模式

针对人工淹没区内的文化遗产，大量的实施和研究证明了中国在三峡湖北库区的文化遗产保护工程十分成功，不仅系统地保护了一大批具有峡江地方特色的传统建筑，对三峡工程建设乃至对世界文化遗产的保护事业和中国文化的发展作出了特殊贡献，而且建立了一套行之有效的文物保护与管理体系，为迁移复建文物保护工作，提供了可供借鉴的经验模式。

（一）先规划后实施的计划管理模式

三峡文物保护工作是有史以来最大规模的对人类文化遗产进行的有组织、系统化的抢救保护工程，这项文物保护工程的成功经验之一是采用了“先规划，后实施”的计划管理模式，即先对保护区域的文物在深入调研的基础上进行全面系统规划，从发展的角度提前对保护工作的内容进行周密的设定，再按规划的内容实施保护。

在 20 世纪 90 年代之前，中国文物保护一直遵循“抢救第一，保护为主”的方针，对于文物特别是对地下文物，除了对裸露、损坏或人为破坏的文物进行抢救性保护和对基本建设中不能避开的文物进行保护性挖掘外，一般不主动对文物采取措施。如果因某种特殊原因（如基建）涉及文物的挖掘和搬迁保护，也多以立项的形式保护，且规模比较小。三峡工程是世界上规模最大的水利工程，按照三峡工程的建设目标，除进行三峡大坝的建设外，还要建成浩大的三峡水库，坝区上游的区域将形成1 084 km^2的三峡水库，绵延 662.9 km 的 20 个县区沿江区域均是淹没区，移民、环保、地质、道路、交通以及文物保护等都是水库建设的基本内容，要完成庞大的建设任务，对于如此大范围的文物进行保护，必须慎之又慎，没有周密的先期规划，很容易出现无序的局面。“既对基本建设有利，又对文物保护有利”的双利方针，是我国为配合基本建设进行文物保护的一贯方针，它要求文物保护和建设部门要统筹兼顾，不能顾此失彼。因此，必须采取先期探明文物“家底”，系统地进行规划，再按规划内容进行实施的保护模式，即“先规划，后实施”的计划管理模式，从而增强三峡文物保护的计划性。

在此过程中，中国政府组织编制了《长江三峡工程淹没及迁建区文物古迹保护规划》，这是我国编制的具有开创性的第一部系统完整的文物保护规划报告。该规划的形成具有科学性和系统性，对于后续保护工作奠定了科学的基础。该规划包含七方面的作用：其一，探明了三峡文物的“家底”。填

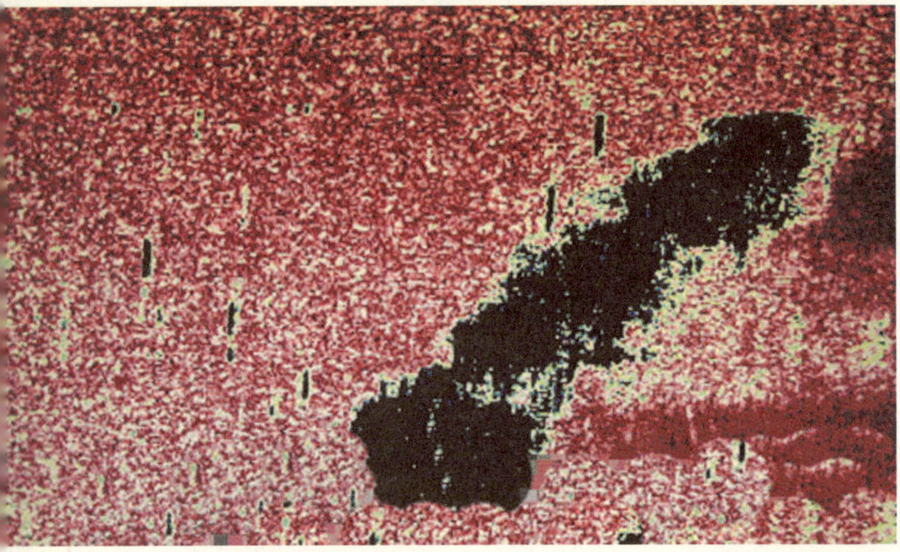

图 4-19　这张高分辨率声纳图像显示的是德国“鸬鹚”号战舰的残骸

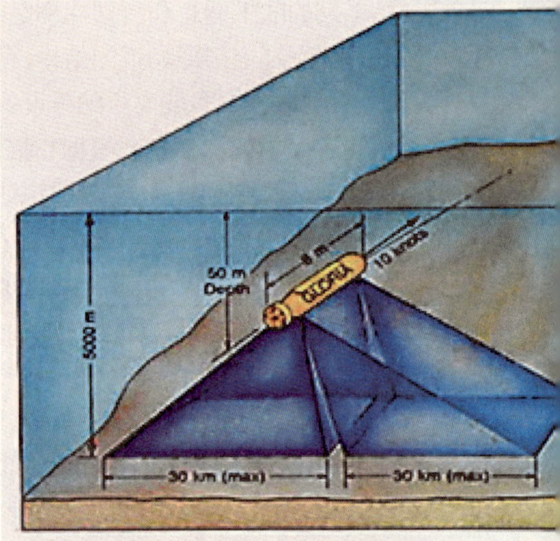

图 4-20　旁侧声纳设备

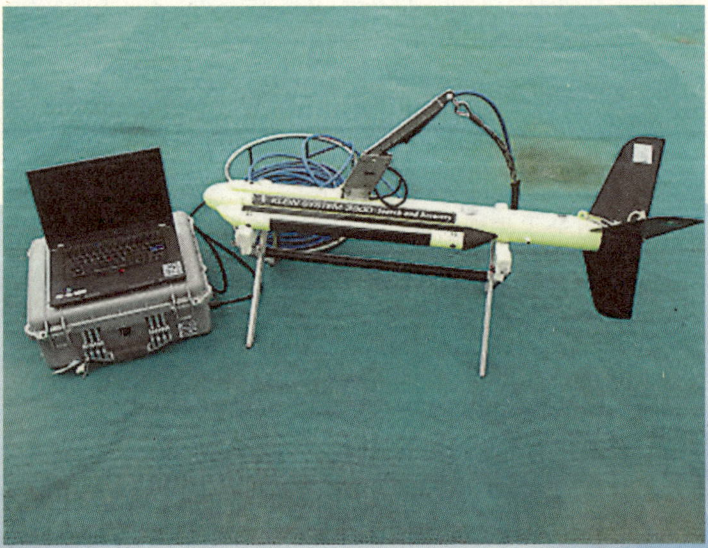

图 4-21　水下作业工具——高清侧扫声纳系统

图 4-22　水下考古工作船

补了三峡淹没和迁建区文物总量长期难以确定的空白，确定了三峡文物保护的基本对象。其二，对淹没和迁建区文物进行了科学的价值评估和保护措施分类。对一些具有填补学科空白和重大历史佐证的文物予以了重点剖析。根据各文物和文物点的价值、保护单位级别、社会影响和保存状况等，依据地下、地面文物的特点，制订了不同等级的保护措施。其三，制订了与工程进度相符的文物保护进度指标。将文物的保护时间和范围按蓄水进度进行规划。对各淹没线内文物所在高程、发掘面积等具体实物数据指标，制订了详细的保护方案和硬性的时间表。其四，对文物保护经费进行了概算和分期投资的计划分割，避免了工作进度与经费拨付进度的脱钩。其五，对国家重点保护项目制定了专题保护规划，分别制订了相应的保护措施意向。其六，编制了民族民俗文物保护规划，形成保护意识。提升民族民俗文物为非物质文化遗产。其七，制定了博物馆建设的发展规划。规划部门从促进三峡文化事业发展的角度，将文物再利用的问题进行了预期规划，规划出以核心博物

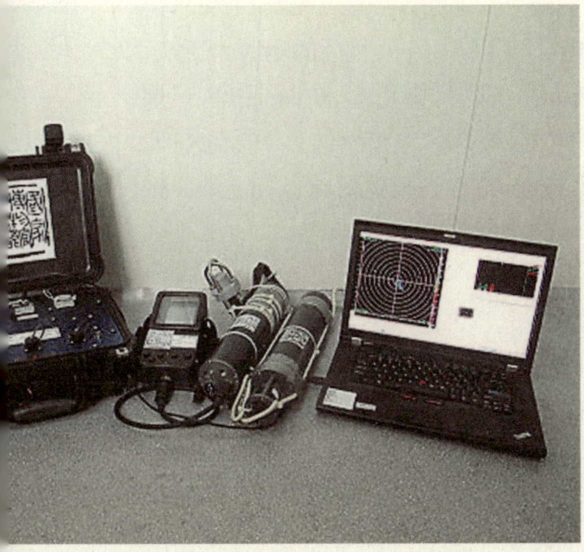

图 4-23　水下短基线

图 4-24　水下摄像机

馆带动整个人工淹没区的博物馆群建设项目。这项规划对三峡文化事业的发展具有巨大的促进和启示作用。

“先规划，后实施”管理模式的运用，不仅顺应了三峡工程建设的管理体制，也为三峡文物保护建立了一个科学有序的保护平台。这个平台既有发展的预期性，又有解决问题的时效性，使繁缛复杂的保护工程变成了井然有序的程序工程。在三峡工程运行后，该模式被各大型文物保护工程借鉴和应用，如南水北调工程中的文物保护、大遗址文物保护、大运河文物保护、世界文化遗产申报工作中的文物保护和各大城市的文物保护等，已经成为大型文物保护工程的基本管理模式。

（二）全面普查与重点保护结合的稳步推进模式

三峡工程人工淹没区内的古建筑形式丰富多彩、独具特色，文化内涵博大精深、异彩纷呈。从建筑结构上可以分为：土木结构、木石结构和砖石结构建筑；从建筑功能上又可分为：寺庙（祭祀）建筑、民居建筑、桥梁建筑以及牌坊、城门、亭、塔等。这些都反映了三峡地区不同时代的地域习俗、技术手段、生活模式与价值取向，从一个侧面反映了三峡地区人民的生活水平、生活状况和审美情趣。为了充分保留峡江两岸文物建筑的传统风貌，展示三峡地区古建筑的区域特色，最大限度地保护峡江文化元素，中国相关部门在对三峡湖北库区建筑文物进行广泛普查，摸清“家底”的基础上，按照重点保护的原则提出了系统保护的规划，并按规划稳步推进，圆满完成了规划古建筑文物的保护任务。在这一工作过程中，形成了全面普查与重点保护结合的古建筑文物保护工作稳步推进模式。

（1）全面普查“摸清家底”是基础

通过文物普查，进一步掌握三峡地区地下文物种类、文化内涵、文化性质及数量，为其后的重点保护项目的确定提供了详细的资料；通过对地下文物的勘探和试掘，对地上文物的搬迁保护试点等，为后来的重点保护积累了经验。

（2）重点发掘和保护是关键

在人工淹没区内有些区域可能是人类自旧石器时代至今十余万年以来生产、生活的场所。遗址、墓葬可谓遍地皆是，此外各地还有不少旧民居、祠、庙等建筑，全面系统的文物调查、勘探、测绘、试掘工作，为规划的科学编制提供了丰富而又详细的第一手资料。按照“保护为主，抢救第一”，“重点保护，重点发掘，既对基本建设有利，又对文物保护有利”，“最大限度地抢救，将损失减少到最小”的原则，根据库区文物本身的价值和保存状况，拟定其重要性的次序，分别采取不同的保护措施。

（三）各级政府负责与文物部门主管结合的领导体制模式

保护祖先创造的文明，是全民族、全社会的历史责任。如何把三峡库区文物保护工作做好，不仅是文物部门、三峡工程的建设单位的责任，也是库区各级政府和库区广大人民的共同责任。在如此庞大和复杂的三峡文物保护工程中，探索出了“三建委统一领导，库区各级政府负责，文物部门主管，相关专家参与”的领导体制和组织运作模式。

（四）原址保护与移地复建结合的多元保护模式

文物是历史的真迹，保护文物必须保持文物的原状。在三峡工程启动之初，三峡工程建设者和文物管理者们就提出了关于三峡文物保护的基本指导思想和工作原则：鉴于文物的不可再生性，对三峡工程淹没文物要采取得力措施将损失降低到最低程度，尽最大可能进行抢救；鉴于文物保护工作的规律和特点，三峡工程的文物保护工作必须“超前”进行，在保证质量的同时，提高速度，工程建设部门必须积极给予有力配合，保证经费、提供信息，并给予一定的时间；以总体规划、全面抢救为前提，以重点保护、重点发掘为原则，文物迁移必须遵守不改变文物原状的原则；注意保护文物所固有的环境风貌和历史文化传统；考古发掘必须作好全面的科学记录，对出土文物和重要遗迹要积极采取措施予以保护，力争解决重要学术课题；文物保护工作中注意发挥文物作用，促进工程建设和库区经济发展。为了充分保护峡江两岸文物建筑的传统风貌，展示三峡地区古民居的区域特色，最大限度地保护峡江建筑文化元素，无论是在三峡地面文物的原地保护上，还是在搬迁复建方面，始终坚持了确保“不改变文物原状”的重要原则，严格按文物修缮的原规模、原材料、原工艺的“三原”原则循序渐进，确保了文物的原真性。

(1) 确保原地保护项目不改变原状

原地保护主要是按 1964 年通过的《威尼斯宪章》中有关“一座文物建筑不可以从它所见证的历史和它所处的环境中分离出来”的原则，对三峡库区地面文物保护中，凡受影响的和部分淹没但对文物主体影响不大的文物建筑采用原地保护。一类是那些记载历史上水文变化的石刻，这种石刻一旦位置变动，其记录价值就会有所丧失，同时这类文物又不易因蓄水而毁坏，因此在对其进行详细记录之后，对它们采取围堤、筑坝，或加固、防护等保护措施使其在原地、原环境之中得以继续保存下去。另一类属于部分淹没但对文物主体影响不大的文物古建筑，而且这些古建筑一旦离开了它所处的历史地理位置和环境，其文物价值便会大大降低。因此，对凡是具备保护条件的古建筑，应尽可能多地尽量采取措施争取原地保护。

(2) 确保搬迁保护项目不改变原状

搬迁保护主要是指为了国家的重大利益，三峡库区一些地面文物不得不从原址搬出来采取易地建设的保护措施。地面文物的搬迁保护大致分为三个部分：一是整体搬迁。凡是整体结构比较完整的古代建筑如寺庙、塔楼、桥梁、民居等，应搬迁复建到相应的地理环境。二是部分搬迁。一些整体结构不完整而部分构件特别精美的建筑采用局部搬迁保护。三是凿石搬迁。三峡两岸大量的石刻、题记、石窟造像等可考虑将其切割下来，陈列展览或易地保护，使其发挥应有的作用。

(3) 确保仿古新建文物保持原有风格

为纪念世界文化名人、伟大的爱国诗人屈原而建的纪念性建筑屈原祠，因其文物等级高、价值大，又称计划单列保护项目。考虑到屈原及其爱国主义思想的深远影响，该建筑群被列为三峡四大特殊保护项目(计划单列项目)，采取仿古新建方式建设。

(4) 确保留取资料保护项目全面完整

留取资料保护是指对那些保存现状残破或改动较大以致无法辨识原貌的地面文物，采取收集史料整理建档的方式予以保护，即采取详细测绘、拍照、记录或拓片、制作模型，或将有价值的构件拆落收集保存，为后人全面研究相关文物的历史提供依据。

(五) 现实保护与未来开发结合的集中复建模式

长江三峡物华天宝，人杰地灵。在风光秀丽的自然景色之中，点缀着星罗棋布的各类人文景观，构成了三峡地区驰名世界的旅游观光胜景。充分保护和利用三峡文物资源，通过地面文物的搬迁复原，重现三峡历史风采，结合地下出土文物的展示宣传，提高三峡文物知名度，辅以三峡新的自然景观开发三峡旅游业，以文物促旅游，以旅游带动三峡地区的工业、农副业和第三产业的启动，进而带动整个三峡地区经济的起飞，将是一条切实可行并且见效迅速的路子。

在这次三峡工程库区文物保护过程中，把对三峡文物的保护与未来对文物的利用和开发结合起来，如把现实的文物保护规划与未来的旅游发展规划结合起来，把文物保护与文化教育结合起来，让文物能充分发挥其效益。在三峡文物保护的总体规划中，创造了“集中保护，规模发展”的思路。这种模式既有利于文物的管理，也有利于开发和提高文化遗产保护成果的社会贡献率，为文物进一步的保护和开发奠定了良好的基础。对三峡工程淹没区地面文物的系统保护，特别是采取“集中复建、规模发展”的思路，为今后其他大型基本建设的文物保护提供了一个成功的案例。

（六）多方筹资与强化管理结合的财务管理模式

多方筹资是三峡文物保护工程顺利实施的经费保障。三峡地区的古代文明遗存，从旧石器时代到明清，跨年代长、数量多、分布广，三峡工程库区所有基本建设项目都会不同程度地涉及，三峡工程淹没区和迁建区的文物古迹保护仅仅涉及其中一小部分地域。为了全面保护好三峡地区文物，根据有关文件，确立了“谁建设，谁承担相应的文物保护、发掘任务”的基本原则，三峡文物古迹保护经费采取多方筹资的办法。三峡工程承担了属于受三峡水库淹没和移民搬迁安置涉及的文物古迹保护任务，在最初确定的三峡工程水库移民补偿总投资中，文物古迹保护就已经被列入“专业项目改建、复建补偿投资”的项目。

完善的财务管理制度和规范化的项目管理机制是搞好三峡库区文物古迹保护工作的重要保证。这些措施不仅保证了三峡湖北库区文物保护与抢救工作的进度和质量，也保证了三峡文物保护资金使用的有效性、合理性与安全性。规划经费概算细则的制定以及具体经费的初步测算、概算和预算制度的建立，填补了我国地面文物保护缺少经费核算依据的空白，为进一步规范全国地面文物保护经费的计算标准，出台适合我国地面文物保护经费的概算依据文本奠定了基础。

5 水下文化遗产保护实施指南

5.1 实施原则

无论是陆上遗产还是水下遗产，对于人类都有着独特的价值，因此针对遗产所实施的任何行动都纳入了公共领域。相关管理部门在审批遗产保护计划与行动的同时，需要确保其对于水下文化遗产具有保护、认识或改善的贡献，在遗产保护与管理以及社会发展趋势这一背景下制定出基本的实施原则。

5.1.1 以原址保护作为首要选择

许多遗址掩埋于泥土之下或沉入水底，长期不为人知，通过考古调查和研究，才被人们欣赏和认识。因此，考古研究便是为了发现目标以认识遗产并获取知识。然而对于遗产的认识并不能单纯地理解为对其本身特征的认识，同时也是发掘与探究遗产背后的相关事件与情境。遗产与其所处环境本身具有很强的关联性，相关的历史事件体现了遗产的真实性，而背景环境又在一定程度上决定了遗产的价值意义。

发掘是考古调查与研究中最具特征的行动，同时也是对文化遗产影响最剧烈的行动。在广泛的研究背景下，发掘行为本身将会成为一个更具有创造性的过程，为过去的社会提供新的知识，或者以全新的角度来解释历史的某些方面。发掘可以使遗产更易于理解，但同时又会损害遗产的真实性，而真实性是人们在体验、享受、认同或纪念一个地方时最重要的特征。与此同时，发掘行为一旦开始，所产生的影响既无法消除，也无法再修正遗产被破坏的原始状态。

水下文化遗产是有限的，随着研究的发展，考古学家们也一直在探寻最适合、最具策略性的保护与研究方式。一些未被扰动的值得研究的遗址，拥有相对完整背景情境的考古信息，在不断提高的研究水平下，也许可获取到的遗产信息将更加丰富。因此，为将来的审查和研究而谨慎地保留遗址，已被考古研究者们所广泛接受。

基于以上对遗址及其历史和背景之间相互作用重要性的认识，原址保护成为保护文化遗产的首选原则。

原址保护的原则仅为首要的选择，而不是唯一或优先的选择。在考虑到外部诸多因素的情况下，遗址的部分或全部发掘也许是必要，并且是优先考虑的选择。同时让所有遗址都保持其现状是不可能的，这不仅关系到资金、管理能力与研究学者的有限，还在于遗址本身及其周边环境维持现状的难度与不稳定性。并非所有的遗址都能够得到保护和管理，因此需要在对所有遗址及其考古、历史和艺术或美学价值进行评估的基础上，根据资源的有限性、遗产的真实性和背景情境的重要性做出合理实用性的选择，只能将一部分遗址留给后代和未来的研究人员。

5.1.2 确保遗产的公共性与共享性

（1）商业性开发的限制

水下文化遗产作为公共遗产，在管理中应尊重公众的利益，不应被当做一种在交易或投机中可用的经济资源。遗产一旦被发现，就应该保存其对人类有独特价值的科学文化特性，尽管目前还没有明确遗产的所有权问题，但是遗产应该属于公共领域。遗产的价值来自于遗产本身以及其与背景环境的相关联性，而且在考古遗址中遗产与其背景环境的整个组合远远比分散的单个物品的价值和意义更为重大。人工制品、标本以及与遗址有关的信息必须保持在一起，并明确以避免散失。遗产交易对遗产总体的完整性以及遗产属于公共利益而非私人利益的原则造成了很大的威胁。早期的文物交易与古物学、考古学有着非常紧密的联系，甚至在一定程度上促进了考古学的发展。为了私人收藏目的而开发遗产的行为曾经一度被公认为是合理的，而不是例外行为，许多公共机构例如考古博物馆，通过这样的途径获得了许多来源不明的单体物品，同时也造成了来源于同一遗产地的收藏品分散于世界各处，导致其中相当一部分失去了它们的出处记录。

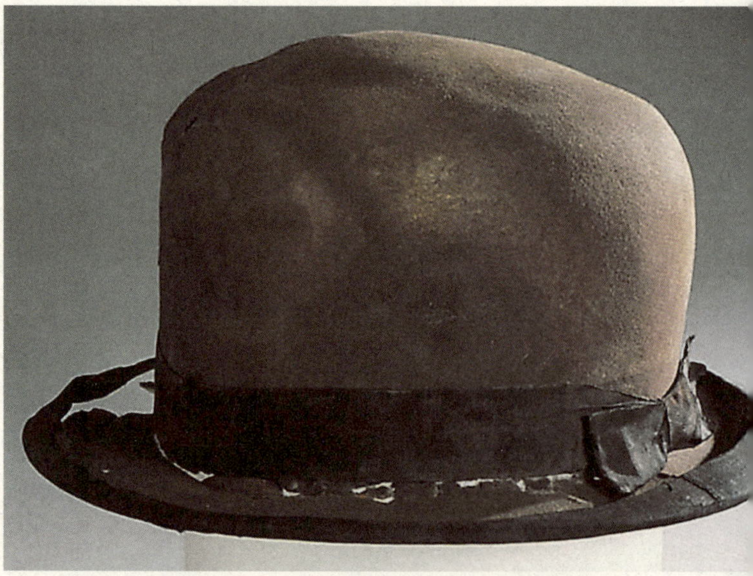

图 5-1　水下考古打捞物件

直到今天，还有部分人仍然声称这样有助于增强人们对世界文化多样性的理解，增进文化间相互尊重，并减少以自我为中心的沙文主义。然而我们不能忽视这一行为给遗产来源地带来了历史文化上的缺失，同时也为“掠夺者们”创造出大量的财富。掠夺文物的行为不仅要在国家层面上禁止，在国际层面上也要加以控制。随着 2001 年《水下文化遗产保护公约》的颁布，利用公海自由和水下文化遗产法律保护不足的商业操作和拍卖以及以物易物的行为，不论是针对买方还是卖方，都已经纳入了法律范畴而被明令禁止。

但这也并不意味着商业原则不适用于一切遗产保护与管理的行为，在有效的保护措施和恰当的管理背景下，遗产所有权的转让是可以得到允许的。专业性考古服务或是提供必要装备、游客中心或是博物馆商店等多数情况下采取外包或与第三方签订合同的形式进行，其在管理的过程中，受到商业原则的限制，与不恰当的商业性开发加以区分。另外，在收藏保管的背景下改变文物所有权不应理解为不良交易，转移行为在最大限度地保存文物价值的同时，也应当保证收藏的完整性——人工制品、标本和遗址相关的信息都应当被保存在一起，并得到主管当局的授权批准。

（2）公众开放

将遗产对公众进行开放，在提高知名度的同时，也提高区域的品质和环境，带动地区经济产业的发展，这是利用遗产的合理措施；与之相反的，限制遗产开放也会导致公众意识、欣赏和知识的缺失，这与推广保护和发掘遗产价值的目标相悖。因此，无论是对于陆上文化遗产，还是水下文化遗产而言，公众开放都是必要的。然而在开放的过程中，易受损或是脆弱的遗址更容易受到自然恶化和侵蚀的影响。滥用、盗掘和无限制的开放等行为造成了对遗产不可逆的损害，持续性无法得到保证。因此，限制、严格的控制和监督是公众开放的基础。

与陆上文化遗产相比较而言，大部分的水下文化遗产在日常生活中都具有不可见性，遗产更容易被拒绝开放。有些埋藏于水下的遗址除非经过专门的科学发掘，否则难以被公众所体验或开放。

水下文化遗产的开放有多种选择途径。首先，可以通过潜水等中介技术的方式得以实现，日益普及的水下体验也迅速成为“体验经济”中的巨大资产。人们通过潜水的方式亲身到达和体验遗址，设置透明防护栏可以避免对遗产造成侵入性的破坏，同时让休闲潜水经营者拥有一定责任和监督权。另外，也可以通过网络摄像头、遥控潜水器、三维复制等虚拟技术进行间接地展示开放与仿真体验，或

图 5-2　第二次世界大战期间沉没在澳大利亚西部海域的澳大利亚海军“悉尼”号巡洋舰残骸的水下照片首次公布

图 5-3　2000 年 8 月被泥沙掩埋“汉利”号潜艇打捞出水，其内部仍然完好无损

者通过互联网或其他远距离可视化手段来补充出版物和媒体，以保证遗址对非潜水的人群的开放性。

（3）国际合作

水下文化遗产作为遗产中较为国际化的部分，它的意义不仅局限于某个组织或某个特定国家（即使与该特定组织或国家可能具有很大的利益或利害关系），它是纷繁复杂、相互交织的人类历史中的产物。因此国际合作尤其是在对遗产的研究和专业知识共享方面是非常有益的。

虽经过多年的探索与研究，水下考古领域内的高素质专业人员数量仍然有限，并且许多遗址的复杂的文化背景需要以国际比较的视角来对待和研究，因此起草区域或跨国研究议程、优先选择联合研究项目是必要选择。国际合作方式下的研究议程可以将不同区域的史前人类定居点和水下大陆架的使用进行比较；可以涉及人类早期海上航行的证据；可以把古代某一特定时期横穿一个或不同海洋为不同地区提供联系的航运作为目标；或是关注某类型船舶的发展等。涵盖面如此广泛的一个研究议程需要来自离港国、途经国、目的地，及沉没处海岸所属国家研究者的合作。而这些研究也将会是建立进一步研究和国际合作的良好基础。

5.1.3 限制影响

（1）减少对遗产的负面影响

针对遗址实施的行动属于广义上的遗产保护与管理，这个过程难免会对遗产产生不可避免的干扰和影响。无论是在对遗产的价值保护要投入多大程度的研究、考古观察等方面，还是在遗址能够承受的这些行为所产生的影响方面，都应强调行动原则的恰当性。因而，界定影响并规范行动原则是非常必要的。

根据遗址的特点和条件，在遗址已有的知识基础上，研究应进行分步骤规划和分阶段决策，不断在取样和总体发掘间取舍，从而减少对遗产的负面影响。例如对船体建造的取样极为重要，它可能比完整保留船体的整体发掘更重要，更加与“保护”相符。针对某一区域或某些类型的遗产制定相应的研究议程，将有助于决定什么是紧迫、负责的行动。认真的准备和严格的主管授权，能够确保主要为研究而从事的行动所产生的影响与其目标相一致。

无论是何种类型遗产的研究与管理，都依赖于基本的资料和数据。非破坏性的工作能在不对遗产产生干扰的情况下，获取初步的遗产信息，从而判断是否允许或需要进一步的深入研究。尽管现在已经有许多非破坏性技术，如水道测量术、地球物理勘探方法、声纳和条带探测仪等，未来还会发展其他适用于考古研究的非破坏性技术。但非破坏性技术不可能完全取代水下或陆上考古研究过程中的钻芯取样和发掘，与非破坏性技术相比侵入性方法仍具有不可替代性。因此，了解非破坏性技术，是判断它是否能够实现侵入性方法所达到特定目标的基础，同时在这个基础之上更好地运用侵入性方法来进行研究和发掘。

（2）尊重人类遗址和崇拜性遗址

由于遗产（包括水下文化遗产）历史和文化背景的特殊性，其价值不能仅通过客观的方法进行评估，对于不同的人、不同的当事者、不同的利益相关群体其价值有明显的不同。对于包含有人类遗骸和崇拜性遗址的遗产，它们的价值取决于这些遗产与死者、宗教信仰或历史的关系，同时对于活着的人的意义方面也存在着巨大的文化差异。

考古学家们在研究葬墓风俗、葬墓遗址时，往往会收集骨灰或骨骼，这对于人类进化的研究具有非常重要的科学价值，但同时考虑到不同文化背景与情境下的传统，应当给予人类遗骸应有的尊重。

水下文化遗产堆积物中人类遗骸相较于陆上，保存更好。一些水下葬墓地的出现是由于某些族群有将海洋或河流作为死者葬墓地的文化风俗，还有一些人（如航海者们）则是由于在远航中无法保存死者躯体，而举行了这种特殊的丧葬仪式，甚至还有一些遗址是来源于一次重大伤亡的沉船事故，灾难给幸存者以及亲友们带来很大的打击，其造成的影响也可能会延续好几代，考古时所采取的任何保护行动都必须考虑这些感受。

对于水下墓地遗址和纪念地等崇拜性遗址而言同样如此，尽管许多遗址的崇拜性功能会随着时间的推移而改变或消失，但仍然有继续存在的价值或者其将在新情境下被赋予新内容、服务于新目的的改变。那些崇拜性遗址包括水下葬墓和洞穴、祭祀地点或船棺葬、圣井（溶洞或天坑）、史前或历史祭祀地点、沉没寺庙和祭祀动物居住地等。另外对于重大战役中（除了在陆地上设立正式的墓地外）伤亡惨重的军舰遗址，也会设立相应的纪念地，各个国家间的和平条约中更是规定相互尊重此类遗址。

文化遗产中尊重的普适性，拓展到所有人类遗骸和所有崇拜性遗址上，应得到任何组织、任何原因的尊重。在实施保护与管理行动的同时，应对其有所考虑，避免不必要的干扰，或者是根本就不应该扰动这类遗址。人类遗址、崇拜性遗址与其他文化遗产不同，它们体现了现在或过去的人际关系，对它们的尊重的内在本质也有根本的宗教意义、政治意义。

（3）尊重遗产环境

将遗产保护整合进空间规划和海洋政策是水下文化遗产管理的原则之一，这样可以确保遗产环境在重要影响的开发中得到重视。水下考古学家与其他工作者一样，必须遵守国家有关考古和环境保护的现行规定，作业时必须重视工作地区的环境。对海底生物或是内陆水域湿地的生物类不应有过度侵扰，而应在多方利益的平衡下，考虑保护与开发的相对重要性。

水下文化遗产一旦被发现，其在水下所达到的相对稳定和平衡的状态就必定会遭到破坏，这种破坏不仅包括人工制品周围的物理和化学变化，也包括当地生态系统的适应变化。水下文化遗产处于水环境中，经过长时期的变化与适应，会自行发展为区域广泛的敏感生态位。许多藻类和固着动物需要抓附坚硬的基质而生长，而水下遗产中的大量外来物体和外界材料恰好成为它们生长的附着物，这种植物和动物层将吸引居于食物链更高层的定栖性鱼类和捕食者。因此，位于底部作为孤立点的外来物体会自动发展成为丰富的生态环境。遗产表层及其周围所形成的这种环境，不仅对其他物种的生存和生物多样性产生了积极的作用，对更大范围内的自然保护也具有重要意义，人为对水下遗产造成的扰动必定会打破遗产环境相对稳定的状态，对环境造成不良的影响。

当然，除了遗产与环境间相互平衡的状态外，还存在对环境有负面影响的遗产。规模庞大的沉船长期受到（海）水腐蚀，如果这些沉船只存在一种金属，那么其表面形成的保护膜让腐蚀达到停滞的平衡状态，但是沉船往往存在几种金属，它们之间会将电解的过程持续，电解过程会继续产生溶解，溶解产生的物质可能会是有利于生物生存的矿物质，也有可能会成为对环境有害的污染物。在这种情况下，必定要采取某些保护措施，如安装牺牲阳极来阻止腐蚀过程、覆盖或包装考古材料将其与环境隔离开等。

总之，无论采取何种方式，是保持遗产的稳定状态，还是缓解遗产对环境产生的影响，都应在尊重环境的前提下实行。

（4）记录影响

由于任何行动都必定会对遗址造成影响，那么行动的记录则是非常关键的，它关系到是否能够说明对遗址造成的影响，从而能够适当弥补行动对遗址的破坏，同时也关系到能否为其他研究提供更为丰富或准确的信息，作为遗产管理和考古研究的良好基础。

考古学是一门积累性学科，这意味着需要多方的努力共同形成一套完整的信息体系。目前在现象描述、说明和绘制等方面，促进对比不同情况下所获取数据的惯例已经建立，并发展成为专业标准。为了制约竞争和平衡市场，确保考古工作的质量，需要制定出更加严格、详细的规范，记录整个行动中的细节，保存、整理行动的结果，保障对文化、历史和考古信息的完整记录。

5.2 实施计划

5.2.1 项目设计

项目设计是项目所有行动的规划，在开展任何针对水下文化遗产的行动之前，应当通过认证可能对遗址产生影响提案的所有相关信息，在确定的时间框架内拟定一份行动的项目设计，为项目组、项目负责人和主管部门的决策提供指导。

无论是大型项目还是小型项目，都需要一个相对全面的项目设计，其内容应当包括如下方面：

（1）对先前或初步研究的结果进行评估；

（2）项目说明和目标；

（3）准备采用的方法论和技术；

（4）团队构成以及每位成员的资历、责任和经验；

（5）预计的资金；

（6）完成项目的时间表；

（7）实地考察工作后的分析工作和其他活动的计划；

（8）与主管当局密切合作拟定的人工、制品和遗址保护方案；

（9）整个项目期间的遗址管理和维护政策；

（10）资料方案；

（11）安全政策；

（12）环境政策；

（13）与博物馆和其他机构，特别是与科研机构的合作安排；

（14）报告的编写；

（15）档案，包括移出的水下文化遗产的存放；

（16）出版计划。

获得主管部门批准的项目设计，就成为项目承担方与主管部门之间的合同，项目中所有的内容都需要按照设计来开展、执行。未能遵守项目设计的行为应视作违反合同，主管部门应设立相关的惩罚机制，防止此类行为的发生。

除此之外，项目设计还应规定应急预案，针对出现意外发生或情况发生变化等状况下而采取的不同行动方案。实施项目设计过程中，详尽的研究和规划能尽量减少意外情况或发现的发生，但考古遗址的未知性决定了意外或特殊情况有时候是难以避免的。当这种情况发生时，项目负责人有义务为修订项目设计制定措施，向主管部门提出建议，并使修订获得批准。在不得已的情况下，无法应对意外给项目带来的挑战，推迟项目甚至是取消项目也是有必要的。

紧急情况的应对预案可以多种多样，以下列举两种应对方式：

（1）暴风雨侵害。大部分水下遗址不会受到暴风雨的侵害，反而这正是多数情况下遗址形成过程中的重要因素之一。当出现可疑似的非正常侵害时，可立即通过潜水员或使用照相机和遥感设备做目视检查，进行精确记录，并评估是否存在侵害或侵害的程度。如果侵害已经发生，则应制定保持遗址稳定性的评估方案，如采用在人造草皮上覆盖沙袋或沙、围网或绑金属丝来维持遗产的稳定。

（2）海流方向变化、疏浚工程或非法盗掘造成的冲刷破坏。有时候自然事件对环境的改变，会出现遗址短期甚至是永久暴露在外的情况，这将成为调查记录遗址的机会，无需采取其他的行动。但工程或是非法行为导致的遗产暴露在外则需要采取一定的措施，首先对暴露在外材料的特征进行初步评估，将修复的材料置于湿润的环境中，及时制定项目计划，明确后，对遗址进行保存和管理安排。

所有这些紧急情况下所采取的行动都应当是短期的，而且是在关乎遗址稳定性和信息保全的特定紧急情况下才得以执行，并同时通过相关部门的批准和授权。

5.2.2 初步工作

水下遗址的初步工作是项目计划中启动计划的阶段，包括遗址评估和背景研究两个方面，在对遗址进行评估后，通过背景研究与从历史、考古、地理和环境科学中已知的情况进行比较。

（一）遗址评估

在对遗址进行干预之前，必须进行遗址重要性、易损性和到达项目目标潜在性的评价。这将涉及诸如遗址范围、深度、地层位置、所留存遗物基本情况和遗址完整性这些基本问题，也应包括对其他基本特征的描述，最重要的是得出与其他遗址的分析比较。把遗址的背景情境、环境和状况告知主管部门，在为区域调查及制定管理规划提供基础的同时，也明确了与遗址相关的项目。

确定遗址的重要性是初步评估的目标之一。对于遗址而言，重要性赋予它对于某一群体或是整个人类不同的意义和重要性的品质，是其之所以被称为遗产的原因。因此重要性的评估结果会影响到全部后续选择和管理的决策。包括以下内容：

（1）决定一个遗产是否是文化遗产，是否应该列入清单，是否应被包括在特定的保护机制中。

（2）预示着潜在的利益“相关者”的感情，被认为与遗址相关的研究问题。

（3）影响着将来的规划和遗址方案。

（4）决定了应当对遗址（尤其是那些受到威胁的遗址）采取哪些措施。

（5）决定了是应当进行原址保护，还是可以为了研究和开发的目的对遗址进行适当的干扰。

虽然很难用客观的术语来界定遗产的重要性，但可以通过对遗址内在特征研究和遗址间比较的方法来客观的进行评估。遗址的内在特征可以通过使用简单的等级给遗址的内在价值进行评价来实现，在广泛的背景中思考遗址的重要性，包括以下方面：

（1）通过考古调查可以提供重要历史信息的潜力；

（2）遗址或文物与本地、区域内或者是国际历史上的人、事件、活动、地方和主题之间的关联；

（3）遗址、文物或者收藏能够在多大程度上关系到专题性研究问题的设置；

（4）美学方面的重要性；

（5）社会或精神方面的重要性以及遗址的记忆价值；

（6）可观赏性和体验价值；

（7）经济方面的重要性。

另外，遗址或文物的起源、时代、代表性和群体价值、稀有程度、保存状况（完整性、脆弱程度）、文献资料、可阐述性和开放性都可作为评价其重要性的相对标准。

当具体遗址或人工制品处于主动清查或影响评估的背景下时，在采用打分法来评价重要性的同时，与另一处遗址进行比较以判断它的重要性。然而重要性的评估并不是绝对的，它取决于时代背景和可用信息的程度，其也会随着时间的推移发生改变，对于不同利益相关者而言也有所不同。因此，不论何时进行新开发，都需要重新考量遗址的重要性评估，并保证重要利益相关者的参与。

除了重要性评估之外，在项目开始之前还需要对可能的水下文化遗产以及周边环境的易损程度作出评估。这涉及提议的扰动行为可能造成的影响，水下世界的动态环境很可能使得一个小试掘坑对长期稳定性带来重要影响。对遗产的扰动行为具有两面性：很小的扰动就可能会对遗址的稳定性造成破坏，然而当环境不适宜遗址的继续保存，不进行干预也可能会被认为是管理不力。基于背景研究之上，获取到的遗址及其周围的环境因素和影响力信息，以及本地渔民、飞行员和驾驶员的专业知识综合考虑，都会有助于得出易损性评估的结论。

项目实施的每个方面都是为了达到特定的目标，有的是为了科研，有的是涉及遗址的稳定、加固或开放性。无论是何种目标，都需要收集数据来得以支撑。在初步评估的阶段中，应该明确该遗址是否允许收集对项目具有重要意义的数据，进行获取数据可能性的评估。获取数据可能性评估涉及三个问题：

（1）遗址是否可能产生可以解决利害攸关的研究问题的必要数据；

（2）所提议的研究方法和技术是否足够提供那些数据；

（3）收集这些数据所带来的损坏是否与其紧迫性相称。

评估的结果应当反映研究议题的重要性和全面性，是否足以弥补未来研究潜力的损失，否则就需要考虑继续调查与研究的必要性。

（二）背景研究

背景研究涉及遗址和相关区域形成时期的历史和考古背景，沉船遗址的国际性特点决定了遗址与其所在的区域仅存在偶然的联系，它的背景可能涉及两个甚至是多个完全不同的国家和地区。这意味着对水下遗址的背景研究对于初步的评估而言非常重要。

考古是一个反复的过程，每个研究都是下一个研究的初步工作。背景研究作为发掘规划的第一步，是查清和影响评估工作的开端。对历史和考古资料进行全面的研究能够提供丰富的历史背景，并且有助于和领域内或相关学科的学者建立联系。研究的挑战包括对资料的识别、获取资料的途径以及实际使用这些资料所需要的必备能力（如语言能力、专业理解能力、识读疑难笔记的能力等）。研究的层次和深度由研究的目的所决定，如辨别沉船、了解某处遗址的背景、某个地区的历史概况，或者某个遗址类型的比较分析等。对于研究资料的类型而言，首先需要区分是原始资料还是二手资料，原始资料可以帮助查证遗产必要的信息，是事件发生时或早期遗址调查时所建立的原始文件，包括航海日志、账目原件或调查记录等。而利用二手资料进行分析事件或就原始文件、先前干预中所做的观察进行分析汇报，可以让我们进一步对遗址的主题有所了解。

世界范围内的国际、国家、本地和个人档案包含了非常广阔的与水下文化遗产项目息息相关的历史信息。作为对地址、环境和考古数据的补充，它们包含了大量与不同类型水下文化遗产密切相关的文件，例如：

（1）画作和图解（油画、绘画、版画等）；
（2）航空影像；
（3）已记录的目击者的描述；
（4）地图和图表；
（5）船舶计划，比如船只建造设计图和模型；
（6）日志、修理清单、提单（运输收据）、花名册（人员名单）、乘客名单和载货单；
（7）交战记录、战争日记、团队和船只历史；
（8）船舶记录；
（9）灯塔管理人日志和救生船记录；
（10）港口和海关记录；
（11）保险记录；
（12）私人信件、日记、杂志和公司信件；
（13）纪念匾额、荣誉卷册等。

然而在使用大量的信息的同时，需要判断信息的优劣、真实性和质量。可以根据作者信息、日期、资料来源以及其他资料证据的支持等一些简单的标准来评定资料的可信度。为了安全起见，所有查阅或搜集到的关键信息和资料都需要进行备份，并在项目完成后，纳入项目档案中。

关于遗址环境特征的背景研究，包括与遗址组成过程、稳定和衰落的阐释有关的环境因素，涉及以下几个方面：

（1）根据近期和早期航海图绘制出的等深线；
（2）底土层和海床类型，以及移动的砂石、洗刷（侵蚀）或淤积（海床物质沉淀）；
（3）区域沉积型补给物；
（4）与被淹没地面有关的本地海平面变化的数据；
（5）海水成分；
（6）天气状况和海水状况，主导风向和海浪区域；
（7）潮汐、水流和水下能见度；
（8）区域历史利用的信息，包括历史港口和航道；
（9）区域沉船信息；
（10）之前对该区域级周围环境的考古观察，包括不确切的发现和遗址。

在实践的过程中，保存遗产的信息和档案逐渐增多，除了主动研究获取的信息外，还有许多意外获取的信息。编制一份遗产清单，不仅能实现对所有文化遗产有一个总的认识，通过对比将资金和关注引至重要的遗产上。遗产清单同时作为遗产信息单一的入口，可以为研究者和管理者们提供信息资源。因此，相关主管机构有责任编制遗产清单，将现有遗产渐增的信息建立成档案或档案索引，规定任何新的工作内容都应建立在清单之上，可以将对遗产造成的损害降到最低，同时也会更有利于进一步工作的开展。

5.2.3 资金保障

资金保障是水下考古项目中经常会面临的问题，它可能会对遗产造成无法抵消的重大损失，因此在开展任何行动之前，必须要保证项目有充足的资金支持。资金保障项目的运作过程包括资金规划、

图 5-4　水下考古发掘工作

图 5-5　水下考古作业

资金筹集以及应急计划三个重要方面。

（一）资金规划

项目的资金规划与运作方式基本上取决于项目目标和所选择作业的方式，其步骤涉及项目设计与项目执行及完成两个阶段：

项目设计阶段的规划包括以下几个方面：

（1）根据目标来评估需要；

（2）预估花费；

（3）规划风险；

（4）细化资金方案；

（5）标明资金来源；

（6）提出资金申请。

执行和完成阶段的规划包括以下几个阶段：

（1）基于实际的资金情况活动；

（2）财务监管和控制；

（3）报告资金使用情况和实现的目标。

好的资金规划是连贯有据且清晰的，必须考虑项目目标、预期行动和项目费用预算等方面。要求满足以下几项基本要求：

（1）项目意义分析（衡量项目内在价值）；

（2）项目适合性考量（说明方式与目的的匹配性）；

（3）详细的预算方案（发布可信的风险贴现后的成本和收益预期）；

（4）团队评价（衡量参与项目执行中的人员能力，以保证项目持续推进）。

将政策、方案和策略细化到项目本身就是风险管理的一种形式，通过这种方式可以能够保证获得结果，并以此来掌控资金支出。财务风险是项目所有风险中最重要的一类，资金一旦中断，将会导致遗产的保护、管理、宣传等工作无法如期进行。因此，资金风险规划应该反映在成本估算中，在整个资金计划中设置一个或多个临界值或断点，当遇到突发或紧急情况项目被中断时，仍然能够保证经调整后项目可以重新启动。

另外在资金规划时，为避免没有覆盖项目整体的单一资金来源，建议将项目分为若干独立阶段，每个阶段都有独立资金。项目完成时，制定最终财务报告，向资金提供方阐明资金的获得与使用情况。

（二）资金筹集

传统水下文化遗产保护项目的财务长期依靠政府，以机构资助或补贴的模式提供的公共资金。以文化产业方式进行水下文化遗产保护活动，会带来了一定的盈利空间和资金来源，在专用公共资金日渐减少的情况下的这一方面显得尤为重要。

资金筹集种类多种多样，包含有机构资金、补贴、收入、赞助等。除财务援助外，还有以提供专业人员和专家、或者专业设备的形式进行的非资金援助，这对于水下考古而言具有特殊意义。它虽然无法提供直接的资金支持，但这却是减少水下考古研究费用的重要因素。

考古项目资金来源广泛，包括从地方到超国家层面的社会或者私人来源。根据项目规模和目标的不同，所适合的资金源也不同：大型考古项目或博物馆建设最好寻找国家甚至国际资金，而小规模项目则可以选择多种方式。无论是哪种情况，项目描述都要根据潜在赞助者的需要进行调整，尽可能符合他们的关注和需求。这些来源包括：

（1）国际组织和超国家组织

这些组织包括联合国教科文组织、欧洲委员会及其附属机构等组织，他们为重大的考古项目提供资金，优先考虑跨国、跨地区的项目或是那些可以建立国际联系的项目。除了财务上的援助外，这些国际组织在技术和资源方面也能够发挥很重要的作用。

（2）国家机构

从地方层次到国家层次的政府机构可能提供包括多种补贴在内的多种财务援助，从研究补助、学习补助到购前计划。考古项目背景的多样性，允许它向旅游、教育、海洋、研究、科学或外交部门申请资助。但一般情况下，需要通过地方机构向更高的机构申请才能以现金的形式获得援助。

（3）基金会和非政府组织

基金会一般以资金的形式给予项目援助。有个人、团体或是公司（中小型公司或大跨国企业）成立的私立基金会，还有由国家或地区间成立的国家基金和国际基金，这些基金会均可以向保护项目提供资金。

非政府组织是由私人创立的非营利性团体，许多是政府间组织（如欧盟或联合国教科文组织）的咨询机构，数量并不多，它们为一些文化项目提供直接的财务援助。

（4）职业和半职业机构

职业和半职业机构如旅游机构、海洋机构、商贸团体等，可能会在项目的关键阶段提供重要帮助：提供信息以节约资金或方便寻找项目赞助人；提供建议、专家支持或培训进行技术援助；以及在特殊情况下进行资金援助。

（5）金融机构

当考古项目位于旅游发展地区，并具有经济潜质时，也能获得银行等金融机构的青睐。有一些金融机构设立了专门的部门开展合作业务，如专营风险投资、相互抵押等，还有些银行对艺术和考古很感兴趣。由此可见，向金融机构寻求资金援助也是可行的。

（6）私营企业

私营公司通常通过直接提供资金或非资金的方式援助水下文化遗产保护项目，但这种意愿取决于私营企业在合作关系中是否能有所获利以及他们有无参与社会事务的传统。赢得一定的公众声誉是私营企业参与考古项目的主要动机之一，因此项目本身的社会关注度是其是否能够获得企业赞助的重要因素。

（7）个人

私人个体多数以提供商品、设备或支援服务的方式对考古项目给予资助，也有部分私人赞助的方式。从目前来说，考古项目从这个方面获得的援助非常有限，因此需要更加创新性资金方案来吸引更多的个体参与到项目中。

除保证资金来源外，项目管理者有时也需要依靠长期财务机制来保证考古项目的成功，尤其是对于计划数年完成的长期项目和总体财务稳定性难以预见的项目。现金运作中的短期投资盈利也不可被忽略，对于获得的收益一方面可以支付贷款利息，另一方面也可以增进可用的资金总额。

（三）应急计划

应急计划也称为备用计划，强调对可能发生的风险、事故和变故的应对措施，它是针对未来可能出现的偏差提前制定的紧急策略。除原计划外制定一项应急计划，能够帮助项目克服各种事故，以最小的代价在最短的时间内结束这种偏差。

由于保护工作的不确定性，项目设计的任何方面都应包含一项应急计划，以确保出现意外的情况下项目仍能够正常开展或得以适当的结束。这些意外包括资金突然消减或是中断的情况，为避免遗产因资金意外而遭受侵害，需要制定阶段性的计划，并明确各阶段的预算和资金来源。这样阶段性的方法能够利用可用的信息进行复议，也有利于促进对遗址未来的决策。

5.2.4 项目期限

（一）时间表的制定

为整个项目及其各个阶段的工作制定时间表，是一个高质量项目设计的基本要求。考古项目相较于其他类型的项目而言，具有自身的特殊性和复杂性，在资源得到充分利用的前提下，需要分阶段、有效的安排和开展考古工作。若是在项目开展前没有制定出时间表，很可能产生时间和经费的浪费，使得项目因遇到问题而导致项目的提前终止或是无法实现预期目标。因此，在有限的资源条件下，周全考虑项目的所有方面，制定时间表是非常必要的。

一份详细的时间表，应涵盖项目设计的所有阶段，包括对发现的水下文化遗产进行保护、登记和保管，以及编写报告和宣传。项目时间表的内容与要求有以下三个要素：

（1）项目期间需要开展的工作

时间表需涵盖项目从头到尾所有的工作任务，其中包括野外实地工作、评估、分析、保护、宣传和保管的统筹兼顾。由此，时间表会受项目规模、所处地点、数据采集方法和后期工作的显著影响。

（2）完成项目预计工作所需的时间和资源

制定项目时间表前，需对执行每项项目任务的时间周期和经费、人员、设备等不同资源进行评估。

同时，还需考虑办理许可手续、健康和安全保障等后勤内容。因此，对人力、物力和财力资源及特殊设备和专门技术的评估，对于制定项目时间表至关重要。

（3）项目工作开展的顺序

在考古发掘项目中，只有完成某些特定工作后，才能开展下一步工作。因此，制定项目时间表还要合理确定不同任务和工作之间的关系和实施顺序。

另外，制定考古发掘项目时间表的团队合作也是十分重要的。由于项目领队无法独立安排整个项目的计划，他需要负责项目不同方面工作的主要专家的参与和协作。这就意味着在制定项目时间表前，项目负责人需与负责发掘、地球物理调查、保护，现场处理，照相、管理和其他相关工作的项目主要成员充分沟通。并且这种沟通是十分必要的，它可以避免因时间表制定不合理而产生的不必要的问题，而影响整个项目的进程。在项目开始之前，团队中的每一位成员都需要熟悉项目时间表，了解自身所担当的角色，这有利于各项工作的顺利展开。

采用可视化的表达方式来制作时间表，能够使得项目参与人员更容易理解。常用的方法有甘特图法、级联法、计划评估法和关键途径分析法，其中甘特图是使用最广泛的方法之一，它运用条形图，以图表的方式，通过实践刻度表示出工作持续时间，同时还能标注项目人员分工情况，*Y* 轴表示确定和安排的活动，*X* 轴表示时间。以图形化的方式表示项目时间是项目设计阶段的重要成果，也是良好的管理实践。

由于考古项目性质、目标、方法和预算的不同，它的周期和时长也往往有所不同，一些基本调查可能只会持续几天，而一些发掘项目可能需要十年。因此，在制定项目时间表时，需要注意以下几点：

（1）项目整体（长期）目标和中间阶段（中短期）的目标；

（2）已具备或需要的资源（资金、工具、设备、专业人员等）；

（3）项目每个阶段工作能安排的时间（野外实地工作、评估、分析、宣传和保管等）。

（二）阶段性影响因素

项目初期阶段的研究成果是开展后续工作的基础，在制定时间表时需要考虑多方面的因素，以防浪费更多的工作时间。需要考虑的主要因素有如下方面：

（1）项目目标：全方位、大规模的发掘比初步调查所需时间更长。

（2）地点：在需要人员、设备转运的偏远区域开展工作比邻近区域需要更多的时间。

（3）条件：工作条件艰苦或不稳定的项目往往需要更多的时间来完成。

（4）人员组成：若队伍成员无法满足项目需求，那么项目的结果往往是失败的。

（5）预算和资源：依托个人捐赠等不稳定经费来源开展的现场项目，由于没有关于如何资助至完成的应急计划，会有中断或终止的风险。

（6）工作氛围：消极的工作氛围和没有动力的队伍，会对项目产生破坏性影响。每日简报和汇报不可或缺。

保护阶段是考古发掘过程和后期研究工作的组成部分，往往比项目其他方面的工作需要更多的时间。这个阶段的时间表取决于需要发掘规模、发掘材料的种类、数量、遗产保存状况以及发掘现场或接收方博物馆或机构的保护实验室中的保护设施和资源可用性等因素。制定项目时间表除参考类似项目外，还应征求相关工作人员和专业的意见。

考古工作的后期阶段包括对之前工作的整理与分析研究，其中的一些工作还需要与其他工作同时开展，因此这一阶段的时间表的制定要在考虑到现有及预期资源情况的同时，还应咨询有关专家和团队成员，保证后期阶段考古工作的同时性和相续性。

一般来说，保护项目的宣传会贯穿项目几个阶段，而宣传目标受众和主旨将决定展开宣传的具体时间、方式以及宣传持续的时间。若要吸引潜在赞助者或志愿者支持项目工作，需在项目开展之前开展宣传工作。在项目开展过程中，在早期可向有关研究人员发布初步成果以获取反馈并激发大家的兴趣。除此之外，还可以在项目开展过程中及结束时在博物馆举办展览进行宣传。因此，这种维持较长时间的宣传工作需要在项目时间表中制订计划，确定宣传的方式及各个阶段宣传的时长。

另外，在项目时间表中，还应包括应急预案，确保在项目不同程度中断或终止的情况下，仍能保护水下文化遗产和进行资料整理工作。

5.3 技术支撑

5.3.1 工作方法论和技术

（一）方法论和技术的选择

水下遗址中蕴含了极其丰富的关于人类发展的历史信息，而这些信息同样也是非常脆弱的。遗址包含物可能曾设计为在水体外、水面上或水下使用，但它们有意或意外地沉入水底。其范围涉及宗教和仪式堆积，桥梁、船坞、灯塔和堤港、定居地、渔业设施的城镇和墓地、海事、商业和渔业船只，以及其他人类活动的证据。其位置各异，从海滨到河湖，从几厘米厚的含水层到海平面下几千米的地方。因此，所采取的每一项水下文化遗产的行动都应具有清晰明确的目标，针对遗址的多样性和脆弱性，选择相应的方法论和技术将更有利于保护与研究等工作的展开。虽然没有一个能够应对一切情况的方法、技术，但确认和使用最好的方法论是考古学家们的责任。

科学方法是获取可靠知识的一种方式，不论采取何种具体的方法论，都必须满足一些最基本的要求。

（1）水下工作团队中每位成员必须对工作方法有非常清楚的认识与理解，工作时的更替性，需要他们都能够做出独立的决定。

（2）由于水下作业的时间有限，工作方法必须能够快速执行。

（3）水下作业本身就是一项复杂的工作，加之水下情况又具有多变性，工作方法的直截了当是必要的。

由于水下考古发掘的作业还有可能影响个人和遗址本身的安全，因此能够在水面能够完成的工作不应该在水下完成。要对任何突发事件竭尽全力地做好计划，保证问题能够在最好的状况下得以解决。

针对不同背景的遗址，方法论和技术也有所不同。工作开展之前，需要弄清楚研究的问题是什么，考虑哪些技术是最适合回答这些问题的。例如在研究遗址的年代问题时，会考虑选用树木年轮、碳元素断代、热释光或是沉积物分析等方法，但在研究关于遗址的建筑技术时则更集中于遗址结构的三维数据架构上。因此一套精心选择的方法可以在完成项目目的的同时，也能提高所设计项目的效率。

综上所述，水下文化遗产项目实施的方法论和技术，必须建立在科学明确的目标之上，同时符合项目的背景，并具有将研究的结论向大众传播所必需的能力和知识。

（二）研究方法论的类型

遗址调查、深入调查（包括发掘在内）和分析是考古研究的主要步骤。

图 5-6　水下考古作业

1）遗址调查

水下考古调查包括遗址定位、探测、记录过程。根据调查的时段可以分为干扰前调查和遗址检测调查两种类型。调查工作不仅书面地对遗址进行了精确的描述，还对遗址进行数字化的重建，它们促进了考古材料、遗址及遗址有关人群之间关系的理解。调查中通常会用到以下几种技术：

（1）地震探测技术：在进行区域分析时，整合累计的探测数据能够绘制出巨大信息量的水下古代地貌景象的图像。

（2）旁测声纳、多波束声纳、磁力仪和浅地层剖面仪：可以获取数字化的数据，并与 GPS（全球定位系统）的位置控制相结合，形成细节丰富的遗址复原图。

另外一些区域研究和调查方法也可以用于遗址调查工作中，如：

（1）当地人，尤其是潜水员和渔民们积累的知识；

（2）档案馆和图书馆资料；

（3）地名学、古地形学和民族志；

（4）来自陆地的考古数据；

（5）历史地图和空中摄影；

（6）地形学和气候学；

（7）目视观察的发现；

（8）海洋地球物理探测的发现；

（9）定位方法的发现；

（10）二维和三维调查方法。

利用这些方法，可以做出依据充分的预测，当然同时也会有学科上的局限性，考古学家们常需要实施一些探摸工作，了解各个方面包含考古线索的可能性。

2）深入调查和分析

适当的科学技术培训能帮助考古学家用最低的代价、最简单易行的方法论和最低限度的技术资源获取尽可能科学的结果。建立在考古调查所获得的数据之上的深入调查和分析，包括一些必要的步骤：

(1)沉积物的移除。填充压缩空气罐和操纵吸气管的低压和高压压缩机需要安装在一个工作平台上。有时可以利用海岸自身达到这个目的。

(2)原址记录。这个发掘阶段将证明所做工作的合理性,因此需要极严肃地进行,原址记录的结果的质量在很大程度上会影响所得结论的可靠性。发掘包含对遗址的破坏,它区别于单纯的水下古代人工制品收集,目标是获得随后重建遗址所需要的足够的信息。

(3)遗址加固或原址保护。通过评估的那些具有考古意义的遗址,现存的状态可能需要被保护起来。如果没有进行有效的保护与管理,部分优秀的水下遗产将会永远消失。在稳定水下遗产时,通过建立一个可进入的水下档案馆,来确保在其被打开之前一直被保存着,同时也明确保护的期限:5年、20年或100年。这样的保护措施在尽可能降低遗址恶化速度的同时,也要为未来考古学家的研究访问提供空间。

(4)提取。如果没有正当的目标,除非已经为出水文物的保护做好安全准备,否则不应移动物品。水下提取工作必须保证充足的安全措施,水下保护人员必须在场。

(5)预防性保护。考古物品一旦从水里被提取出来,就开始导致其发生重要改变,甚至毁灭的物理和化学过程。因此,需要有一位保护专家在场,保证物品在最好的条件下被转移到保护实验室。

(6)记录和分析。必须登记、记录和研究每一件出水物品,由此获得的信息连同发掘过程中的认识会得出一些结论。通常,水下调查所发现的数量和种类意味着需要一个庞大的专家队伍。由于考古定年学的技术进步,关键的客观数据可以通过实验室分析获取。

(7)保护和修复。用安全、可靠和经过试验的方法进行适当修复,可以更好地保存和复原碎片,并对公众展示。

(8)科学报道。科学出版是增长知识、获取结论,并使之呈现给社会的唯一方式。

(9)宣传。如果不能向社会提供清晰、易懂且可靠的关于过去的信息,那么所有的辛劳和投入都是无效的。良好的宣传能让社会和遗产保护工作相结合,同时公众的承诺也取决于拥有感。

(三)原址保护技术

在落实水下文化遗产保护政策时,临时加固重要遗址有时是有用的,并且可以依靠非常简单的技术来完成。但对于长时间加固遗址或是确保公众合理进入遗址而言,可能需要更多的保护与管理措施。常用的遗址坚固和原址保护技术包括沙袋、聚丙烯网、特效人工溶液、沙质沉积物、路障、人造水草和地址纤维覆盖物。人造金属阴极已被证明可以防止金属腐蚀,为保证木材存放也应尽量避免提取出水,可以在濒危遗址的附近建立水下仓库。

所有这些技术拥有各自优势的同时,也有其局限性,任何可能产生的问题都要事先考虑,从而及时应对不利的变化。例如沙袋可能改变水流,纺织品可能阻碍生物气体。经过全面评估,精心选择管理项目的技术方法,并尽可能是非侵入性的。

5.3.2 专业水平与资历

专业出色的遗址考古发掘和调查工作,不仅对遗址造成的破坏很小,其工作的成果有时也会胜于造成的破坏。因此参与考古的工作人员必须拥有必要的知识、技能、训练和理解力等,保证他们的行为不会危害到这一珍贵记录,只有在具有相关的资格后,才能够胜任所计划的工作。

专业水平可以定义为具备承担手头任务所需的技能、知识、资历和能力承担所要从事的任务。资

图 5-7 打捞残骸的清理工作

历可以定义为“一个人具有的素质、能力或才能使其适合承担某些任务”或“使其适合或胜任某个岗位或工作”。获得资历通常需要经过结果可衡量的正规训练，如大学学位。专业水平与资历是相互联系的：一个人所获得的资历促进了其从事活动的专业水平。但同时它们是不同的两个概念，在某个领域具有资历并不能保证一定具有从事某项具体任务的专业水平。

有资历的水下考古学家应具备与该项目相匹配的科学专业资历和水平，从而对项目进行指导、控制和监督。对一个考古学专业资历的认定，是由考古工作所发生的国家和地区的主管机构制定的要求而确定，一般来说，构成审核的因素应至少包括：

（1）考古学从事专业工作的所在国认可考古专业学位或类似资历；

（2）某一选定领域或专业范畴的实践经验；

（3）所展示处的研究能力；

（4）关于所研究的某一特定遗址类别或考古时期的知识。

水下文化遗产项目的实施与控制日趋专业化，与此同时，也有大量的潜水者和公众热衷参与到这些项目中。作为水下遗产的“业余爱好者”，他们主要从事非考古职业，却通常利用业余时间致力于考古工作。业余的团队成员对专业考古学家而言是有价值的潜在资源，他们热心、投入和专注，为项目无偿奉献时间和服务，这种精神也会促进考古学家们的职业道德责任感。另外，业余团队成员所具备的自身领域的知识与技能还能运用于遗产项目中，如电脑数据库设计、工程技术、后勤服务以及管理才能等等。因此，他们在接受水下文化遗产相关专业培训的同时，也要深入挖掘出自身的潜力。

5.4 保护与遗产管理

无论以何种方式或出于何种目的，所有针对水下文化遗产的项目均对遗产造成了影响。虽然在保护与管理方案中采取如保障遗址以及物品、发现物和样品的劣变等措施的作用有限，但选用合理恰当的方式将会降低对遗址的破坏程度。

5.4.1 保护

（一）保护措施和原则

保护是指为保持文化性遗址和人工制品处于现有稳定状态，同时确保其可被现代和后代享用而采取的各项措施和行为。按照时间的先后顺序，保护措施可以分为预防性保护和治疗性保护两大类。

（1）预防性保护：包括那些为阻碍或减少材料和人工制品进一步损毁而采取的所有非直接措施和行为。它既可以在物品或物品群的背景和环境下原址进行，也可以在发掘实验室开展。无论人工制品处于的年代、现状保存的条件如何，都应进行预防性保护。

（2）治疗性保护：是指为阻止物品或物品群的破坏进程，并尽可能使之处于稳定状态以免进一步退化而采取的直接作用于本体的各项活动。

修复虽然与保护一样都是为了维持遗址的稳定性，但与保护有所区别。它是保护过程的延续，当保护工作已无法实现其作用时，可考虑采取修复措施尽可能还原考古物品的原貌，并使之具备展陈条件。

遗产长期埋藏在水下，与周围水环境之间形成了相对平衡的状态，脆弱的结构从表面上看可能还很坚固。在被发现后，环境的稳定性遭到破坏，将会面临多个方面的危害，如干燥的环境导致表面开裂和层状剥落、不可恢复的收缩、盐结晶和真菌滋生，不同种类金属之间的相互电解腐蚀，光照和氧化导致的退化加速等等。因此，保护工作的开展需要遵循一定的原则，将对遗产和环境的干预降到最低：

（1）登录原则：保护工作中所采取的一切行为均应登录在参考簿或数据库中，确保每件人工制品从遗址到博物馆的过程具有可追踪性，并能了解材料的长期变化。应尽可能把所有照片和绘图纳入档案，而且所有信息可为后续研究所用。

（2）最小干预：保护者需确定每项干预的必要性，估量必要干预的程度，以尽可能减少对人工制品的影响，最低限度地干预。

（3）可逆原则：每项干预都应具有可逆性，即对人工制品所做的任何改变，都应无从负面作用的情况下面撤销或去除。

（4）可辨识原则：干预的目的不是创造一件“全新的”人工制品，而是在保留劣变过程附加给它的历史的同时，揭示其形态和考古信息。所有对人工制品实施的干预，必须设法恢复物品的原始表面，让人员一看便知它的功能。（注：在考古学中，原始表面是指人工制品沉没那一刻的表面。原始表面不仅指包括纹饰、制造标记和使用痕迹等可以揭示人工制品从何而来、如何制造和使用信息的部分，也指充分暴露在海水侵蚀，后来被发掘、清除和研究的部分。）

（二）保护程序

保护的程序根据时间先后可以分为干预前、干预中和干预后三个部分。

1）干预前

在进行勘察工作时，水下遗产保护专家一般会进行初步潜水和采样以确认遗址的重要性。初步勘察能使保护工作者了解可能发现的人工制品的性质、数量和种类，以及整个遗址及其各项参数（底质类型、海水参数、水文、潮汐等）。这些数据让他们在最好的条件下准备发掘项目，并充分意识到各种可能情况。

初步的登记工作能帮助保护工作者根据预计出水的人工制品准备相应的材料（包括人工制品标记、发掘、检测、运输和存放的材料）。通常，保护工作者会提议准备一个现场保护工具箱和水下考古学家在工作中可能会需要的材料清单。

保护工作会耗费大量的时间和经费，而干预前的准备事项为精确订制发掘计划和预算都提供了非常有价值的信息。

2）干预中

在考古工作中，一旦遗址表面的泥沙被清开，人工制品和埋藏底质之间的物理和化学平衡将被打破。如果要提取出水的话，必须在各项保护措施到位的情况下才能移动物品。

预防性保护的第一步是采取紧急措施，目的是在保证收集品永久性和完整性的同时，还具有可获取性。在这一阶段，需对所有人工制品一视同仁。若根据材料质量或保存状况而仅关注有价值的人工制品，可能会忽略某些原本看似不重要，但在经过适当的保护和修复后能揭示重要信息的物件。

在任何发掘项目开始之前，必须明确提取人工制品的原因。在权衡时，项目的科学依据需超过提取人工制品对遗址完整性的破坏。除保护外，还需保障存放或展览的经费。发现水下遗址和初步勘探、实际发掘和物品出水之间往往会间隔数月、甚至是数年。

将人工制品从遗址中取出会改变其完整性，因为遗址将不再完整，也让物品脱离其原真背景，需保证非常全面的登记才能使其历史意义不致丧失。因此，原址保存的方式是非常明智的。根据保护材料的不同，主要有三种可行的原址处置手段：

（1）有机物质遗产适用于回填保护，在进行探测、研究、发掘后回填，并对剩余遗址进行监测；

（2）建筑遗产在经过预防性保护和修复后，可设立水下考古公园；

（3）金属遗产在发掘（取出沉船和人工制品）或长期保护前，可采用牺牲阳极保护法来作为预防性保护措施。

从另一方面来讲，提取水下文化遗产是一项难度非常大的工作，需要持续关注和周密计划。它会迅速打破材料和环境之间的平衡状态。为保证顺利提取，需采取一些专门的预防措施。在实际作业中，人员的人身安全永远比人工制品安全重要。当进行人工制品提取时，应牢记水和泥沙为人工制品提供了天然支撑。若缺乏有效的支撑，人工制品会在提取中碎裂。有机材料或玻璃更需要支撑。因此，对提取的每件脆弱的人工制品提供适当支撑非常重要。

人工制品的提升、搬运和运输非常敏感，需要根据项目的具体需求制定预案并及时调整，这取决于物品的脆弱程度、价值、方位、尺寸和重量，以及项目目标和可用资源。水下人工制品在运输过程中需有专门保护措施，包括在水中、从现场到工作室、从工作室到保护实验室，运输途中必须保持湿润，并且应正确包装以免冲撞。

转运后，人工制品需立刻重新浸泡在跟原环境相同或类似的环境中。若上述条件无法实现，应确保储存在饱和湿度状态，目的是为了阻止或延缓物品发掘后劣变。存放必须着眼于长期保护：所有存

图 5-8 水下考古地面作业

图 5-9 水下考古作业

放必须按照可存放数周甚至数年计划。

3）干预后

每位项目管理者必须对发现物暴露的所有行为进行计划，从考古发掘中的搬运直到进入保护实验室，以保证每件人工制品有迹可循。任何材料损失均会造成信息的丧失。因此，在现场或在实验室中，在采取任何物理干预前，必须对物品进行适当的保存和稳定化处理。在保护实验室处置水下考古人工制品的整个保护修复程序可以分为四个关键阶段：

（1）预防性保护和存放：人工制品自出水后需要放置在发掘现场所用的容器中，以避免另一次环境剧变。

（2）状况报告和诊断：在实验室内对每件人工制品进行标记、鉴别、描述、记录以及诊断和分析，将有助于保护工作者根据人工制品的材质和保存状况采取适宜的保护方法。

（3）治疗性保护：包括去除凝结物、稳定化处理和清洗，这将会帮助物品变得易于理解，降低后续修复工作的风险。

（4）修复：在清洗之后对人工制品的精整加工和保护，这是一项长期工作，可能会持续数月甚至是数年。

5.4.2 管理

遗址的管理和保存是相互联系的。正如在没有考虑到水下文化遗产的保存时不能移走遗产，对遗址和留在原址的遗存也是如此。因此对每个遗址而言，都需要有自己的管理计划。合适的管理方案和长期管理计划可以极大地降低水下文化遗产遭到破坏、掠夺和损毁的风险。管理方案包括在实地工作期间以及工作结束后的遗址管理。

实地工作期间的遗址管理工作主要包括稳定遗址、监测、保护以防干扰以及公众宣传四个方面。在研究的过程中，一旦遗址遭到扰动，就更容易受到侵蚀和破坏，因此，稳定遗址的措施是非常必要的。稳定遗址的措施包括用沙袋回填或覆盖未发掘区域，以及在夜间或潮汐转换之间覆盖实际发掘区域。最终方案的选择应考虑天气和反复无常的海况，以免意外情况的发生对设备或是考古遗产造成损害。干预期间对遗址条件的监测是采取正确措施对侵蚀和破坏的逻辑条件。监测包括对遗址条件进行周期性观察、信息搜集和分析，以监测短期和长期变化的迹象。在监测过程中了解影响遗址的进程（包括对微观和宏观有机物的生物调查），以及据此采取相应的保护措施，对不稳定的遗址具有重要意义。对正在进行保护或是长期保护的遗址而言，无法做到完全保密，最好的方式是设立保护的标示或是安排工作人员看守遗产。另外，及时告知公众遗产的价值、开展工作性质、遗物脆弱性以及人工制品的去向，也能有利于形成公众对遗产的保护意识，并参与到遗产保护管理的工作中。

在实地工作结束后仍需要对遗址进行保护和管理。采用简单的技术和实际性措施是任何长期保护和管理的必要条件。根据留在原址的遗存价值或对所处位置的意义，遗址可采用特定的保护方案，或控制参观人数，或增加媒体曝光度。作为项目的一部分，管理计划因此而发展为以长期可持续为目的的方案。

在制定遗址管理方案时需考虑许多因素，如遗址的特点和需求、人为干预和自然资源的影响，同时也要考虑如何应对可能对考古遗存产生影响的行为。具体的策略与方针根据由遗址价值和背景环境结合具体目标来制定，其目标包括：

（1）消减对濒危遗址的影响；

（2）拒绝给谋求个人经济利益的开发者颁发许可，以防止遗址被破坏和人工制品的流失；

（3）制定区域、国家和国际遗址清单；

（4）尽可能对遗址进行原址保护和阐释；

（5）有科学目标或为公众享用、充足的资金、专业的工作人员，以及登记、保护、保管、报告和出版计划的情况下才对遗址进行发掘；

（6）鼓励公众参与，公众会成为水下文化遗产的卫士；

（7）通过优秀的博物馆展览、媒体展示和出版物向公众展示水下文化遗产的魅力。

当然，这些目标也只是总体目标，具体项目应该结合区域发展或重建的具体目标，应根据遗址的挑战和机遇有针对性地加以应用。

水下文化遗产管理通过采取各项措施确保水下文化遗产得到妥善处理，建立在初步研究的基础之上，制定一个标准化格式的管理计划，有助于同一管理区域内和跨域过节的不同遗址间进行比较。同时，管理计划也应该是一个动态可变的文件，确保信息的及时吸收和更新。具体的遗址管理计划应包含遗址定义、行政细节、相关责任组织构架、遗址意义评估、保存状况报告以及任何潜在的威胁和机遇。

（1）遗址定义

遗址的自身描述及随后价值的讨论驱动着管理计划，也正是出于此，才需要对遗产进行有效的管理。因此，制定管理计划的第一步应该是定义遗产。首先从遗产的具体的描述开始，尽可能地揭示关于遗产的相关信息，划定遗产界限，在资料和评估的基础上确定遗产的价值。遗址的所有权问题将会牵涉到经营管理机构对所有者和使用者的责任和义务，因此，这一点也包含在管理计划内。另外，管理方案中应对所有从遗址采集的物品、人工制品和研究样品的资料以及项目期间收集的所有资料进行登记，并定时更新，从而保证对遗产较为全面的认识。在区域和旅游发展的背景下，遗产开放问题也成为管理计划的重要部分。权衡经济、旅游和休闲潜水等因素可能对遗产产生的积极影响以及管理上的风险，管理计划中需要采用访问限制的形式来实现对遗址的开放。无论采取何种方式，每处遗址的管理均以为社会创造最佳效益为准绳。

（2）管理结构

管理计划中涉及的实体可能有专业组织、政府和政府部门、学术机构、非营利组织、博物馆、职业团体、个人等，他们的法律地位与其权限和责任密切相关。很多时候计划会涉及不同利益和任务的机构，他们间的协调机制非常重要。可能由一方牵头，负责通知其他方及酌情与他们进行双方协调。又或者定期召开协调会，在监测报告的基础上评估计划执行情况并审慎评估所有参与方的贡献。

（3）方案和行动原则

遗址管理计划的目的是遵循一般策略和方针，包括保护水下文化遗产、开发文化、城乡规划、休闲旅游等。最终的目的由遗址本身的价值和机遇来决定，并同时结合保存、开放、可供科学和研究以及可持续利用等方面。在此基础上制定总体行动计划，以短期（2～5 年）计划和长期（5～30 年）计划结合的形式制定，来指导主管机构的决策。计划纲要根据遗产修复和建设的需求不断更新，对外界变化和发展做出及时的反映。

（4）保护机制

保存或保护是整个管理计划中最突出的目的，在条件许可的情况下，着眼于平衡收益和可接受程度的劣变间的关系。需要解决两个问题，如何保证遗址最脆弱的或是最有价值的部分保存下来，以及如何保存尽量多的部分。在保护的过程中，定期提交遗址状况的监测报告，为检查管理计划中措施的有效性提供了基准。此外，还有必要进行威胁和机遇评估，它们与考古措施、商业开发、发展压力、气候变化、自然灾害、旅游和人口增长等诸多因素有关。在管理的过程中，还要注意进行定期监测，对遗址的整体状况进行监测，包括定期报告、反应性监测和预防性监测。

（5）资源

管理计划应包括方案实施所需的资源。部分资源可由支持管理目标的实体负责，其他部分（如基础研究和监测）需要从其他来源获取专门的预算和工作人员。成本和效益应该是平衡的，通过整合区域发展政策、社会治安、安全巡航或边境管制，并在计划中加入休闲产业。从长期来看，合理的措施不仅会产生文化效益，还会带来经济利益。

（6）公众意识

教育、信息和公众意识培养很重要，在制定管理计划时应强调信息传播和意识培养。宣传手段根据目标采取多种形式，包括大众媒体、互联网、宣传册、视频和展览、研讨会和标志灯，手段中应当包括遗址价值的信息，以及社区、潜水员和工作人员如何协助遗址的保护。另外，设立一些特别的纪念日，举行相应的活动和庆典，也会有助于遗产信息的宣传。

5.5 资料和记录

水下文化遗产存在与延续的状况依赖于资料的收集与记录，通过翔实而有序的形式进行资料记录，将有助于现代和后代人们从考古中学有所获。资料和记录可以分为考古资料、项目报告和项目档案三个部分。

5.5.1 考古资料

考古资料是指用系统、专业的方法收集史前和历史时期遗址的信息，以避免在打捞、捕鱼、铺设管道和其他活动对水下考古遗址持续性的干扰而造成遗产信息的不断缺失。

考古知识和认知的成果是反复进行的过程，在初步研究未来项目或管理计划时，需要重新考虑早期工作所获得的田野数据。资料的目的就在于尽可能准确和完整客观地记录所有的观察、发现和行动。资料由所采取的目标和方法指导收集，其性质和水准取决于遗址的具体情况，但至少要包括遗址综合记录：行动期间被移动或取走的水下遗产的来历、现场记录、示意图、手绘图、截面图和以其他形式保存的照片或录像。指导的原则包括：

(1) 资料目标应符合项目设计中陈述的具体目标，而且也应当符合有关历史或史前背景情境的需求；

(2) 资料方式的选择应与寻找的信息相一致；

(3) 应根据目标评估可能的资料结果，而且这种分析应纳入规划；

(4) 应采取必要的措施，向公众进行报道和宣传资料成果；

(5) 应将所获取数据由相关学科有关资质的专业人员监督进行资料登记，当有非专业人员(如志愿者) 参与资料记录活动时，有资质的专业人员应为他们提供培训并进行监督。

资料收集方案必须考虑具体数据的需求和获得资料所需的时间和资金，以及各种策略的相对成本效率。针对考古项目的各个阶段，依据规划、调查、鉴别、评估、发掘和处置制定进度报告，有助于项目负责人调整策略，使项目赞助方了解项目的进展情况，同时也是公众参与到考古项目的基础。

遗产背景信息汇集和登记是考古资料收集的第一步。一旦发现具有考古性质的物品，水下文化遗产地的登记就开始了，从资料清单到管理程序的每个阶段不断积累，尽量做到全面的记录。登记之后，便可按照项目设计着手实施某项考古干预，水下遗产保护专家即开始实地工作。这个阶段将会用到多种设备和技术，所选择的应该是所需信息最有效、破坏性最小、最高效和最经济的方法。无论选用哪种登记方法，实际资料将包括电子形式的资料、示意图和截面图，以及照片、手绘图、插图、录像资料、航海日志、遗址记录、日记、潜水日志等。由于资料登记无法做到彻底，现场观察的各种数据和每一位成员的田野记录都可能对资料的完整性具有重要意义。所有的原始数据和实地记录应当以独立解读的方式保存，各种记录也都应当按照一定的格式和要求进行标准化处理，从而便于在后期的研究中快速查找到相关信息以及让未来的研究人员可以准确地区分出原始资料与二手资料。

5.5.2 项目报告

项目报告是体现水下遗产项目成果的书面形式，是水下遗产保护的知识成果和体现其整体价值的核心。报告将原始观察和资料与项目成果分析和阐释缀合起来，严格区分事实和资料、推测和分析，以外部研究人员能得出自己结论的方式呈现证据。它的质量和信息价值决定了整体项目、团队和学科的可信度，决定了海洋考古学的未来。

根据报告撰写的阶段可以分为中期报告和终期报告两大类。

中期报告根据整个研究过程中设定的时间予以起草，应记录所有数据，描述行动过程，对所有进展给出最新解释，并且概况出结果。中期报告除了告知赞助者和资助机构外，也把进展告知给其他专业人员。这让同行可以提出有依据的观点，并提供帮助和建议。鉴于出版最后报告可能需要相当长时间，要在最后报告之前尽快发表详细的中期和专门报告。

终期报告建立在中期报告的基础之上。报告可以根据目的而不同，如告知当地社区的项目报告与财务报告有差别；报告面向不同受众也有所不同，如科学界、资金源、主管当局或大众。但是，所有报告都要有正规结构和细致的规划，应用清晰、简洁的语言以合理方式展示其主旨，项目设计之初就要制定报告方式、要求的内容和时间表。收集数据的过程比分析需要的时间短，通过在不同阶段进行编制来解决这个问题。但整个过程所有阶段的报告应保持一致，并以后来使用者易懂的方式来完成。

报告的撰写涉及以下几个阶段：

（1）澄清目的、参考内容、目标和读者；

（2）确定结构和内容；

（3）规划和分工；

（4）信息收集；

（5）信息组织与架构；

（6）撰写初稿；

（7）审核和修改；

（8）定稿。

在进行撰写报告时，有些部分难免会有所重复。有必要进行有计划地组织，制定出撰写规范，来解决众多成员参与撰写报告而造成或大或小的不一致，影响到报告的严谨性。标准的报告结构应包括：

（1）目标说明；

（2）所使用方法和技术的说明；

（3）所取得成果的说明；

（4）行动所有阶段的基本图标和照片资料；

图 5-10　澳大利亚悉尼港 Edward Lombe 号船锚

（5）保护和保管遗址和所有取出的水下文化遗产的建议；

（6）对今后行动的建议。

报告相应的内容应包括：扉页和封底、致谢、目录、摘要 / 综述、序言、行动说明和职责以及参加人员、成果发现（事实、阐释）、结论和建议、项目档案信息、参考文献、附录。

每位报告撰写者都有自己的风格，但同时也要遵循一定的规则，毕竟报告是项目工作的一部分，严谨性和可读性同样重要。总之，需要牢记以下建议：

（1）写作应清晰、简洁，使用恰当、一致、经济的其他数据展示方法，比如图表、计划或照片。创新的展示方式会增加出版成本，但会提高完善性或吸引力。格式应考虑报告针对的受众。

（2）以平衡、合理、开放和结构性方式呈现所发现的信息，让对遗址一无所知的人可以立刻明白，应反映项目成果的重要性，并充分论及遗址的社会、政治和历史背景。

（3）专业报告和其支持数据应有适当的位置和价值。专业参与者必须参与或知晓影响其印出作品陈述的编辑决定。

（4）提供准确可考的信息。用证据证明对遗址的阐释，应讨论数据的不明确之处，有不只一种解释的地方应陈述其他选择。

（5）说明项目目标已经实现的程度，并评估所用的方法论。

（6）确保章节、段落、图片、照片和专业报告充分地前后对应，读者能轻松地读懂报告。

（7）注意在已同意的项目设计背景下所未能充分探究的研究的潜在领域。

（8）规范缩略语，并谨慎选择措辞，以表达意思的细微区别。

项目报告必须由不同学科专家组成的研究人员及团队完成，这个过程中应当保障各成员间的协作和交流。由直接参加资料收集的人员参与报告工作，由研究负责人承担最终责任，保证项目报告能够及时地完成，并进行下一步项目的规划安排。

5.5.3 项目档案

针对水下文化遗产的行动除产生观察资料外，通常还有标本和发现物，这些记录和发现物的集合构成了项目档案。为保证文化遗产的公共属性，在项目结束后应确保档案的完整性。档案资料（包括资料和发现物）必须集中保存而且都不应摒弃，其中任何材料在今后都有不可预测的重要性，还有可能在将来有新的技术、更多埋藏环境信息或从其他遗址取得的数据出现时，能供研究使用和重新评估事实论据。因此，将项目资料建档的方法论和档案结构写入项目设计是非常有必要的。

项目档案的组成应包括一切取出的水下文化遗产和一份所有支撑性资料，应尽量作为一批藏品一起完整保存，使其能向专业人员和公众开放，同时便于档案保管。虽然针对档案中不同类型的资料和物品需要有不同的库存环境，有些时候需要进行分别存放，但这并不会改变档案统一保管的原则，也不应妨碍由同一负责单位或组织管理它们。

与发掘出水的人工制品一样，每个阶段所产生的资料都是不可替代的。项目的档案将在初步研究、项目设计、研究、分析、阐释、保护和馆藏几个阶段产生，包括档案资料和实物性档案，还有必需的清单和关联目录。

（1）资料档案（纸质 / 数字化）

应包括：

背景信息、位置图；

表现考古学、测量学和环境特征、地层和剖面的遗址平面图；

项目设计；

方法描述和筛选策略；

行动记录、过程报告、管理报告；

遗址和特征记录；

田野笔记、线图、平（剖）面图、地层剖面图、构造平面图、绘图和照片；

物品绘图和照片；

发现物清单、标本清单、图纸清单和照片目录；

环境记录和报告；

初步成果记录和评估；

初步报告、专门报告和中期报告；

出版物、图录和所有其他记录。

（2）实物档案

包括：

物品、发现物和标本；

保护记录；

物品绘图、照片、X 光片等。

（3）清单和关联目录

包括：

一份档案总目录，列出研究期间和结束后所产生的资料和报告的所有组成部分；

一份建档和编目的方法描述；

一份索引，指出档案组成部分和副本的存放位置。

水下遗产保护档案与其他的档案一样，需要执行一定的标准来进行管理，并由相关主管部门认可。除了文字或数字媒介，发现物、标本和人工制品也被看做是“数据载体”。准备、制作和管理档案的标准必须在所有项目开始时就被领会和认同，同时为保证档案符合要求，成员之间的沟通也是非常重要的。

档案必须作为一件收藏品并存放且完好无损，在这个持续的过程中，安全和稳定极为重要。因此在进行档案保存时，也应制定相应的原则和标准。

（4）存放条件

按照保护专业标准，档案的存放必须遵循两个基本原则：不展示的发现物必须存放在暗处；发现物不应暴露于气温或相对湿度大幅度变动的环境中。因此档案不应存放在容易有强光源照射或大幅度温度、相对湿度振荡的环境中。针对不同材料的档案，可以采用不同的方法进行保存，但无论是何种方式，都应最大程度保证存放过程中档案及物品的稳定性和完整性。

（5）存放场所

项目档案必须存放在能提供最佳条件以防该处所含材料降解的地方。同时，存放场所还应该符合安全的要求，达到温度、湿度、光照条件和暴露在自然灾害风险下的最佳条件，并能够对公众开放。

（6）递交和转交

当按照要求对资料和报告进行递交转移给档案馆时，所有的数字文件必须伴有纸质文件。研究团队中负责该任务的成员则向档案馆正确递交，如果档案馆有资料目录和计算机信息系统，那么向其递交的信息应可以整合入该目录和系统。所有向档案馆递交的研究材料都必须按已有的统一方法进行系统编辑，这无论对纸质还是数字档案而言都同样适用。

（7）所有权

水下文化遗产关系到公众利益，甚至有时可能有私人业主。因此，档案存放有向公众承担的责任和作用，受某些形式的公众控制。虽然对于所有权的问题不能建立一个国际性的准则，仍然可以提出一般的建议，以符合各个地区的法律法规为前提，存放处对文献档案拥有版权或共享版权，公共性是这个过程中最重要的特点。

（8）识别

档案的所有组成部分应服从统一的遗址号码及人工制品和文件编号识别机制。应避免改变单一物品尤其是小件物品的独有编号，这样常会导致难以追溯源头的错误。由于考古项目的复杂性与长期性，其产生的数据也非常庞杂，因此，对项目中所有的档案资料进行编号，将有助于对信息的整理和鉴别。

（9）拷贝和备份

就目前而言，所有的项目档案都包括电子和纸质内容。而数字化时代的带来导致原本纸质的相片、图纸都转换为了数字化的资料，这些电子资料一旦丢失便无法找回。因此在建档时，需要有一套完善的数字数据维护政策，进行常规备份。另外，也建议所有的原始资料和数字化资料同步储存在防降解介质的一整套打印输出文件上，同时进行扫描，以做到万无一失的保障。

图 5–11　墨西哥新克罗海湾沉船船锚

6 水下文化遗产保护的宣传教育

图 6-1 水下考古成果展示

图 6-2 水下考古专家对水下文化遗产的公众宣传，以让公众了解水下文化遗产的保护工作

图 6–3　潜水爱好者参与水下考古工作

6.1　宣传教育的目的

针对水下文化遗产的行动可以呈现为不同形式，可以是细致的调查或广泛的发掘，也可以以进行稳定加固或更好地向公众开放作为其目标。不论原因如何，即便所有的研究、计划、后勤、调查、发掘、保护、分析、保管、管理计划和报告编写结束，项目仍不算完成，除非其成果为大众所共享。一切没有成果分享的考古研究都是徒劳的，水下文化遗产也因公众意识的提高与广泛的参与保护而得到更好的保护与管理。

水下遗产专家不仅在研究和学术团队中传播新信息，并且也应该广泛地与公众分享信息。信息的共享，让大众了解过往普通人的生活和历史的变更，而区别于历史记载中对王侯将相的关注。

从另一方面来看，文化遗产属于公共领域，公众有权得到相关的考古信息、研究进展，其资金用途以及投资的成效。使用优质宣传制作的公共策划，不仅能展示考古工作的重要价值，还能体现考古学研究的不可或缺，以防止对文化遗产地的破坏和随之而来的信息流失。但仍然存在一些考古圈，像其他象牙塔科学工作者圈子一样，曾有种趋势认为公众都不怎么能理解考古原则，这种精英论的目光非常短浅，忽略了大众对不可再生的文化遗产保卫、保存和保护的重要力量，在一些缺乏沟通的团队中，也可以借由公众考古学中更多具亲和力的队员来弥补。

另外，文化遗产游是旅游产业中快速增长的部分，而且参观者把亲身体验第一手、真实的遗产和人工制品的机会视作与他们的过去沟通的方式。遗产游给当地社区带来了实际、明显的经济效益。通常，潜在参观者指导要去参观的遗址的首要途径之一就是通过对项目和发现通俗展示。

过去很长的一段时间内，由于传媒和商业打捞者多年的错误宣传，导致许多公众不明白科学考古和猎宝的区别。那些从未想过在古建筑上凿下一块砖带回家的潜水者，不认为凿掉古沉船的舷窗有什么不妥。虽然现在已经有许多立法引导对盗捞水下文化遗产地的打击，但多年来的固有印象很难在短期内得以转变，大众并没有对盗取海底遗产提高警觉，通过有效的教育方式是转变公众印象最好的方法。教育引发尊重，从而引发保护的观念。人们欣赏和重视他们所了解的事物，事实上参观一处遗址就能让人产生更强的关联意识，并且培养人们对一处遗产的重视会促进他们对其他遗址的尊重。因此，考古学家有责任向当地人和其他公众提供信息和能力，使之成为研究和保护陆上或水下文化遗产的有机组成部分。

6.2　宣传教育的基础

越来越多的大学已经开设了与考古相关的公共考古课程和实习，公共外展与教育策略的实践，让学生们能够更多地接触到遗产保护专业领域。此外，遗产保护专家也经常会出于某项工作的需要而实施公共考古，通过在职培训对公众外展日渐熟悉。就目前来看，科学领域中的遗产保护日益增长，更多的专业人员把遗址外展、教育和公众阐释作为主要研究和职业方向。一位对可行的工作项目有过经验和想法，并且能够对考古项目外展计划进行管理的队员是无价的，他能够帮助完成项目成果的汇总与出版。

在进行为项目筹措资金时，应考虑公共方案筹资，包括方案开发、外展材料和解释文字的印刷，展览和陈列制作资金。一些原始的宣传品如小册子或水下指南作品初印好以后，就可以交给当地机构执行后续的印刷事项。与当地博物馆或图书馆合作是制作展览很好的模式，这样只需一次性筹集资金到位。如果考古团队能够成功地引发当地人对项目的兴趣和支持，就可以寻求实物捐赠，例如从做水下标识的水泥、使用船只和保护用的化学药剂。

6.3　宣传教育的方式

“公众”由不同年龄和背景的人组成，考古学家可以谋求不同的教育和外展策略。以下对儿童、休闲潜水者以及当地社区成员三个群体不同的宣传教育进行介绍。

（1）儿童

对于小学生而言，他们的年龄太小以至不能潜水参观遗址，但却对航海和沉船充满了好奇。活动手册、填色书、海报、动手活动、流行教育卡车，以及面向小观众的报告会都是可行方式。这些孩子们是未来的公民，他们中将会有人负责开发和执行公共政策，甚至是参与关于历史和考古遗址保护的立法。幼年时对考古学的学习和关注会对他们产生长远的影响。小孩们得到有关于考古学和水下文化遗产信息的准确性和真实性很重要，而老师和教育工作者们实施的课程计划将有助于确保这一点。考古学家可以与当地教师合作，制定突出介绍进行中的考古项目的课程计划，包括科学方法、调查措施、水下环境工作事项、遗址判断和历史、保护和水浸人工制品的化学属性这些话题。可以与熟悉地区或国家教育标准的老师合作，规划适合现有教学步骤的课程。因为考古学的吸引力和跨学科的性质，特别是沉船和水下遗址的魅力，有趣、娱乐指数高，同时又具有信息量和教育性课程是可以被设计出来的。

（2）休闲潜水者

作为水下世界的兴趣爱好者，休闲潜水者也是外展的首选目标群。大多数情况下，当地潜水社团对该地区的水下文化遗产相当熟稔，且对其考古研究极感兴趣。在现有且有效的水下自然资源教育中添加文化资源的信息，潜水者能认识到水下文化遗产也是海洋环境的一部分，值得尊重和保护。另外，在考古项目进行的早期，让潜水者参与进来并保持消息灵通，将有助于防止误传消息、不愉快的冲突和反感，有助于促进合作、代管和保护。很多时候，潜水者都会成为研究团队中有价值的义工，付出数小时的劳动，提供重要的当地信息，成为其同行中倡导水下历史保护的有力声音。此外，他们对于长期遗址监测和管理都很有用。鼓励当地潜水俱乐部“领养”沉船遗址，考古学家和遗产管理者在离开遗址地区后可以确信有人对遗址进行监护和照看。

（3）当地社区成员

在很多情况下，公众应该在考古进程启动时就参与进来，对于当地的社区来说更是如此。当地居民与其水下文化遗产有真实、直接的联系，让他们参与研究和保护水下文化遗产对长期保护很关键。当地居民定期看到遗址，并且可以有效地监测遗址附近的活动，比如潜水和捕鱼。鼓励他们参与水下文化遗产的初始研究和后续调查，能培养他们对地区遗产的“管家”意识，从而促进保护。参与研究的个人可以变身为考古大使，与他们的社区成员分享信息，间接成为普通居民了解本地历史和遗产研究领域的媒介。

社区组织与当地直接相联系，了解本地发生的事件和消息，而且可以经常组织会议和组织活动项目，这为文化遗产的宣传提供了很好的外展机会。历史和谱牒学会、图书馆、博物馆、教育中介、环境俱乐部和市民团体通常一般急于听到在当地进行的考古研究和进展。从另一方面看，与一个团体的接触往往会带来更多相关的团体，团队的公共考古学家会发现自己在当地做起了巡回演说员。

遥远的海上，同样的角色和同样的主人翁意识可以被分派到遗址的发现人、传统和新的用海人身上，他们中有远洋渔民，也有近海作业者。虽然他们的社会定位方式不同，但对海洋遗产和自己作业的海域都有很深的感情。让他们参与工作可能会是种挑战，但结果也会证明这样做是值得的。

考虑到项目的复杂性、信息的保密或敏感性，项目对公众公开也有许多需要注意的地方。考古项目特别是对遗址的全面发掘，经常持续很长的时间。对遗产漫长的保存、分析和阐释的过程，拉长了最初发现、调查到编制中期报告、公开汇总出台间的时间间隔。虽然这一过程已被大众所接受，但他们对于开展中的研究工作和新的发现都很关注。因此，需考虑为工作准备中期或周期性更新材料，比如详述目前工作进展程度的报刊新闻或文章。网站是极其有效也比较简单的方法，能让公众通过网站与项目进展同步，许多网站上也会及时更新活动日志。让公众掌握项目的进度与更新，可以帮助保持他们对项目的热情和兴趣。

当然也存在遗址过于脆弱或是发现的信息在科学上过于敏感的情况，这时信息可能不适于立即与公众分享。比如，处在盗捞或故意破坏威胁之下的遗址就需要对其位置保密。正公开发掘的沉船揭露出特别易损的肋材或其他组件，可能导致它不宜被参观。如果发现了人类遗骸，水下遗产保护专家可以依据道德、法律和文化传统不公开所发现的结果。这些情况需就事论事，团队负责人或迟或早要准备就做出的决定回答问题，因为从根本上而言遗产和考古研究是属于公共领域而非私密的。

上篇结语

水下文化遗产最初来源于水下考古学，是陆地文化遗产的水域延伸。它以水下文化遗存为主要研究对象，借助各类潜水技术，运用考古学方法对沉（淹）没于海洋和江河湖泊的文化遗迹、遗物进行调查、发掘、保护和研究，揭示和复原埋藏于水下的人类活动的历史。

联合国教科文组织2001年《水下文化遗产保护公约》与国际法协会1994年公约草案对水下文化遗产提出了明确的定义："水下文化遗产系指至少100年来，周期性地或连续地，部分或全部位于水下的具有文化、历史或考古价值的所有人类生存的遗迹，比如：遗址、建筑、房屋、人工制品和人类遗骸，及其有考古价值的环境和自然环境；船舶、飞行器、其他运输工具或其任何部分，所载货物或其他物品，及其有考古价值的环境和自然环境；具有史前意义的物品……"学者们对水下文化遗产所作的分类并不完全一致。有的分为可移动的水下遗存（船舶）和固定的水下遗存（港口、城镇和史前遗址等）；有的将水下考古遗址分为四种：垃圾场、历史悠久的遗址、淹没或沉没的人类居住区或场所以及沉船；还有的分为淹没的居住区、港口工程、垃圾场和沉船四种。

水下文化遗产作为文化遗产的有机组成部分，既具有与陆上文化遗产相同的共性，又有环境上的特殊性。它具有民族或是全球性的考古和历史价值、经济价值、艺术和教育价值以及文化价值等，同时也容易涉及多个文化、历史或考古相关国，以及打捞、发掘或研究作业的国家等的利益冲突。一些具有影响力的国际组织认为水下文化遗产是全人类文化遗产总体的组成部分，属于公共领域。

近年来，水下文化遗产保护工作得到了世界各国的支持和参与，同时也面临着保护与保存上的巨大挑战。从20世纪80年代开始，中国便开展了水下文化遗产保护的相关工作，在取得丰硕成果的同时，也带来水下考古技术的进步以及考古工作范围的扩大，以海岸线为中心，由近海海域逐渐发展到深海海域，由海洋逐渐发展到内陆。内陆水下文化遗产与海洋文化遗产相比较，首先就其所处的淡水环境而有所不同；其次在对水下文化遗产的概念上，由于内陆地区的文化遗产随着雨水和季节更替而露出或落于水下，难以进行时间的界定；再者，海洋水下文化遗产大多为沉船等可移动文物，而内陆水下文化遗产则多为建筑、聚落、石刻等不可移动文物。

中国自古有临水设城、依水而居的文化传统，内陆的江河湖泊沿线密布着众多古建筑遗址、古墓葬，因此对于中国这样幅员广阔的国家而言，内陆水下文化遗产保护的意义更加巨大。以三峡工程水下文物调查和中山舰沉船打捞为代表的保护工程，体现了中国在内陆水下文化遗产保护工作上的探索与成就。自 1996 年 9 月开始，中国历史博物馆水下考古研究室便开展了对重庆朝天门码头灵石水下碑林、白鹤梁水下题刻、云阳龙脊石题刻等古代遗迹的实地调查工作。其中在对白鹤梁的水下考古调查中，发现了一些以前仅见文献记载而未见实物的题记或以前未见的石刻题记，对白鹤梁水下地质结构进行了详细探摸，获得丰富的成果资料。1996—1997 年有关于中山舰的打捞工作是我国水下考古工作在现代沉船遗迹领域的首次尝试，具有一定的开创意义。另外 2001 年 6 月，云南抚仙湖水下建筑遗址的勘测调查工作也是中国水下考古队第一次对内陆湖泊水域开展的调查工作，为后续的相关领域的调查奠定了基础。

各国对水下文化遗产的定义并不局限于国际法性质的《水下文化遗产保护公约》中的规定，而以文物遗存所具有的价值为评判标准，来判定文物遗存的文化遗产特性，于是便出现了“人工淹没区文化遗产”的概念，即人工淹没区内的历史古镇或文物。它们不能称之为真正意义上的水下文化遗产，但是由于其与水库发生了关联，同时又具有文化遗产的特性，被认为是潜在的水下文化与遗产。人工淹没区的形成主要是人类工程的结果，淹没区的整体环境为人工设计，既可以体现当时的物质和精神水平、时代风貌，蕴含着丰富的历史文化信息，又可以体现出设计者的美学涵养和科技水平，因此淹没区的工程，特别是水利工程，也可以被视为一种特殊的内陆水下文化遗产。阿斯旺大坝与阿布辛巴神庙的保护以及三峡工程的抢救性文化遗产保护是人工淹没区文化遗产保护的两个重要案例，为之后的淹没区文化遗产保护工程提供了许多借鉴之处。

水下文化遗产保护的原则包括真实性、完整性、延续性三方面，而就遗产所处的水环境而言，“就地保护”成为保护的首要选择。异地保护的选择，往往是经过统筹考虑进行的决定，其模式通常采用异地博物馆保护，位于斯德哥尔摩的“瓦萨号”博物馆便是异地保护的成功案例之一。无论是进行就地保护还是对遗产进行打捞，都应确保遗产的公共性与共享性，慎重地选用保护措施，尊重遗产和其所处的环境，减少对遗产的负面影响。

水下文化遗产的保护是一项专业性高、涉及面广、多方参与、过程复杂的长期性工作，因此制订一个相对全面的实施计划，是顺利开展保护项目的必要前提，它包括项目计划、资金计划以及各阶段工作的时间表。同时制订各阶段的应急预案，也将确保在项目不同程度中断或终止的情况下，仍能保护水下文化遗产和进行资料工作。水下作业的方法与技术是工作实施的基础，考古研究的主要步骤包括遗址调查、深入调查和分析，参与考古发掘和调查的工作人员也必须拥有必要专业水平和资历。同时由于遗产的多样性与复杂性，只有建立在对项目全面的评估之上，才能有效地选用合理的技术方法与工作团队。

任何针对水下文化遗产的项目，都势必会对遗产造成一定的影响。虽然在保护与管理方案中采取如保障遗址以及物品、发现物和样品的劣变等措施的作用有限，但选用合理恰当的方式将会降低对遗址的破坏程度。与此同时，对水下文化遗产的资料收集与记录也是非常有必要的，这包括考古资料、项目报告和项目档案三部分。通过翔实而有序的形式进行资料记录，将有助于现代和后代们从考古中学有所获，全面地了解遗产可能受到的影响和干扰。

文化遗产属于公共领域，一项水下文化遗产保护行动的过程与成果，需要为大众所共享。这种信息的共享，是让大众了解过往普通人的生活和历史的变更，而区别于历史记载中对王侯将相的关注。同时，水下文化遗产也因公众意识的提高与广泛的参与保护而得到更好的保护与管理，并促进着地方旅游产业的发展。因此，一项水下文化遗产的行动不仅要注重保护工作的计划、实施过程与记录，还应把更好地向公众开放作为其保护的目标，让水下文化遗产真正成为全人类共有的遗产。

下篇

7 白鹤梁题刻

7.1 白鹤梁古迹

白鹤梁位于重庆市涪陵城北长江之中，因早年白鹤群集梁上而得名。白鹤梁是一砂岩天然石梁，其背脊标高约为 138 m，天然状态下它长年淹没在水中，仅在冬末长江枯水季节露出水

图 7-1　白鹤梁位置示意图

面。题刻记载了自唐广德元年起 1 200 余年间的 72 个枯水年份的水位资料，堪称保存完好的世界“第一古代水文站”和世界罕见的“水下碑林”。白鹤梁古水文题刻是全国重点文物保护单位，在历史、科学和艺术等方面都具有极高的价值。

白鹤梁，位于北纬 29°43′，东经 107°24′。全长约 1 600 m，宽 10 ～ 15 m，自西向东延伸，呈一字形与江流平行。天然状态下白鹤梁背脊标高约为 138 m，比常年最低水位高出 2 ～ 3 m，比库区正常蓄水位低 30 多 m，它长年淹没在水中，仅在冬末长江枯水季节露出水面（注：水位除注明者外均为吴淞高程，地形及建筑标高均为黄海高程，当地吴淞高程 = 黄海高程 +1.7 m）。白鹤梁距长江南岸 100 m，东

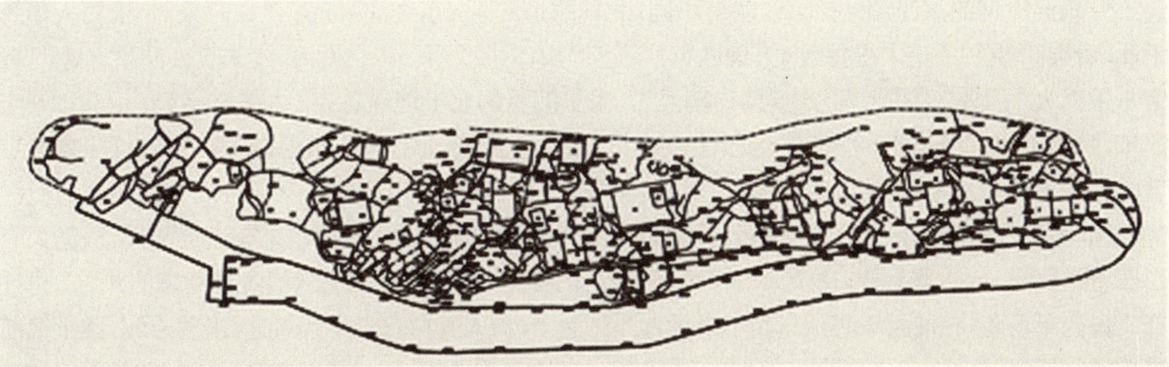

图 7–2　白鹤梁古水文题刻中段分布

图 7–3　白鹤梁古水文题刻实景

临长江与乌江的汇合处。由于常年受江水冲刷，石梁形成上、中、下三段。被誉为“长江一绝、中国一绝、世界一绝”的水下碑林“白鹤梁古水文题刻”主要分布在220 m长的中段上。

白鹤梁得名的原因有着优美的传说。相传，在北魏时，尔朱通微不愿与篡夺皇位的族兄尔朱荣合流，弃家学道，道成，号尔朱真人。尔朱炼丹售市，至合州（今合川），价傲太守。太守怒，将尔朱囚笼抛江。竹笼不沉，却顺江而下，至涪州白鹤云集之石梁，遇一名白石之渔人举网而得之。尔朱时正酣睡，渔人久呼不应，击磬方醒，遂解围至交。渔人仍然轻舟布网，尔朱继续修真炼丹；晚则屈膝相对清谈，倦则抵足揽江入梦。竹笛渔歌，铜磬经文，各得其趣，两情甚笃。一日，尔朱取丹与白石渔人佐酒畅饮，醉后，乘白鹤化仙而去。白鹤梁便以此得名。

白鹤梁称谓的演变，书志所载，略有不同：北魏郦道元著《水经注》记述：“白鹤梁，尔朱真人修炼于此，后乘鹤仙去。”南宋祝穆著《方舆胜览》记述：“州（涪陵）西一里白鹤滩，尔朱真人冲举之处。”皆言尔朱真人“仙去”、“冲举”之处为“白鹤滩”。乐史编著的北宋地理总志《太平寰宇记》记载：“开宝四年，黔南上言：江（长江）心有石鱼见，上有古记云：广德元年二月，大江水退，石鱼见……”王象之编著的南宋地理总志《舆地胜志》记载：“在涪陵县下，江心有双鱼，刻石上……”据此，白鹤梁也曾有过“涪陵石鱼”的称谓。清同治版《重修涪州志》在“白鹤梁”条目下注释：“尔朱真人浮江而下，渔人有白石者举网得之，击磬方醒，遂于梁前修炼，后乘白鹤仙去，故名。”民国版《涪陵县续修涪州志》也注释：“白鹤梁石鱼，在城西江心，旧志：尔朱真人浮江而下，渔人有白石者举网得之，击磬方醒，遂于梁前修炼，后乘鹤仙去，故名。”而直接把“白鹤梁”三字镌于石梁上的，则是清光绪辛巳年间的孙海。1988年，国务院正式定名为“白鹤梁题刻”，并公布为“全国重点文物保护单位”。

7.2 白鹤梁题刻特点及分布

图 7-4 1988 年白鹤梁题刻被列为国保单位

白鹤梁古水文题刻，从唐至今逾1200余年，发现有题刻174段。其中文字题刻170段（内有7段题刻查于资料记载，无拓片），石鱼4段（12尾，其中附于文字题刻的线刻鱼8尾），观音像1段，白鹤梁图1段，共3万余字。在现存的题刻中，唐代题刻遍搜石梁亦无明迹可寻。但是，在南宋王象之《舆地纪胜》中则有“唐大

图 7-5 石鱼题刻

图 7-6 文字题刻 1

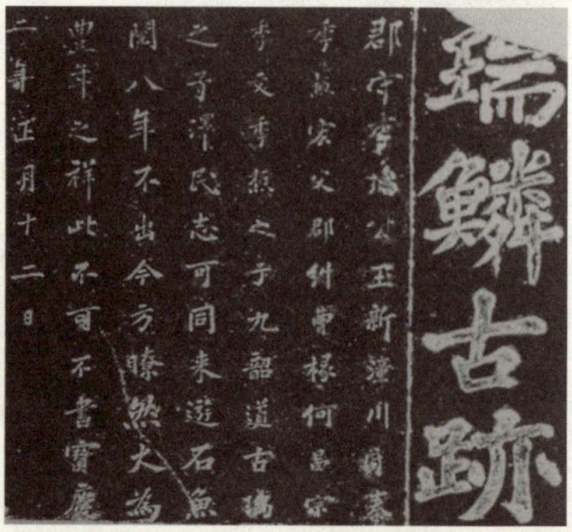

顺三年镌古诗甚多”的记载，在白鹤梁现存题刻和《太平寰宇记》中也有“(唐)广德元年二月，大江水退，石鱼见”的文字。说明白鹤梁上的题刻，在唐广德元年前就有了。

据有关书志资料记载，宋代题刻有103段，元代有5段，明代有17段，清代有24段，民国有11段，新中国有3段，年代不详的有11段。这些题刻，排列无序，依地就势，参差不齐。文字大者幅约2 m见方，小者幅长宽均不盈尺。最大圆雕石鱼长2.8 m，宽0.95 m，其余为浮雕线刻鱼，长0.3 ～ 1 m不等。题刻记载了自唐广德元年以来历代石鱼出水状况，当地农业丰歉与水位尺度等情形。白鹤梁题刻是我国古代少有的长江枯水水文站，是珍贵的历史记录和难得的书法瑰宝。

在白鹤梁174段题刻中，有枯水水文价值的114段，它记录了历史上74个年份的枯水水位。在12尾石鱼中，以清康熙二十四年(1685)涪州牧萧星拱重刻双鲤的水文价值最高。据长江流域规划办公室重庆水文站实测，这对石鱼的眼睛海拔高程为137.91 m，与现在水位标尺零点的海拔高程相差甚微。

图7-7　白鹤梁题名

图7-8　涪州牧萧星拱重刻双鲤石鱼

白鹤梁题刻之所以被专家学者称为“世界一绝”，又受到国际水文组织的高度赞誉，主要还在于白鹤梁题刻本身的价值。

刻石鲤为水标，以它记录枯水变化，预卜农业丰歉，这是涪陵劳动人民的伟大创举。令人敬佩的是，古人铭刻的石鲤水标，和现代水文站测量水位升降数据的原理完全相同。设固定水标系统观测江河的水位变化，迄今不足百年历史，而“白鹤梁题刻”的长江水位记录已有1200多年的连续记载，并从中得出长江上游每隔3年或5年就有一次枯水发生，10年或数10年就有一次较枯水位，600年就有一次极枯水位出现的结论，成为“长江中最古老的水文站”，不愧为“长江水文资料的宝库”、“世界水文史上的奇迹”。

作为文物的白鹤梁古水文题刻，古老碑刻居多，有姓名可考者300余人，174段题刻留下了唐、宋、元、明、清及近、现代1000多年的重要史迹。由于它处于水下，虽经数百年乃至近千年仍字迹清晰，有永久保存的价值。

白鹤梁古水文题刻文字质朴，言简意赅。尤其是上百段围绕“石鱼出水兆丰年”的题刻，反复论证了“石鱼现，果在稔”的历史事实。也有“鱼出不节用，年丰难为丰，鱼没知节用，年凶未必凶”，“民安即是丰”的不信天而贵人的民本思想，更有“摧伏倭寇，奠定和平，石鱼出兮”这借石鱼兆瑞而发出掷地有声的民族誓言。

白鹤梁题刻计 3 万余字，篆、隶、行、草、楷等诸体皆备，虞、褚、颜、柳、欧各派并存。题记精雕细刻，文辞优美，有的达到书、艺、文三绝的境地。

白鹤梁题刻极富民族风格，颇具神秘色彩，内涵丰富，雅俗共赏，加之地势独特，更显珍贵。专家评价说：像这样集历史、科学、艺术于一体的文物，称得上国宝之最了。

图 7–9　文字题刻 2

图 7–10　被江水侵蚀的题刻

白鹤梁因长期遭受长江江水的冲刷，有两处被江水侵蚀切割，长期隐没水中，枯水期露出水面的石梁明显分为上（西）、中、下（东）三段，古代题刻集中分布在中段以上。中段石刻在极枯水期露出水面的长度有 220 m，最宽处约 20 m，最高处高于水面 2.8 m。中段石梁从东向西 55 ～ 70 m 地段，石梁表面较硬的砂岩层已经剥蚀破碎，形成了中段石梁的一个洼地，这里的石梁在一般枯水季节都隐于水中，从而将中段石梁分为东、西两区。石鱼水标及绝大多数题刻都位于东区，只有少数晚期石鱼和石刻散布在西区的石梁上。东区的石鱼有 11 组 15 尾，文字题刻 157 段，清代以前的早期题刻全都在这一区域；西区有石鱼 3 组 3 尾，图像 2 幅、文字题刻 28 段，除一段年代不明外，其余全都是清代及其以后的题刻。

根据 1972 年和 2001 年两次编号和统计数据，涪陵图书馆和博物馆收藏的白鹤梁拓片数字，以及清代以来关于白鹤梁题刻的著录数字，可以知道白鹤梁上曾有石鱼 14 组 18 尾，其他图像雕刻 3 幅（其中白鹤雕刻 1 幅、观音及人物线刻 2 幅），文字题刻 183 则，文字约 12 000 字。在所有年代明确的题刻中，年代最早的是唐广德二年（764）前的石鱼，题刻包括唐代或唐代前 1 则，北宋 27 则、南宋 71 则、元代 5 则、明代 18 则、清代 27 则、近代 13 则、现代 3 则、年代不详者 8 则。经过百余年自然和人为的破坏，白鹤梁保护工程开始后，将可移动题刻和保护覆盖室外少数晚期题刻迁移到岸上博物馆保存等措施，白鹤梁原址现存文字题刻 161 则，石鱼 12 组 16 尾，其他图像 1 幅，可以辨识的文字约 11 000 字。另在重庆中国三峡博物馆和涪陵博物馆中，还保存了白鹤梁题刻 13 则，石鱼 2 尾，其他图像 2 幅。

题刻均刻于面向长江主航道倾斜石面上，以唐广德二年前的石鱼和清代肖兴拱重镌石鱼为中心展开，越靠近这两组石鱼水标，题刻就越密集。由于前人题刻已经占据了题刻中心区位置，后人题刻往往采取见缝插针的方式，利用先前题刻之间的狭小位置或先前题刻区内的空白处写刻自己的题名或题记。清代以后，因石鱼水标附近已无空间，新的题刻才主要转移到上游方向的中段石梁西区石面。这些题刻文字通常都是从石面的上方向下写刻，但为了将题刻尽量安排在靠近水面的位置，也有个别题刻从下向上倒着写刻甚至顺江横向写刻。各题刻的大小幅面差异很大，大者 2 m 见方，小者幅不盈尺。题刻所主刻者大都为历代涪陵地方官吏、涪陵当地人士、途经和寓居涪陵的官宦和文人，有名可稽者超过 300 人，其中不乏历史上的一些名人。题刻主要有如下内容：一是记述石鱼出水的枯水现象和枯水程度；二是就石鱼出水现象与本年或来年农业丰收的关系发表议论和感言；三是来观看石鱼的人们的题名；此外还有少许其他内容的题刻。这些题刻记录自唐广德二年以来至清宣统元年（1909）1 200 多年间 60 个年份的枯水数据，这些数据是长江上游建立现代水文观测站前最重要的枯水水文信息来源，堪称中国古代不可移动的实物水文档案库。

7.2.1　白鹤梁枯水题刻

（一）水标图像

白鹤梁上雕刻石鱼图案现存 18 尾。多数石鱼是后人追随唐代枯水标识石鱼雕刻的图案，具有艺术和民俗价值，真正起到标识枯水位作用的石鱼图案只有两组3尾，它们分别是唐代始见于记载的石鱼水标 1 组 1 尾，清康熙二十四年重刻石鱼水标 1 组 2 尾。唐代或唐以前石鱼原先应为 1 组 2 尾，经千年水冲日晒，到清代已经剥蚀不清，清人重刻石鱼时部分破坏和覆盖了先前的石鱼，所幸在清代重刻石鱼图案下，还残存着 1 尾唐代石鱼图案和文字的痕迹。

1）*无名氏主刻单石鱼*

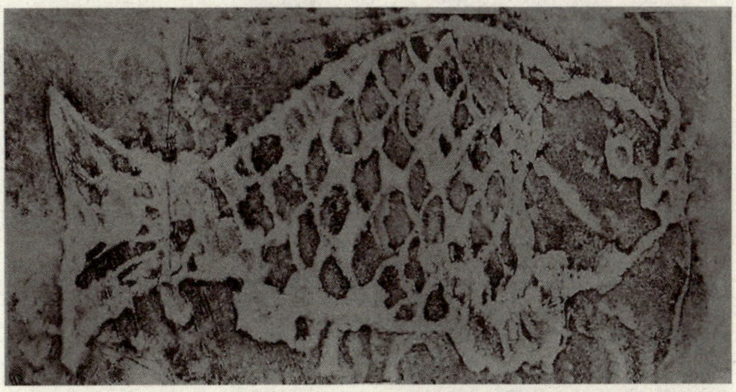

图 7-11　无名氏主刻单石鱼

唐广德二年（764）前所刻，具体年代和主刻者不明。位于白鹤梁题刻集中区的中部，清肖兴拱重刻两石鱼的头尾相接处偏下，石鱼鱼眼的地理坐标为北纬 29°42′53.6″，东经107°23′58.4″，海拔 138.04 m（吴淞高程系，下同）。石鱼原为一对两尾，已被清代重刻石鱼部分破坏，现仅一尾鱼的前中部尚隐约可见。雕刻技法为细线阴刻，鱼首朝西，也就是上水的方向。鱼的背鳍和鳞甲尚可辨识。在鱼头部上方，也就是原先两尾石鱼中间的位置，刻有隶书“石鱼”二字，其中“鱼”字已被清代重刻石鱼叠压。石鱼残长 0.58 m、宽 0.21 m。

2）*萧星拱主刻双石鱼*

清康熙二十四年（1685）刻。位于白鹤梁题刻集中区的中部，位置略高于唐始载石鱼。鱼形图

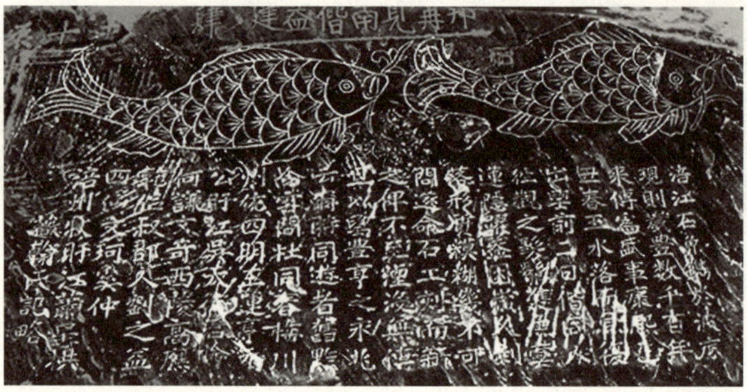

图 7-12　萧星拱主刻双石鱼

案共两尾，呈头西尾东即朝向上游的方向排列。石鱼为阴线雕刻，西边鱼口含莲花，东边鱼口含萱草。东边鱼长 1.1 m、宽 0.28 m，鱼眼中心高程 138.07 m。西边鱼长 1 m、宽 0.27 m，鱼眼中心高程 138.09 m，两鱼眼间的连线平均高程为海拔 138.08 m。

唐代始载石鱼为清康熙二十四年前涪陵当地的水位标尺，其鱼眼高程相当于川江航道当地水尺的零点，腹高相当于涪陵现代水文站历年枯水位的平均值。

（二）水文题记

在白鹤梁 183 则文字题刻中，记录当地长江枯水水位的水文题刻记有 92 则，其中长江现代水位观测站建立以前的水文题刻记 82 则 85 条。这些水文题记有三类记录方式。

第一类是用做标识的方式记录当时或当年白鹤梁地点的最低水位线：如“某年某月某日江水至此”之类。这种方式是古今记录江河沿岸洪水水位题刻的最常见方式，长江沿岸大量的古代洪水题刻均采用这种方式。由于白鹤梁已有石鱼作为基准水位标识，故白鹤梁题刻采用这类记录的很少，仅有4 条，这类水位题刻水位记录信息比较准确，科学价值很高。

第二类是以石鱼作为当地平均枯水水位标识，记录当时江水水面在石鱼之下的尺度信息，如“某年某月某日鱼出水多少尺”之类（也有个别记录称江水在石鱼之上多少尺，但水下石鱼深度难以观察，且石鱼淹没水下是当地寻常现象，如此记录枯水水位的题刻极少）。这类记录共计有16条，其记录长江上游历史枯水位信息量大，它们是科学价值很高的枯水水位记录，最为重要。

第三类是以石鱼是否露出作为标准来笼统记录当时水位的高度，如“某年某月某日石鱼出水”之类。这类记录方式和第二类记录方式一样，为白鹤梁古水位石刻所独有，在白鹤梁题刻中数量也最多，共 65 条，占全部水文石刻的 76%，这类记录给出了当时枯水水位低于石鱼这个当地零点水位的信息。

图 7-13　熙宁七年水位题刻

1）熙宁七年水位题刻

北宋熙宁七年（1074）刻，作者不详。位于白鹤梁题刻集中区东区中部，距离唐鱼眼基点 7.46 m。题刻范围 0.48 m × 0.68 m，文字正书，竖排，从左向右书写，共 2 行 8 字。文字内容是熙宁七年这年，水位到达这里。水位达到处未作记号，推测就是文字的最下缘，测得水位高程为 137.62 m。

2）卢棠等题记

南宋乾道七年一月一日（1171 年 2 月 7 日）卢棠等人题。位于白鹤梁题刻集中区东区中部，距离唐鱼眼基点 2.95 m。题刻范围 0.93 m × 0.65 m，文字正书，竖排，从左向右书写，共 10 行 56 字。内容记述当时代理涪陵县长官卢棠等来此，读唐代涪陵地方长官郑令珪的题刻，验证唐广德年间的水位标识，以作为丰收年份的预示。据此刻知，唐广德年间的水位题刻很可能有水位标识，且宋乾道七年的枯水位当等于或低于唐广德二年，即等于或低于海拔 137.74 m。

3）宝庆丙戌水位题刻

南宋宝庆二年（1226）刻，作者不详。位于白鹤梁题刻集中区东区中部，距离唐鱼眼基点 5.59 m。题刻范围 0.8 m × 0.19 m，文字正书，竖排，仅 1 行 6 字。内容是宝庆丙戌这年当时水位高度。在最下的“齐”字下有“△”符号，应当就是水位符号，经测量其底线水位高程为 137.95 m。

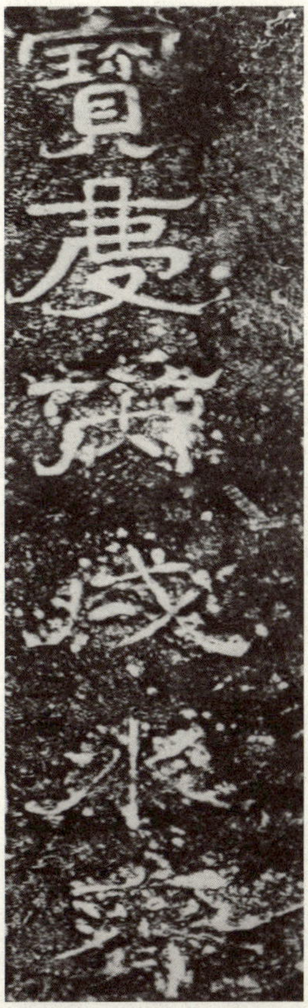

图 7–14　宝庆丙戌水位题刻

4）陈鹏翼等题记

嘉庆元年三月十八日（1796 年 4 月 25 日）陈鹏翼等题刻。位于白鹤梁题刻集中区东区中部，距离唐鱼眼基点 6.37 m。题刻范围 1.05 m × 0.63 m，文字正书，竖排，从左向右书写，3 行 22 字。题刻位置很低，即使在枯水季节也浸泡水中。内容是嘉庆元年三月十八日这天长江水退至此碑记以下八尺多的位置。通过换算可知，该日当地水位低至海拔 136.76 m，是目前所知长江上游最低的枯水年份。

5）谢昌瑜状申记

北宋开宝四年二月十日（971 年 3 月 9 日）黔州佚名地方长官的题记。题记位于白鹤梁题刻集中区东区中部，距离唐鱼眼基点 0.75 m，正好在石鱼水标上方。题刻范围 0.90 m × 1.42 m。文字正书，竖排，从左向右书写，共 13 行残存 176 字，左下残缺。内容为黔州一名最高地方长官根据下属谢昌瑜等关于石鱼出水历史、现状和功能的报告，前往白鹤梁观看石鱼之事。题记中关于唐代

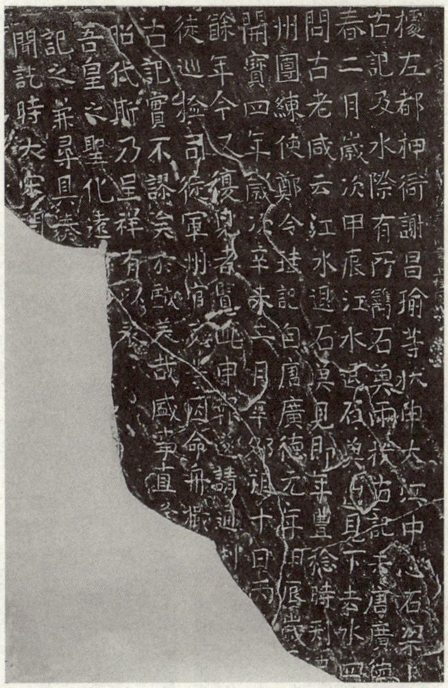

图 7–15　谢昌瑜状申记

广德二年(764)“江水退至石鱼下四尺”的史实，以及当时石鱼复现的记载，对于认识唐及北宋这两个年份当地长江的枯水水位具有价值。据此可知唐广德二年水位为 137.74 m。

6）韩震等题记

北宋熙宁七年一月二十四日(1074 年 3 月 4 日)韩震等人题。题刻位于白鹤梁题刻集中区东区中部，石鱼水标西侧，唐鱼眼基点 1.42 m。题记周围有卷草纹边框，题刻 1.03 m × 1.09 m。文字正书，竖排，从左向右书写共 9 行 90 字。内容记韩震等人陪涪州地方最高长官姜齐颜观石鱼，江水已退到鱼下四尺余，并转述了唐广德年间水去鱼下四尺的史实。水位高程低于 137.67 m。

7）吴缜题记

北宋元丰九年即元祐元年二月七日(1086 年 3月 5 日)，黔州地方副长官吴缜题。题刻位于白鹤梁题刻集中区中段东区中部中间，北距唐始载石鱼水标 2.62 m。题刻周围有阴线的圆首碑形边框，题刻范围约 0.90 m × 0.55 m。文字正书，竖排，从左向右书写，共 6 行 54 字。内容记当时水面在石鱼下五尺，涪州地方长官与同僚和友人一同观赏石鱼。水位高程 137.594 m。

8）庞恭孙等题记

北宋大观元年一月五日(1107 年 1月 30 日)，涪州最高地方长官庞恭孙题。位于白鹤梁题刻集中区东区中部偏南，距离唐鱼眼基点 4.05 m。题刻范围 0.57 m × 1.12 m，文字正书，竖排，从左向右书写，共 8 行 128 字，部分残缺。内容是追记一年前的大观元年一月五日(1107 年 1月 30 日)，江水水面在石鱼下七尺，这年夏天果然丰收，证实了唐广德年间的题刻内容。水位高程 137.48 m。

9）陈似题记(编号 23)

南宋建炎三年一月二十一日(1129 年 2月 11 日)陈似题。题刻位于白鹤梁题刻集中区东区东部，距唐鱼眼基点 13.98 m。题刻范围 1.20 m × 1.20 m，文字正书，竖排，由左至右书写，共 8 行71 字。内容是涪州最高地方长官王拱应上司的属下陈似返回重庆，王带领当地官员到江边给陈送行，并一起观

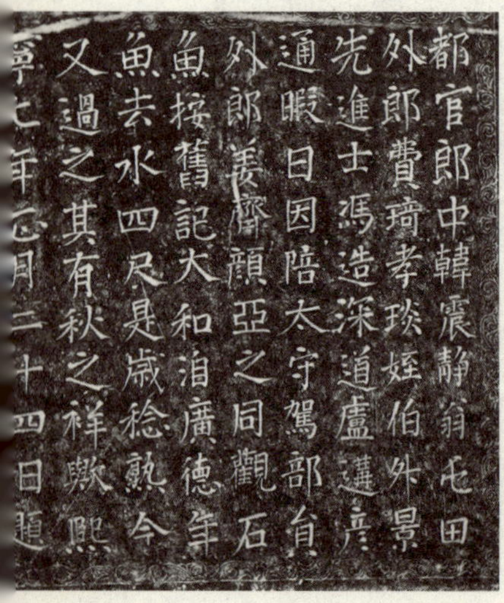

图 7-16 韩震等题记

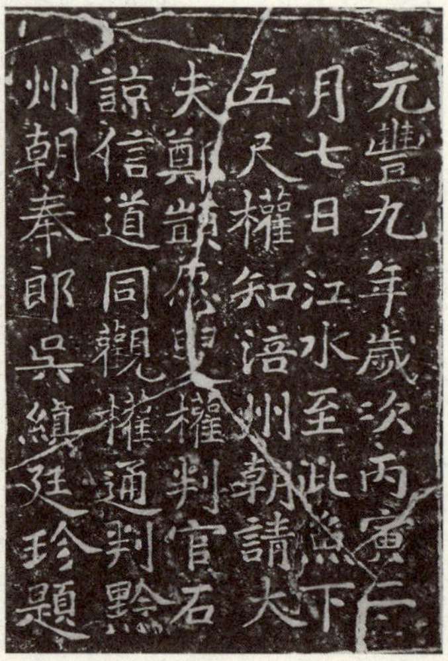

图 7-17 吴缜题记

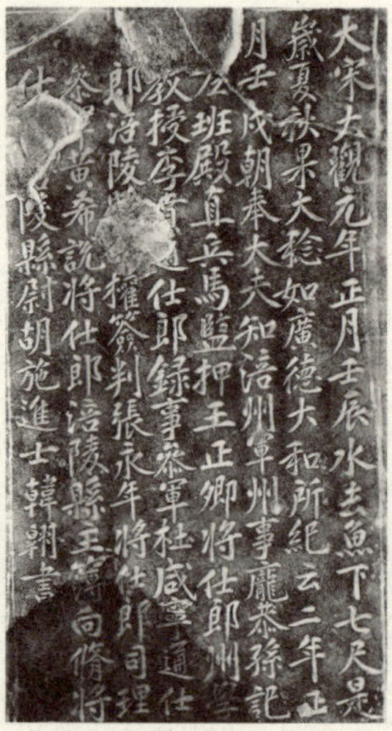

图 7-18 庞恭孙等题记

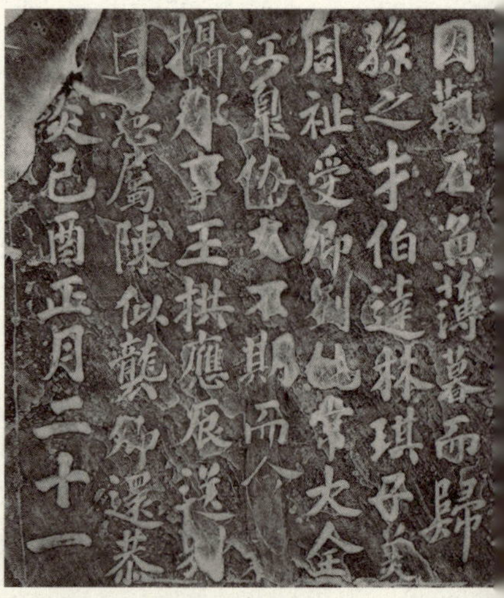

图 7-19 陈似题记(编号 23)

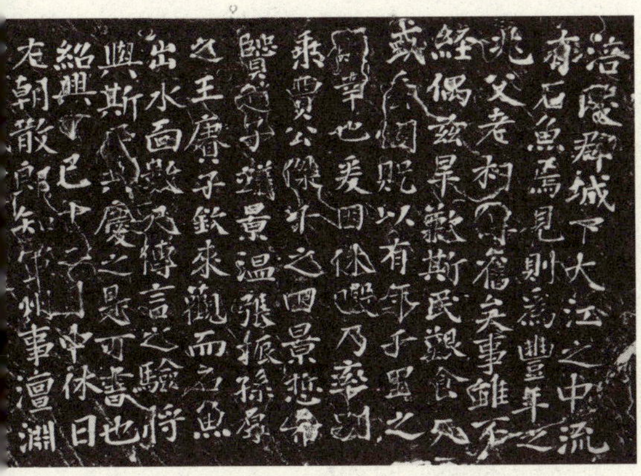

图 7-20　贾思诚等题记

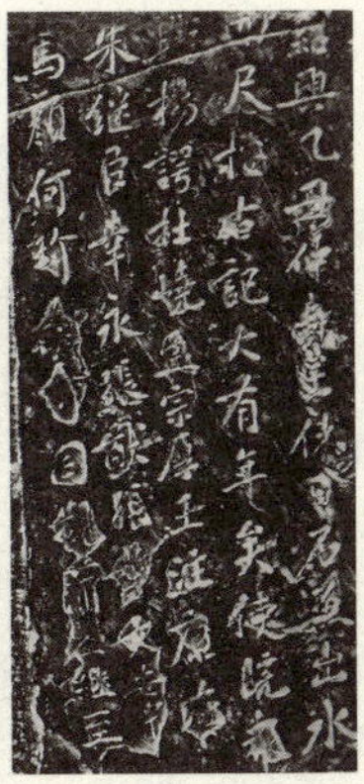

图 7-21　杨谔等题记

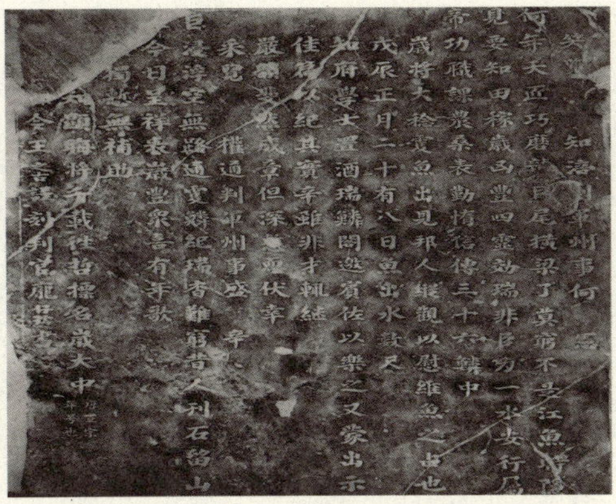

图 7-22　何宪等倡和诗并序

图 7-23　张松兑等题记

赏石鱼到黄昏，当时石鱼距离水面六尺，水位高程 137.56 m。

10）贾思诚等题记

南宋绍兴七年十二月中旬（1138 年 1月 23 日—2月 1 日）贾思诚等题。题刻位于白鹤梁题刻集中区东区东部，距离唐鱼眼基点 16.04 m。题刻范围 1.15 m × 0.85 m，文字正书，竖排，由左至右书写，14 行，每行 10 字，共 136 字。内容是这年十二月中旬，涪州最高军政长官贾思诚利用休假与朋友一起来看石鱼，这时石鱼已经高出水面数尺，可以作为来年丰收的征兆，因而留题。水位高程当为 137.59 m 左右（以五尺计）。

11）杨谔等题记

南宋绍兴十五年二月上休日（1145 年 3 月 6 日—15 日）杨谔等人题。题刻位于白鹤梁题刻集中区东区东部，距离唐鱼眼基点 13.67 m。题刻范围 0.34 m × 0.93 m，文字正书，竖排，由左至右书写，共 5 行 60 字，部分磨损。内容记述当时水位在石鱼下四尺，杨谔等人一同前来观赏。水位高程当为 137.67 m。

12）何宪等倡和诗并序

南宋绍兴十八年一月二十八日（1148 年 2 月 9 日）何宪等题。位于白鹤梁题刻集中区东区中部，距离唐鱼眼基点 2.5 m。题刻范围 1.48 m × 1.68 m。文字正书，竖排，由左至右书写，残存 17 行 241 字。内容为涪州最高军政长官何宪及副官盛辛观赏石鱼的唱和诗与诗序，诗中提到当时石鱼位于水面上三尺，推算当时水位高程为 137.75 m。

13）张松兑等题记

南宋绍兴二十六年（1156—1157 年）张松兑等人题。位于白鹤梁题刻集中区东区东部，距离唐鱼眼基点 7.99 m，题刻范围 2.00 m × 1.38 m，文字正书，竖排，由左至右书写，共 6 行残存 36 字。部分模糊。内容为张松兑、王定国等人划船来观赏石鱼，石鱼露出水面一尺多，能看见鳞片，高程不高于海拔 137.87 m。

14）陶仲卿题记

北宋淳熙五年一月三日（1178年 2 月 2 日）陶仲卿题。题刻位于白鹤梁题刻集中区东区中部，距离唐鱼眼基点 4.36 m，题刻范围 0.60 m × 0.70 m。文字正书，竖排，由左至右书写，共 10 行113 字。题刻记载，涪陵江心石梁刻的二尾鱼，唐广德年间当地地方长官郑令珪已记载石鱼出现表示来年丰收，陶仲卿等受同事刘师文之约来看石鱼，当时水面在石鱼下三尺，因此写题刻庆祝丰收和太平。水位高程 137.80 m。

15）朱永裔题记

南宋淳熙六年（1179）朱永裔题。题刻位于白鹤梁题刻集中区东区中部，距离唐鱼眼基点3.34 m，题刻范围 0.78 m × 120 m。文字正书，竖排，由左至右书写，共 8 行 109 字。内容是这年春天代理地方最高行政长官朱永裔率领同僚观赏石鱼，当时石鱼距离水面将近四尺，其水位折合海拔高程约 137.72 m。

16）李玉题记

南宋宝庆二年一月八日（1226 年 2 月 16 日）李玉题。位于白鹤梁题刻集中区东区中部，距离唐鱼眼基点 2.85 m，题刻范围 0.75 m × 1.06 m。文字正书，竖排，由左至右书写，共 7 行残存45 字。左下部分磨损。内容记述涪州地方最高行政长官李玉及儿子与同僚等人观赏石鱼，当时石鱼距离水面六尺。水位高程 137.56 m。

17）王正题记

元天历三年一月一日（1330 年 2 月 13 日）王正题。位于白鹤梁题刻集中区东区中部，距离唐鱼眼基点 5.73 m，题刻范围 0.40 m × 0.75 m。文字正书，竖排，由左至右书写，共 5 行 44 字。内容记载监察官宣候与同僚于元天历二年（1329）春天来观赏石鱼，当时水位在石鱼下二尺，当年果然丰收；天历三年（1330）春水位又退至石鱼下五尺，水位高程分别为 137.88 m 及 137.64 m。

18）雷谷题记

明永乐三年二月二日（1405 年 3月 2 日）雷谷题。位于白鹤梁题刻集中区东区中部，距离唐鱼眼基点 6.73 m，题刻范围 0.68 m × 0.80 m，文字正书，竖排，由左至右书写，共 10 行 123 字，部分磨损。内容是涪州最高行政长官雷谷记载自己连续两年率同僚观赏石鱼的事，去年石鱼刚刚露出水面，今年石鱼距离水面达五尺，但仍然没有看见传说中的秤斗。其水位高程为 137.62 m。

19）江应晓诗

明万历十七年（1589）江应晓作七律诗。位于白鹤梁题刻集中区东区西部，距离唐鱼眼基点 17.59 m，题刻范围 1.10 m × 0.88 m。文字行书，竖排，由左至右书写，共 9 行 61 字。诗中题到当时石鱼在水面上一尺，其水位高程 137.912 m。

20）朱昂题记（编号117）

北宋端拱元年十二月十四日（988 年 1月 24 日）朱昂题。题刻位于白鹤梁题刻集中区东区中部，

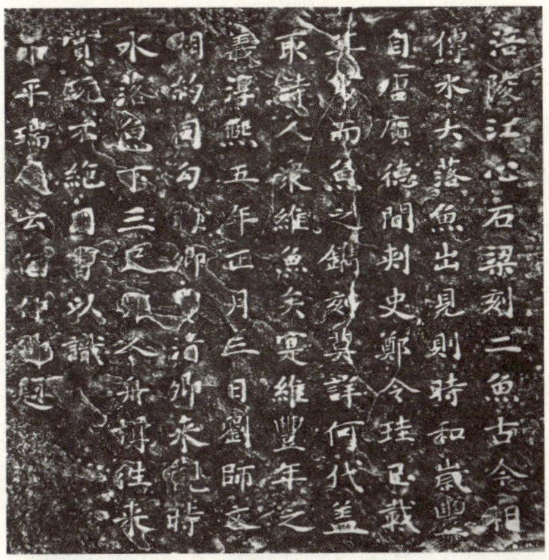

图 7-24　陶仲卿题记

图 7-25　朱永裔题记

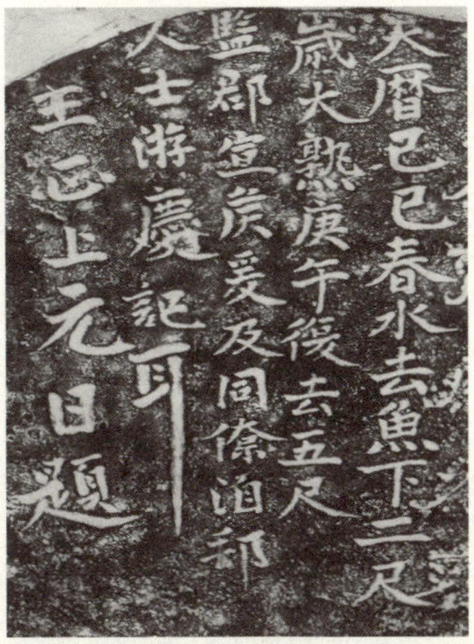

图 7-26　王正题记

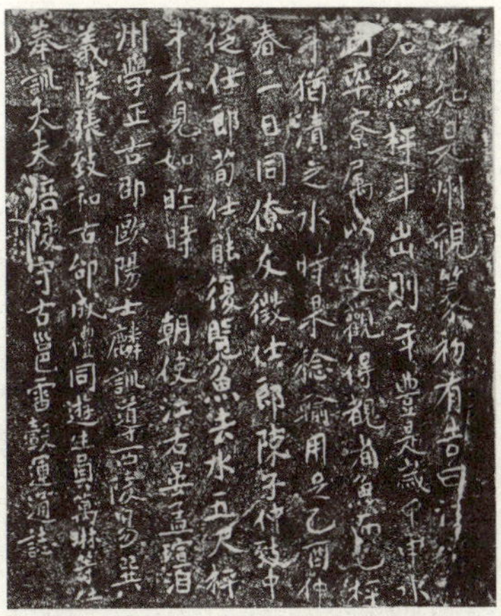

图 7-27　雷谷题记

图 7-28　江应晓诗

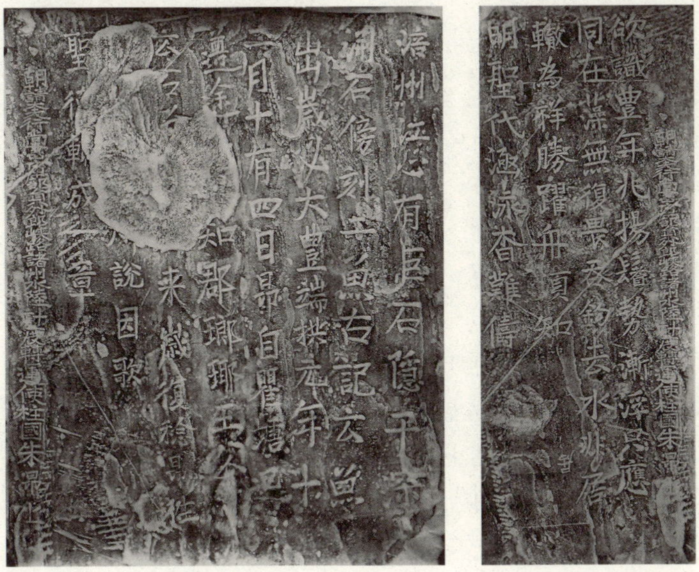

图 7-29　朱昂题记（编号 117）

距离唐鱼眼基点 9.02 m，题刻范围 1.80 m × 1.58 m。文字正书，竖排，由左至右书写，共 9 行 146 字，左上角残损。诗序在右，序文之后是落款，题诗在左。题刻是朝廷管理重庆地区财政税务和运输的长官朱昂题写的一首五言律诗并序，序文大意是：我从瞿塘返回途中听说石鱼再次出现，便来观看，并题诗一首歌颂皇上的恩德。诗歌主要歌颂石鱼能够预报丰年。当时水位低于海拔138.04 m。

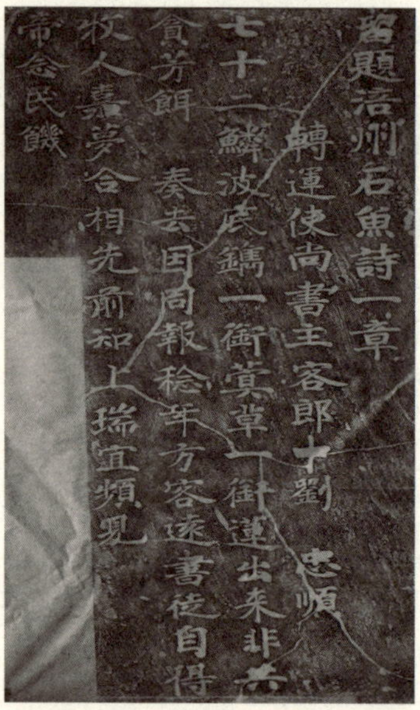

图 7-30　刘忠顺等倡和诗（编号 46）

21）刘忠顺等倡和诗（编号 46）

北宋皇祐元年一月十二日（1049 年 2 月 16 日）刘忠顺、水丘无逸二人题。位于白鹤梁题刻集中区东区中部，距离唐鱼眼基点 2.85 m，题刻范围 2.62 m × 1.90 m。文字正书，竖排，由左至右书写，共 19 行 205 字，保存较为完整。题刻为朝廷负责运输的官员刘忠顺观石鱼作诗一首，朝廷负责囤积粮食的官员水丘无逸按照刘诗韵脚和诗一首。主要内容都为赞叹石鱼刻在江心，能够预知丰年这一奇观，同时歌颂皇上以及涪陵官员的贤能。当时水位低于海拔 138.04 m。

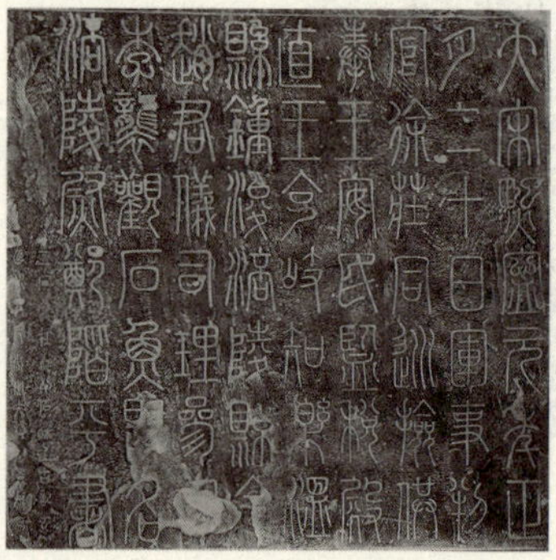

图 7-31　徐庄等题记

22）徐庄等题记

北宋熙宁元年一月二十日（1068 年 2 月 25 日），徐庄等人题。题刻位于白鹤梁题刻集中区东区中部，距离唐鱼眼基点 10.97 m，题刻范围 1.33 m × 1.29 m，文字篆书，竖排，由左至右书写，共 11 行 63 字。内容记军事法官徐庄与同僚一同前来观看石鱼并题名。当时水位低于海拔 138.04 m。

23）黄觉等题记

北宋熙宁七年正月二十九日（1074 年 2月27 日）黄觉等题。题刻位于白鹤梁题刻集中区东区中部，距离唐鱼眼基点 9.32 m，题刻范围 0.85 m × 0.71 m。文字正书，竖排，由左至右书写，7 行 50 字，保存完整。内容是奉节县官员黄觉与同僚泛舟观石鱼并题名。当时水位低于海拔 138.04 m。

图 7-32　杨嘉言等题记

24）杨嘉言等题记

北宋元祐六年（1091）杨嘉言等人题。题刻位于白鹤梁题刻集中区东区中部，距离唐鱼眼基点 11.21 m，题刻范围 0.96 m × 1.13 m。文字正书，竖排，由左至右书写，共 8 行 71 字，部分字迹模糊。内容记地方长官杨嘉言与法官钱宗奇等人得知长江水位下降，一同前来观看唐代石鱼水标及题刻。当时水位低于海拔 138.04 m。

25）杨元永题记

北宋崇宁元年正月二十一日（1102 年 2月 11 日）涪州最高行政长官杨元永题。题刻位于白鹤梁题刻集中区东区东部，距离唐鱼眼基点 16.3 m，题刻范围 1.02 m × 1.15 m。文字正书，竖排，由左至右书写，共 14 行残存 111 字，题刻的右侧与上侧部分残缺。题刻先叙述了涪陵石鱼以及石鱼出水预兆丰年的来由，接着记述杨元永与其他官员共同观看石鱼一事，最后记载了书写者姓名，现已残缺。当时水位低于海拔 138.04 m。

26）杨公留题（编号 16）

北宋崇宁元年正月二十一日（1102 年 2月 11 日）涪州最高行政长官杨某（应为杨元永）题写的一首五言诗。题刻位于白鹤梁题刻集中区东区东部，距离唐鱼眼基点 14.54 m，题刻范围 0.90 m × 0.85 m。文字正书，竖排，由左至右书写，全文共 7 行 66字，保存完整。诗中说到杨太守邀请朋友一行观看刚刚露出水面的石鱼，观看石梁上古今名人题刻和郑珪奏书，以及该处是古代仙人所居的传说和石鱼出水预示丰年的喜悦。当时水位低于海拔 138.04 m。

27）王蕃诗并序

北宋政和二年一月二日（1112 年 2月 1 日）王蕃题诗并序。题刻位于白鹤梁题刻集中区东区东部，距离唐鱼眼基点 7.76 m，题刻范围 1.30 m × 1.10 m。文字正书，竖排，由左至右书写，共 11 行 65 字，上部和右部有部分字残缺。序的内容为自己被任命为涪陵郡的行政官员后，来观石鱼并写诗一首。诗歌从黄庭坚，主要内容为歌颂石鱼能够预报丰年。当时水位低于海拔 138.04 m。

28）蒲蒙亨等题记

北宋政和二年一月二十三日（1112 年 2月 22 日）蒲蒙亨题。题刻位于白鹤梁题刻集中区东区东部，距离唐鱼眼基点 13.6 m，范围 0.73 m × 0.68 m。文字正书，竖排，由左至右书写，共 4 行 28字，部分字残缺，记载了蒲蒙亨与友人来观石鱼一事。当时水位低于海拔 138.04 m。

29）蒲蒙亨等再题

北宋政和二年一月二十三日（1112 年 2月 22 日）蒲蒙亨等题。题刻位于白鹤梁集中区东区中部，距离唐鱼眼基点 10.4 m，

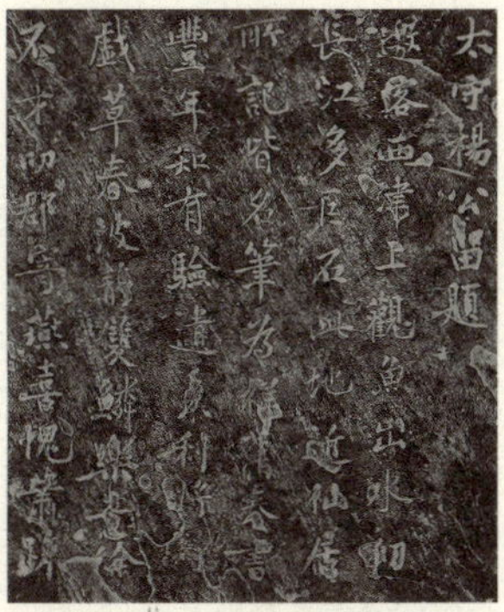

图 7-33　杨公留题（编号 16）

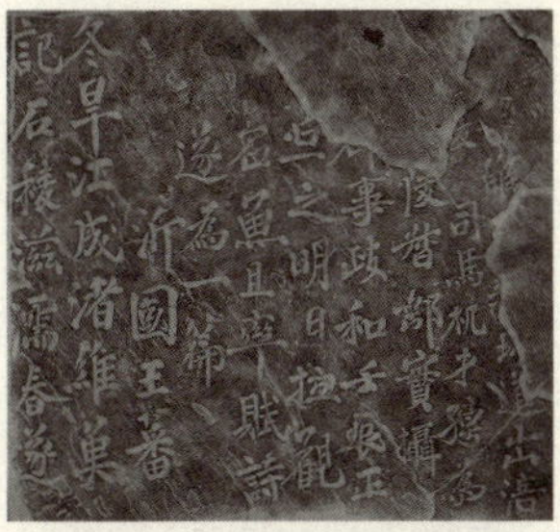

图 7-34　王蕃诗并序

图 7-35　蒲蒙亨等题记

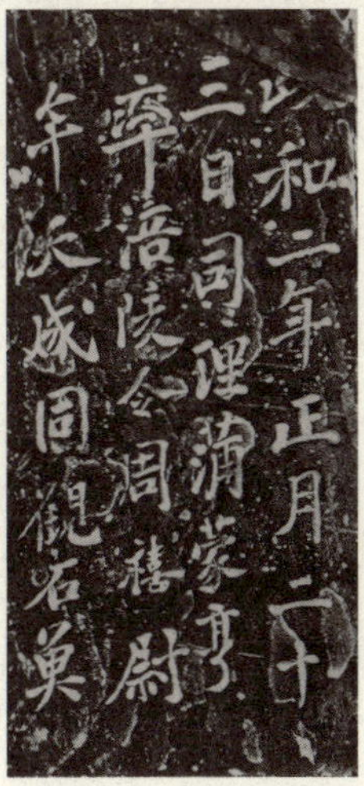

图 7-36　蒲蒙亨等再题

题刻范围 0.40 m × 0.77 m, 文字正书，竖排，由左至右书写，共 4 行 29 字，左上角残损，为州主管刑法的官员蒲蒙亨率领涪陵县行政长官周禧尉、军事长官牟天成一行观看石鱼的题记。当时水位低于海拔 138.04 m。

30）赵子遹等题记

南宋绍兴二年一月三日（1132 年 2月 2 日）赵子遹等题。题刻位于白鹤梁题刻集中区东区中部，距离唐鱼眼基点 6.79 m，题刻范围 1.10 m × 1.30 m，标题为“观石鱼题名”的汉字古体，自右向左横向书写；文字正书，竖排，由左向右书写，8 行 59 字，保存完整。为涪陵本地赵子遹与朋友同游白鹤梁观石鱼的题名记。当时水位低于海拔 138.04 m。

31）蔡惇题记（编号 69）

南宋绍兴二年一月十四日（1132 年 2月 13 日）蔡惇题。题刻位于白鹤梁题刻集中区东区中部，距离唐鱼眼基点 3.92 m，题刻范围 1.25 m × 1.25 m，文字正书，竖排，由左至右书写，共 117 字。记涪陵郡最高行政长官王择仁元宵节前召集朋友在衙署饮酒，酒后乘兴嘉舟登石梁观石鱼，由于石鱼已经好几年没有露出水面，故蔡惇很高兴，记下这件事。当时水位低于海拔 138.04 m。

32）钟慎思题记

南宋绍兴二年三月六日（1132 年 4月 5 日）钟慎思题。题刻位于白鹤梁题刻集中区东区中部，距离唐鱼眼基点 6.34 m，题刻范围 0.71 m × 0.82 m。文字行书，竖排，由左至右书写，共 8 行 87 字，题刻上部残缺。题刻记载了当地官员钟慎思与朋友们一起带着酒与仆人乘舟游玩，来此题名留念一事。

33）贾公哲等题记

南宋绍兴二年十二月十五日（1133 年 1月 22 日）贾公哲等题。题刻位于白鹤梁题刻集中区东区西部，距离唐鱼眼基点 16.9 m，题刻范围 0.94 m × 1.03 m。文字正书，竖排，由左至右书写，共 6 行 36 字。为贾公哲与朋友观石鱼的题名记。

34）蔡兴宗题记

南宋绍兴五年一月十九日（1135 年 2月 3 日）蔡兴宗题。题刻位于白鹤梁题刻集中区东区中部，距离唐鱼眼基点 9.07 m，题刻范围 0.70 m × 0.79 m。文字正书，竖排，由左至右书写，共 4 行22 字，题刻下部个别字有残损，为蔡兴宗与其他两个朋友同观石鱼题名记。

35）已未题刻

南宋绍兴九年一月十三日（1139 年 2 月 13 日），作者不详。题刻位于白鹤梁题刻集中区东区中部，距离唐鱼眼基点 14.53 m，题刻范围 0.76 m × 0.70 m，文字正书，竖排，由左至右书写，共 8 行57 字，字迹已斑驳。内容记录头年（1138）石鱼露出水面，当年果然丰收，第二年再来水位已高。

36）孙仁宅题记

南宋绍兴十年一月十九日（1140 年 2月 9 日）涪州行政长官孙仁宅题。题刻原位于白鹤梁题刻

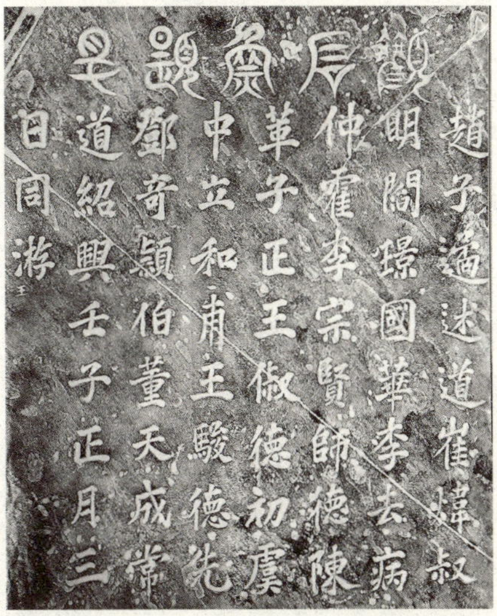

图 7–37　赵子遹等题记

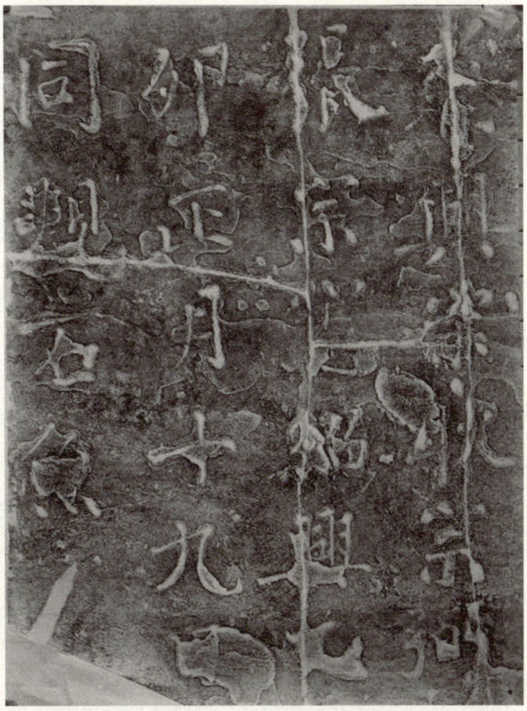

图 7–40　蔡兴宗题记

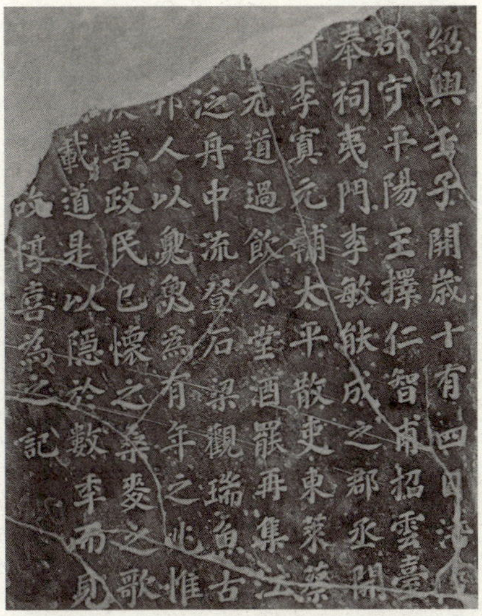

图 7–38　蔡惇题记（编号 69）

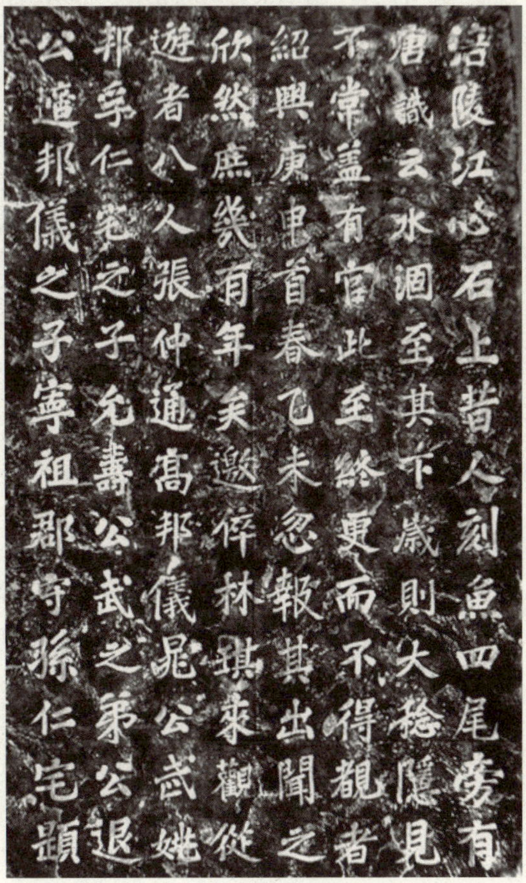

图 7–41　孙仁宅题记

图 7–39　贾公哲等题记

集中区，已脱离石梁梁体滑入水中，距离唐鱼眼基点4.24 m，文字正书，竖排，由左至右书写，共8行，每行14字，共112字。内容是涪陵江心石上有古人刻的石鱼四尾，旁边有唐代题刻曰：“水枯至石鱼下，这年收成就好。”绍兴庚申首春乙未这天，突然很高兴地闻报石鱼出水，认为丰年有望，于是邀请友人八人一起来观看。

37）晁公武题记

南宋绍兴十年一月二十日（1140年2月10日）晁公武题。题刻位于白鹤梁题刻集中区东部，距离唐鱼眼基点10.09 m，题刻范围1.00 m×0.60 m。文字正书，竖排，由左至右书写，共5行35字。记录了绍兴庚申正月二十日这一天，晁公武与家人和亲戚观看石鱼出水一事。

38）张仲通等再题

南宋绍兴十年一月二十日（1140年2月10日）张仲通等人题。题刻位于白鹤梁题刻集中区东区东部，距离唐鱼眼基点12.64 m，题刻范围0.33 m×0.56 m。文字正书，竖排，由左至右书写，共4行19字，个别字残缺，这是绍兴庚申正月丙申日张仲通等三人观看石鱼的题名。

39）潘居实等题记

南宋绍兴十年一月二十三日（1140年2月13日）潘居实等题。题刻位于白鹤梁题刻集中区东区中部，距离唐鱼眼基点10.9 m，题刻范围0.50 m×1.30 m。文字正书，竖排，由左至右书写，共4行45字，保存完整但个别字迹模糊。此为潘居实与朋友们观石鱼题名记。

40）张彦中等题记

南宋绍兴十年二月十二日（1140年3月2日）张彦中等人题。题刻位于白鹤梁题刻集中区东区中部，距离唐鱼眼基点1.11 m，题刻范围0.25 m×0.75 m。文字行书，竖排，由左至右书写，共10行68字。这是济南人张彦中等人到此观赏石鱼的题名。

41）张珤等题名

南宋绍兴十四年一月六日（1144年2月11日）张珤等人题。题刻位于白鹤梁题刻集中区东区中部，距离唐鱼眼基点7.13 m，题刻范围0.55 m×0.80 m。文字行书，竖排，由左至右书写，共5行37字，为张珤等四人来观赏石鱼的题名。

42）李景孠再题

南宋绍兴十四年一月二十九日（1144年3月5日）李景孠题。题刻位于白鹤梁题刻集中区东区中部，距离唐鱼眼基点3.37 m。题刻范围0.63 m×0.69 m。文字正书，竖排，由左至右书写，共5行25字。内容记是时石鱼全露出水面，李景孠、邓褒等四人前来观赏。

43）晁公遡题记

南宋绍兴十四年十二月二十二日（1145年1月15日）晁公遡题。题刻位于白鹤梁集中区东区中部唐始载水标以南，已经脱离梁体顺石面下滑了一段，南距离鱼眼基点3 m多。文字正书，竖排，由左

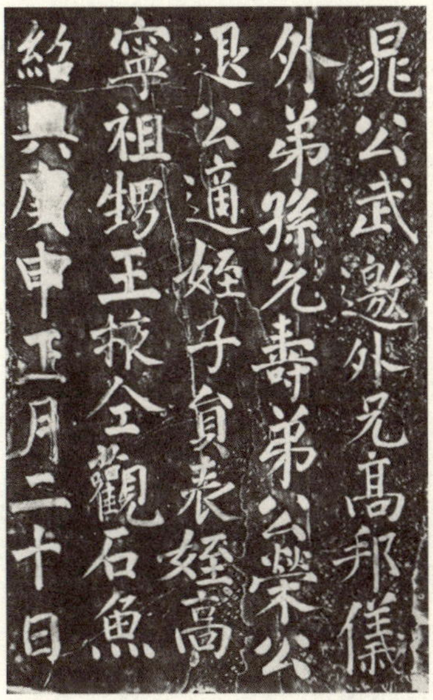

图 7–42　晁公武题记

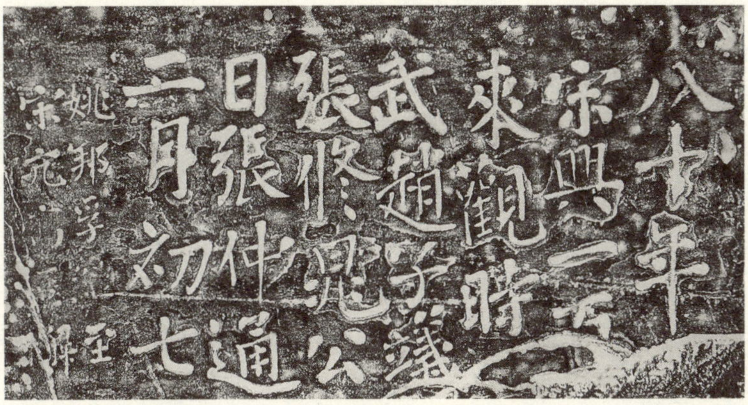

图 7–43　张仲通等再题

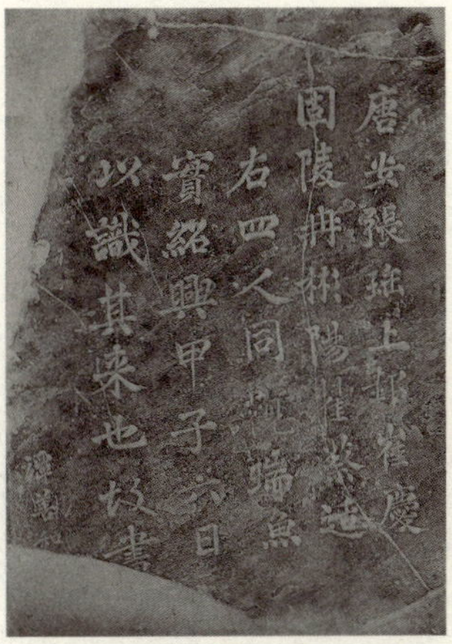

图 7–45　张珤等题名

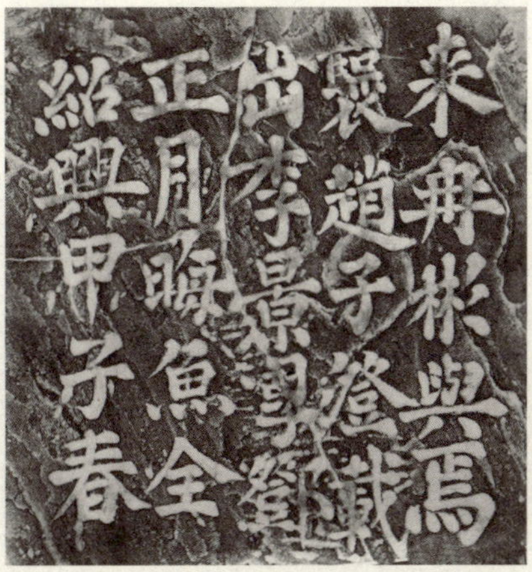

图 7–46　李景孚再题

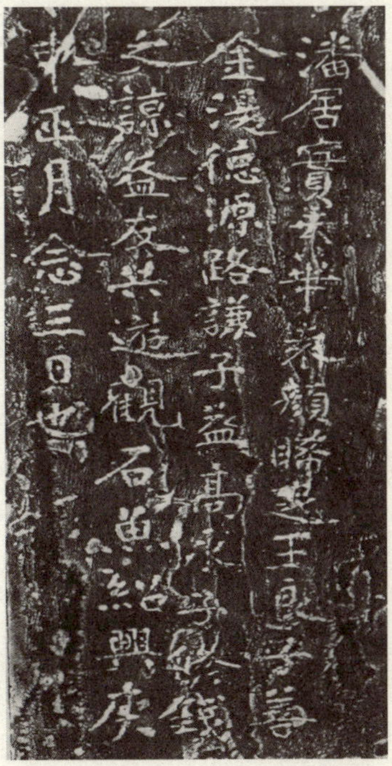

图 7–44　潘居实等题记

图 7–47　晁公遡题记——石鱼

至右书写，共20行，每行12字，计238字。题记内容是晁公遡通过前后两次石鱼出水现象与当年农作物是否丰收关系的考察，对石鱼出水预示丰年之说提出了怀疑，极具批判精神。

44）郡守题记（编号109）

南宋绍兴十八年二月十五日（1148年3月7日）杜与可等人题。题刻位于白鹤梁题刻集中区东区中部，距离唐鱼眼基点13.87 m，题刻范围0.85 m×0.76 m。文字正书，竖排，由左至右书写，共10行78字，字迹斑驳，周围阴刻细线。内容记载因双鱼高出水面，涪州最高行政长官率领地方官员前来观看，当地人士杜与可等也相继来到，有感而写刻的这段题记。

45）张绾再题

南宋绍兴二十五年一月七日（1155年2月10日）张绾书题。题刻位于白鹤梁题刻集中区东区中部，距离唐鱼眼基点3.12 m，题刻范围0.35 m×0.62 m。文字正书，竖排，由左至右书写，共4行残存22字，右上角有缺损。该题刻是涪陵县行政长官张维带家人来看石鱼，张维之弟张绾的留题。

46）张绾三题

南宋江绍兴二十五年一月八日（1155年2月11日）张绾书题。题刻位于白鹤梁题刻集中区东区中部，距离唐鱼眼基点1.9 m，题刻范围0.50 m×0.45 m。文字正书，竖排，由左至右书写，共7行79字。内容记载前涪陵地方长官张维与其弟张绾拉当地人士孟彦凯等一同观看石鱼预祝丰年之事。

47）王浩题记

南宋乾道三年一月十日（1167年2月1日）王浩书题。题刻位于白鹤梁题刻集中区东区中部，距离唐鱼眼基点3.61 m，题刻范围0.82 m×1.25 m。文字正书，竖排，由左至右书写，共9行128字，保存较完整，个别字残缺。内容是：今年石鱼出水，这种现象已经十八年没见过了，涪州最高行政长官赵彦球率领下属五人游北岩后来看石鱼，属吏们因此题刻留念以歌颂长官的贤能。

48）王桂老题记

南宋乾道三年（1167）王桂老书题。题刻位于白鹤梁集中区东区中部，距离唐鱼眼基点1.72 m，题刻范围0.30 m×0.43 m。文字正书，竖排，由左至右书写，原有5行25字，现存22字，保存较完整。题刻内容是合阳王宏甫来看石鱼，其孙王桂老侍候并书写题名。

49）冯和叔等题记

南宋淳熙五年一月七日（1178年1月27日）冯和叔等题。题刻位于白鹤梁题刻集中区东区东部，距离唐鱼眼基点14.44 m，题刻范围0.83 m×0.93 m。文字隶书，竖排，由左至右书写，共8行16字，部分字磨损。内容是涪州行政长官冯和叔与其下属一起来此看石鱼，以庆祝丰收年的好兆头。

50）夏敏彦等题记

南宋淳熙十一年一月七日（1184年2月20日）夏敏彦等题。题刻位于白鹤梁题刻集中区东区东部，距离唐鱼眼基点19.52 m，题刻范围1.50 m×0.85 m。文字行书，竖排，由左至右书写，共7

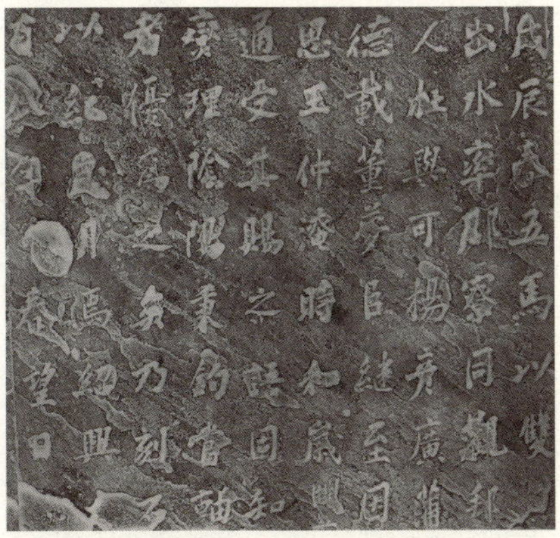

图 7-48　郡守题记（编号 109）

图 7-51　王桂老题记

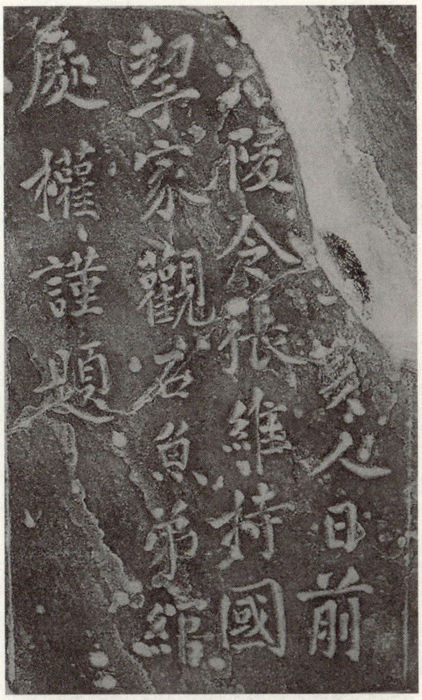

图 7-49　张绾再题

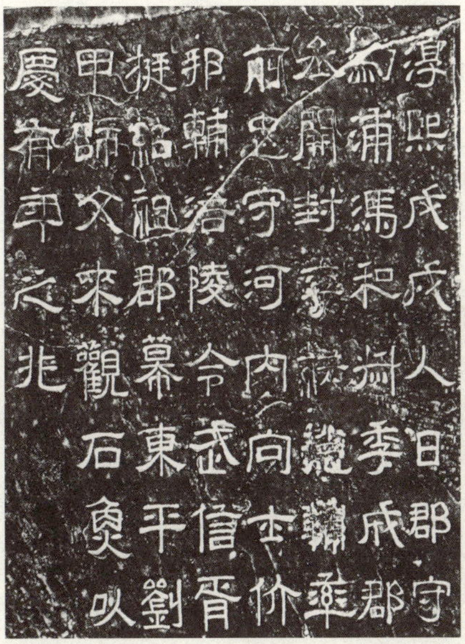

图 7-52　冯和叔等题记

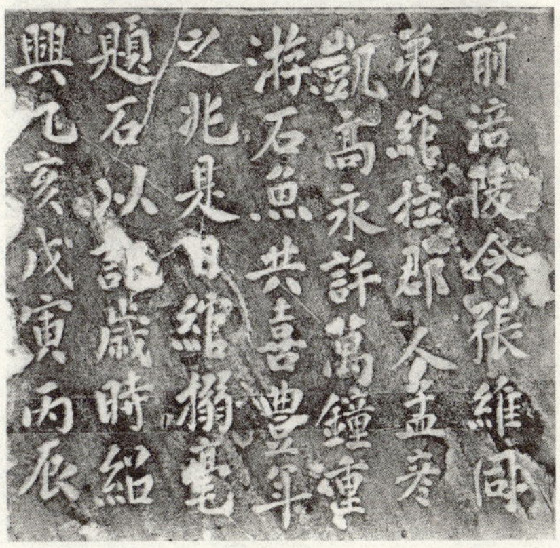

图 7-50　张绾三题

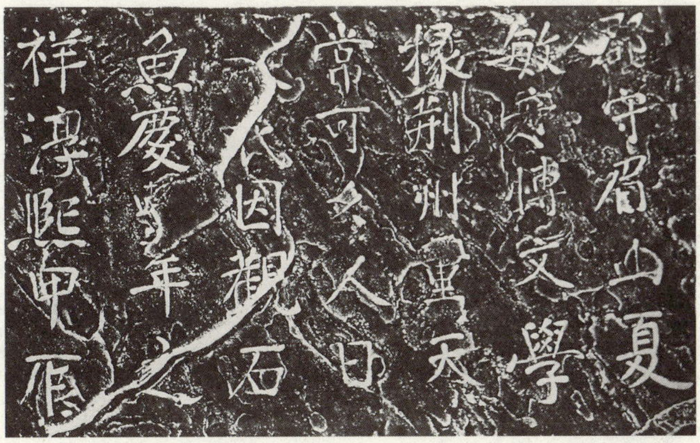

图 7-53　夏敏彦等题记

行 35 字，文字部分磨损。题刻记载涪州行政长官夏敏彦与同僚来看石鱼，庆祝丰年之事。

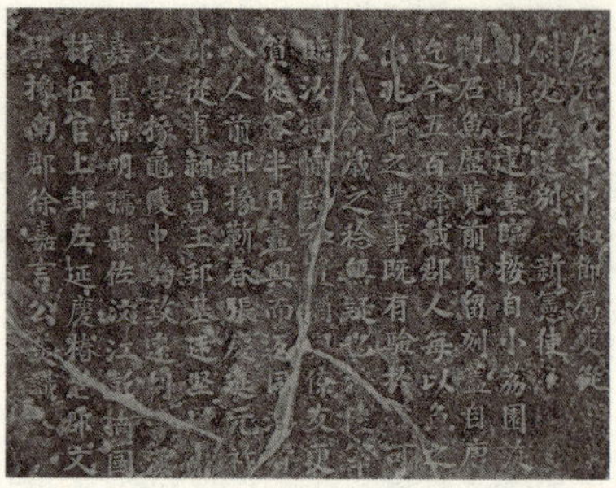
图 7-54 徐嘉言题记

51）徐嘉言题记

南宋庆元四年二月二日（1198 年 3月 11 日）徐嘉言书题。题刻位于白鹤梁题刻集中区东区中部，距离唐鱼眼基点 4.68 m，题刻范围 0.73 m × 0.59 m。文字正书，竖排，由左至右书写，共 15 行 172 字，四周有阴刻线框，个别字残损。题刻记载了涪州和涪陵县的官员们给新上任的监察长官送行，一起观看石鱼和历代题刻之事，题刻由同游的涪州文士徐嘉方书写。

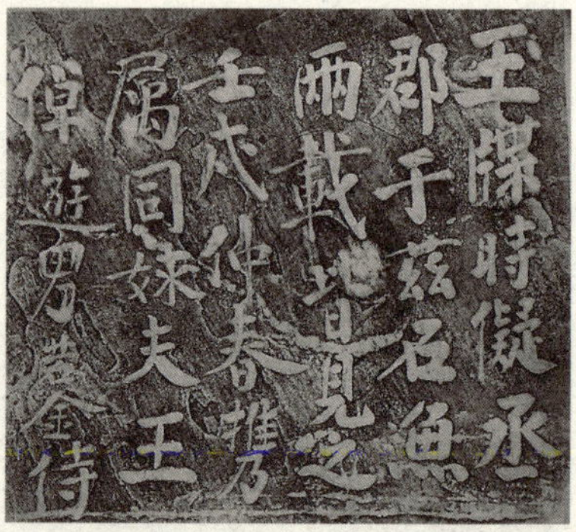
图 7-55 赵时僎题记

52）赵时僎题记

南宋嘉泰二年二月（1202 年 2月 24 日—3月 25 日）赵时僎题。题刻位于白鹤梁题刻集中区东区东部，距离唐鱼眼基点 15.09 m，题刻范围 0.50 m × 0.50 m。文字正书，竖排，由左至右书写，共 6 行 31 字，保存完整。题刻记载了涪州军事长官赵时僎与下属及妹夫同观石鱼，其中嘉泰元年和二年石鱼连续两年出水的信息。

53）贾涣题记

南宋嘉定元年一月四日（1208 年 2月 3 日）贾涣题。题刻位于白鹤梁题刻集中区东区西部，距离唐鱼眼基点16.41 m，题刻范围 0.50 m × 0.82 m。文字正书，竖排，由左至右书写，共 5 行 59 字，周围阴刻线框，部分残损。内容是澶渊涣与家人来观石鱼和先前曾任涪州副官的先人留影，虽没有亲自目睹石鱼出水，但从前人题记中还是可以想见石鱼的状况。该年当地枯水水位在 138.04 m 以上。

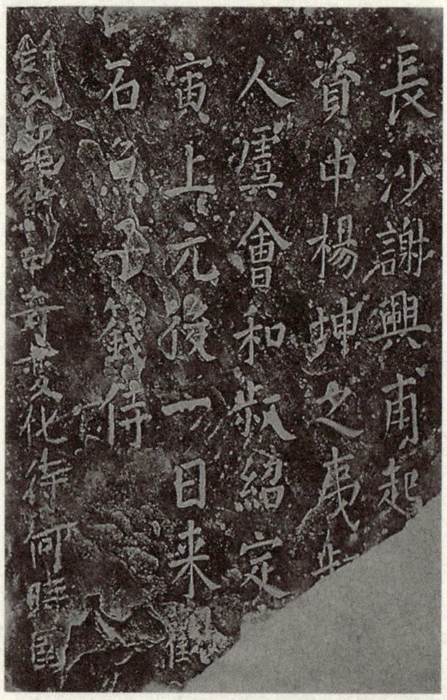
图 7-56 谢兴甫等题记

54）李瑀题记

南宋宝庆二年一月八日（1226 年 2 月 10 日）涪州行政长官李瑀题。题刻已佚失，位置不明。据原拓片，题刻周围有阴线的边栏，右侧边栏外有“瑞鳞古迹”四个大字，保存完好。楷书，竖排左书，7 行，每行 11 字，共 77 字。周围有阴线的边栏，右侧边栏外有“瑞鳞古迹”四个大字。题刻内容是涪州行政长官李瑀父子与新任潼川府（今四川三台县）行政长官秦季槱父子一起观看石鱼出水一事。其中这次石鱼出水是八年来的首次，以及著名数学家秦九韶的名字，都是重要的历史信息。

55）谢兴甫等题记

南宋绍定三年一月十六日（1230 年 1月 31 日）谢兴甫等人题。题刻位于白鹤梁集中区东区东部，距离唐鱼眼基点 17.7 m，题刻范围 0.68 m × 0.78 m。文字正书，竖排，由左至右书写，共 5 行残存 34 字，刚劲有力。题记右下角残缺，左侧落款文字有残缺。这是长沙人谢兴甫与友人元宵节后来观看石鱼的题名。

56）张霁等题记

南宋淳祐三年冬十二月十六日（1244 年 1月 15 日）张霁题。题刻位于白鹤梁题刻集中区东区中部，距离唐鱼眼基点 4.63 m，题刻范围 1.00 m × 1.35 m，文字正书，竖排，由左至右书写，共 11 行 198 字。中间上部残缺。内容是涪州行政长官张霁得知石鱼又露出水面等祥瑞征兆，带同僚前来观赏石鱼。

57）王季和等题记（编号 49）

南宋淳祐四年十二月二十四日（1245 年 1月 23 日）王季和题。题刻位于白鹤梁题刻集中区东区中部，距离唐鱼眼基点 0.93 m，题刻范围 1.06 m × 1.01 m，文字行书，竖排，由左至右书写，共 10 行 58 字。内容大意是：山西张侯（霁）任涪州行政长官时，石鱼两次露出水面，当地人都认为是难得的现象，开汉王季和等陪同张霁来观看石鱼，也是率领同僚前来观赏，并记下此事。

58）邓刚等题记

南宋淳祐八年一月十五日（1248 年 2月 27 日）邓刚等题。题刻位于白鹤梁题刻集中区东区西部，距离唐鱼眼基点 19.23 m，题刻范围 0.50 m × 1.22 m。文字正书，竖排，由左至右书写，共36 字。题刻记载了石鱼露出水面，涪州行政长官邓刚率同僚来观石鱼。

59）赵汝廪观石鱼诗

南宋淳祐十年一月八日（1250 年 2月 10 日）赵汝廪题。题刻位于白鹤梁题刻集中区东区中部，距离唐鱼眼基点 7.68 m，题刻范围 0.84 m × 0.85 m。文字行书，竖排，由左至右书写，共 8 行 79字，周围阴刻框线。题刻有破碎，文字有残损。题刻为涪陵郡长官赵汝廪题写的七言律诗。内容大意是歌颂石鱼能够预示丰年，自己作为地方长官希望石鱼能够保佑百姓过上风调雨顺的生活。

60）刘叔子诗并序

南宋宝祐二年十二月二十八日（1255 年 2月 6 日）刘叔子题诗及诗序。题刻位于白鹤梁题刻集中区东区东部，距离唐鱼眼基点 13.6 m，题刻范围 1.25 m × 1.41 m。文字正书，竖排，由左至右书写，共 17 行 241 字。这是涪州郡代理行政长官刘叔子题七言诗及诗序，诗序记载了唐石鱼三、五年或十年出现一次，出现就会带来丰收，涪州代理行政长官刘叔子与副官蹇材望往观石鱼及北宋负责运输的官员刘忠顺所题的诗与序，并按照刘诗韵脚和诗一首，以歌颂石鱼预示丰年的奇特。

61）蹇材望诗并序

南宋宝祐三年一月七日（1255 年 2月 15 日）蹇材望题诗及诗序。题刻位于白鹤梁题刻集中区东区东部，距离唐鱼眼基点 15.98 m，题刻范围 1.06 m × 0.71 m。文字正书，竖排，由左至右书写，

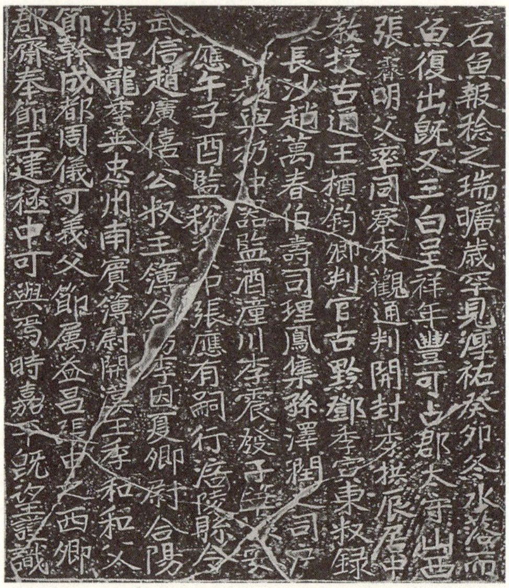

图 7-57　张霁等题记

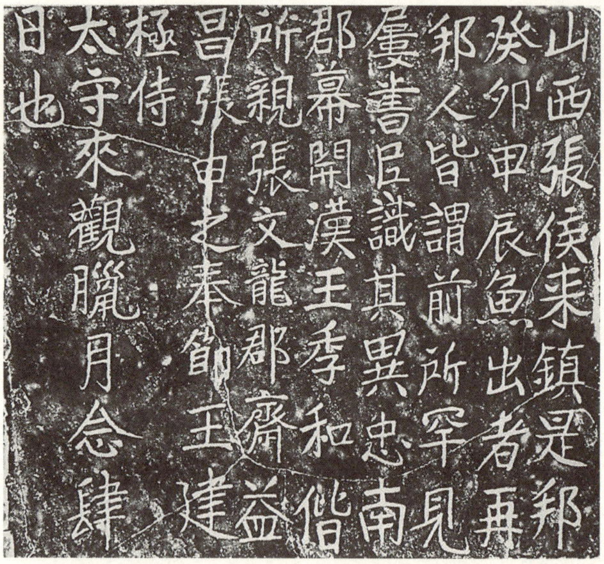

图 7-58　王季和等题记（编号 49）

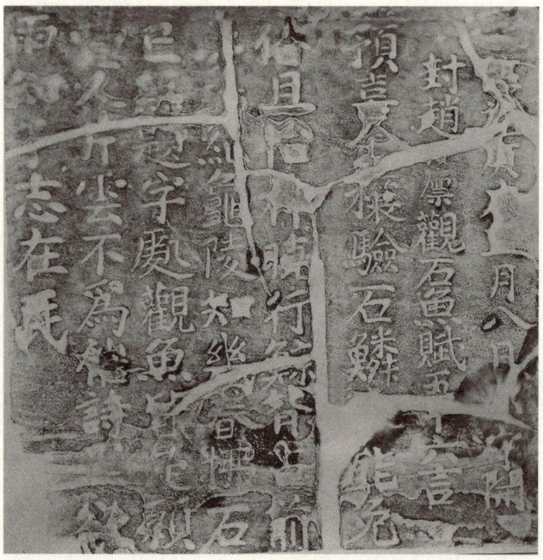

图 7-59　赵汝廪观石鱼诗

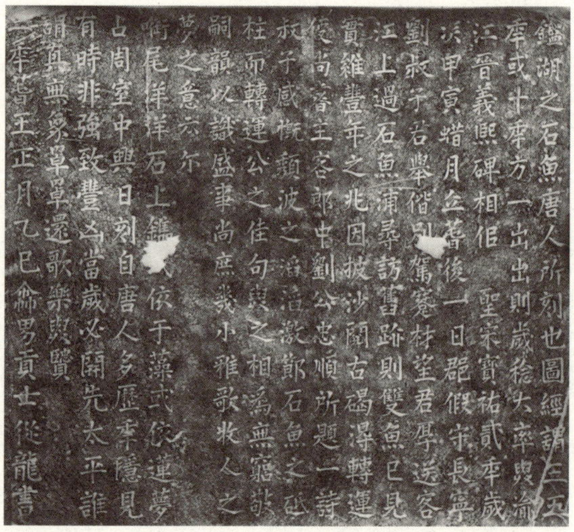

图 7-60　刘叔子诗并序

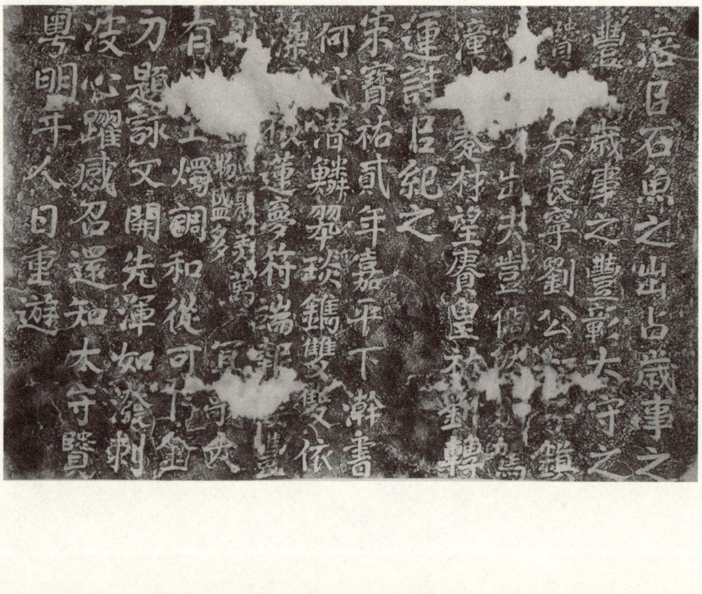

图 7-61　蹇材望诗并序

共 14 行 136 字，保存完整，这是涪州行政副官蹇材望与长官刘叔子一起观石鱼和刘忠顺诗后，按照刘诗的韵脚写下的七言律诗及诗序，诗和诗序以预报丰年石鱼的出现来歌颂时任涪州长官的贤能。

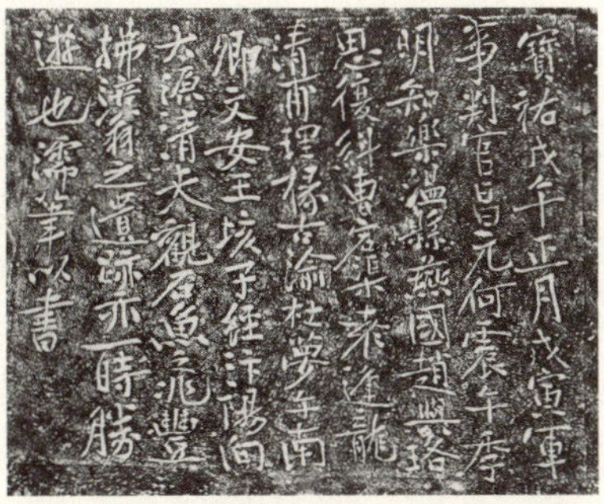

图 7-62　何震午等题记

62）何震午等题记

南宋宝祐六年一月二十八日（1258 年 3月 4 日）何震午等题。题刻位于白鹤梁题刻集中区东区中部，距离唐鱼眼基点 8 m，题刻范围 0.92 m × 0.80 m。文字正书，竖排，共 83 字。内容是涪州军事签判官员何震午等人一同观赏出水石鱼及黄庭坚题名等遗迹，因而题名。

图 7-63　张八歹木鱼记

63）张八歹木鱼记

元至顺四年二月十三日（1333 年 2月 27 日）张八歹题。题刻位于白鹤梁题刻集中区东区东部，距离唐鱼眼基点19.36 m，题刻范围 0.94 m × 1.41 m。文字行楷，竖排，由左至右书写，共 6 行 85 字，题刻下有一阴刻鱼，鱼下有一柳条，表示木鱼“依柳条中流浮至”，题刻保存完整。记载了张八歹做涪州地方长官的第二年与同僚观看石鱼，在石间看到木鱼，众人认为石鱼已经呈祥，木鱼更加祥瑞，故题以为留念。

64）刘冲霄诗并序

明洪武十七年一月八日（1384 年 1 月 30 日）刘冲霄题诗及诗序。题刻位于白鹤梁题刻集中区东区中部，距离唐鱼眼基点 10.72 m，题刻范围 0.61 m × 1.03 m。文字正书，竖排，由左至右书写，共 8 行 115 字。内容为长江水位下降，石鱼出现，涪州行政长官刘冲霄率同僚前来观赏，并作七言诗及诗序以记此事。

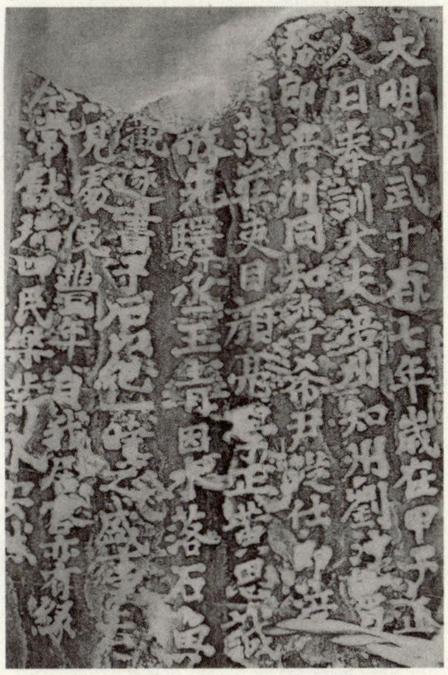

图 7-64　刘冲霄诗并序

65）晏瑛诗序

明天顺三年（1459）晏瑛题诗及诗序。题刻位于白鹤梁题刻集中区东区东部，距离唐鱼眼基点 13.57 m，题刻范围 0.90 m × 0.65 m。文字正书，竖排，由左至右书写，共 17 行 81 字，部分字磨损。内容为自从来到涪陵做通判后，就听说有预言丰收的石鱼和秤斗刻在石梁上，但一直没有看见；今年有人上奏石鱼出水，与同僚和亲友同去观赏，并作诗作序为念。

66）戴良军题诗

明天顺三年二月初一（1459 年 2月 24 日）戴良军题。题刻位于白鹤梁题刻集中区东区东部，距离唐鱼眼基点 5.75 m，题刻范围 1.04 m × 0.50 m。文字正书，竖排，由左至右书写，共 13 行 96 字，部分字磨损。内容为当时重庆府低级文官戴良军游白鹤梁后题写的五言律诗一首，称赞石鱼出水预示丰年的奇特与白鹤梁上题刻的壮观。

67）李宽石鱼诗

明正德元年二月十八日（1506 年 3月 10 日）李宽题。题刻位于白鹤梁题刻集中区东区东部，距离唐鱼眼基点 20.23 m，题刻范围 1.48 m × 0.85 m。题刻有十余道斜向的擦痕，上部文字已经严重磨损。文字正书，竖排，由右至左书写，16 行，每行 23 字，原字数在 315 字以上（此据清同治《重修涪州志》卷二舆表•碑目），现存 280 字。这是当时四川省司法长官李宽带着四川各地多位官员来到涪州核查判案案卷，听说石鱼出水，故同游白鹤梁的题记。题记赞叹石鱼设置的巧妙，称之为“天地间一奇迹”。

68）罗奎诗序

明万历十七年一月十六日（1589 年 2月 30 日）罗奎题诗的诗序。题刻位于白鹤梁题刻集中区东区西部，距离唐鱼眼基点 19.78 m，题刻范围 0.80 m × 0.68 m。文字行书，竖排，左至右书写，共 7 行 44 字，该题记为下篇诗的序，大意是罗奎与两位涪州官员前往观赏石鱼并读刘忠顺和刘叔子诗，按照刘诗的韵题诗一首。

69）王士祯石鱼诗（编号 124）

清康熙十一年（1672）王士祯题。题刻位于白鹤梁题刻集中区东区中部，距离唐鱼眼基点10.05 m，题刻范围 0.43 m × 0.93 m。文字正书，竖排，由左至右书写，共 7 行 53 字（含落款 1行 6 字），保存完整。为朝廷管理户籍与财经的官员王士祯题七言诗一首，大意是在涪陵看到出水石鱼，想到自己离家万里，水中石鱼徒自欢跃，却不能为自己带一封家书。该诗表达了在外做官之人的愁苦之情。

70）萧星拱石鱼记

清康熙二十三年一月二十九日（1684 年 3月 4 日）涪陵行政长官萧星拱题。题刻位于白鹤梁题刻集中区东区东部，距离唐鱼眼基点 19.91 m，题刻范围 1.28 m × 1.37 m。文字正书，竖排，左至右书写，共 18 行，石面磨损严重，尤其在左侧和中部，文字几不可辨。原有 201 字，现可辨识 189 字。题刻左上角缺损，其余部分文字有残缺。记载了萧星拱与友人第一次游览白鹤梁，看到石鱼出水，共同饮酒庆祝丰年一事。

71）萧星拱重镌双鱼记

清康熙二十四年春十三日（1685 年 2月 24 日）萧星拱题。题刻位于白鹤梁题刻集中区东区中部，距离唐鱼眼基点 1.91 m，题刻范围 2.20 m × 1.08 m。文字正书，竖排，由左至右书写，共 20 行 155字，有 6 字已经不清。内容记涪州官员萧星拱前来观鱼，因唐鱼年久剥落模糊不清，于是命石工重新镌刻新鱼，以防石鱼湮没无法传承，其上即清代重刻石鱼水标。

72）徐上升、杨名时题诗

清康熙三十四年一月七日（1695 年 2月 19 日）徐上升和杨名时题。题刻位于白鹤梁题刻集中区

图 7–65　李宽石鱼诗

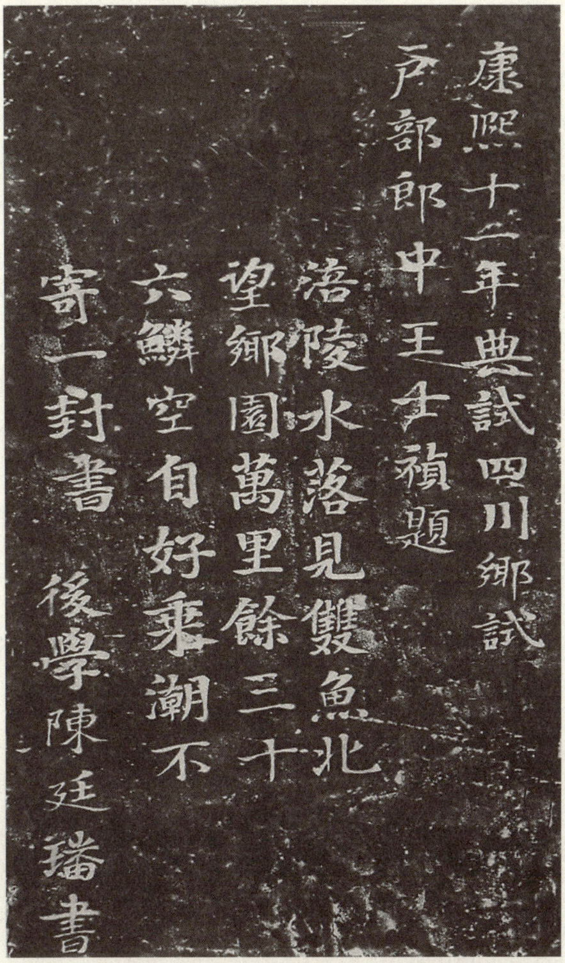

图 7–67　王士祯石鱼诗（编号 124）

图 7–66　萧星拱石鱼记

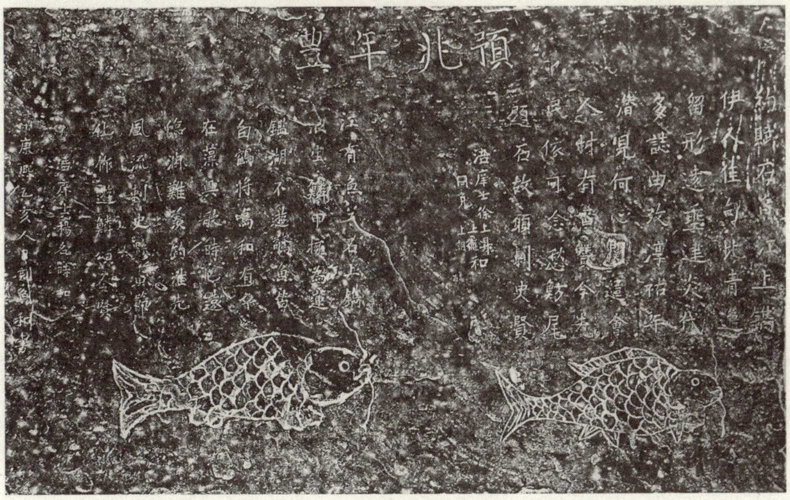

图 7–68　徐上升、杨名时题诗

东区中部，距离唐鱼眼基点3.57 m，题刻范围1.80 m×1.14 m。上面从右向左横书“预兆丰年”4字，其下为由左至右书竖排写的徐、杨二人的诗各一首，共20行147字，有些字已模糊不清。两首诗的内容大致相同，都是按北宋刘忠顺诗的韵脚写的七言律诗，内容为两人相约在白鹤梁上题诗，歌颂涪陵的官员贤能。两首诗下各有一条阴刻鱼，整个题刻外周围有阴刻框线。

73）董维祺题记

清康熙四十五年正月初五（1706年2月17日）董维祺题。题刻位于白鹤梁题刻集中区东区中部，距离唐鱼眼基点16.34 m，题刻范围0.93 m×1.30 m。文字行书，竖排，由左至右书写，共8行85字，保存完整。内容为涪州行政长官董维祺带家人一同观看石鱼后题写的石鱼赞语及说明词。题记下刻有石鱼一尾。

74）观石鱼记

清宣统元年闰二月十一日（1909年4月11日）主管涪州官卖事务的官员范锡明题。题刻位于白鹤梁题刻集中区西区西部，距离唐鱼眼基点136.95 m，题刻范围1.10 m×1.40 m。文字行楷，竖排，由左至右书写，共16行312字，保存完整。标题为“观石鱼记”，内容为石鱼出水的现象很少见，当地有的老人一生都没看到，而自己到涪陵来做官第二年石鱼就出现，非常庆幸自己能够生在太平盛世，以此记为念。

75）张师范诗

清嘉庆十八年一月四日（1813年2月4日）张师范题诗及诗序。题刻位于白鹤梁题刻集中区东区西部，距离唐鱼眼基点116.99 m，题刻范围2.63 m×1.60 m。文字行书，竖排，由左至右书写，共19行200字，书法豪放。诗歌描述了处在灾情中的自己对石鱼出水的期盼以及看到石鱼的喜悦，并就自己刻一大鱼的作用作了夸张的想象；诗序则述说了为何写这首诗以及为何要在石梁西部另刻一条大鱼的缘由。

76）罗克昌题诗

清乾隆十六年二月四日（1751年3月1日）罗克昌题、罗元定书。题刻位于白鹤梁题刻集中区东区西部，距离唐鱼眼基点12.15 m，题刻范围1.35 m×0.70 m。文字正书，竖排，由左至右书写，共17行272字，现右上角有残损，题刻四周有阴刻线框。题刻内容为前任涪州行政长官罗克昌离开陪陵前，又一次观看石鱼出水时有感而题写的一首长诗。

77）姚觐元题记

清光绪元年冬（1875年12月28日—1月25日）最早发现白鹤梁的学识价值的姚觐元所题写。题刻位于白鹤梁题刻集中区东区中部，距离唐鱼眼基点5.94 m，题刻范围0.90 m×0.40 m。文字篆书，竖排，由左至右书写，共4行36字，排列工整，每个文字之间有阴线的格子，这是川东军事长官姚觐元观看石鱼出水后的题记。

78）濮文升题记

清光绪七年一月二十日（1881年2月18日）濮文升题。题刻位于白鹤梁题刻集中区东区西部，距离唐鱼眼基点93.11 m，题刻范围1.53 m×1.00 m。文字隶书，竖排，由左至右书写，共19行213字。

图 7–69　董维祺题记

图 7–70　观石鱼记

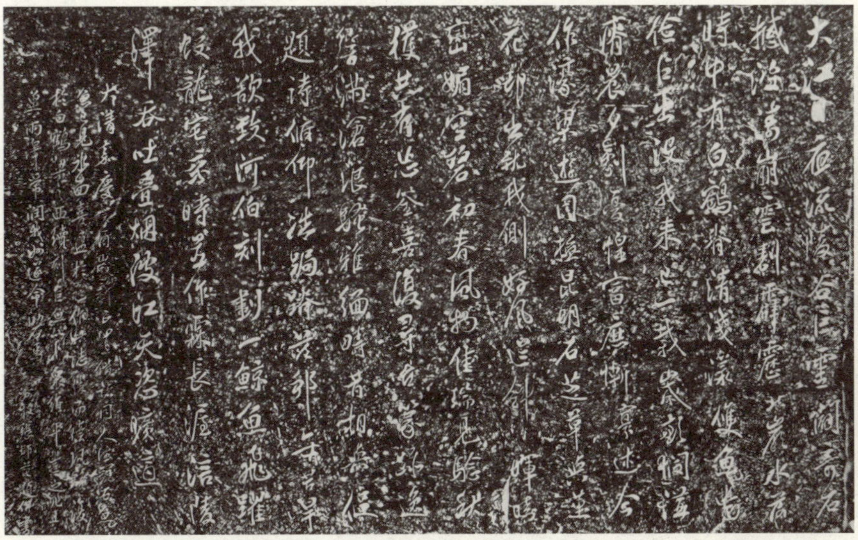

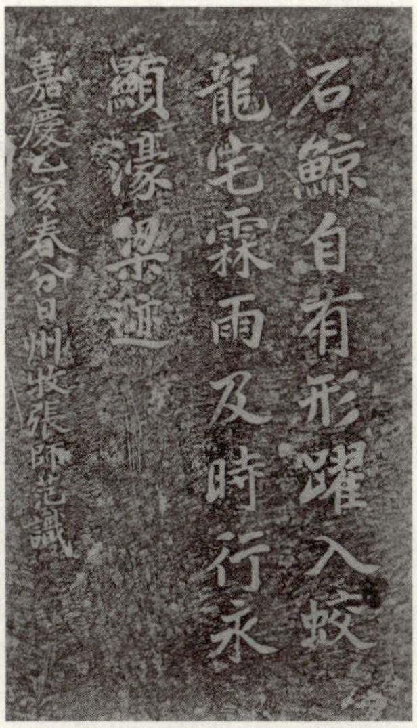

图 7–71　张师范诗

图 7–72　罗克昌题刻诗序

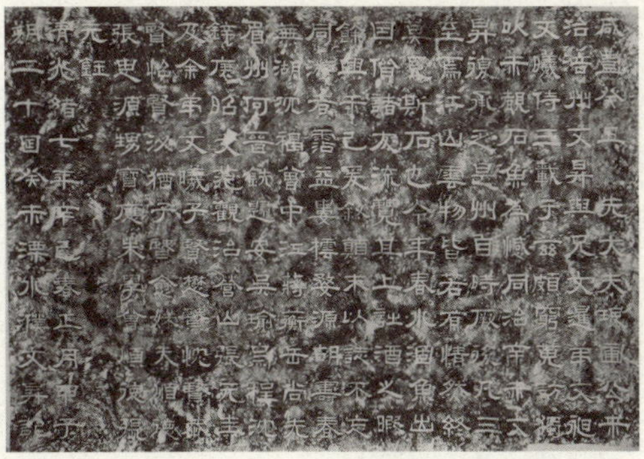

图 7–73　濮文升题记

内容是涪州人濮文升曾在咸丰三年（1853）与兄弟前来白鹤梁，未能看到石鱼；光绪七年因石鱼出水，与友人前来观赏，并留下题记。

7.2.2 白鹤梁图像题刻

（一）石鱼图像

古人将登上白鹤梁观看作为枯水标志的石鱼出水，视为当年或来年丰收的预兆。以鱼作为粮食丰收的征兆，这是中国古老的传统，至迟在公元前3000年前的周初，就已有将鱼作为祥瑞征兆的记载。鱼是水生动物，可与传说中居住在水中的龙发生想象关联；鱼产卵多且卵的形状像小米，更容易与粮食丰收和多生孩子等发生联系。因此，古代登上白鹤梁观看石鱼出水的人们，有的也雕刻一两条石鱼以表示对丰收和多子的企盼，或者将石鱼图案作为自己题刻文字上下的装饰。白鹤梁上这类象征性或装饰性石鱼共有12组15尾，其中2尾脱离梁体的石鱼已经搬移上岸入博物馆保存。梁体上现存这类石鱼10组13尾。

1）张八歹主刻单石鱼

元至顺四年（1333）张八歹主刻。题刻位于白鹤梁题刻集中区东区东部，“张八歹木鱼记”题刻下，鱼首朝东即长江下游方向，鱼腹下刻有一柳条。鱼长0.45 m，宽0.18 m，鱼眼中心高程138.744 m。

2）李宽主刻双石鱼

明正德元年（1506）李宽主刻。题刻位于白鹤梁题刻集中区东区东部，“李宽石鱼诗”题刻下。阴线刻，两鱼的鱼首相对。两侧鱼长0.47 m、宽0.18 m，鱼眼中心高程138.782 m；东侧鱼长0.48 m、宽0.18 m，鱼眼中心高程138.780 m。

3）徐上升等主刻双石鱼

清康熙三十四年（1695）刻。题刻位于白鹤梁中段东区中部，“徐上升、杨名时题诗”下，西边鱼长0.47 m、宽0.18 m，鱼眼中心高程137.919 m，东边鱼长0.58 m、宽0.18 m，鱼眼中心高程137.971 m。双鱼前后相接，鱼首朝西，雕刻简朴。

4）董维祺主刻单石鱼

清康熙四十五年（1706）刻。题刻位于白鹤梁中段东区西部，“董维祺题记”下，浅浮雕，比较逼真，鱼首朝西，即上游方向。鱼长0.47 m、宽0.14 m，鱼眼中心高程138.236 m。

5）张师范主刻单石鱼

清嘉庆十八年（1813）刻。题刻原位于白鹤梁中段西区东部，鱼首朝向西南。该石鱼系利用脱离石梁的独立石块雕刻而成，为立体单面浮雕。鱼长2.8 m、宽0.92 m，鱼眼中心高程139.485 m，现存重庆白鹤梁水下博物馆陈列厅。

6）无名氏主刻单石鱼

清代（1644—1911）刻。题刻位于白鹤梁中段西区中部西侧，鱼首朝西。浅浮雕，作鱼吐水泡的形态，雕刻精细。鱼长1.28 m，宽0.39 m，鱼眼中心高程138.795 m。

7）刘镕经主刻单石鱼

民国二十六年（1937）刘镕经主刻。题刻位于白鹤梁中部西侧，刘镕经《游白鹤梁词》题刻西。阴线浅刻，形态类似 153 号石鱼，鱼长 0.38 m，宽 0.28 m，鱼眼中心高程 138.998 m。

8）石梁东头单鱼

题刻原位于白鹤梁中段东区东头石面上。只用简单的阴线勾勒出鱼的轮廓，鱼头甚小，头朝西也就是上游方向。鱼长 0.55 m，宽0.2 m 因脱离梁体的缘故，已搬迁至涪陵区博物馆保存。

9）卢棠等题刻上单石鱼

其风格古拙，或许年代较早。题刻位于白鹤梁中段东区中部唐始载石鱼水标以南，卢棠等题记右上方。阴线浅刻，鱼鳞已大半残沥。鱼长 0.50 m，宽 0.185 m。

10）无名氏主刻单石鱼

从该石鱼的鱼尾被清光绪七年的“谢彬题字”边框打破并破坏来看，该石鱼的年代下限早于清光绪七年。鱼头朝向东北即下游方向，与其他石鱼头朝上游不同。该鱼图案极其简练，点线勾勒，有文人写意画的意味。尺度大小缺记录，鱼上中心高程 138.285 m。

图 7–74 重叠三石鱼

11）重叠三石鱼

该石鱼年代及主刻者不明。石鱼刻于白鹤梁中段东区东部水标，上下两鱼头朝西即上游方向，中间一鱼头朝东，彼此靠得很紧，可能中间一鱼先于上下二鱼。均为阴线浅刻，已经风化磨蚀，不很清晰。上鱼长 0.35 m、宽 0.13 m；下鱼长 0.5 m、宽0.2 m。

（二）其他图像

白鹤梁上的图像雕刻除了水生动物的鱼外，还有其他动物和人物的图像3幅，由于白鹤梁内侧鉴湖的浅水区鱼类较多，昔日常有白鹤在这里觅食并在梁上歇息，“白鹤时鸣”成了涪陵当地有名的景观之一，故有人在石梁上雕刻的白鹤图像，以表现这种景观。另外，鱼在中国传统观念中本来就有多子的象征意义，故也有人在石梁上雕刻“送子观音”图像，以供登临石梁观鱼的人们礼拜。观音图原先有 2 幅，其中一幅已经磨损不清。

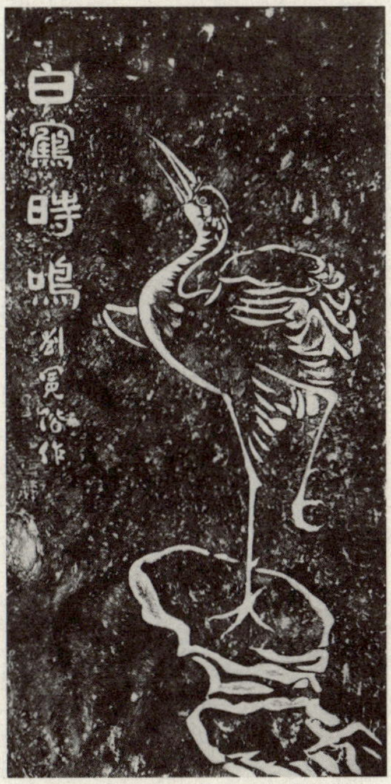

图 7–75 白鹤时鸣图（编号 141）

1）白鹤时鸣图（编号 141）

民国二十六年（1937）刘冕阶作。题刻位于白鹤梁中段西区东部，142号刘镜源诗左侧，题刻范围0.95 m× 0.46 m。图的中间是采用中国传统小写意技法绘制的一只白鹤，白鹤立于礁石上，作展翅欲飞的形态。图的左上方为隶书“白鹤时鸣”图名，其下为行书的落款。现已搬移至重庆中国三峡博物馆保存。

2）送子观音图

清光绪二年（1876）许丽生摹刻。题刻位于白鹤梁中段西区东部，题刻范围0.34 m×0.23 m。阴线刻坐于岩石上的观音像一尊，观音怀抱小儿，小儿手持莲花。像的左侧有隶书的文字1行13字：“大清光绪二年，杭州许丽生敬摹。”现已搬移至重庆中国三峡博物馆保存。

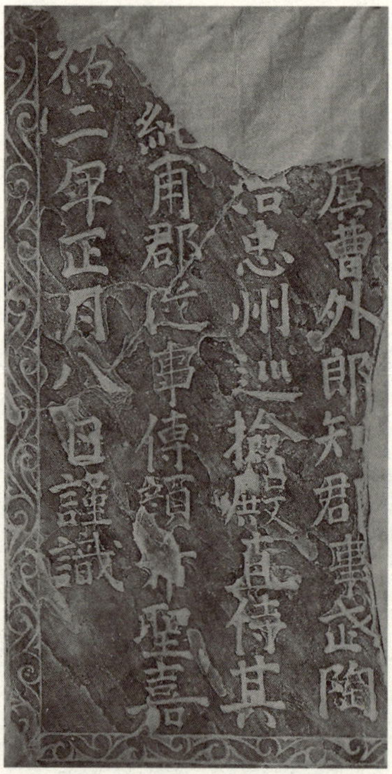

图7-76　武陶等题刻

（三）文字题记

白鹤梁上非水位文字题刻的内容主要是游览白鹤梁有感的题名、提示和题记，这些题刻均出自历代官宦和当地人之手，题刻记录和人名据统计多达727人，其文献中有名可稽者300多人。它们是宋代至现代这一地区长达千年的历史史料长编，可以印证和补充传统文献的记载，尤其是对于宋代历史、移民史、灾害史和民俗史等的研究都有重要作用。

白鹤梁题刻汇集了宋代以来各派书法家遗墨。题刻字体隶、篆、楷、行、草皆备，还有八思巴文；书体风格颜、柳、欧、苏俱全。其中值得称道的作品楷书有《黄庭坚题名》、《陈似题记》、《郑顗题记》、《庞恭孙题记》，篆书有《徐庄等题名记》、《周翊等题名》、《姚觐元题记》，隶书有《李瑀题记》等。这些都是中国古代书法中的上乘之作，白鹤梁因此又有“水下碑林”之称。

图7-77　刘仲立等题记

1）武陶等题刻

北宋嘉祐二年一月八日（1057年2月14日）武陶等题。题刻位于白鹤梁集中区东区中部，距离唐鱼眼基点5.49 m。阴线刻牌形，尺度为1.55 m×0.70 m。台形碑首，额双行6字；碑文正书，竖排，从右向左书写，4行，行11字，共53字。内容是涪州行政长官武陶等三人到白鹤梁浏览的题名记。

2）刘仲立等题记

北宋嘉祐二年二月（1057年3月8日—4月6日）刘仲立等书。题刻位于白鹤梁题刻集中区东区中部，距离唐鱼眼基点6.74 m。题刻四周有双阴线的边框，双线间填云水纹，范围0.78 m×1.25 m。文字正书，竖排，从左向右书写，共5行40字（含落款1行8字），部分残缺。内容为涪州行政长官下属的刘仲立等与涪陵县行政长官一起游白鹤梁的题名。

3）郑顗等题记

北宋元丰八年一月（1085 年 1月 29 日—2月 26 日）郑顗等题。题刻位于白鹤梁题刻集中区东区中部，距离唐鱼眼基点 9.68 m，题刻范围 0.45 m × 0.61 m。文字正书，竖排，从左向右书写，共 6 行 42 字，周围阴刻线框，框顶有两朵云彩纹，下部残损。内容为涪州行政长官郑顗游白鹤梁的题名记。

4）姚珏等题名

北宋元祐八年（1093）姚珏等题。题刻位于白鹤梁题刻集中区东区中部，距离唐鱼眼基点3.97 m，题刻范围 0.82 m × 0.90 m。文字正书，竖排，由左向右书写，共 7 行 54 字，为涪州行政长官姚珏率其属下游白鹤梁的题名。

5）黄庭坚题名

北宋元符三年（1100）黄庭坚题。题刻位于白鹤梁集中区东区中部，距离唐鱼眼基点1.90 m，题刻范围 0.30 m × 0.32 m。文字正书，竖排，由左向右书写，共 3 行 7 字，保存完整。黄庭坚是中国著名文学家、书法家，晚年以“涪翁”为别号。该题刻是黄庭坚来白鹤梁浏览时用别名的题名。书法遒劲沧桑，潇洒自如，是黄庭坚晚年所书。

6）贺致中题记

北宋崇宁元年一月二十一日（1102 年 2月 11 日）贺致中受杨元永之命书题。题刻位于白鹤梁题刻集中区东区东端中间，距离唐鱼眼基点 16.3 m，题刻范围 1.02 m × 1.15 m。文字正书，竖排，由左向右书写，共 14 行残存 111 字，题刻的右侧与上侧残缺。内容为回顾了石鱼出水预示丰年的可信性，记述了涪州行政长官杨元永与朋友一行十一人乘舟游白鹤梁一事。

7）毋丘兼孺等题记（编号 63）

北宋宣和七年一月八日（1125 年 2月 18 日）毋丘兼孺等题。题刻位于白鹤梁题刻集中区东区中部，距离唐鱼眼基点 1.73 m，题刻范围 0.14 m × 0.32 m。文字正书，竖排，由左向右书写，共 3 行40 字，保存完整。内容为毋丘兼孺与家人前来浏览的题名。

8）绍兴水位题刻

南宋绍兴年间（1131—1162），作者姓名残缺。题刻位于白鹤梁题刻集中区东区中部，距离唐鱼眼基点 3.10 m，题刻范围 0.35 m × 0.21 m。文字正书，竖排，由左向右书写，共存 3 行残存12 字。字大小不一，“石鱼出水”四字尤为突出。

9）何梦与题记

南宋绍兴二年一月四日（1132 年 1月 23 日）何梦与等题。题刻位于白鹤梁题刻集中区东区中部，距离唐鱼眼基点 1.80 m，题刻范围 0.30 m × 0.63 m。文字正书，竖排，由左向右书写，共 3 行20 字，四周有阴刻线框，保存完整。内容为四川金沙人何梦与同友人一起浏览白鹤梁的题名。

图 7-78　郑顗等题记

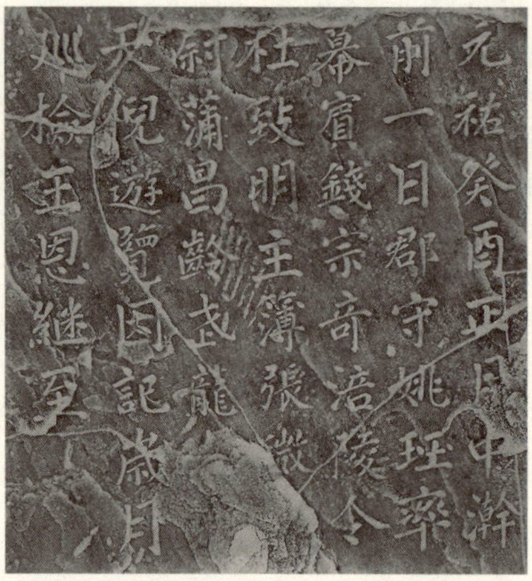

图 7-79　姚珏等题名

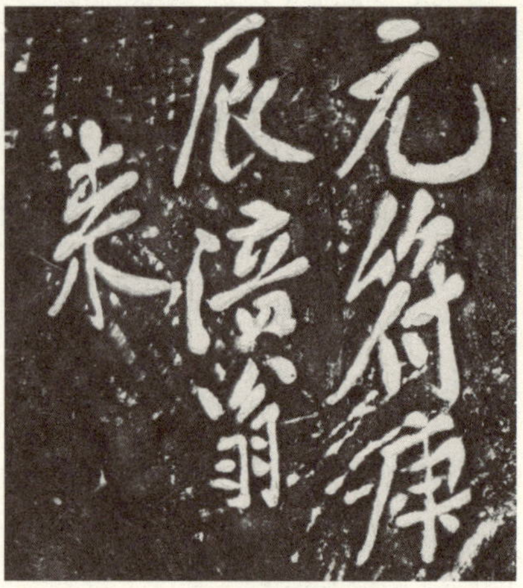

图 7-80　黄庭坚题名

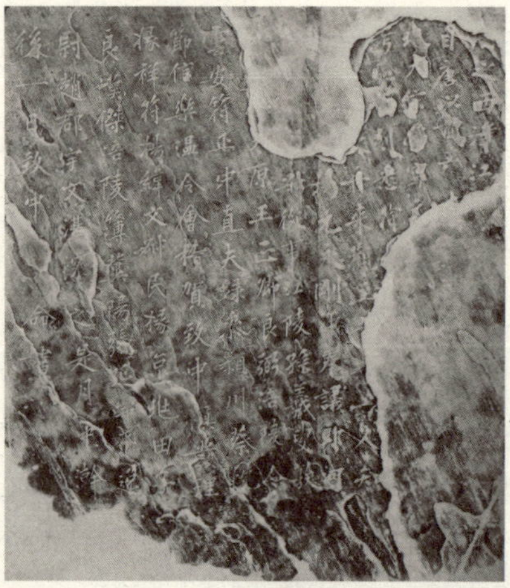

图 7-81　贺致中题记

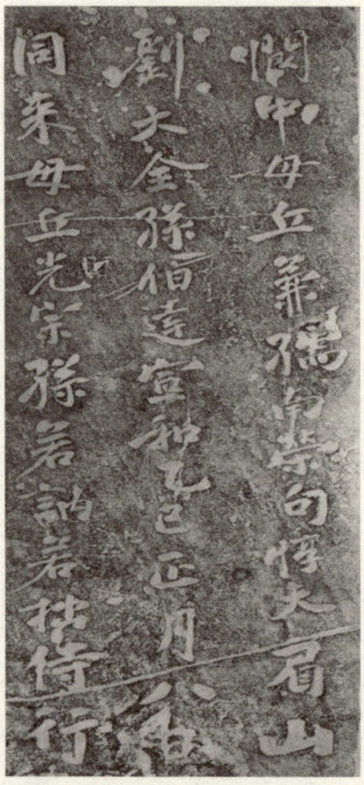

图 7-82　毋丘兼孺等题记（编号 63）

图 7-83　绍兴水位题刻

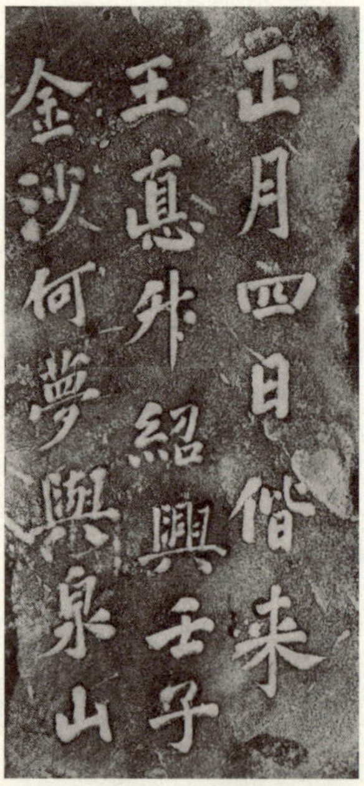

图 7-84　何梦与题记

10）张仲通等题记

南宋绍兴九年二月七日（1139）张仲通等人题。题刻位于白鹤梁题刻集中区东区东部，距离唐鱼眼基点 10.72 m，题刻范围 0.78 m × 0.36 m。文字正书，竖排，由左向右书写，共 7 行 26 字。内容为张仲通与友人游白鹤梁的题名。

11）周诩等题记

南宋绍兴十年二月（1140）周诩等题。题刻位于白鹤梁题刻集中区东区东部，距离唐鱼眼基点 15.19 m，题刻范围 1.30 m × 0.80 m。文字篆书，竖排，由左向右书写，共 5 行 33 字，保存完整。内容是周诩等八人同游白鹤梁的篆书题名，文字工整严谨。

12）杜肇等题名

南宋绍兴十四年一月四日（1144 年 2 月 3 日）杜肇等人题。题刻位于白鹤梁题刻集中区东区中部，距离唐鱼眼基点 11.86 m，题刻范围 0.73 m × 0.97 m。文字正书，竖排，由左向右书写，共 5 行 35 字，右侧字残损。内容为杜肇与朋友同游白鹤梁的题名。

13）盛芹等题记

南宋绍兴二十六年一月十七日（1156 年 2 月 9 日）盛芹等题。题刻位于白鹤梁题刻集中区东区中部，距离唐鱼眼基点 4.77 m，题刻范围 0.66 m × 0.68 m。文字正书，竖排，由左向右书写，共 5行 28 字，部分磨损。内容为盛芹与朋友同游白鹤梁的题记。

14）黄仲武等题记

南宋绍兴二十七年（1157）黄仲武梁公题记。题刻位于白鹤梁题刻集中区东区东部，距离唐鱼眼基点 16.80 m，题刻范围 0.87 m × 0.45 m。文字正书，竖排，由左向右书写，共 5 行 43 字，保存完整。内容为濮国黄仲武与友人在雨后初晴的一天乘船游白鹤梁的题记。

15）贾振文等题名

南宋乾道三年一月七日（1167 年 2 月 19 日）贾振文等题。题刻位于白鹤梁题刻集中区东区中部，距离唐鱼眼基点 12.37 m，题刻范围 0.37 m × 0.80 m。文字正书，竖排，由左向右书写，共 4 行38 字，周围阴刻线框。内容为贾振文与亲友游白鹤梁的题记。

16）张宗文诗（编号 138）

南宋绍兴十年（1140）张宗文题。题刻位于白鹤梁集中区东区西部，距离唐鱼眼基点21.92 m，题刻范围 0.78 m × 1.20 m。文字正书，竖排，由左向右书写，共 6 行 36 字。内容为张宗文与朋友观白鹤梁石鱼题记。

17）禄几复等题记

南宋嘉定元年一月十五日（1208 年 2 月 2 日）禄几复等题。题刻位于白鹤梁题刻集中区东区中部，距离唐鱼眼基点 10.13 m，题刻范围 0.83 m × 0.96 m。文字正书，竖排，由左向右书写，题刻整体的朝

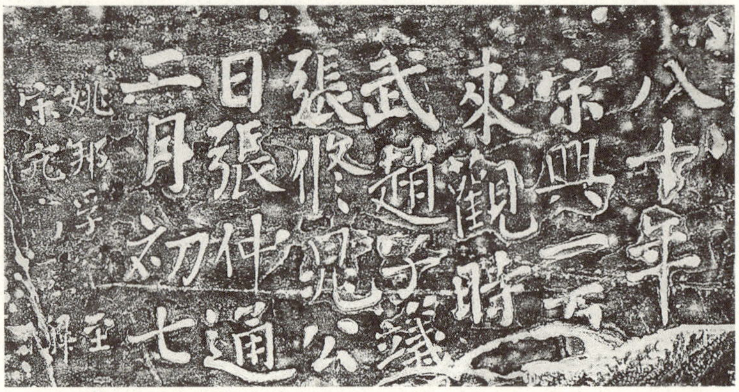

图 7-85　张仲通等题记

图 7-88　黄仲武等题记

图 7-86　周诩等题记

图 7-87　盛芹等题记

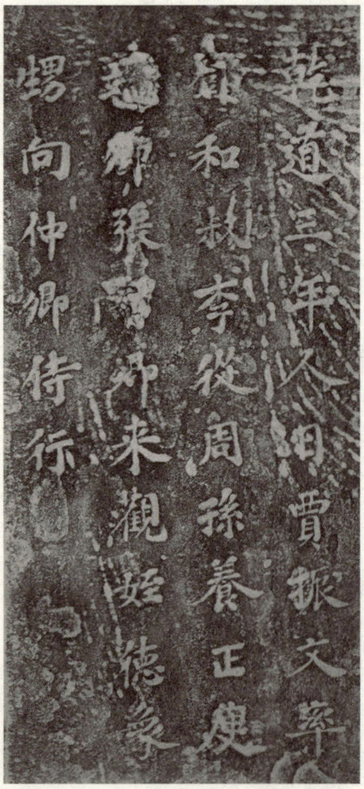

图 7-89　贾振文等题名

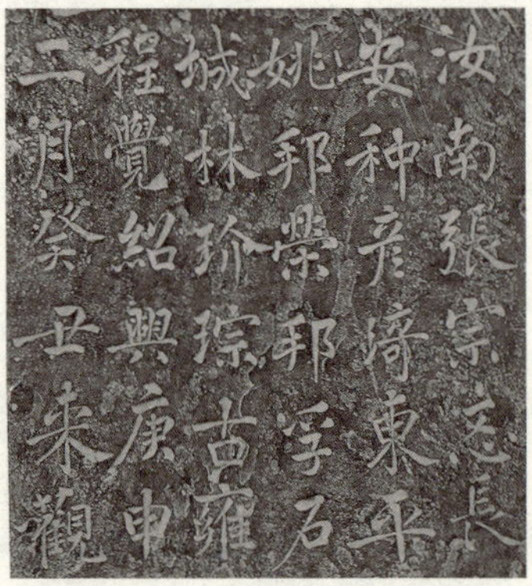

图 7-90　张宗文诗（编号 138）

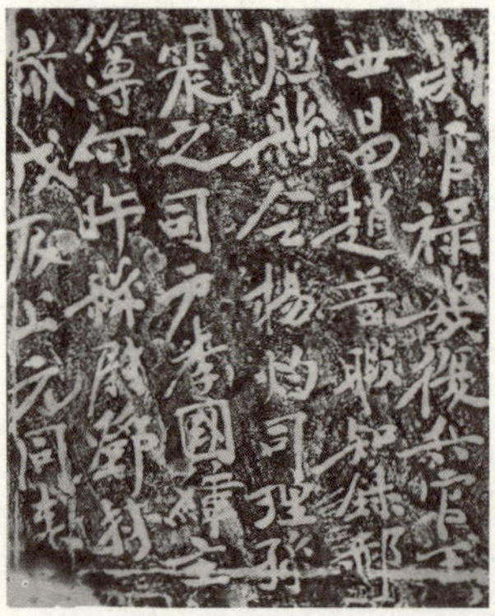

图 7-91　禄几复等题记

向与其他相反，可能为涨水后倒刻，共6行46字，周围阴刻线框。内容为涪州政军属官禄几复等与涪陵县行政长官等一行元宵节游览白鹤梁题记。

18）安固题记

元至大四年十二月十三日（1312 年 1月 21 日）安固题。题刻位于白鹤梁题刻集中区东区中部，距离唐鱼眼基点 8.46 m，题刻范围 0.41 m × 0.74 m。文字正书，竖排，由左向右书写，共 7 行 87 字，左上角残损。内容为万州行政长官安固奉行省命令整治各路水上驿站的赋税，途径涪陵，与涪州行政长官一起到北岩拜谒程颐祠后，顺道白鹤梁观看石鱼题记。

19）抄写石鱼文字题记（编号 98）

明成化七年二月十五（1471 年 3月 11 日）题，作者不详。题刻位于白鹤梁题刻集中区东区中部，距离唐鱼眼基点 4.71 m。题刻模仿石牌式样。周围阴刻框线，顶部三角形碑额，范围 0.35 m × 0.48 m。文字正书，竖排，由左向右书写，部分磨损。内容为涪州长官百派下属来白鹤梁抄写古文诗记的题记。

20）黄寿石鱼记（编号 74）

明正德五年（1510）黄寿题。题刻位于白鹤梁题刻集中区东区中部，距离唐鱼眼基点5.14 m，范围 0.42 m × 0.65 m。文字正书，竖排，由左向右书写，共 6 行 55 字（含落款 1 行 5 字），四周阴刻线框，保存完整。黄寿是明正德年间涪州行政长官，他题写的五言律诗表达了石鱼可预报丰年，但年岁是丰年还是凶年取决于人而非石鱼的思想。

21）和洛守黄寿诗

明正德五年（1510）题，作者姓名已被破坏，为应和黄寿诗而作的五言律诗。题刻位于白鹤梁题刻集中区东区东部，距离唐鱼眼基点 12.85 m，题刻范围 0.45 m × 0.50 m。文字正书，竖排，由左向右书写，共 8 行 32 字，部分磨损。内容为歌颂石鱼能够预报丰年，给百姓带来福祉，使坏人有所收敛。

22）联句和黄寿诗

明武宗正德元年（1506）张献等人题诗并序文。题刻位于白鹤梁题刻集中区东区中部，距离唐鱼眼基点 5.03 m，题刻范围 0.55 m × 0.90 m。文字行楷，竖排，由左向右书写，共 11 行 227 字，周围阴刻框线，保存完整。右侧是张献等人每人一句用联句的形式和黄寿诗，每句下面小字书写人名，左侧为小字书写的诗序。联句诗的内容顺从黄寿诗意而来，内容为丰年还是凶年取决于为政者是否节俭爱民而非取决于石鱼的出没；诗序称赞黄寿学问很深，为官贤能，节俭爱民，号为神官。

23）七叟胜游

明天启七年一月十五日（1627 年 2月 5 日）刘道等题。题刻位于白鹤梁题刻集中区东区中部，距离唐鱼眼基点 11.88 m，题刻范围 3.84 m × 0.36 m，文字正书，竖排，由左向右书写，13 行 52 字（3 行 9 字）右下角残缺 1 字，其余有个别字残缺。标题为“七叟胜游”，题记记载了刘道等年近百岁的七个老人同游白鹤梁一起题名留念的盛举。

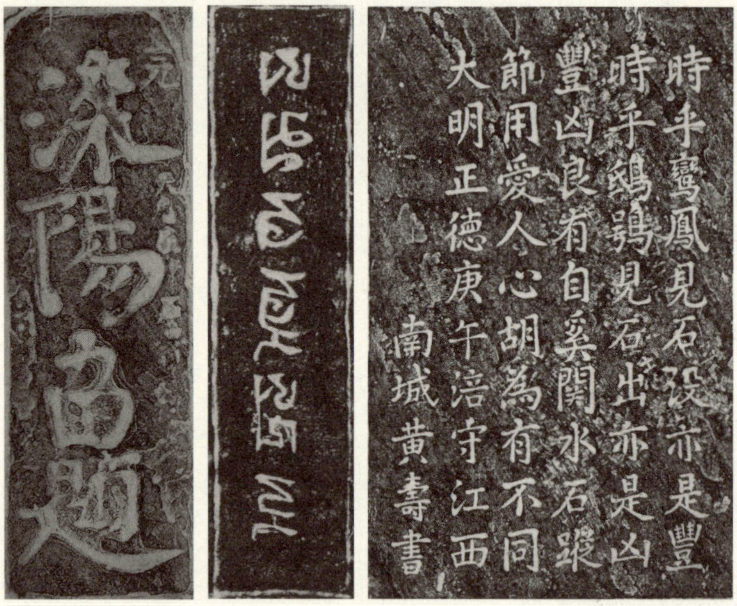

图 7-92　黄寿石鱼记（编号 74）

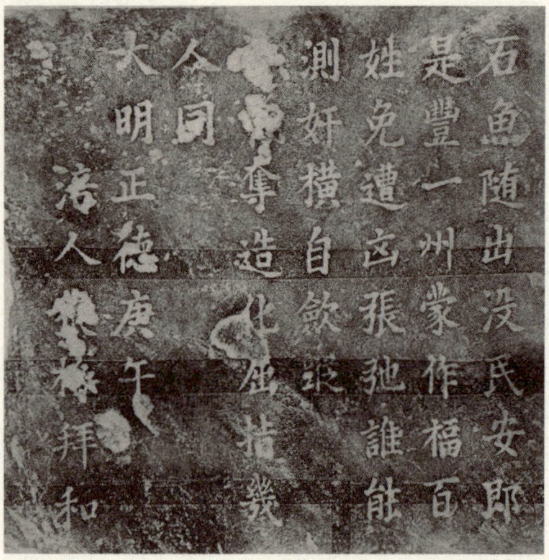

图 7-93　和洛守黄寿诗

图 7-94　联句和黄寿诗

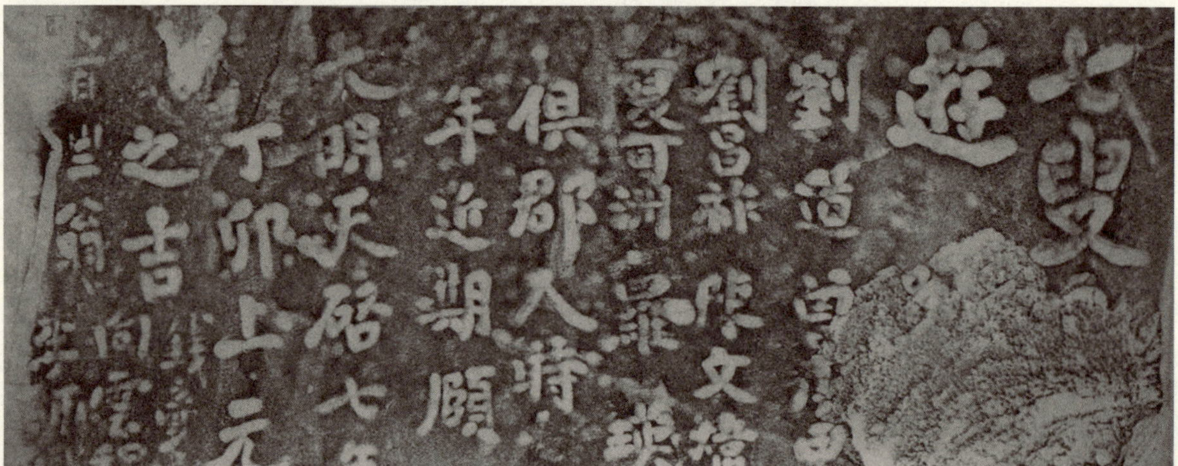

图 7-95　七叟胜游

24）孙海题刻

清光绪七年初春（1881 年 1月 30 日—2月 27 日）四川泸州人孙海题。题刻位于白鹤梁题刻集中区东区中部，距离唐鱼眼基点 1.91 m，题刻周围有阴刻线框，范围 0.97 m × 0.49 m。题字大写楷书，横排左行，3 字；落款 1 字楷书，竖排左行，双行 11 字。大小共计 14 字，保存完整。

25）谢彬题刻

清光绪七年二月十五日（1881 年 3月 22 日）涪州书法家谢彬题。题刻位于白鹤梁题刻集中区东区中部，距离唐鱼眼基点 5.41 m，题刻周围阴刻边框。题刻范围 0.45 m × 1.25 m。文字行书，竖排，由左向右书写，共 3 行 18 字（含日期 1 行 9 字，落款 1 行 5 字）保存完整。中部大写“中流砥柱”四个行书大字，借成语指白鹤梁在水中屹立千年。

26）白鹤梁铭

清光绪七年（1881）孙海题。题刻位于白鹤梁题刻集中区西区东部，距离唐鱼眼基点96.81 m，题刻范围 1.28 m × 0.86 m，文字正书，竖排，由左向右书写，共 13 行 112 字。这是甘肃人孙海与朋友同游白鹤梁后的题写的铭记，铭文从长江发源写到涪州，再写到白鹤梁及石鱼，以及石鱼兆丰年和尔朱仙人的传说，文字俊秀，文章华美。

27）施纪云题记

民国四年一月（1915 年 1 月）施纪云题。题刻位于白鹤梁题刻集中区东区中部，距离唐鱼眼基点 4.27 m，题刻范围 1.00 m × 0.85 m。文字正书，竖排，由左向右书写，共 8 行 90 字，保存完整。内容为这年大灾，正在与官府和士绅商量赈灾的施纪云听说石鱼出水，认为这是灾情好转的征兆，赶紧与朋友们来白鹤梁观看。

28）白鹤梁记

民国二十六年三月（1937 年 3月）何耀萱题。题刻于白鹤梁题刻集中区西区东部，距离唐鱼眼基点 73.95 m，题刻范围 1.61 m × 0.54 m。文字隶书，竖排，由左向右书写，共 25 行 148 字，其中落款2行10字，保存完整。涪陵人何耀萱的题记，内容为涪陵大旱四年，今年白鹤梁石鱼出水，推断丰年不远，是以为记。

29）刘镜源题联

民国二十六年（1937）刘镜源题。题刻位于白鹤梁题刻集中区西区东部，距离唐鱼眼基点 44.41 m，两联周围各有阴刻线框，范围 1.00 m × 0.95 m。文字行书，竖排，由左向右书写，每一联正文用大字书写，两侧小字为自己与友人来白鹤梁观看石鱼出水，题记为念。两联共 62 个小字，14 个大字。内容为石鱼露出水面预兆着丰年，白鹤绕梁飞翔留下美景。对联上下联位置颠倒，应为刻工上石时发生了错误，现移藏于重庆中国三峡博物馆。

30）文德铭题诗

民国二十六年二月（1937 年 2月）文德铭题，刘冕阶书。题刻位于白鹤梁题刻集中区西区

图 7-96　孙海题刻

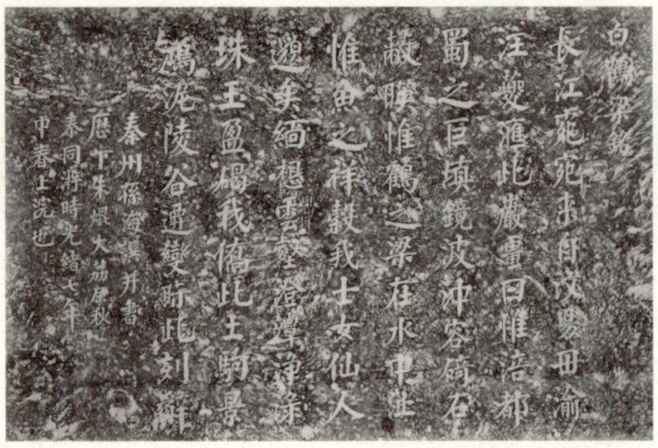

图 7-97　白鹤梁铭

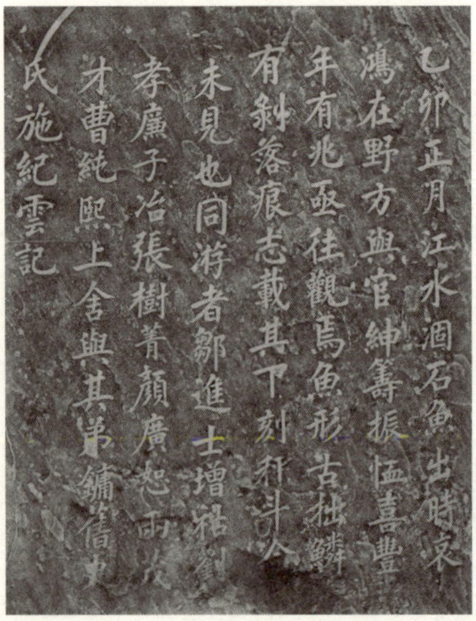

图 7-98　施纪云题记

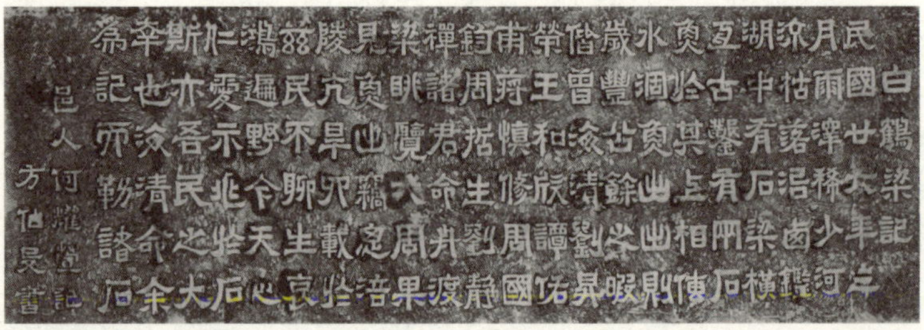

图 7-99　白鹤梁记

图 7-100　刘镜源题联

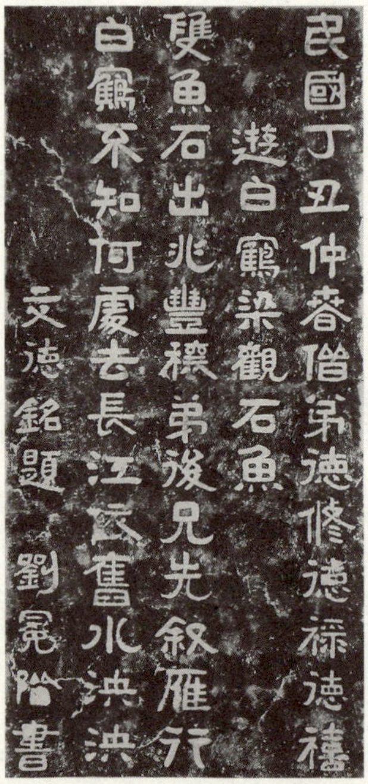

图 7-101　文德铭题诗

东部，距离唐鱼眼基点41.22 m，题刻周围有阴刻线框，范围0.50 m×1.10 m，文字隶书，竖排，由左向右书写，共5行57字，保存完整。内容为文德铭带弟弟们游白鹤梁观石鱼后的题诗。

31）*游白鹤梁*

民国二十六二月（1937 年 2月）刘镕经题。题刻位于白鹤梁题刻集中区西区西部，距离唐鱼眼基点143.49 m。题刻范围0.67 m×1.24 m。文字行草，竖排，由左向右书写，共8行99字，文字多磨损，为76岁老人刘镕经与朋友们游白鹤梁的题记。标题为“游白鹤梁”，内容为歌颂石鱼预兆丰年的神奇与白鹤梁上题刻与风景之美。

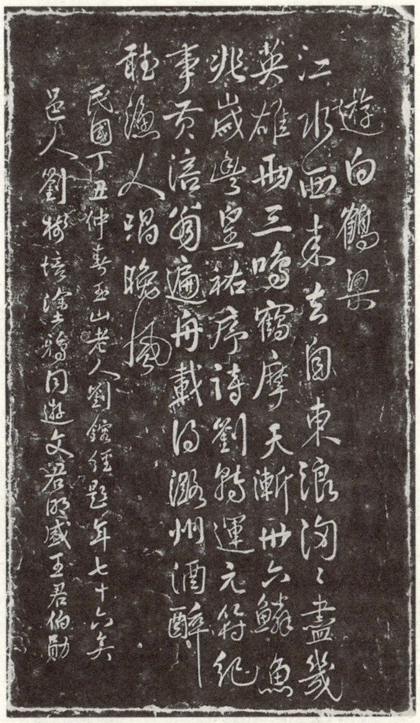

图 7-102　游白鹤梁

7.3　白鹤梁题刻的历史演变

白鹤梁古称“巴子梁”，现在习称的“白鹤梁”是清代以后才有的。白鹤梁地处长江与乌江交汇处的上游，受乌江入长江水的滩堵，这一带水势平缓。每当枯水季节石梁露出水面时，石梁北面水流湍急，为长江干流的所在；石梁南面水流较缓，波平如镜，当地人称为“鉴湖”。这个被称作鉴湖的水面，是涪陵城下长江南侧的被江中石梁分隔的一个回水区，这里江水平缓且不深，鱼类多流入回水区觅食。大量的鱼类吸引来许多捕食鱼类的飞鸟，其中最多的鸟类就是白鹤和鹭鸶。古人之所以在石梁上雕刻石鱼作为水标，以及该石梁被命名为白鹤梁，应当都与当地的自然环境以及由此带来的景观特色密切相关。

唐代或唐代以前，白鹤梁上已经刻有石鱼水标，至迟在唐代已有长江水位降至石鱼下四尺，来年就会丰收的预测经验。唐代晚期在石鱼水标附近开始刻有题记和题诗，并有记录当时水位的唐昭宗大顺元年（890）刻“秤斗”。当时白鹤梁怎么称呼，现在还不清楚。遗憾的是，唐代的这些题刻，现在几乎无存，只有唐始载水标石鱼一尾和“石鱼”二隶书大字尚可辨识。唐及五代，可以作为白鹤梁题刻的开始时期。

北宋时期，涪陵城外长江中石梁上有石鱼，石鱼露出即为丰收年份征兆一事已经被当地地方官上报至中央政府，在北宋官方编制的全国政区地理的书中，已经记录下当时治所在涪陵的黔南地方官给朝廷上书的大致内容。当时便有石鱼和古人题刻的这道江心石梁已经成为涪陵名胜，当时全国的地理书籍记载涪陵（时称涪州）景物或风俗时，都会提到这道石梁。将这道石梁称为“石鱼”的，如宋代《武陶等题记》自名为“游石鱼题名记”，《张绾三题》称这道石梁为“游石鱼”等就说明了这点。石梁南侧的平缓水面当时称作“石鱼浦”并已有了“鉴湖”之名。鉴湖及其附近常有白鹤栖息，故这一也有“白鹤滩”之名。随着石鱼逐渐引起人们的注意，在石梁上观看和记录石鱼露出水面境况的人越来越多，大量记录石鱼与水位关系的题刻，以及被镌刻在石梁上的相关诗文，其中有许多文豪和名人的作品。宋代（960—1279）是白鹤梁题刻发展的高峰时期，属于这一时期的题刻多达98则。宋代涪陵地区文化繁荣，每逢枯水季节石鱼出现，来年农业可能出现丰收景象时，地方官吏往往都要登石梁观石鱼并题刻留言，以示关心。在这些题刻中，北宋开宝四年（971）的《谢昌瑜等状申事记》是现存白鹤梁题刻中有明确纪年的最早一例。这些题刻，既是宋代人不断考察验证的科学记载，同时又具有鲜明的个性特征和长远的政治眼光，体现了“重民”和“重农”思想。涪陵石鱼的影响也因此越来越大。

元灭南宋以后，涪陵的经济和文化都比先前萧条许多，但包括蒙古人在内的元朝地方官员仍然沿袭了登涪陵江心石梁观看石鱼、记录水位和镌刻题记的习惯。白鹤梁题刻中有五则元代题刻，其中有一段所刻文字八思巴文（蒙古新字）题刻作者无考，它是白鹤梁题刻中唯一的少数民族文字题刻，是该地区文化与蒙古文化相互影响的见证。

明清时代（1368—1911），涪陵这道有石鱼和古今题刻的石梁已经相当有名，不仅当地官吏文人和百姓冬春之际会登临石梁观看石鱼是否出水，就连过往官员、客商、船工等也常常会在这个时节把船停靠在石梁旁，下船登梁探访和题名留念。明人“商徒舟子邀观古，骚客身游写赋传”（编号18《晏瑛诗》）以及“行商往来停舟觑，节使周回驻马镌”（编号84《戴良军题诗》）的诗句等，就是这种现象的反映。清代的涪陵石鱼已经成为涪陵最重要的风景名胜，当时流行每个县城选出八处代表性的景观，涪陵选出的“涪州八景”有三处都是围绕着这道不起眼的石梁形成的人文景观，即“石鱼出水”、“鉴湖渔笛”和“白鹤时鸣”。至迟在清代中期，涪陵城边江心的这道石梁已经被冠以了白鹤梁之名，被称作“白鹤梁”，从此，这道石梁的名称就固定称为白鹤梁，一直延续至今。

明清时期，白鹤梁题刻继续发展，其数量比元代增多，但远不及宋代，共45则。随着题刻的增多，水标石鱼所在的白鹤梁中段东区石梁已无多少空隙供镌刻新的题刻，清代以后题刻逐渐向上游的中段石梁西区发展。清康熙二十三年（1684），作为枯水水标的唐始载石鱼经千余年的江水冲刷，已经模糊不清，时任涪陵行政长官的萧星拱便命石工在原址重新镌刻了两条石鱼来代替唐始载水标石鱼，并在其下题刻《重镌双鱼记》。清人重刻水标石鱼与唐始载水标石鱼位置基本相同而略高（两鱼眼间的连线平均高程为海拔138.08 m，与现在水位标尺零点相差甚微），方向和形态也类似先前的水标石鱼，线条也清晰流畅。从这年以后，人们观测长江枯水水位都改用清代这两条重刻石鱼作为水标。

近现代以来，人们共镌刻了14则题刻于石梁上。民国二十六年（1937），民生公司组成的考察团在白鹤梁记录了当年重庆、宜昌的枯水程度，填补了数十年来长江枯水位标记的空白。1937年刘冕阶所作《白鹤时鸣》线部图，首次将白鹤以图画形式刻上石梁。中华人民共和国成立以后，出于保护与研究的考虑，在石梁上题刻的现象基本消失，但人们在枯水季节到白鹤梁观看石鱼出水和众多题刻的情况仍然存在。

图7-103　枯水季节白鹤梁题刻的显露

7.4 白鹤梁题刻的发现和研究

7.4.1 作为传统金石学资料的著录阶段

将白鹤梁作为传统金学石资料的研究阶段开始于1471年，结束于1962年。

白鹤梁题刻位于长江之中，长年淹没于江水之下，只有在江水极枯的时节，石鱼及相关石刻才能露出。这些露出的题刻距岸边还有一段距离，需要乘坐舟船才能抵达观摩。历史上亲临白鹤梁看过题刻的人并不多，再加上这些题刻冬春时节露出，表面潮湿，采用中国传统的碑拓方式对石刻进行记录相对困难。故在清代以前相当长的一段时间内，古人都只有简略地记述白鹤梁有石鱼和古人题刻，石鱼在每年冬春时节是否露出水面对来年收成的好坏有预示作用，由于缺乏对白鹤梁题刻的系统记录，更不要说专门的研究。

白鹤梁题刻因有唐宋时期一些名人的诗文，这些题刻首先受到涪陵地方人士的关注。明代涪陵地方行政长官首先注意到白鹤梁题刻的历史价值和艺术价值，明成化七年（1471），涪州太守庞某差遣手下官吏抄写白鹤梁的古代诗文题记，并在石梁上刻下这次工作的记录。

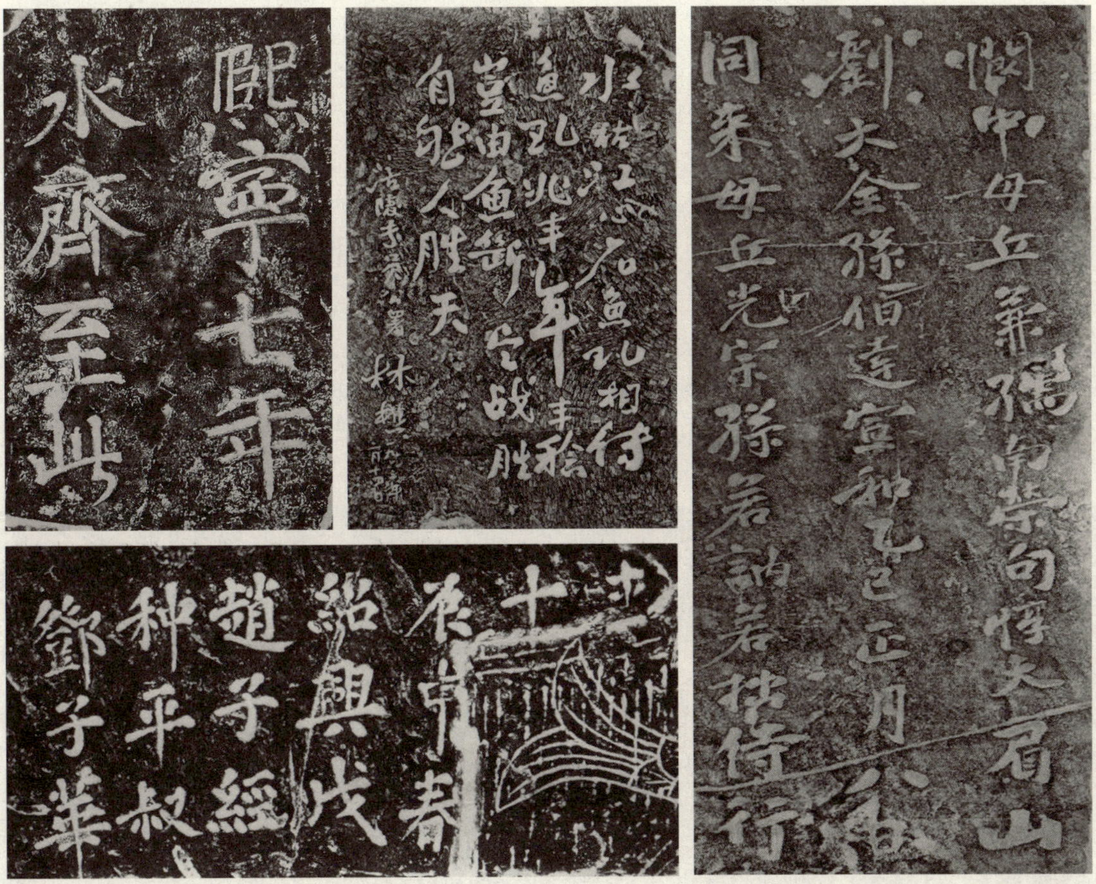

图 7-104 部分白鹤梁题刻

清代同治《重修涪州志》开始将白鹤梁题刻作为地方志的内容之一，从中筛选了50则题刻，将其大部分编入该书的地理部分，小部分编入该书的艺文部分。该志书所选题刻仅有白鹤梁题刻的三分之一，题刻名称和录文错漏较多，编撰体例也不统一（或列图或录全文或摹写字体），这是对白鹤梁题刻的首次开始记录，开白鹤梁题刻著录之先河。

清代光绪元年（1875）冬，时任川东兵备道的姚觐元闻涪陵石鱼露出水面，就请当时正在重庆的金石学家和藏书家缪荃孙带人到涪陵，将白鹤梁的宋元题刻全部拓片。姚觐元将这些拓片交与同乡学者钱保塘进行整理和考证，钱保塘将整理结果于光绪二十一年（1895）正式印刷刊布，这就是署名钱保塘撰的《涪州石鱼提名记》。其中的清光绪三十年（1904），缪荃孙又以钱保塘的稿本为基础，对照他新得到的另一批白鹤梁拓片，刊出署名姚觐元、钱保塘同撰的《涪州石鱼文字所见录》。

光绪五年（1879）前后，著名金石学家陆增祥在武汉得到了姚觐元赠送的白鹤梁题刻拓片，将其录文以“石鱼文字题刻一百段”的名字收录入他编撰的《八琼石金石补正》一书中。陆增祥这部金石学巨著在他生前未刊行，直到民国十四年（1925）才由刘承干付梓刊行。清代出现的三部关于白鹤梁题刻文字的著述，都是相对完整地记录据作者判断有年代价值的题刻，将每条题刻的文字全部逐录，按照年代排列这些题刻顺序，并考证题刻中人名及其事迹，属于中国传统金石学的范畴。在这三部著述中，钱保塘编撰的《涪州石鱼提名记》是最早的关于白鹤梁题刻文字的专著，编撰也最精审，该书收录的100则白鹤梁宋元题刻中，除“盛景献等题名”一例不是来自白鹤梁外，其余均无资料上的错误。钱保塘是首位全面考证白鹤梁的文字的学者，他对题刻中人名、地名、职官及其相关人物在史书中的行迹进行了简要的考证，这些考证对于白鹤梁题刻的研究至今仍有重要的参考作用。不过，如同同时期的金石著述一样，清末的这三部著录白鹤梁题刻的著述也都不关注元以后题刻的情况，这些也影响了对白鹤梁题刻整体性及其对白鹤梁明清题刻的认识。

中华人民共和国成立后，1962年，重庆市博物馆在邓少琴先生的提议下，派出龚廷万先生等调查了涪陵白鹤梁题刻。这次白鹤梁调查在传统金石学方法之外，加入了现代文物调查的一些元素，除了统计数量和捶打拓片外，还给题刻编号、拍摄照片并作了重点测量。这次调查绘制了白鹤梁题刻分布草图，并拓制了81则题刻的拓片，并注意到石鱼与古代题刻所示枯水水位的关系，并于《文物》刊物上发表了《四川涪陵石鱼题刻文字的调查》一文，从而引起了社会各方的关注。鉴于1962年长江水位还不够枯落，次年初春江水更低时，还测量了清代肖星拱重镌石鱼中线距水面距离，并将这个距离同附近的长江航运水尺所示的水位进行比较，发现当日石鱼离开水面的高度与当地长江航运水尺的零点

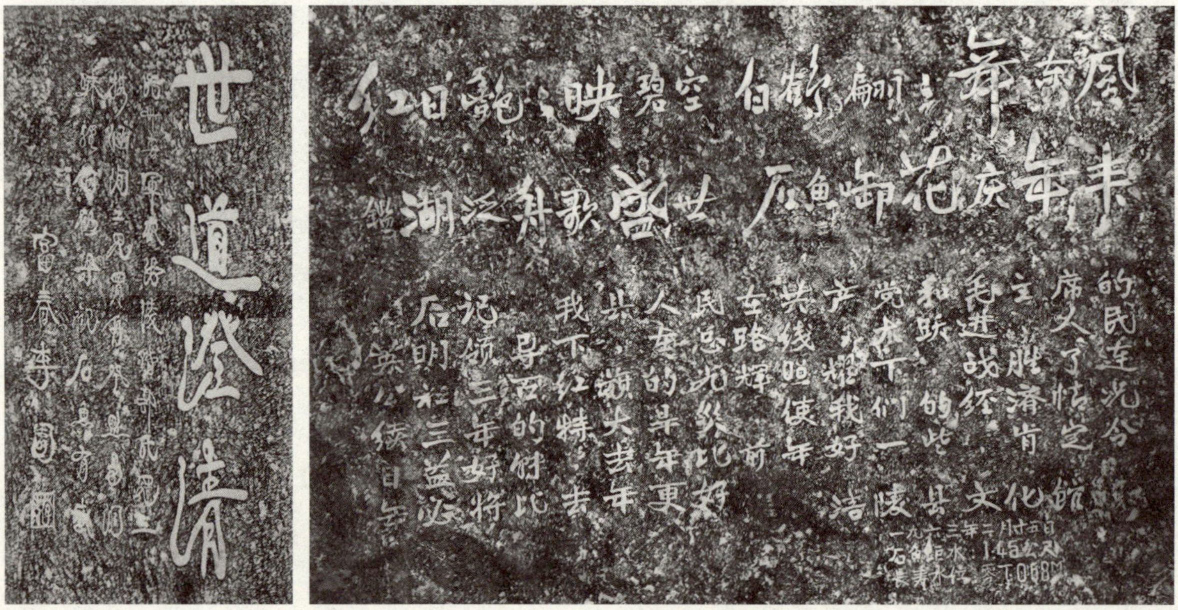

图 7-105　白鹤梁题刻

距离水面的高度相同。这是新中国成立以来的文物工作者首次对白鹤梁题刻进行考察工作，其目的是鉴定石刻年代、为题刻编号、统计数量、捶打拓片、拍摄照片，与旧金石学相差不大。但随着工作的开展，工作人员第一次发现了白鹤梁题刻的科学水文价值，这次考察成为日后长江上游“水文考古”的开端。

7.4.2 历史和水文资料的研究阶段

对白鹤梁历史和水文资料的研究阶段始于 1962 年，一直延续至今。

新中国成立以后，白鹤梁题刻尽管仍然作为重要的石刻史料，但这种资料的利用从历史和艺术方面拓展到了科学方面，研究方法也焕然一新：不单纯是著录与考据，而是运用现代测量技术和记录技术，以抽绎出这些石刻资料中的科学价值。研究的视角和选题呈现多样化的趋势，研究内容也更加广泛和深入。

为了给规划中的长江三峡水利枢纽工程提供历史水文资料，1963—1973 年，有关部门组织学者多次在重庆市江津区至湖北省宜昌市间的长江流域开展长江历史洪水、枯水调查研究。1972 年 1月至3月，原长江流域规划办公室和重庆市博物馆组成枯水调查组，对白鹤梁石鱼水标和枯水题记进行专题调查与研究，并对宜昌到重庆河段的其他历史枯水题记做了调查，并撰写了《渝宜段历史枯水调查报告》。1974 年 1月，重庆市博物馆董其祥先生在《光明日报》发表《古代的长江“水文站”——关于四川涪陵白鹤梁石鱼刻记》一文。文章阐述了至少在距今 1200 多年前，中国古代先民就创立了富有民族风格的古代“水尺”，开创了立“尺”以记水位的新纪元。同年，以长江流域规划办公室、重庆市博物馆历史枯水调查组的名义发表了《长江上游渝宜段历史枯水调查——水文考古专题之一》，这是先前《渝宜段历史枯水调查报告》的缩写本。文章刊布了白鹤梁枯水题刻为主体长江枯水题刻资料，通过白鹤梁与水文有关的 103 段题刻，推算出从唐代以来 72 个年份的枯水水位高程数字，得到涪陵白鹤梁石鱼题刻历代枯水水位高程记录表。至此，三峡工程和川江航运部门就得到了 1200 年来可靠的历史枯水水文数据。此项成果不仅为葛洲坝、三峡水利枢纽工程初步设计所用，而且在其他社会和自然科学领域里也得到广泛应用。

表7-1 白鹤梁题刻72个枯水水位统计表（763—1963）

序号	年代		石刻题记读数	吴淞高程（m）	题刻者
	公元年	古历年（石刻纪年）			
1	763	唐广德元年	江水退石鱼出见下去水四□尺	《太平寰宇记》 137.54	郑令珪
2	827—835	唐大和年间	“如广德、大和所记云”	137.54	庞恭孙
3	890	唐大顺元年	唐大顺元年 镌石今诗甚多	137.86	《舆地记胜》
4	971.3.9	宋开宝四年，岁次辛未二月朔十日	今又复见者，览此申报	137.54	谢昌瑜
5	989.1.24	宋端拱元年十二月十有四日（988年12月31日为是年的11月20日，那么元年的十月十四日已是次年的1月24日）	石鱼再出水，未岁复稔	137.86	朱　昂
6	1049.2.16	宋皇祐元年正月十二日	七十二鳞波底镌	137.86	刘忠顺

续表

序号	年代		石刻题记读数	吴淞高程（m）	题刻者
	公元年	古历年（石刻纪年）			
7	1057.2.14	宋嘉祐二年正月八日	游石鱼题名记	137.86	武　陶
8	1066.2.17	宋治平丙午年正月二十日	同观石鱼于此	137.86	冯君锡
9	1068.2.25	宋熙宁元年正月二十日	观石鱼题名	137.86	徐　庄
10	1074.2.22	宋熙宁甲寅孟春二十九日	鱼去水四尺，今又过之	137.54	韩　震
11	1085.1.29—2.26	宋元丰乙丑年正月	游石梁观鱼	137.86	郑　顗
12	1086.2	宋元丰九年岁次丙寅二月七日	江水至此，鱼下五尺	137.45	吴　缜
13	1091.3.7	宋元祐六年辛望日	观唐广德鱼刻	137.86	杨嘉言
14	1102.2	宋崇宁元年	观鱼出水	137.86	杨太守
15	1107.2.1	宋大观元年正月	水去鱼下七尺	137.30	庞恭孙
16	1112.2.22	宋政和壬辰孟春二十三日	同观石鱼	137.86	蒲蒙亨
17	1122.1.14	宋宣和四年十二月十五日	今岁鱼石呈祥	137.86	吴　革
18	1129.2.11	宋建炎己酉正月二十一日	时鱼去水六尺	137.34	陈　似
19	1132.2.2	宋绍兴壬子开岁十有四日	登石梁观瑞鱼	137.86	王择仁
20	1132.1.22	宋绍兴二年十二月	观石鱼	137.86	贾公哲
21	1135.2.3	宋绍兴乙卯年正月十九日正月十九日同	观石鱼	137.86	蔡兴宗
22	1137.1.23	宋绍兴丁巳年十二月	来观，而石鱼出水面数尺	137.86	贾思诚
23	1140.2.13	宋绍兴庚申正月念三日	共游观石鱼	137.86	潘居实
	1140.2.10	宋绍兴庚申正月□□	同观石鱼	137.86	晁公武
	1143.3.2	宋绍兴庚申仲春十有二日	来观石鱼	137.86	张彦中
24	1144.2	宋绍兴甲子春正月	鱼全出	137.86	李景嗣
	1144.2.11	宋绍兴甲子六日	同观瑞鱼	137.86	张　宝
25	1145.2.21	宋绍兴十五年正月二十八日	一出，予至又出（石鱼）	137.86	晁公朔
	1145.2.24	宋绍兴乙丑仲春上休日	石鱼出水四尺	137.54	杨　谔
26	1148.3.7	宋绍兴十有八年仲春望日	双鱼出水	137.86	杜与可
	1148.2.19	宋绍兴戊辰正月二十月八日有	鱼出水数尺	137.60	何　宪
27	1155.2.10	宋绍兴乙亥人日	挈家观石鱼，共喜丰年	137.86	张　维
	1155.2.12	宋绍兴乙亥戊寅丙辰	重游石鱼	137.86	张　维
28	1156	宋绍兴丙子	来观，石鱼去水无尺许	137.74	张松兑
29	1167.2.6	宋乾道三年立春后一日	刺舡来观	137.86	向之问
	1167.2	宋乾道丁亥二日	来观石鱼	137.86	王宏甫
30	1171.2.7	宋乾道辛卯元日	读唐郑使君石刻验广德水齐	137.86	卢　棠
31	1178.2	宋淳熙五年正月三日	时水落鱼下三尺	137.62	刘师文

续表

序号	年代		石刻题记读数	吴淞高程（m）	题刻者
	公元年	古历年（石刻纪年）			
	1178.1.27	宋淳熙戊戌人日	来观石鱼，以庆有年之兆	137.86	冯和叔
32	1179	宋淳熙己亥年	年示屡丰，今春出水几四尺	137.54	朱永裔
33	1184.2.20	宋淳熙甲辰人日	因观石鱼	137.86	夏　敏
34	1198.3.11	宋庆元四年戊午中和节	旋观石鱼，历览前贤	137.86	徐嘉言
35	1201	宋嘉泰辛酉	石鱼见	137.86	赵时偍
36	1202.2	宋嘉泰壬戌仲春	石鱼两载皆见之	137.86	赵时偍
37	1208.2	宋嘉定戊辰开禧元宵前	来观石鱼	137.86	贾　涣
38	1226.2.6	宋宝庆丙戌谷日	石鱼出水面六尺	137.88	李　玉
39	1230.1.31	宋绍定庚寅	上元后一日，来观石鱼	137.86	谢兴甫
40	1243.1	宋淳祐癸卯冬	水落而鱼复出	137.86	张　霁
41	1244.1	宋淳祐四年癸卯、甲辰	癸卯、甲辰鱼出者再	137.86	王季和
42	1248.1.28	宋淳祐八年	戊申正月，石鱼呈祥	137.86	邓　刚
43	1250.2.10	宋淳祐庚戌正月八日	观石鱼	137.86	赵汝廪
44	1254.2.6	宋宝祐甲寅（二年）	寻访旧迹则双鱼已见	137.86	刘叔子
	1255.2.15	宋宝祐三年人日	石鱼又出	137.86	蹇材望
45	1258.3.4	宋宝祐戊午正月戊寅	观石鱼之兆丰	137.86	何震午
46	1311.1.21	元至大辛亥十二月	因观石鱼，中旬三日	137.86	安　固
47	1329.1.31	元天历己巳春	水去鱼下二尺	137.70	宣　侯
48	1330	元天历庚午上元日	庚午复去五尺	137.46	宣　侯
49	1333.2.27	元至顺癸酉年仲春十有三日	次年始获见，率僚友来观（石鱼）	137.86	张八歹
50	1384.1.29	明洪武十七年人日	因水落石鱼呈瑞游观	137.86	刘冲霄
51	1405.3.2	明永乐三年仲春二日	复览鱼去水五尺秤斗不见	137.46	雷　谷
52	1455	明景泰四年癸酉	题刻下沿	137.43	无作者
53	1459.3	明天顺三年仲春吉旦	率诸僚往观其鱼在果显	137.86	晏　瑛
	1459.3.5	明天顺三年仲春月吉旦	祥鱼出水羡丰年	137.86	戴良□
54	1506.3.10	明正德元年仲春既望	众亦相继来观，石鱼果见	137.86	李　宽
55	1510.2	明正德庚午	石鱼果见	137.86	黄　寿
55	1510.2	明正德庚午	观石鱼题	137.86	张瓛等
56	1589.3.2	明万历己丑年上元后一日	观石鱼	137.86	罗　奎
	1589	明万历己丑年	水泛影浮刚一尺	137.78	江应晓
57	1672	清康熙十一年	涪陵水落见双鱼	137.86	王士祯
58	1684.3.14	清康熙二十三年甲子春正月二十九日	见石鱼复出	137.86	萧星拱

续表

序号	年代		石刻题记读数	吴淞高程（m）	题刻者
	公元年	古历年（石刻纪年）			
59	1685.2.24	清康熙乙丑年春望前二日	水落而鱼复出	137.86	萧星拱
60	1695.2.19	清康熙三十四年	约赋石鱼江上镌	137.86	徐上升
61	1706.2.17	清康熙四十五年春正五日	江心石鱼报出	137.86	董维祺
62	1751.3.4	清乾隆十六岁次辛未二月初四	复往观，鱼高水面	137.86	罗克昌
63	1775.2	清乾隆乙未上元	不常逢	137.90	佚　名
64	1796	清嘉庆元年三月十八日	至题犹下八尺多	137.19	陈鹏翼
65	1813.2.4	清嘉庆癸酉岁新正四日	往观石鱼	137.86	张师范
66	1875.1.25	清光绪元年冬	鱼出	137.86	姚觐元
67	1881.2.18	清光绪七年辛巳春正月甲子朔二十	水涸鱼出	137.86	濮文升
68	1909.4.1	清宣统元年闰二月之十有一日	闻鱼出	137.86	范锡朋
69	1915.2.14	民国乙卯正月	江水涸石鱼出	137.86	施纪云
70	1937.3.13	民国丁丑仲春	观石鱼	137.86	文德铭
	1937.2	民国丁丑孟春	江水涸、石鱼出	137.86	刘镜源
	1937.3	民国二十六年三月	果见鱼出	137.86	何耀萱
	1937.3.13	民国二十六年三月十三日	重庆水位倒退一尺六寸	137.27	卢学渊
71	1941	民国三十年春	观石鱼	137.90	李　□
72	1963.2.14	—	水枯江心石鱼现	137.86	林　樵
	1963.2.15	—	石鱼距水1.45公尺	137.52	

之后，不少研究者开始对白鹤梁题刻产生的历史文化背景和文化特质进行考察，通过白鹤梁题刻与其他题刻比较分析，对白鹤梁题刻科学价值、历史价值、艺术价值作了更加广泛深入的研究。

1993年长江三峡水利枢纽工程开始启动后，除了进一步对白鹤梁历史枯水题刻在科学研究和工程建设中的应用进行研讨，以更深入地发掘白鹤梁水文题刻的科学价值外，考古、历史和文化研究者还继续对白鹤梁题刻进行了具体和深入地探讨。这些研究成果除了对白鹤梁题刻本身，同时也对涪陵地方文化的研究作出了贡献。

7.4.3 重要文化遗产的保护研究阶段

对白鹤梁作为重要文化遗产进行保护开始于1993年，并一直延续到现在。

1993年，长江三峡水利枢纽工程正式动工。由于三峡工程建成后，白鹤梁将永远淹没于水下，不能再为人们所见。为保护和展示这一珍贵的文化遗产，需要对其保护和展示问题进行研究。

图 7-106　白鹤梁题刻

7.5　白鹤梁题刻的价值

（1）科学价值

据目前所知，白鹤梁水文题刻不仅是我国而且是世界上目前所发现的时间最早、延续时间最长，而且数量最多的枯水水文题刻（埃及尼罗河中有类似的水文石刻题记，但数量远逊于白鹤梁），其历史价值已为世人瞩目。

在唐代，我们的祖先就创立了在白鹤梁上刻以“石鱼”为长江枯水水位标志的观察方法，在世界水文观察史上占有重要地位。这里的“唐代所见石鱼水标”要比 1865 年我国在长江上所设立的第一根水尺——武汉江汉关水尺早问世 1100 多年。据有关部门观测，白鹤梁唐代石鱼的腹高，大体相当于涪陵地区的现代水位站历年枯水位的平均值，而清康熙二十四年（1685）所刻石鱼的鱼眼高，又大体相当于川江航道部门当地水位的零点。根据这些石鱼水标及题刻，可以推算出共 72 个断续的枯水年份的水位高程。

白鹤梁所记载的1200多年的历史水文资料，系统地反映了长江上游枯水年代水位演化情况，为研究长江水文、区域及全球气候变化的历史规律提供了极好的实物佐证，也是葛洲坝、三峡工程设计的重要历史水文资料，具有极高的科学价值和应用价值。

（2）历史价值

白鹤梁自古就是一处闻名胜景。据《涪陵县志》记载“涪陵八景”中的三景：“鉴湖渔笛”、“白鹤时鸣”、“石鱼出水”是围绕白鹤梁题刻所形成的独特人文景观，也反映了白鹤梁与水域环境之间的相互关系。随着时代的发展和环境的变化，“鉴湖渔笛”和“白鹤时鸣”已淡化或消失，“石鱼出水”更是成为涪陵的重要景观。

图 7-107　石鱼

（3）艺术价值

白鹤梁题刻具有很高的艺术价值，特别是书法艺术价值。

白鹤梁题刻多出自历代文人墨客之手，在诸多人物题名中，以北宋著名文学家、书法家黄庭坚的“元符庚辰涪翁来”的题名最为著名。题刻内容或诗或文，或记事或抒情；题刻文字隶、篆、楷、行、草皆备，还有八思巴文字等；石鱼雕刻精巧流畅，颇具功力。因此白鹤梁又被誉为“水下碑林”。

图 7-108　白鹤梁题刻

8 白鹤梁题刻保护工程方案研究

长江是中华文明的发源地，在三峡库区留下了宝贵的文物资源。兴建三峡工程，是中华民族几代人的夙愿。三峡工程的兴建将淹没秭归、巴东、巫山、奉节、云阳、万州、忠县和丰都等有着数千年历史的古城，也将淹没全国重点文物保护单位——白鹤梁题刻。

三峡工程建成后，长江涪陵河段为库区水位变动区，汛期运行水位 145 m，正常蓄水位 175 m，白鹤梁题刻将永远淹没在长江水下，“石鱼出水”的人文景观也将从此消失。因而，采用什么方案有效地保护这一珍贵的文化遗产，成为亟待研究的重要问题。

8.1 白鹤梁题刻保护任务

8.1.1 蓄水前题刻状况

白鹤梁长约 1 600 m，宽约 10 ～ 15 m，长期受江水冲刷自然形成上、中、下三段。白鹤梁题刻历经 1 200 余年，保存情况尚好，绝大多数题刻仍清晰可见。但白鹤梁题刻所在的石梁在千百年的时间推移过程中，受到波浪冲刷、江水侵蚀和漂浮物碰撞等自然营力的破坏，题刻所在岩体表面已经产生了裂隙交切、板块剥落、表面侵蚀、崩塌位移等各种环境病害，再加上历代人为的损害，亟须对石刻采取有效的保护。据初步统计，环境病害主要表现为以下六种情况：

（1）裂隙变切

题刻所在岩体砂岩构造节理和层面节理的纵横交切，将岩体切割成分离体，在江水的不断冲蚀作用下，其中张开性节理的隙宽正在不断加大，最宽处已 达25 cm；同时岩体内的微裂隙也在不断扩展。

（2）板、片状剥落

每年12月、1月、2月及3月长江水位较低时，白鹤梁部分将露出水面，石梁面对长江主槽，航船驶过时的拍岸巨浪会不断拍击题刻表面。由于题刻所在岩体内层面节理和风化节理十分发育，在江水的冲刷作用下，造成多处板状、片状剥落，表面形成空鼓，使题刻受到破坏。这种破坏过程发展尤为迅速，其中最为明显的一例是建炎元年间文悦等题名的题记，现已毁坏殆尽。

（3）表面侵蚀

表面侵蚀主要表现为江水冲蚀和生物苔藓生长。长江具有水位变化大、含沙量高、侵蚀规模大的特点。在携带泥沙的江水长期作用下，有些题刻已模糊不清，例如唐代石鱼，按文献记载应为两尾而现在仅存一尾，且已残缺模糊。除此之外，不少题刻所在岩体表面上生长有苔藓及圆形微生物，它们的存在大大降低了岩石的抗风化能力。

（4）岩体崩塌

白鹤梁题刻所在砂岩之下发育有相对软弱的页岩层，在江水的长期冲刷掏蚀下，砂岩下的页岩易被掏空，形成掏蚀凹槽。由于砂岩中构造节理和层面节理发育，将砂岩切割成分离体，其中近东西向的纵向节理起崩落面作用，致使悬空的砂岩岩体在重力作用下产生位移失稳，崩落翻转，从而使部分题刻遭受毁灭性的破坏。题刻区东段现在数块残缺的题刻就是从江中捞起的崩塌体，现填放在冲蚀凹槽中，已无法复原。岩体崩塌是题刻区最严重的病害之一。

（5）船只撞击、锚爪刻画

白鹤梁题刻夏秋淹没于水，过往船只的撞击使岩体中裂隙加宽，产生松动甚至位移，加剧了岩体的地质病害。且这一带作为夏秋季长江航运船只的主要泊区，锚爪经常在题刻上刻画，甚至直接毁坏题刻。

（6）游人践踏

蓄水前，每年冬春之际前往白鹤梁观赏的人数已达数万人，最高日参观量为 1 500 人，游人手摸鞋踩，使题刻遭受磨损。此外，游人私自拓片及乱刻乱划的行为也给题刻造成了一定的破坏。

8.1.2 题刻保护缘由

三峡水库建成后，长江涪陵河段的水位将发生根本性改变。从原来的枯水期低于高程 138 m，洪水期高达高程 170 m，改变为库区汛期运行水位高程 145 m，正常蓄水位高程 175 m。白鹤梁题刻面临的水下环境将发生很大变化。白鹤梁石梁顶端的高程 139.96 m，三峡水库蓄水后白鹤梁题刻将永远淹没于江水之下。

三峡水库正常运行后，涪陵段长江水动力环境也将发生很大变化。随着涪陵段长江水流速减缓，泥沙淤积将日益增大，题刻区将被泥沙覆盖；而推移质的作用将影响河床主槽的发育，有可能导致主槽位置的摆动和偏移，从而影响题刻区的整体稳定性，这些因素将构成对古代题刻所在梁体的威胁。前述板片状剥落、表面侵蚀、游人践踏、船只撞击等损坏危险可能将有所减轻，但岩体崩塌、裂隙变切和锚爪刻画等引起的毁坏威胁仍将存在。为了消除这些隐患，实施有效的保护，必须采取人为干预措施对白鹤梁题刻这一水下文化遗产及其环境进行科学的保护。若在蓄水前不能对白鹤梁题刻进行妥善保护，中国第一古水文题刻从此消失。百年之后，水下 40 m 再进行题刻保护和研究，技术问题将更为复杂，白鹤梁题刻的安全状况也将无人能知，这样我们无异于将这处有着重要价值的中华民族文化遗产给“活埋”了。

所以在蓄水前，非常有必要在对白鹤梁题刻进行抢救性保护工程的同时实现水下文化遗产的展示工程。

图 8-1　白鹤梁原貌

图 8-2　三峡水库蓄水后的白鹤梁

8.2　白鹤梁题刻保护难点

白鹤梁题刻位于三峡库区涪陵江段，因其特殊的地理环境和保护要求，保护难点主要体现在以下五个方面：

(1) 工程环境复杂。白鹤梁紧邻长江主航道，其上下游码头密布，过往船只较多，工程实施及运行环境复杂，且白鹤梁题刻将淹没于 40 m 深江水下，必须深入研究三峡水库不同运行阶段、不同泥沙淤积及水流条件下，实施保护工程对该河段航运的影响，确保施工期和运行期工程安全和人员安全。

（2）工程地质条件差。白鹤梁上部为较坚硬的石英砂岩，下部为较软弱的页岩，易风化。岩基如采用高压灌浆密封处理，帷幕施工过程的高压注浆可能危及题刻安全。同时因为是在薄砂岩上题刻，由于内外的压力差很大，地下水会从层状岩体的层间渗漏，极可能导致文物被破坏。

（3）实施时间紧迫。2002 年 5月 1 日三峡二期工程上游基坑已破堰进水，2002 年 7月 1 日下游围堰也破堰进水。根据三峡工程施工总进度安排，三峡工程2003年6月中旬将蓄水至围堰挡水发电水位 135 m，2007 年汛前右岸大坝具备挡水条件，2006 年 11月—2007 年 5 月导流底孔封堵后汛期库水位将超过 135 m，汛后水位将进一步蓄至初期发电水位 156 m。白鹤梁题刻水下保护工程必须在三峡库水位达到 156 m 前完工，即在 2006 年年底竣工，工程计划工期 3 年。另外，在三峡工程右岸大坝等具备提前挡水条件时，导流底孔可能提前一年封堵，即三峡水库水位可能在 2006 年汛期超过 135 m，因此水下保护工程的施工时间十分紧迫。

（4）保护经费有限。三峡库区文物保护资金是库区移民资金的一部分，纳入移民资金计划统一管理。重庆市人民政府专门印发《重庆市三峡工程淹没及迁建区文物保护管理办法》，对项目经费进行严格管理。该办法规定重庆市文物局根据国务院三峡建设委员会审批的《三峡库区文物保护规划》，按照三峡工程蓄水进度的要求，编制库区文物保护年度计划。白鹤梁题刻原址水下保护工程实际上能争取到批复的保护经费十分有限。

（5）缺乏水下保护体建设经验。三峡水库蓄水后，白鹤梁古水文题刻将淹没于长江中，深水条件下的文物保护是一个世界性难题，此类库区淹没文物原址水下遗址保护问题在国内乃至全世界罕见，国内外无可供借鉴的工程实例，亦无成功范例。相关单位必须在有限时间内搜集各方案的资料，并逐一论证其可行性。

8.3 白鹤梁题刻保护原则

根据白鹤梁题刻独特性和保护难点的分析，白鹤梁题刻保护方案研究应遵循以下原则：

（1）原址原样、原环境保护原则。

（2）重点保护原则。

（3）观赏性原则。

（4）实现可行性原则。

（5）工程完整性原则。

8.4 白鹤梁题刻保护范围

白鹤梁长约 1 600 m，宽约 10 ～ 15 m，长期受江水冲刷自然形成上、中、下三段。现发现题刻 174 段，主要分布于中段，其中中段东区长约 45 m、宽约 10 m 范围为石刻密集区域，包括著名的唐代双鱼等重要题刻 138 段。从题刻重要性、工程一次性投资及运行维护费用等综合分析，拟定中段为白鹤梁题刻重点保护区，其他区域少量题刻拟就地保护，零散的脱落题刻拟搬入陈列馆陈展。

8.5 白鹤梁题刻保护方案

为了保护白鹤梁题刻，自 1993 年以来，由国家文物管理部门组织国内各科研机构和高等院校的专家们，对白鹤梁题刻保护方案开展深入研究和论证，试图探索出一个最科学的保护和展示白鹤梁题刻的方式，有关机构的专家们先后提出过六种保护方案。

8.5.1 “水晶宫”方案

该方案的基本思路是：在白鹤梁题刻的中心区构建 20 m×120 m 的水下展厅，并通过水下通道或渡船、浮桥等与地面陈列馆相连，使参观者可进入水下展厅从而参观白鹤梁题刻，达到水下原址保护、参观和研究的目的。

该方案设计主题思想是以就地保护为主，从而保持文物古迹的历史纯洁性和历史可读性，并首次提出建设水下博物馆的构想，又称“水晶宫”方案，为白鹤梁题刻水下原址保护探索作出了重大贡献。该方案提出不仅要保护白鹤梁题刻的本身，而且使这一中华瑰宝不脱离原有的环境，使人们在参观石鱼及题刻时，能设身处地感觉到往日的长江与今日的长江之巨大变化，从而深化“不沉的记忆”的设计主题。

该方案包括“钢筋混凝土双层壳体”和“钢筋混凝土蜂巢格式拱壳”两种具体方案，都是在白鹤梁题刻集中区覆罩混凝土耐压覆室进行重点保护，其余散布的零星题刻则原地“封护”，所不同的只是前者为双层拱式压力覆室，后者为蜂巢格式的压力覆室。此外，两个方案在水下展示与地面展示厅的连接方式和其他辅助建筑设计有所不同。

水下展厅呈鱼形，符合水力学的要求，也使展厅内部空间与石梁题刻群的分布相一致。在水下展厅内可以使题刻经常保持被净水浸没的状态，既有利于防止题刻风化，又可以适应一般参观者观赏题刻的需要，同时也可杜绝参观人群对题刻的践踏和磨损，为满足专业性参观和文物研究及维护的要求，也可短期将壳内积水排空，令题刻全部出露。对于题刻文物的展览方式，拟采用悬桥与可移动天车相结合的方法，这样可使参观者的视距能达到最短，悬桥的布置可视石梁文物的布局而定，并不影响对文物的展示和参观，天车的水平移动可以使参观者能够到达任何一幅题刻附近。

“水晶宫”方案实际上就是一种“压力容器”方案。水下展厅里面是没水的，但是外面有水，压力非常大，非常危险，结构一旦破损，人员将极难逃出。最关键的是白鹤梁石刻在层状的砂岩层上，下面是页岩层。保护体必须与基岩结合在一起，帷幕施工过程可能危及题刻安全。即使建成帷幕，由于内外的压力差很大，总还是会有地下水渗流场，地下水会从层状岩体的白鹤梁出露之处渗漏，导致白鹤梁被毁的可能性极大。

“水晶宫”方案在原地保护的出发点是好的，但在工程技术上和经济合理性上是巨大挑战，具体表现在以下六个方面：

（1）水下保护体承受近 40 m 左右水头的巨大压力，一旦破损后果严重；

（2）岩基与壳体的密封处理需采用高压注浆，极难处理；

（3）施工过程可能造成对题刻的影响；

（4）长期的渗流导致白鹤梁被毁的可能性极大；

（5）造价昂贵，运行管理成本高；

（6）施工周期长，对航道影响大。

据不完全估算，该方案工程建设经费达3.7亿元。后经多方研究论证，“水晶宫”方案由于极大的地基处理风险、昂贵的价格、长时间的施工周期以及极大的航道影响最终于1998年被否定，这样似乎修建水下保护工程的路成为一条“绝路”。

8.5.2 高围堰方案

鉴于修建白鹤梁水下博物馆还存在着一些技术障碍，实施上困难较大，大多数研究人员转而认同先采取一种权益保护措施。有学者提出高围堰方案，即在白鹤梁题刻周围构筑一圈高大的围堰，将题刻本体围护其中，使之免受泥沙和石块的磨损，并给今后采取其他水下保护措施和展示措施预留下时间、空间和实施条件。该方案还包括在岸边修建古水文陈列馆，以展示白鹤梁题刻。

8.5.3 隔流隧道方案

1998年有研究团队提出隔流隧道方案，方案基本思路也是原址保护和复原展示，沿白鹤梁的两侧与顶端建造一个防泥沙冲刷的钢筋混凝土围墙，加上盖板，将白鹤梁扣在其中，就好像将白鹤梁置于一个钢筋混凝土的内部充满江水的隧道中，其核心是隔断隧道内泥沙与隧道外长江水泥沙流动的必然联系，从而达到保护白鹤梁的目的。有专家认为按此方案题刻仍会受地下水渗流而导致被毁坏。

8.5.4 就地淤埋、异地陈展方案

“水晶宫”方案否定后，还有一些研究团队提出对白鹤梁原地保护淤埋、异地仿制陈展方案。此类保护方案认为在目前的施工技术条件与经济条件下宜采取水下泥沙淹没自然保护，以便将来在经济与施工技术等条件成熟的情况下，且具有开发价值时，再使它的原始面貌重现于世人面前。其基本思路是就近复原题刻和陈列保护，即在涪陵城区长江大堤上复建白鹤梁题刻，同时修建一个小型博物馆展览有关白鹤梁的资料和实物。

鉴于题刻保护技术和资金上的一些问题，在白鹤梁附近的岸边修建陈列馆，馆内展出白鹤梁题刻二分之一大小的复制模型，而白鹤梁题刻原址则保留江水之下，让库区淤积的泥沙自然掩埋白鹤梁。

陈列馆选址于涪陵城区长江南岸滨江路南侧，陈列馆及广场总规划用地 1.89 万 m^2，总建筑面积 2 926 m^2。陈列馆由展示建筑和下沉式题刻广场组成，将白鹤梁全部题刻拓片陈列，并把长江沿线分散各处的历史水文资料、记载实物加以收藏，集中陈展，以供游人观光，学者研究，使之成为名符其实的“长江水文考古陈列馆”。陈列馆由展厅、报告厅、考古研究及文献查阅厅、办公室及室外休息室等组成，面对长江与滨江公路一侧用弧形实墙在视线上将内外空间分隔开。弧墙中部凹下断裂成一个仿石梁轮廓的裂隙，裂隙通过墙上仿佛被挤压而成的褶皱渐传至光滑而饱满的曲面，并逐渐向两端延伸、收缩，形成笔直挺拔而昂扬耸立的直线。这一过程似乎在暗示着白鹤梁的现在与将来之间的某种联系。将选取的 220 m 长 1∶2 的仿白鹤梁题刻置于地面以下的下沉式广场中，游人可踏级而下，进到广场底部，通过环绕仿真题刻的步道，近距离地观赏。下沉式广场的基底满铺细小的鹅卵石，并注入一湾清浅的水流，再造白鹤梁，再现它的历史价值、艺术价值。该方案提出新建的城市广场可名“白鹤广场”，以纪念失去的人文胜景。

该方案中，陈列馆成为从过去到未来延续白鹤梁人文历史的一座桥梁、一个纽带，它既是对白鹤梁沉寂于江底的纪念，又是对它的人文历史的补充。不计陆上征地费用，该方案工程建设经费约 2 098 万元。

8.5.5 “白鹤楼”方案

该方案借鉴埃及被阿斯旺水库淹没的阿布辛巴太阳神庙搬迁复建经验，提出利用三峡水库水位

变动特点，在白鹤梁近旁高程166.2~175.6 m的变动汇水区选址，将按照大原样构筑的白鹤梁及从原址切割的题刻放置其上。这样当库区水位高于165 m时，白鹤梁题刻淹没水中；当库区水位降到165 m时，新建的白鹤梁题刻就会露出水面，并在石梁与南岸长江大堤间呈现原先鉴湖的形状。这样，涪陵历史上的“石鱼出水”、“鉴湖渔笛”和“白鹤时鸣”三个独特的人文景观将因此再现。同时在平台或陆地上建一个小型博物馆展览有关白鹤梁的资料和实物，博物馆被赋予一个诗意的名字：“白鹤楼”，隐喻“白鹤时鸣”。白鹤梁与复建题刻之间通过架设天桥平台的方式联结，观众在参观题刻的途中可一览江景。

白鹤楼作为陈列展示白鹤梁题刻及长江水文题刻影像、文字、实物资料的主体建筑具有旅游价值。其造型考虑传统与现代两种方式结合，参照唐宋楼阁的形式，并吸收巴文化建筑的特征，以定位陈列馆建筑的地域文化特色。陈列馆建筑设计成楼阁形式，其传统风格与涪陵山城背景易于区分，又易于为大众接受。白鹤楼为九层中筒结构，中筒采用钢筋混凝土结构，其他则采用钢结构。钢结构在形式上与南方建筑特别是巴文化建筑的穿斗结构相类似，屋顶采用灰色贴面材料，一层为入口大厅，其他诸层相应为展厅、报告厅、文献查阅厅，顶层为观光层，设咖啡座，以核心筒体的方式组织垂直交通。

白鹤楼平面呈正八角形，暗合“四面八方”，吸引八方游客，同时在各个方向看其形象都比较完整，有利于城市综合景观的优化。白鹤楼建筑风格融古典与现代于一身，从建筑造型上讲究古典，从结构体系、内部装修、材料和细节等作法上可考虑现代观念。在地域文化特色上，造型融入巴文化建筑特点。楼体呈塔状，外观5层，内9层，从底层开始向内收分。柱子等大构件用木色，檐口细部、栏杆等小构件则用光亮的白色，屋顶为深灰色贴面。

8.5.6 “无压容器”方案

2001年，在准备采取“就地保存、异地陈展”的关键时刻，葛修润院士提出了具有创新意义的“无压容器”原址水下保护概念方案。

（1）“无压容器”方案基本构想

将白鹤梁题刻原址保护体秀看做一个容器，所谓“无压容器”不是指什么压力都没有，而是指作用在水下保护体外面的水压力压强与内壁面上的水压力压强相同，或基本相同，只差一个很小的量。这就是说在保护体内有水，且压力强度与当时作用在外壁面上的长江水压力压强同步变化。

水下博物馆实际上是在白鹤梁题刻上兴建一座壳体容器，容器内是通过专门的平压净水系统过滤后的长江清水，保持容器内水压与外部的江水压力平衡，题刻处于平压状态；水下保护壳体结构处于内外水压平衡的工作状态，壳体结构简单、经济；水下保护体内设置承压的参观廊道，并设计了水下照明和遥控观测系统，人们经地面陈列馆及交通廊道进入参观廊道观赏题刻，亦可通过遥控观测系统实时观赏；在参观廊道内设置蛙人孔，供工作人员或其他人员潜水进入保护体内开展研究、保护和维护工作。

（2）“无压容器”方案基本要点

白鹤梁题刻仍处于长江水保护之中，并可有效防止水库内的推移质对白鹤梁题刻可能造成的损坏。水下保护体结构基本上处于水压平衡的工作状态，只承受水库风浪力与若干年后水库淤积作用于外侧的压力，自重荷载和地震力，壳体结构简单、经济，且具有可修复性。

水下建筑物内设耐压金属参观廊道和水下照明系统，人们可通过交通廊道自岸上进入参观廊道内，观赏在水中的白鹤梁题刻，也可通过水下摄像系统观赏传播到岸上陈列馆展示厅，通过遥控系统控制水下摄像系统的运动。

特设潜水舱，供工作人员或其他人员在水中开展研究、观测和维修工作。

（3）“无压容器”方案重要影响

“无压容器”方案是在白鹤梁原址上修建的内充长江清水的永久性保护方案，充分体现了文物保护“原址、原样、原环境”的保护原则，解决了以往压力容器方案存在的重大技术及经济问题，避免了“就地保护、异地陈展”方案的“不保护”遗憾，使得白鹤梁古文物保护“绝处逢生”。

“无压容器”处于 40 m 深水下，通过循环水系统保持壳体内外水压平衡，克服了水下文物原址保护所面临的不良地质和航运等方面的不利因素，保护壳体结构简单、经济，且可修复。题刻处于平压状态，且处于长江清水之中，人们仍可通过水下参观廊道观察或通过实时摄像系统长年观看古水文题刻。

8.6 实施方案的确定与论证

8.6.1 保护方案比选

上述保护方案基本分为两大类型，一类为就地保存、异地陈展，包括高围堰方案、隔流隧道方案、就地淤埋、异地陈展方案和“白鹤楼”方案等四个方案；另一类为水下原址保护，包括“水晶宫”和“无压容器”两个方案。

在保护方案比选过程中，大多文物保护专家认为“就地保存、异地陈展”类方案存在以下问题：

（1）就地自然保存实质上是不保护。

（2）复建平台和白鹤楼有建旅游景点之嫌，而非文物保护。

（3）超体量的复建平台在库区低水位时与自然环境不协调。

（4）过分强调库区蓄水后水位对施工的影响。

（5）复制模型难以体现真实的效果。

此类保护方案虽各有亮点，但究其根本，均未能同时实现这一水下文化遗产的原址保护与合理利用展示。该类方案通过水库自然淤积让白鹤梁埋入三峡水库库底的泥沙中，美其名曰是留给我们子孙后代在一两百年后有能力时再去挖掘、鉴赏和利用。诚然，目前在蓄水前正在对白鹤梁作局部和整体加固、精密测量、题刻复制等工作，这些工作是必要的，但是，经过一两百年的泥沙淤积后，由于土层压力泥沙固结，题刻、线刻和浮雕能否确保安全，谁也无法保证。除此之外，超体量的复建平台在库区低水位时与自然环境不够协调，复制模型难以体现文物、原址、原样原环境保护原则。文物之保护、人文景观之再现和旅游资源之开发三者之间，文物保护理应列为首位，而此类方案中大量的资金投向后两者，是否合理实属疑问。换句话说，这样的保护方案如果实现，等于我国向全世界无声地宣布，在技术上我们已无其他好办法去保护白鹤梁，只好“水埋”了。这必将在国际和国内对我国文物保护工作带来严重的负面影响。所以就地保存、异地陈展类方案是不合适的。

水下原址保护方案的共同点都是原址原样、原环境保护。根据国内和国际文化遗产保护界普遍遵循的保护原则，作为水文遗产的白鹤梁题刻不应离开它原来的位置，不应脱离它赖以存在的江水环境，原址保护成为保护白鹤梁题刻的基本前提条件。剩下的问题只是如何能够在原址保护的基础上，提出能够兼顾保护和利用、展示的最佳方案，设计出能够展示白鹤梁题刻原物的真正意义上的“水下博物馆”。

“水晶宫”尽管是保护和展示白鹤梁题刻的最理想方式，但该方案面临着工程技术和建设成本的巨大挑战；有压覆室的保护壳将承受 40 m 水压力、压强；岩基与壳体的密封处理需采用高压灌浆，极难处理；长期的渗流可能导致白鹤梁薄砂岩层毁坏；水下施工周期长，时间紧迫，对航道和防汛的影响大；巨大的建设投资和未来可能较大的运行管理费用。经过反复研究论证，最后时刻提出的“无压容器”方案脱颖而出，三峡重庆库区文物保护工程的组织者和践行者王川平先生称之为“伟大的设想”，成为所有专家都认可的方案。

8.6.2 保护方案确定

白鹤梁题刻保护方案的比选过程折射出中国学术界、规划建设界与政府对白鹤梁题刻保护认识的不断深入和提高，对文化遗产保护的慎重态度，也是对白鹤梁题刻研究的延续。

在 2001 年 2 月召开的“白鹤楼”方案评审会上，专家们认为，将白鹤梁题刻原地自然淤埋的保护方案仍不属理想方案，并且对中国工程院院士葛修润先生在会上提出的修建新型水下博物馆进行原址保护与展示的设想向国家主管部门推荐。“无压容器”方案得到时任国务院总理朱镕基同志的肯定和中国工程院的推荐。国务院三峡工程建设委员会于 2001 年 9 月同意对“无压容器”方案进行可行性研究。

8.6.3 方案可行性研究

2001 年 9月，受重庆市文物局委托，长江勘测规划设计研究院为主体，联合上海交通大学岩土力学工程研究所和中科院武汉岩土力学研究所等单位共同承担了“无压容器”可行性方案研究工作，并于2001 年 12月完成可行性方案研究报告。

根据题刻水下保护、人员交通疏散、工程运行维护等方面要求，结合白鹤梁题刻所处的环境条件，保护工程由水下、水上及连接部分组成。水下部分包括水下保护体、水下参观廊道及水下防撞设施，其中水下保护体主要提供题刻的保护空间，内充清水，形成无压结构体系；参观廊道在水下保护体内紧临题刻部位设置，供人们原址观赏水中题刻，参观廊道为承压钢结构管件，设有通视玻璃窗；水下防撞设施是在低水位条件下，为防止船只失控撞入保护工程所在的禁航区而设置。水上部分设地面陈列馆，主要起入口导向、人流集散、文物展示和工程演示等作用，包括门厅、出入口、展示厅、演示厅及管理用房等。水上和水下通过交通通道连接参观廊道和地面陈列馆，主要供参观人流和运行管理人员交通及疏散，也是陈列馆展示空间的延伸部分。

针对水下保护体所采用不同的结构体系和相应参观廊道的布置、交通通道的不同布置，可组合出以下三套总体布置方案。

方案一：钢筋混凝土拱水下保护体（低拱、“一”字形参观廊道）+ 交通廊道 + 地面陈列馆；

方案二：钢架拱水下保护体（“目”字形参观廊道）+ 交通廊道 + 地面陈列馆；

方案三：钢筋混凝土拱水下保护体（高拱、“之”字形参观廊道）+ 交通廊道 + 地面陈列馆。

各部分工程布置方案具体为：

（1）钢筋混凝土拱水下保护体（低拱）：顶盖采用整浇钢筋砼拱壳结构，水下混凝土导墙基础，平面成椭圆形，内空长轴 70 m，短轴 18 m，拱顶高程 143.0 m。

（2）“一”字形参观廊道：与钢筋混凝土拱水下保护体（低拱）对应布置，采用钢结构管道的承压结构，开设承压玻璃窗满足通视要求，平面布局为“一”字形，廊道沿外江侧水下混凝土导墙内壁单边设置。参观廊道宽 1.5 m, 高 2.2 m，底部高程 135.8 m，并按题刻分布结合视角视距要求，廊道在五处局部加宽 1.0 m，作为水下观景平台。

（3）钢架拱水下保护体：顶盖采用不锈钢拱架结构，水下混凝土导墙基础，平面成椭圆形，内空长轴 70 m，短轴 18 m，拱顶高程 145.0 m。

（4）“目”字形参观廊道：与钢架拱水下博物馆对应布置，采用钢结构管道的承压结构，开设承压玻璃窗满足通视要求，平面布局为“目”字形，廊道沿拱壳内壁周边设置，内部分格按题刻分布结合视角视距要求定位。参观廊道宽 2.0 m, 高 2.2 m，底部高程 135.4 ～ 139.0 m。

（5）钢筋混凝土拱水下保护体（高拱）：顶盖采用整浇钢筋砼拱壳结构，拱脚周边设环形廊道并开设玻璃观察窗口作通视参观环廊。平面成椭圆形，内空长轴 70 m，短轴 18 m，拱顶高程 145.0 m。

（6）“之”字形参观廊道：与钢筋混凝土拱水下保护体相对应布置，采用不锈钢管道承压结构，开设承压玻璃窗满足通视要求，以“之”字形布局与保护体砼环廊连通，廊道定位结合题刻分布，满足视觉条件设置。参观廊道净宽 2.0 m，净高 2.2 m，底部高程 135.5 ～ 139.0 m。

（7）交通廊道：平面以双线进出分流布局，靠近水下博物馆为水平段，沿长防大堤堤坡采用钢筋混凝土斜坡式廊道（坡型交通廊），坡降总高 43.0 m，斜坡廊道内分段设置自动扶梯及步梯各一线。廊道净宽 3.0 m，净高 3.0 m，满足交通及疏散要求。

（8）地面陈列馆：位于长防堤内侧堤顶，滨江大道与防洪堤间绿化带之内，紧临防浪墙沿堤顶布置，平面呈长方形，内部功能满足门厅、出入口、展厅、演示及管理功能要求。建筑物结合长防堤顶观景平台布置及江景要求，采用框架结构，呈“石鱼出水”状，为沿江观景平台增添亮丽景点。

2002 年1月 15—16 日，重庆市政府在北京市重庆饭店召开了“白鹤梁题刻原址水下保护工程可行性方案研究报告论证会”，12 位院士和专家及各部门的代表出席或列席了会议。与会专家对报告进行了深入的论证和广泛的讨论，对报告的创新构思和方案以及工程技术的可行性给予了充分的肯定。与会专家一致认为：该方案建立在多年来国家对白鹤梁题刻保护所做工作的基础之上，充分吸取了原有保护规划工作成果，“无压容器”方案构想具有创新精神，克服了保护方案的技术难点，符合国际国内文化遗产保护原则，对生态环境无不良影响。此方案可为其申报列入《世界文化遗产名录》创造条件。为减小白鹤梁题刻原址水下保护工程对航运的影响，专家建议进一步降低水下保护工程水下保护体的顶部高程，缩小其空间体积；对保证内外水连通方式应更详细和完善，以确保任何情况下内外水压的平衡。

根据专家和代表们提出的宝贵意见，长江勘测规划设计研究院对原有的报告和方案作了进一步的修改和补充，形成最终报告。在最终报告中，水下保护体的顶部高程已由 149.5 m 高程压低至 143.0 m 高程，以满足三峡水库最低水位运行时通航要求，保证水下保护体安全运行。

8.6.4　方案优化

2002 年 3月，国家文物局以文物保函〔2002〕141 号文批准可研报告中第一方案，即钢筋混凝土拱水下保护体（低拱）方案进行初步设计工作，原则同意兴建白鹤梁题刻原址水下保护工程。

2002 年 5月，项目建设单位重庆峡江文物工程有限责任公司委托长江水利委员会长江勘测规划设计研究院为该工程设计总成单位。由于白鹤梁题刻是国家重点文物，该项工程为三峡工程文物保护的重点项目，十分重要，且所处环境特殊，运用条件复杂，工程技术难度极大，有些技术甚至是国内首创，目前尚无同类工程经验可以参考和借鉴，必须开展大量的探索性研究，解决大量交叉学科、跨专业的复合性技术难题。

因此，在开展初步设计前，长江勘测规划设计研究院、重庆西南水运工程科学研究所、重庆交通大学、上海交通大学、国营武昌造船厂、铁道第四勘察设计院等单位开展了“对航道条件影响及航道安全保护措施论证研究报告”、“水工模型试验研究”、“三维非线性结构分析”、“水平交通廊道（沉管方案）专题研究”、“参观廊道专题研究”、“水下照明及 CCD 遥控观测系统专题研究”、“循环水系统专题研究”、“安全监测专题研究”、“工程施工专题研究”等九项关键技术的专题研究，对水下保护体的结构形式和结构高程、交通廊道和参观廊道设计等内容进行了大量的修改完善。针对存在的航道及安全问题还增加了洗手梁炸礁、港监两项专题研究任务。

初步设计中白鹤梁题刻水下保护工程主要功能为水下题刻原址保护及提供题刻的展示空间，据此将工程划分为地面陈列馆、交通及参观廊道、水下保护体三部分。地面陈列馆、交通廊道、参观廊道、水下保护体根据其功能特点及地形、地质等因素均提出比较方案：地面陈列馆按平面布局分为庭院式和集中式；交通廊道按布置方式分为分廊与合廊；水下保护体按拱顶高程分为 143 m 和 142 m 高程，相应参观廊道按地面高程分为▽137.3 m 和▽136.8 m。各单体方案可相互组合成多套方案，为研究方便将总体布置方案归纳为两套基本组合方案。

方案一采用庭院式地面陈列馆，上下游分开设置交通廊道，水下保护体拱顶高程 143 m，参观廊道地面 137.2 m，称为▽143 m 分廊方案。方案二采用集中式地面陈列馆，进出水下保护体交通廊道合并设置，水下保护体拱顶高程 142 m，参观廊道地面高程 136.8 m，称为▽142 m 合廊方案。

交通廊道分廊方案能形成双向疏散环道，水下交通线路最短，交通流线直接；连接止水构造简便，构件尺寸较小，施工技术难度较小；地面陈列馆内水下参观进出口厅分设，有利于交通组织与安全疏散。

交通廊道合廊方案能形成双向疏散环道，水下交通线路增长 60 m，交通线路迂回，多曲折；连接止水构造复杂，构件尺寸较大，施工技术难度较大；地面陈列馆内水下参观进出口厅集中布置，不利于交通组织与安全疏散。

水下保护体拱顶▽143 m 方案参观廊道底面高程可达 137.3 m，能取得相对较好的题刻观察视角；拱顶结构拱高增加，结构受力更为合理；能预留比较合理的参观廊道安装空间，便于施工；能在▽141 m 枯水位时满足拱顶干地施工要求。

水下保护体拱顶▽142 m 方案参观廊道底面高程最高为 136.8 m，对题刻观察视角相对较差；拱顶结构拱高受参观廊道制约，结构受力相对较差；参观廊道安装空间狭小，施工不便；▽141 m 枯水位时拱顶干地施工亦有较大难度。

2002 年 10月，重庆市文物局在北京组织召开有 6 位院士参加的“白鹤梁题刻水下保护工程初步设计方案评审会”，确定推荐方案一（水下保护体拱顶▽143m、交通廊道分廊方案）作为实施方案。

至此，国家重点保护文物——白鹤梁题刻终于探索到了一条创新型的保护之路。回顾近十年艰辛研究，白鹤梁古水文题刻保护受到各方高度重视，为了保护中华传统文化古迹，大家集思广益，刻苦攻关。在葛修润院士的带领下，首创的“无压容器”原址水下保护方案在充分尊重和研究文物价值的前提下，最大限度地保留了白鹤梁题刻的历史信息，既满足了三峡工程蓄水的需要，同时又保证了水下文物保护的真实性、完整性、观赏性和延续性，符合国际文化遗产保护《威尼斯宪章》的要求，一个个看似不可攻克的难题都迎刃而解。

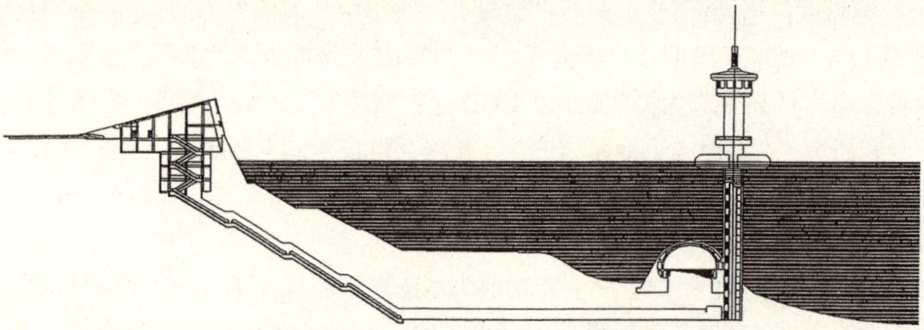

图 8-3 “水晶宫”方案

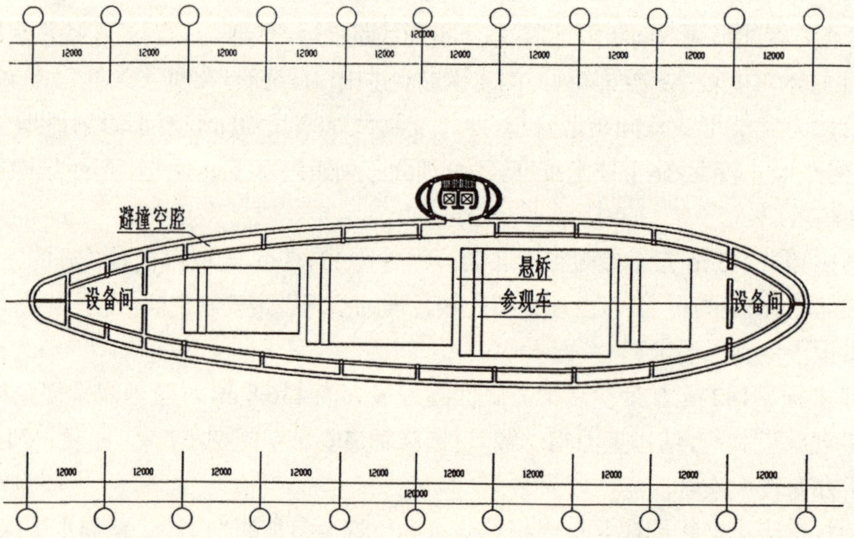

图 8-4 钢筋混凝土双层壳体平面图

图 8-5　水下展厅室内透视图

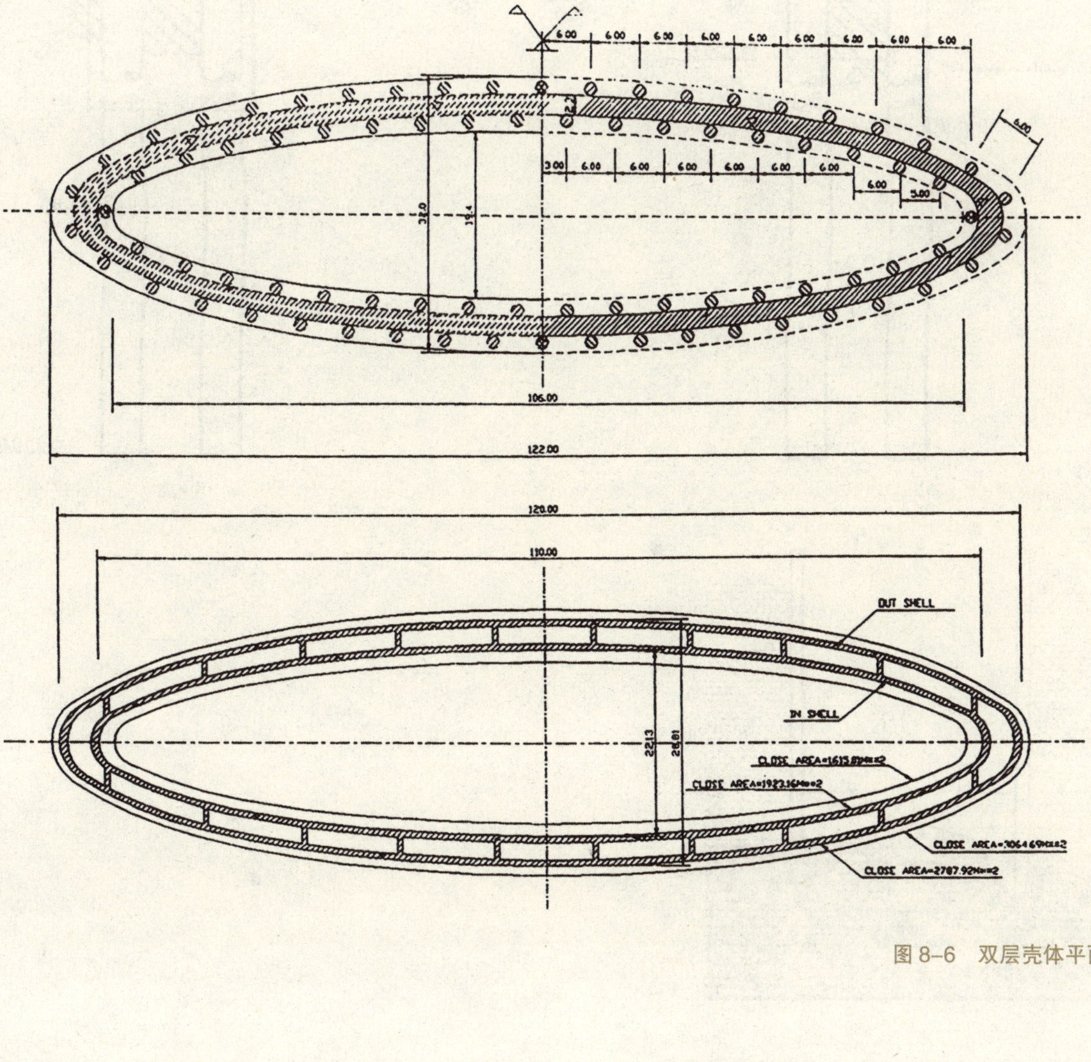

图 8-6　双层壳体平面图

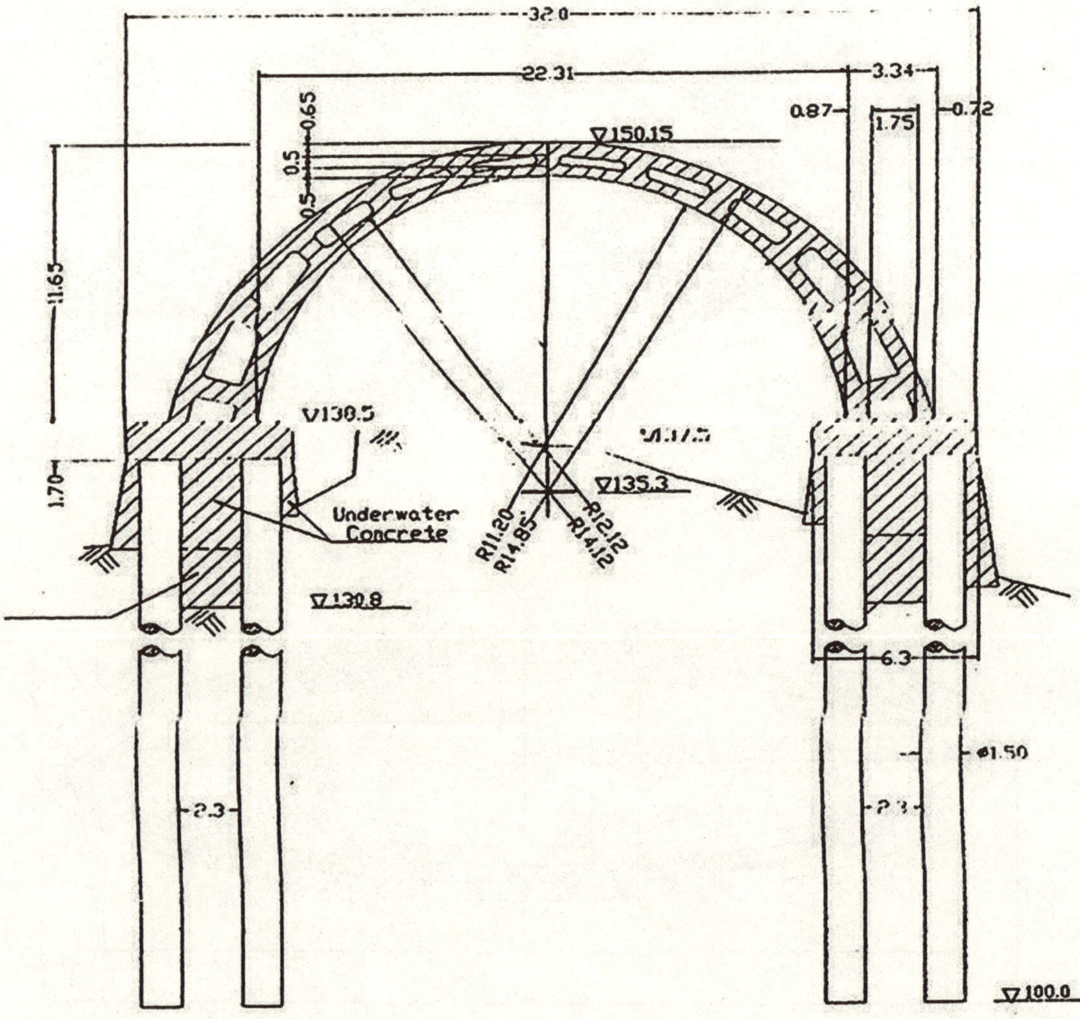

图 8–7　双层壳体剖面图

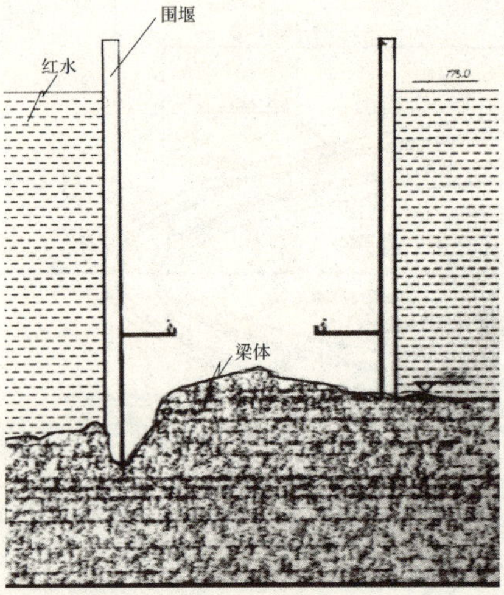

图 8–8　高围堰方案

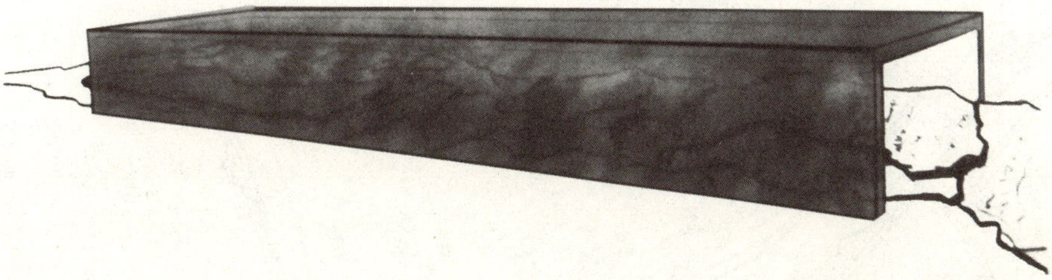

图 8-9 隔流隧道方案

图 8-10 就地淤埋、异地陈展方案效果图

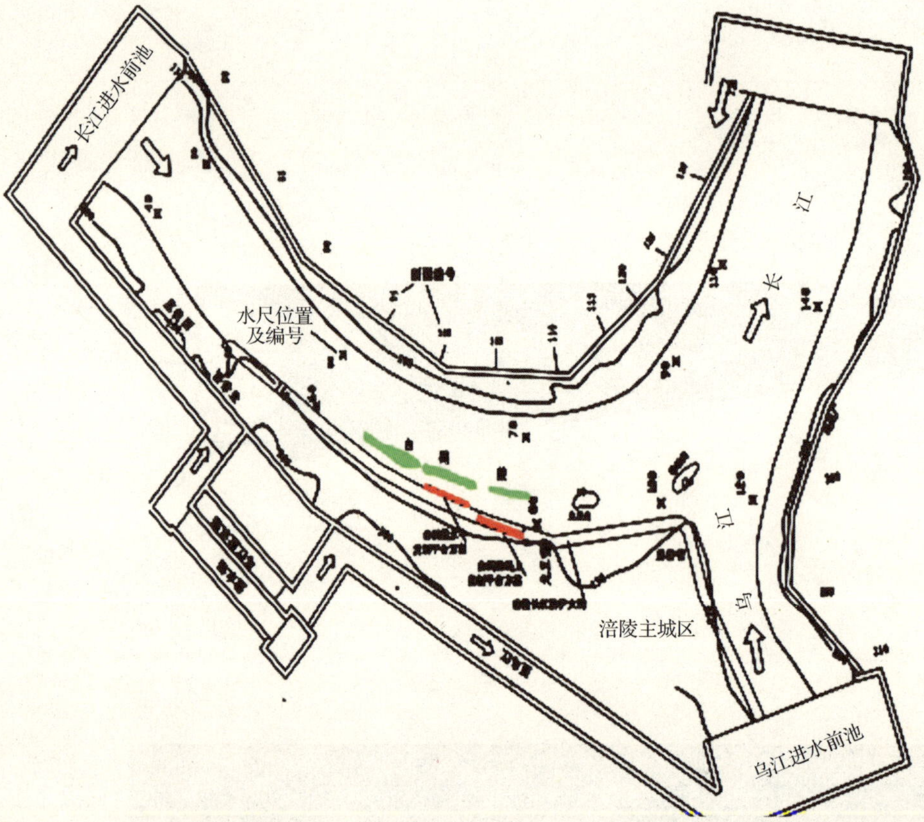

图 8-11　白鹤梁复建平台示意图

图 8-12　白鹤楼方案

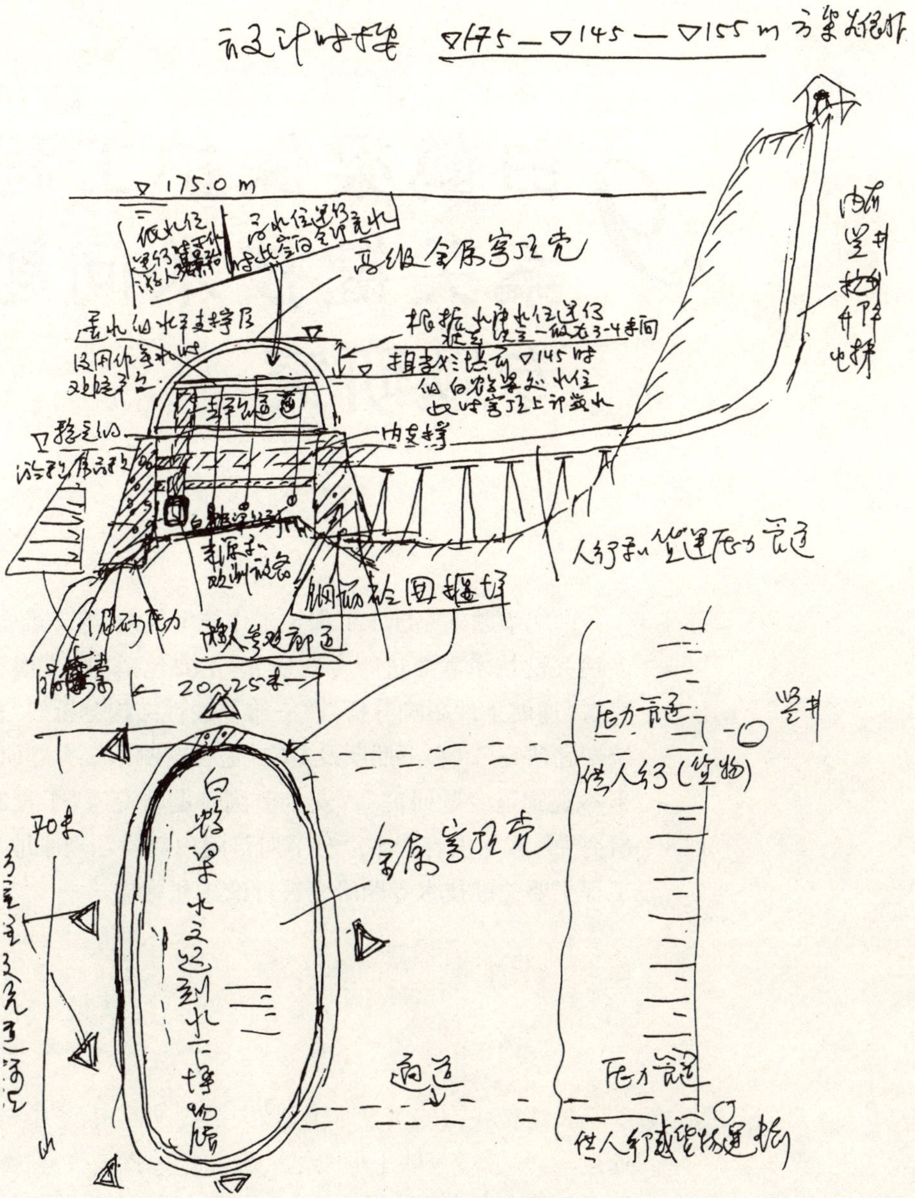

图 8-13 “无压容器”方案示意图

9 白鹤梁保护工程方案关键技术问题专题研究

白鹤梁题刻原址水下保护工作技术复杂，施工难度大，涉及多项关键技术需要进行专题研究，主要包括“水工模型试验研究”、“通航条件影响分析”、“三维非线性结构分析”、“循环水系统专题研究”、“水下照明及 CCD 遥控观测系统专题研究”、“水下参观廊道专题研究”、“安全监测专题研究”、“工程施工专题研究”等八项内容。本章分节对涪陵白鹤梁题刻原址水下保护工程主要关键技术专题研究进行论述和总结。

9.1 水工模型实验研究

9.1.1 自然条件

长江是我国的黄金水道，是沟通我国西南、华中、华东的交通运输大动脉，三峡工程的主要效益之一就是改善长江上游的航运条件。而白鹤梁题刻所在的涪陵又是长江上游地区重要的港口城市，乌江在涪陵汇入长江，涪陵城区两江沿岸布置有较多的码头设施，航运业较为发达。

长江涪陵河段河宽 500 ～ 900 m，弯道最小曲率半径约 2 000 m，凹岸位于南岸（市区）一侧，该处河道岸线参差不齐，河中靠北岸一侧有锯子梁、洗手梁，南岸则有著名历史文物景观白鹤梁纵卧于江中。在乌江至峡谷出口以后，江面突然展宽，河宽也由峡谷出口前的约 150 m，到出峡口后变到宽约 300 m 左右，河道也由峡谷出口时的向右岸弯曲到白浪滩后逐渐过渡到向左微弯，并与长江成约 70° 的交角衔接。在乌江出口及以下的长江河段，有锦绣洲及大灶、小灶等石梁群横卧于江中，以下又有川江著名的和尚滩（洪水急流滩）存在。由于涪陵城区河道岸线参差不齐，并常有石盘和岩石突嘴伸向江中，加之该河段河床底部起伏不平，急流险滩与缓流深沱交替存在，以及两江汇流相互顶托的作用，使该河段水流结构十分复杂，著名的龙王沱深达 50 m 以上，该处在通常情况下均形成大面积的回流区域，回流流速达到 2 m/s 左右，并伴随着泡漩水流影响船舶航行。

涪陵市区河段在通常情况下最高洪水位为 160 m 左右，最低水位 136 m（黄海高程），水位变幅达 24 m 左右。涪陵长江河段泥沙运动的特征是汛期淤积，汛后冲刷，年内基本维持平衡。

涪陵长江河段多年平均流量为 11 200 m³/s，汛期 6—10 月平均为 21 050 m³/s，多年平均悬移质输沙量为 4.6 亿 t，沙质推移质为 600 万 t，卵石推移质为 28.97 万 t，悬移质、沙质推移质及卵石推移质的中数粒径分别为 0.028 mm、0.14 mm 和 51 mm。乌江河段多年平均流量为 1 600 m³/s，汛期 6—10 月平均为 2 390 m³/s，多年平均悬移质输沙量为 0.235 亿 t，推移质输沙量甚少。

9.1.2 初拟保护方案

白鹤梁题刻原址水下保护工程由地面陈列馆、交通及参观廊道、水下保护体三部分水下保护体组成。水下保护体为椭圆形平面的单跨拱形壳体结构，覆盖在白鹤梁题刻正上方，壳体内置换清水，满足参观通视要求，内外水压平衡形成“无压容器”，永久保护题刻不受泥沙淤埋和冲淘破坏。椭圆尺寸（长轴 × 短轴）为 70 m×25 m，保护体壳顶高程为 143 m。交通廊道从地面陈列馆引出，首段沿长江防护堤堤面布置（坡形廊道），进入河床后廊道顶高程为 142.6 m，横穿“鉴湖”后廊道顶部高程降为139.0 m，并与水下博物馆相接。水下保护工程布置图见图 9-1。

水下保护体处于约 40 m 深的长江水中，位于长江主航道一侧，三峡工程蓄水后，它将在变动深水中长期运行。

9.1.3 实验研究内容

三峡水库建成运行后，涪陵长江河段处于三峡水库 156 m 方案回水变动区，175 m 方案常年回水区末段，该段河床底部起伏不平，河道地形条件复杂，著名的龙王沱深潭紧邻白鹤梁题刻下游，该处泡水、漩水并存，其水沙条件极为复杂，特别是保护工程紧邻长江主航道，其上下游码头密布，过往船只较多，为尽可能减小工程对该河段航运的影响，同时确保白鹤梁原址水下博物馆这一特等工程的自身安全，需要对白鹤梁题刻原址水下保护方案实施后该河段在三峡水库不同运行阶段的泥沙淤积及水流条件进行专题研究，便于设计优化方案布置。

（1）观测白鹤梁题刻原址水下保护工程实施前，该河段在清水空库条件及三峡水库不同运行时期（即按 135 m 方案、156 m 方案及 175 m 方案运行 30 年）的泥沙淤积及水流条件变化情况。

（2）进行系列输沙试验，模拟三峡水库运行 30 年白鹤梁题刻水下保护工程按初步设计方案实施后，该河段在三峡水库不同运行时期的泥沙淤积及水流条件的变化情况，特别是对白鹤梁附近水域的水位、流速、流态及水面比降等有关水力要素与航道尺度的变化情况进行详细观测，分析该保护方案实施后对航运及防洪可能造成的影响。

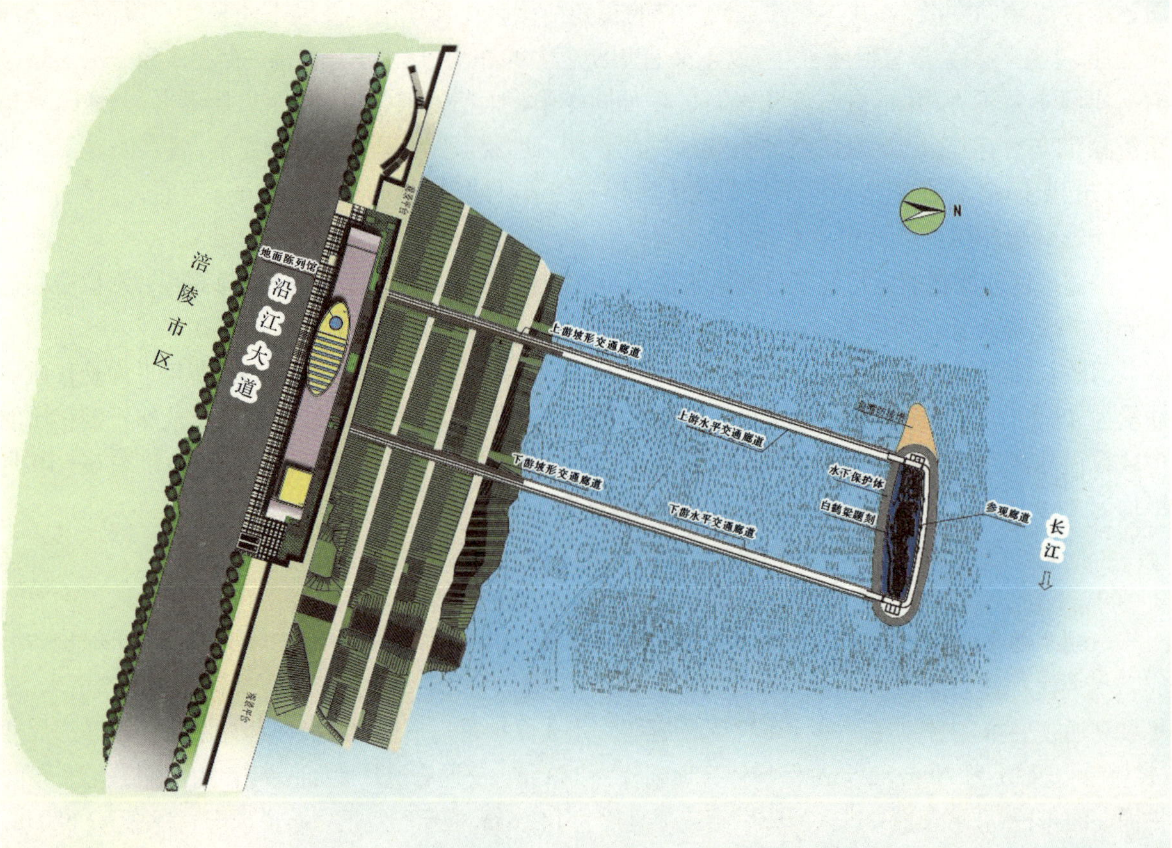

图 9-1　白鹤梁题刻原址水下保护工程▽143 m 方案布置图

9.1.4　试验研究模型及设备

涪陵长江白鹤梁河段地形条件和水流结构十分复杂，试验采用1∶150正态泥沙模型，研究三峡水库不同运行时期白鹤梁河段的泥沙淤积与白鹤梁题刻水下保护工程措施及与之相关的水力学和泥沙问题。

（1）试验模型

涪陵长江河段河势条件，水流结构及泥沙冲淤情况均十分复杂，模型试验既要研究河道内的泥沙冲淤变化，又要研究与白鹤梁题刻水下保护工程及长江堤防工程有关的水力学问题。为满足水流运动的严格相似，特别是保证像龙王沱泡漩水流，两江汇流条件及弯道的流速分布与流态的相似性，试验采用正态模拟进行研究论证。在模型设计时，模型相关水力要素的比尺按由Froud数相似准则推导，其中河道阻力相似由洪、中、枯三级流量的瞬时水正线验证实现。泥沙特征参数的比尺以模拟悬沙运动为主，同时兼顾沙质推移质和卵石推移质运动的相似性，方法是首先适当选择反映模型与原型泥沙运动（包括悬移、启动、扬动等）规律的理论或经验数进行初步推算，再通过模型试验的冲淤验证进行适当调整，以确保模型与原型泥沙运动的相似性。

模型范围，模型相似条件以及模型沙的选取，正态模型几何比尺 $\lambda L=\lambda L=150$ m，总长 120 m（含乌江段长 40 m）。模拟长江河段 12 km，乌江 6 km。

模型地形根据长江三峡枢纽测量总队 1985 年 3月施测的 1∶5000 河道地形图进行缩制，采用断面板法，取长江河段全长约 12 km 共 110 个断面，乌江选取了 70 个断面控制地形。对特殊局部地形，如大灶、小灶、锯子梁、洗手梁、白鹤梁等石梁及江心洲、龙王沱和河岸突嘴、溪沟等，分别参照不同单位实测的陆上和水下地形图，用特制断面板加密这些局部位置进行控制，并辅以等高线法相配合，精心特制。

（2）试验模型设备

浑水试验要求模型能够施放大小不同的流量，不同含沙量和不同粒径级配的挟沙水流。试验模型在已建的三峡工程施工通航专用浑水系统基础上进行了改建，以满足模型调水调沙的要求。浑水系统设有地下水库一座，地上水库、水池七个，沉沙分沙池两座及相应的分水分沙和加水加沙管道网。底沙和卵石在模型进口由加沙机按时按量均匀加入，然后在尾门后的沉沙池内沉淀下来，即底沙和卵石不参加循环。

为重复使用悬沙，建有长约 30 m 的选沙池一座和相应的压力管道网，以便将每组试验后模型上的淤沙收集起来，集中至选沙池内进行分选，它可使不同粗细规格的泥沙分类储存在选沙池中，以备下一组试验选用。

为防止泥沙在进入模型前沉积，采用巴歇尔量水堰控制模型进口流量，模拟尾水位用文 III 固定水尺或郭家嘴水尺通过尾门进行控制，悬沙含沙量由 1 000 m 比重瓶称重并配合浑度仪进行监测，悬沙级配由光电测沙仪分析确定，淤积地形用电阻式测淤仪测量泥沙淤积厚度。

9.1.5 试验研究成果

1）三峡水库运行30年工程河段的泥沙淤积

三峡水库蓄水初期，坝前水位 135 m，涪陵河段受大坝壅水的影响较小，白鹤梁河段水位仅升高约 0.5 m，流速略有降低，此时上游来沙大部分能被水流带走，该河段泥沙淤积甚少。坝前水位按 156—135—140 m方案（正常蓄水位—防洪限制水位—枯季最低消落水位，下同）运行时，其回水变动区位于长江铜锣峡与丰都之间，白鹤梁距三峡大坝约 490 km，处于变动回水区下段。汛期 6—9 月，涪陵河段水位较天然情况抬高 0 ～ 3 m，汛后 10 月坝前水位由 135 m 升至 156 m，使该河段水位较天然情况抬高达 19 m 左右，流速亦随之减缓，水流挟沙能力降低，使汛期淤积于该河段的泥沙不能在汛末被水流冲刷输往下游，造成泥沙累积性淤积。

三峡水库进入正常蓄水运用阶段，坝前水位按 175—145—155 m 方案调度时，涪陵河段已处于水库常年回水区上段，其水位将进一步抬高，汛期水位较天然情况抬高多在 10 m 以上，非汛期水位抬高达 39 m 左右，流速大大减缓，泥沙大量淤积。尤其在汛末由于水库蓄水，库水位的进一步抬高，不仅使该河段的泥沙更易落淤，而且使其基本丧失了天然情况下的冲刷条件。这表明三峡水库蓄水运用后，天然河道自身的冲淤演变规律被打破，其结果造成该河段的泥沙淤积基本上呈单向累积性增长趋势。

三峡水库运行时段涪陵长防大堤河段泥沙淤积特见表9-1。

表9-1　三峡水库运行时段涪陵长防大堤河段泥沙淤积特性表

三峡水库运行年份	石谷溪—龙王嘴河段（CS87—CS108）			龙王嘴—麻柳嘴河段（CS108—CS114）			石谷溪—麻柳嘴河段（CS87—CS114）		
	淤积量（$10^4 m^3$）	淤积强度（$10^4 m^3/km$）	淤积速率[$10^4 m^3/$（km·年）]	淤积量（$10^4 m^3$）	淤积强度（$10^4 m^3/$km）	淤积速率[$10^4 m^3/$（km·年）]	淤积量（$10^4 m^3$）	淤积强度（$10^4 m^3/$km）	淤积速率[$10^4 m^3/$（km·年）]
5年末	41.25	18.92	3.78	22.53	36.34	7.27	63.78	22.78	4.56
7年末	80.05	36.72	5.25	47.46	76.85	10.98	127.7	45.61	4.52
10年末	150.9	69.22	6.92	103.3	166.61	16.66	254.2	90.79	9.08
20年末	353.3	162.06	8.10	217.8	351.29	17.56	571.1	203.96	10.20
30年末	524.7	240.69	8.02	295.5	476.61	15.89	820.2	292.93	9.76

（1）三峡水库按坝前水位 135 m 运行到第 5 年末，涪陵长防大堤河段内（石谷溪～麻柳嘴河段）泥沙淤积均较少，其淤积量仅为 $63.78 \times 10^4\ m^3$，淤积强度 $22.78 \times 104\ m^3/km$。

（2）三峡水库按 156 m 方案运行到第 7 年末，涪陵长防大堤河段淤积量为 $127.7 \times 10^4\ m^3$，淤积强度为 $45.61 \times 10^4\ m^3/km$，其中石谷溪—龙王嘴河段淤积 $80.05 \times 10^4\ m^3$，淤积强度为 $36.72 \times 10^4\ m^3/km$，龙王嘴—麻柳嘴段淤积 $47.46 \times 10^4\ m^3$，淤积强度为 $76.85\ m^3/km$；从第 8 年开始水库按照 175 m 方案运行，到第十年末长江防护堤河段淤积总量迅速增加到 $254.2 \times 10^4\ m^3$，淤积强度增加到 $90.79 \times 10^4\ m^3/km$，其中石谷溪—龙王嘴段淤积 $150.9 \times 10^4\ m^3$，淤积强度为 $69.22 \times 10^4\ m^3/km$；水库运行至第 20 年末，长江防护堤河段淤积总量为 $571.1 \times 10^4\ m^3$，淤积强度达到 $203.96 \times 10^4\ m^3/km$；到水库运行至第 30 年末，长防大堤河段淤积总量已达到 $820.2 \times 10^4\ m^3$，淤积强度达到 $292.93 \times 10^4\ m^3/km$，其中石谷溪—龙王嘴河段淤积 $524.7 \times 10^4\ m^3$，淤积强度达到 $240.69 \times 10^4\ m^3/km$，龙王嘴—麻柳嘴段淤积 $295.5 \times 10^4\ m^3$，淤积强度达到 $476.61 \times 10^4\ m^3/km$。

（3）三峡水库按 135 m 运行和 156 m 方案运行的前 7 年，涪陵防护堤河段泥沙淤积量甚少，淤积速度较低，而在水库按 175 m 方案运行以后，泥沙淤积发展较为迅速，淤积量较多，淤积强度和淤积速度均较大，呈现单向累积性增长趋势。这是由于一方面在水库按 135 m 和 156 m 方案运行的前七年，涪陵河段分别位于水库回水末端和水库回水变动区中下段，回水壅高相对较小（156 m 方案枯水期除外）；另一方面由于涪陵长防大堤的修建，占据了该河段部分中洪水过流面积，适当地增大了该河段的水流流速，从而进一步减小了该河段的泥沙淤积，使该河段基本保持了原天然情况下的水沙运动条件和河势情况，显然如不建长防大堤，该河段的泥沙淤积必然会有进一步发展。三峡水库 175 m 方案运行时期，由于涪陵河段已处于水库的常年回水区，由于水位的大量提高，修建堤防工程以后所增加的流速已不能抵偿由于库水位的抬高而减小的流速，因此水流中所挟带的泥沙必然在此河段内大量的落淤，且冲刷机会很少，形成单向累积性淤积。

2）工程河段泥沙淤积分布

三峡水库按坝前水位 135 m 运行的前 5 年，由于受水库回水影响较少，涪陵长江河段泥沙淤积甚少。当三峡水库按 156 m 方案运行以后，涪陵河段将处于水库回水变动区，其泥沙淤积的分布在总体上符合回水变动区泥沙淤积的一般规律，水库运行至第 7 年年底，防护大堤以外河段边滩已初步形成。从第 8 年开始以后，水库按 175 m 方案运行，此时段涪陵河段已处于水库常年回水区（上段），由于水位骤然大幅度抬高，使整个涪陵河段泥沙普遍落梁，既淤滩又淤槽，但相对而言，边滩淤积更多，深槽淤积相对较少，特别是鉴湖和龙王沱深潭内泥沙淤积较多，淤积速度更快，河槽两岸边滩泥沙迅速淤高，并向河心发展，使边滩逐渐拓宽。在防护大堤所在河段，泥沙淤积的部位主要是在白鹤梁以左的大堤沿岸（即鉴湖内）、龙王沱内及两岸边滩。白鹤梁题刻水下保护工程局部河段泥沙淤积分布特征见表9–2。

表9–2　白鹤梁题刻水下保护工程局部河段泥沙淤积分布特征表

三峡水库运行年份	龙王嘴河段CS100—CS108			淤积厚度（m）			
	淤积量（10^4 m^3）	淤积强度（10^4 m^3/km）	淤积速率[10^4 m^3/（km · 年）]	鉴湖内一般淤厚	鉴湖内最大淤厚	白鹤梁上淤后	水下博物馆上淤后
5年	24.39	21.39	4.28	0～3	4	0	0
7年	46.57	40.85	5.84	0～4.5	5	0	0
10年	84.9	74.51	7.45	1～5	7	0	0
20年	218.2	191.43	9.57	9～14	18	2～6	0
30年	310.5	272.36	9.08	13～18	23	4～10	1～5

（1）三峡水库保持低水位运行的第 7 年底鉴湖淤厚 0 ～ 4.5 m，白鹤梁题刻尚未受到泥沙淤积的影响。

（2）水库运行到第十年末，鉴湖内泥沙淤厚一般为 1 ～ 5 m，最大淤厚达 7 m，淤积泥沙逐渐逼近白鹤梁石刻。

（3）水库运行到第 20 年末，白鹤梁局部河段泥沙淤积已达到 191.43×10^4 m^3/km，鉴湖内一般淤厚达到 9 ～ 14 m，最大淤厚达到 18 m，白鹤梁上淤厚达到 2 ～ 6 m，白鹤梁局部河袭已基本为淤积泥沙所覆盖。

（4）水库运行到第 30 年末，涪陵河段的泥沙淤积进一步得到发展，白鹤梁局部河段淤积强度进一步增加到 272.36×10^4 m^3/km，鉴湖内一般淤积厚度已达到 13 ～ 18 m，其最大淤厚达到 23 m，白鹤梁题刻上淤沙厚度达 4 ～ 10 m，此时，龙王沱已完全被淤积泥沙所填筑，整个涪陵河段发展成为单一规顺和微弯的河道。

水库按低水位运行时期，白鹤梁河段泥沙淤积甚少，水库运行到第 10 年末，淤积泥沙已逐渐逼近白鹤梁题刻，从第 20 年开始，白鹤梁河段已有较大量的泥沙淤积，使该石刻逐渐为泥沙淤积所覆盖。

3）三峡水库运行30年工程河段泥沙淤积

（1）在三峡水库按135 m和156 m方案运行的前7年，在涪陵长防大堤修建的情况下，该河段泥沙淤积甚少，当三峡水库按175 m方案运行以后，由于河道中水位的骤然升高，使该河段泥沙淤积大量增加，呈现单向累积性增长的趋势，泥沙淤积的主要部位是两岸边滩，特别是鉴湖沿程和龙王沱深潭内淤积相对较多，深槽淤积相对较少，随着水库运行时间的增长，该河段逐渐向着单一规顺和高滩深槽方向发展。

（2）在三峡水库按135 m和156 m方案运行时期，由于白鹤梁河段汛期的水位抬高较小，泥沙淤积亦较少，水下博物馆基本未受淤沙影响；当三峡水库按175 m方案运行以后，由于水位骤然大幅度抬高，淤沙速率增快，在三峡水库运行到15～20年以后，淤积泥沙已发展到保护壳右侧，并将水平廊道掩埋。三峡水库运行30年后，淤沙基本将保护壳覆盖。

三峡水库不同运行时期白鹤梁局部河段泥沙淤积特性见表9–3。

表9–3　三峡水库不同运行时期白鹤梁局部河段泥沙淤积特性

三峡水库运行年份	龙王嘴河段 CS100—CS108			淤积厚度（m）		
	淤积量（10^4 m^3）	淤积强度（10^4 m^3/km）	淤积速率[10^4 m^3/（km·年）]	一般淤厚	最大淤厚	白鹤梁上淤厚
5年	24.39	21.39	4.28	0～3	4	0
7年	46.57	40.85	5.84	0～4.5	5	0
10年	84.9	74.51	7.45	1～5	7	0
20年	218.2	191.43	9.57	9～14	18	2～6
30年	310.5	272.36	9.08	13～18		4～10

4）白鹤梁工程实施后对泥沙淤积的影响

白鹤梁题刻水下保护工程主要包括水下博物馆及与右岸相连接的交通廊道。保护工程的修建对整个河段的泥沙淤积程度与河床演变情况，包括淤积物的分布和粒径尺寸影响均甚小。但由于受到水下博物馆及交通廊道突出于原河床，对水沙运动有一定的阻碍作用，在博物馆左右两侧边墙附近流速有一定程度加大，紊动增强，对其附近局部的泥沙淤积有一定影响。

白鹤梁题刻水下保护工程修建后局部泥沙淤积如图9–2所示；白鹤梁题刻水下保护工程修建后泥沙淤积断面如图9–3所示。

（1）三峡水库运行10年时，部分的水下交通廊道被泥沙掩埋，但水下博物馆壳体尚未受到淤沙的影响。

（2）三峡水库运行20年后整个交通廊道基本为淤沙所覆盖，淤沙已从右侧发展至博物馆周界附近，受博物馆壳体阻水及贴壁绕流影响，在博物馆头部、尾端及右侧边墙附近已形成内低外高的椭圆形基坑，基坑外侧（主河槽边沿）淤沙高度从右至左逐渐降低，直至距博物馆左侧边墙约10 m处与天然地形相接，使整个水下博物馆横向处于不均衡淤沙压力之下。

（3）三峡水库运行至第30年末，该水下博物馆前缘的基坑已变得较浅，博物馆顶盖已基本被淤

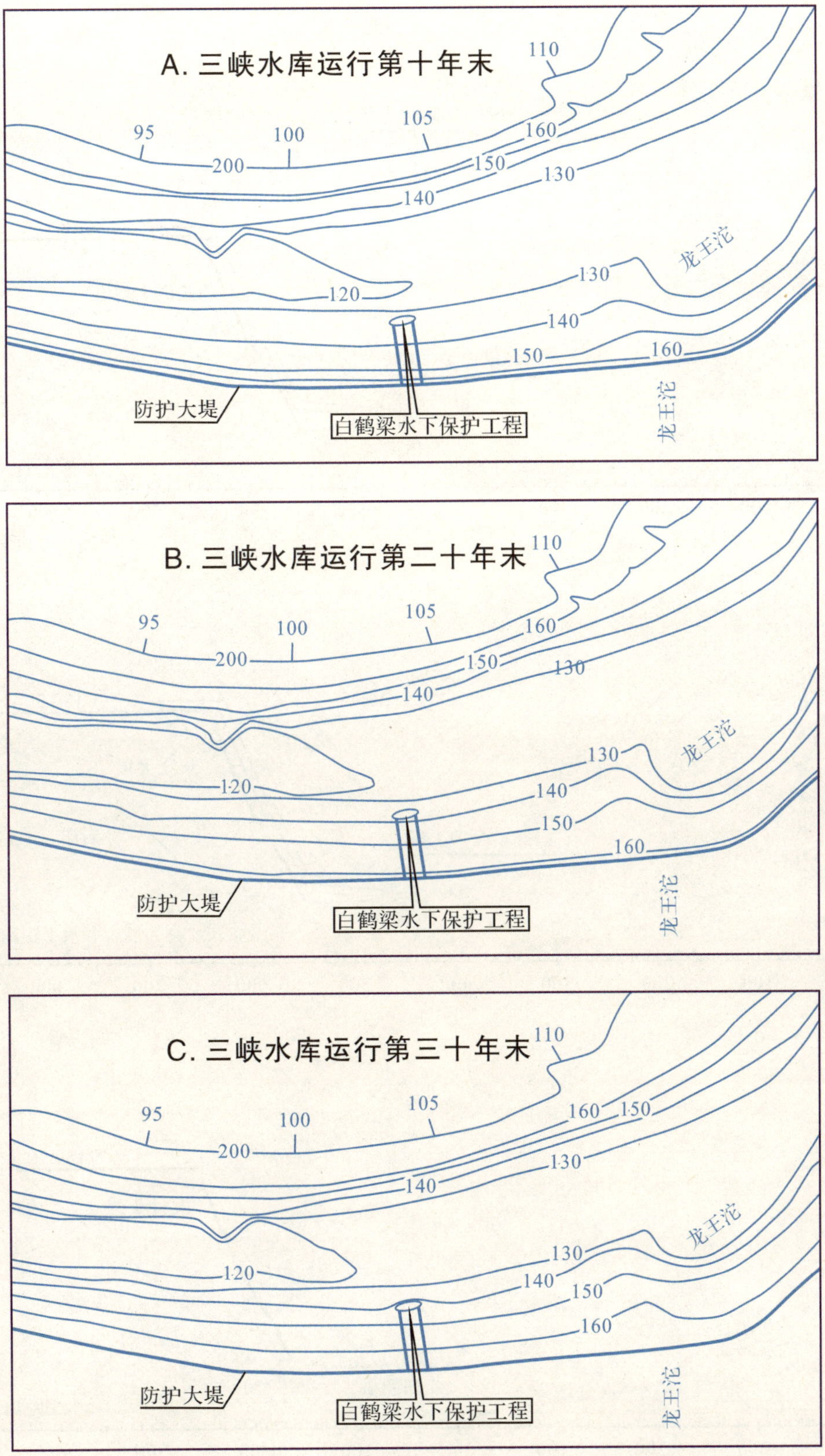

图 9-2　白鹤梁题刻水下保护工程修建后局部泥沙淤积图

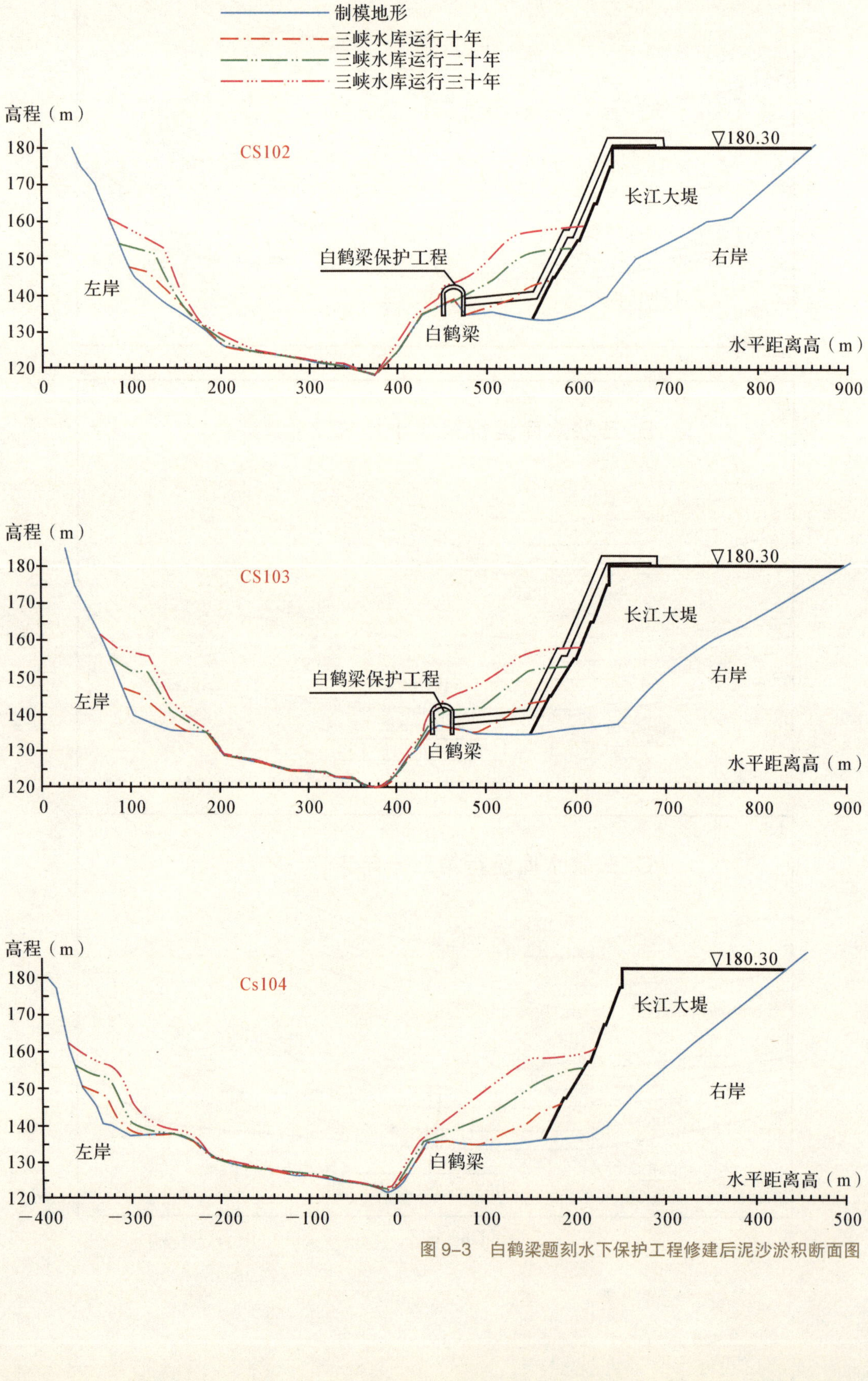

图 9-3　白鹤梁题刻水下保护工程修建后泥沙淤积断面图

沙掩埋，而左墙外淤沙较少，其高度尚未达保护壳项部高程。

5）白鹤梁工程实施后对水流条件的影响

（1）白鹤梁工程实施后，工程占据的过流面积不足5%，在不同频率洪水流量情况下，该河段水位的最大升高值0.03 m，其影响范围仅局限于上白鹤梁头部以下河段。随着三峡水库运行时间的增长，白鹤梁保护工程将逐渐为淤沙所覆盖，工程所占据的过流面积将更小，对该河段行洪的影响也将进一步减小。因此，白鹤梁题刻水下保护工程的修建不会对该河段的行洪产生明显的不利影响。

白鹤梁题刻水下保护工程修建前后过水面积比较见表9-4；白鹤梁题刻水下保护工程修建前后洪水位观测见表9-5。

（2）白鹤梁工程修建后，将在一定程度上改变工程附近河段流速流态情况，主要表现在该保护工程的阻水使右岸鉴湖一侧过流量减少，流速相应降低，而左侧主河槽由于流量增加，流速相应略有增大。

表9-4　白鹤梁题刻水下保护工程修建前后过水面积比较表

白鹤梁水位（m）	工程实施前过流面积（m^2）	工程实施后过流面积（m^2）	工程实施后过流面积减小率（%）
140	5 528	5 193	6.06
150	10 656	10 119	5.04
160	16 011	15 325	4.28
170	21 360	20 579	3.66
175	24 090	23 259	3.45

表9-5　白鹤梁题刻水下保护工程修建前后洪水位观测表

长江流量/乌江流量（m^3/s）		88 700/1 700	75 300/1 400	50 000/2 390	35 000/2 390
工程上游120 m	工程前	168.16	163.33	157.41	152.38
	工程后	168.19	163.35	160.43	152.39
	水位壅高	+0.03	+0.02	+0.02	+0.01
工程上游600 m	工程前	168.22	163.39	157.46	152.42
	工程后	168.24	163.4	157.47	152.42
	水位壅高	+0.02	+0.01	+0.01	+0.0
备注：白鹤梁保护体修建后引起该河段水位壅高值较小，遇较大的流量时水位抬高相对较多，水位壅高值往上游逐渐递减，实测至荔枝园附近时已无影响，工程修建前后下游河段的水位基本相同					

9.1.6　建议

白鹤梁题刻水下保护工程位于涪陵长江河道之中，在三峡水库不同运行时期，工程均承受着不均匀动水压力、泥沙压力，特别是来自上游的漂浮物和失控船舶的撞击对该结构物自身安全将造成重要影响，建议研究工程本体增加自身安全储备，增设防撞设施，划定禁航禁锚区域，制定工程河段水上交通安全管理规定等综合措施，以确保工程安全。

白鹤梁题刻是三峡库区唯一的国家级重点文物保护单位，具有重要的科学考古和文学艺术价值，同时，长江又是我国的黄金水道，涪陵是长江上游地区重要的港口城市，白鹤梁所在河段码头较多，过往船舶频繁。建议有关部门加强协调，密切配合，尽可能缓解文物保护与航运之间的矛盾。

9.2 通航条件论证

9.2.1 自然条件

长江是我国黄金水道，是沟通我国西南、华中、华东的交通运输大动脉，三峡工程三大主要效益之一就是改善长江上游的航运条件。涪陵是长江上游地区重要的港口城市，乌江在涪陵汇入长江，涪陵主城区为两江环抱，两江沿岸布置有较多码头设施，航运十分发达。

三峡大坝蓄水到 175 m 后，涪陵长江河段位于三峡水库常年回水末端，河床底部起伏不平，河道地形条件复杂，著名的龙王沱深潭紧临白鹤梁题刻下游，该处泡水、旋水并存，水流条件极为复杂。白鹤梁工程实施后涪陵长江河段水流条件是否发生重大变化，是否对河段航道条件带来不利影响等问题尤为重要。为保持长江涪陵河段航道畅通，避免白鹤梁题刻水下保护工程的建设导致航道条件的恶化，研究白鹤梁工程对航道条件影响及航道安全保护措施十分必要。

通过分析工程所在河段的航运交通现状，研究工程对河道通航条件的影响，从改善通航条件出发就工程方案布置提出建议和意见。

9.2.2 航道、港口现状及发展规划

（1）航道现状及发展规划

长江重庆至宜昌河道长度为 660 km，河流经阮陵、峡谷，流速一般为 1 ～ 3 m/s，平均比降 0.2‰。其间重庆至万县段长 328 km，多数为宽谷河段，枯水期河宽 300 ～ 600 m，洪水期河宽 800 ～ 1 500 m。重庆至宜昌最小航道尺度为 2.9 m × 60 m × 750 m（航深 × 航宽 × 弯曲半径）。

工程所在的涪陵河段位于长、乌两江交汇处附近，航道里程（宜昌—涪陵麻柳嘴）536 km，长江猫猫岩至郭家嘴河段全长 12 km，包括猫猫岩至明月明微弯段和明月嘴至郭家嘴弯曲性河段，长江涪陵河段河宽 500 ～ 900 m，弯道最小曲率半径约 2 000 m，凹岸位于南岸（市区）一侧，该处河道岸线参差不齐，河中靠北岸一侧有锯子梁、洗手梁，南岸则有著名历史文物景观白鹤梁纵卧于江。在乌江至峡谷出口以后，江面突然展宽，河宽也由峡谷出口前的约 150 m，到出峡口后变到宽约 300 m，河道也由峡谷出口时的向右岸弯曲到白浪滩后逐渐过渡到向左微弯，并与长江成约 70° 的交角衔接。在乌江出口及以下的长江河段，有锦绣洲及大灶、小灶等石梁群横卧于江中，以下又有川江著名的和尚滩（洪水急流滩）存在。涪陵城区河道岸线参差不齐，并常有石盘和岩石突嘴伸向江中，加之该河段河床底部起伏不平，急流险滩与缓流深沱交替存在，以及两江汇流相互顶托的作用，使该河段水流结构十分复杂，著名的龙王沱深达 50 m 以上，通常情况下均形成大面积的回流区域，回流流速达到 2 m/s 左右，并伴随着泡漩水流影响船舶航行。

三峡工程建成后，坝区最高通航流量 56 700 m^3/s，最高通航水位：初期为 156 m，后期为 175 m；最低通航水位：初期为 135 m，后期为 145 m。航道尺度标准为：最小水深 3.5 m，远景水深 4 m，最小单向航宽 100 m，双向航宽 180 ～ 200 m；最小弯曲半径 1 000 m。万吨级船队渝汉直达保证率不低于50%。

（2）港口现状及发展规划

白鹤梁所在涪陵城区，水路上距重庆 120 km，下距万州 207 km，距宜昌航运里程 536 km，溯乌江

而上 246 km 可达贵州省沿河，小型货轮可直通思南，通航里程 452 km，水路交通发达。涪陵港不仅是乌江流域内最大的物资集散地，又有长江横贯东西，船舶可从港口沿江上行至我国西南地区贸易中心重庆，下行至长江沿线各重要城市如武汉、南京、上海等地，也可出长江入东海直接与国外城市通商来往，是涪陵和黔江地区发展外向型经济的窗口。

白鹤梁工程位于涪陵长江河道右侧，靠近涪陵主城区一岸。河岸布置有涪陵城区长江段和乌江段堤防。长江段西起石谷溪，东至汇合口麻柳嘴，全长 3 185.75 m，其间有龙王沱客运港区和糠壳湾货运港区；乌江段北起汇合口麻柳嘴，南至老车渡口，长 1 363.14 m，其间有大东门港区和崩土坎港区；在麻柳嘴处，两段平顺衔接成一条规顺的整体防护堤线。在长江和乌江汇合口东岸规划有江东防护工程，东起新光造纸厂，南至涪陵师专，总长约 2 700 m。

乌江防护大堤及老东门港区、崩土坎港区作为涪陵港的重要组成部分，有利于分流长江客货运输，缓解涪陵长江港区的运力运量紧张状况；江东防护堤则是为整治江东镇沿岸的大滑坡，保护乌江主航道畅通而设置，两者均不会对长江主航道带来不利影响。

9.2.3 工程实施前河道通航条件

1）涪陵长江航道自然条件

龟门关以下至锯子梁航道顺直，枯、中水期水流缓，洪水期水流较急，三枝香以下至黄旗场 1 km 航段，江面宽敞，流态平稳，南岸可设囤船，北岸大河坝为全年锚地。其下木匠石，锯子梁自北岸伸出，明阳嘴至石谷溪间航槽较窄。主流至龟门关移出河心，至锯子梁头则顺河而下，木匠石至锯子梁头部水势稍弯，淹没不能过船时，有明显泡花。南岸荔枝园溪口以下水势内泻，石谷溪淹没前有斜流闷埂。

锯子梁至黄巴碛航段在中、枯水期航道顺直，水流平缓。白鹤梁淹没不能过船时，有明显水花，梁腰外侧礁浅无花；北岸洗手梁内侧石梁淹没后泡花明显，水势内拖。枯水期坳马石自北突出河心，与南岸龙王嘴至锦绣洲一带凹陷之岸形相对，形成急弯窄槽，水流紊乱，随水位上涨，河道拓宽，水流平顺，主流顺河而下。长江与乌江汇于麻柳嘴、锦绣洲，当长江水位陡涨并高于乌江水位时，乌江口以上一带成为壅水；反之，乌江水位陡涨高于长江时龙王沱以上一带也呈现壅水。

黄巴碛至和尚滩，枯水期此段航槽狭窄，水流较急。随水位上涨，航道拓宽并逐渐形成常流水。和尚滩乱石坝自南岸突出河心，与北岸群猪滩及郭家嘴石梁交相对峙，阻束水流，水位 9 m 以上成滩。成滩时水乱、流急，泡漩凶猛，为川江著名急流滩之一。当两江同时涨水时，滩势尤为凶猛。

2）三峡水库运行时的航道条件

三峡水库按 135 m 和 156 m 方案运行的汛期，涪陵河段的航道条件与天然情况基本一致；在 156 m 方案运行的枯水期，涪陵河段的航行条件有较大改善；随着三峡水库按 175 m 方案运行时间的增长，涪陵河段沿岸边滩将产生大量的泥沙淤积，对船舶在防护大堤沿岸的停靠及作业将产生重要影响，同时，主航道流速的增加，对船队在该段航道的航行也将造成不利影响。

（1）三峡水库按坝前水位 135 m 运用时，回水末端位于涪陵附近，白鹤梁河段水位略有升高，流速略有降低，影响较小。到第 5 年，整个长防大堤河段内泥沙淤积也较少，泥沙淤积主要分布于白鹤梁沿岸边滩，对该河段航道尺度及水流条件无明显不利的影响。

（2）三峡水库按 156 m 方案调度运行时，水库回水变动区将位于长江铜锣峡—丰都之间，此时涪陵河段处于回水变动区下段。汛期 6—9 月，涪陵河段的水位较建库前的天然河道水位升高 0 ～ 3 m，流速降低不多；10月汛后，涪陵河段的水位较天然情况抬高 19 m 左右，流速明显减缓，水流挟沙能力明显降低，泥沙累积性淤积，泥沙淤积的主要分布在白鹤梁以右的大堤沿岸（即鉴湖内）、龙王沱内及两岸边滩，其中“鉴湖”内泥沙淤积高度在 0 ～ 4.5 m，主航槽内未受到泥沙淤积的明显影响。到第 7 年，航行较困难的河段仍为下白鹤梁至龙王沱河段，其水流条件与天然河道情况相近。同时，涪陵长江防护大堤的修建，使龙王沱河段的岸线向回流中心有一定程度的推进，缩小了龙王沱回流区域，配合炸除洗手梁等措施，该河段流速分布向均匀化方向有所发展，在左岸航线上，河段表面流速较未建堤情况有一定程度降低，特别是龙王嘴对岸洗手梁附近航线上的流速降低对于改善该河段的航行条件较为有利。

（3）三峡水库按 175 m 方案运行后，汛期 6—9月，涪陵河段的水位较建库前的天然状态抬高 3.7 ～ 10 m 左右，此时虽然该河段已出现泥沙淤积，但由于水位的抬高，流速仍有一定程度降低；10月汛后，涪陵河段水位抬高达 19 ～ 39 m，涪陵河段水流十分平缓，流速较小，最大表面流速仅 0.5 ～ 1 m/s 左右，平均比降仅约 0.05‰，河道宽度在 500 ～ 900 m 以上，航道、港区水流条件更加良好，对船舶航行及进出港区作业十分有利。到第 20 年末，白鹤梁局部河段淤积强度进一步增加，鉴湖内一般淤积厚度已达到 13 ～ 18 m，最大淤厚达到 23 m，白鹤梁题刻上淤沙厚度达到 4 ～ 10 m。此时龙王沱已基本被淤积泥沙所填筑，整个涪陵河段发展成为单一规顺和微弯的河道。到第 30 年末，淤积高程可达 160 m 以上，船舶不能靠堤停泊，码头停靠处离岸 70 ～ 100 m，对船舶停靠作业将造成较大影响。

9.2.4 白鹤梁工程对航运条件的影响

1）对航道尺度的影响

白鹤梁题刻保护范围为中段东区（即中白鹤梁下涌端）长约 45 m，宽约 10 m。保护工程水下部分主要是水下保护体及交通廊道，保护体拱顶高程为 143.0 m，平面呈椭圆形，椭圆纵轴长 70 m，横轴长 18 m，占据河床区域最大宽度 25 m，最大长度 70 m。处在主河槽右侧滩槽交界处，紧临长江主航道，距离长防大堤堤脚约 100 m，距离左岸边约 350 m。

2003—2007 年，三峡水库按 135 m 方案运行时，白鹤梁工程附近因航深不足引起碍航，其碍航的年平均天数为 221.7 d，较未建保护工程增加 84.1 d。

2007—2009 年，三峡水库按 156 m 方案运行 2 年期间，白鹤梁工程引起碍航的年平均碍航天数 51.5 d，增加碍航天数 38 d。

三峡水库按 175 m 方案运行的前三年（2009 年 10 月 1 日—2012 年 9 月 30 日），白鹤梁工程引起碍航的年平均碍航天数为 17 d，增加碍航天数为 17 d；随着水库按 175 m 方案运行时间的增长和水位的逐步抬高，工程影响通航时间也将逐步减少，其中三峡水库运行至第 2 个 10 年，年平均碍航天数不足 3 d；而在第三个 10 年，整个碍航时间仅为 2 d。因此，该保护工程减小航深的影响主要表现在三峡水库运行的前 10 年。

如将保护体拱顶标高降至 142 m，则在三峡水库按坝前水位 135 m、156 m 方案和 175 m 方案运行时期年平均碍航天数分别为 209.1 d、44.5 d、12.6 d，较未建保护工程情况下增加的碍航天数分别为 71.5 d、31 d 和 12.6 d。降低保护体拱顶高程对于改善该河段的通航条件具有十分显著的效果。

白鹤梁工程保护体不同拱顶高程碍航天数统计见表9–6。

表9-6　白鹤梁工程保护体不同拱顶高程碍航天数统计表　　单位：d

三峡水库不同蓄水运行方案及时段	水下博物馆修建后的碍航天数		未建水下博物馆的碍航天数③	因修建水下博物馆而增加的碍航天数	
	拱顶标高143 m①	拱顶标高142 m②		143 m方案①—③	142 m方案②—③
135 m方案（2003—2007年）	951	897	590	361	307
156 m方案（2007—2009年）	103	89	27	76	62
175 m方案（2009—2012年）	54	40	0	54	40
175 m方案（11～20年）	29	5	0	29	5
175 m方案（21～30年）	2	0	0	2	0
156 m方案（1～10年）	852	539	351	501	188
备注：本表所统计的碍航天数仅为拱顶水深或白鹤梁顶水深小于4 m航深情况					

2）工程对水流条件的影响

（1）对水位的影响

白鹤梁工程实施后占据了河道一定的过流面积，将引起工程河段流速增大和上游水位升高。工程实施后将使该段河道过流面积减少1.45%～6.58%，由此引起工程上游河段水位相应增高，其水位的最大增加值为0.06 m，影响范围为3 km，对工程河段的行洪不会造成重要影响。

白鹤梁工程实施前后过水面积比较见表9-7。

白鹤梁工程实施前后水位变化（156 m方案）见表9-8。

表9-7　白鹤梁工程实施前后过水面积比较表

水位	过水面积		
	修建水下博物馆前（m^2）	修建水下博物馆后（m^2）	减少百分比（%）
140	5 528	5 448	1.45
145	7 976	7 451	6.58
150	10 656	10 006	6.10
155	13 331	12 616	5.36
160	16 011	15 233	4.86
165	18 761	17 915	4.51
170	21 360	20 422	4.39
175	24 090	23 085	4.17

表9-8　白鹤梁工程实施前后水位变化表（156 m方案）

长江流量/乌江流量（m^3/s）		4 706/1 105	11 098/1 155	16 860/900	28 900/1 214	41 800/1 526
工程上游300 m（m）	未建工程时的水位	1 390.3	143.56	144.94	149.81	154.30
	工程修建后的水位	139.03	142.57	144.97	149.845	154.36
	水位壅高值	0	0.015	0.03	0.045	0.06
工程上游1 200 m（m）	未建工程时的水位	139.23	142.78	145.12	149.98	154.46
	工程修建后的水位	139.23	142.78	1 485.13	150.00	154.49
	水位壅高值	0	0	0.015	0.03	0.045
壅水长度（m）		基本无壅水	600	1 500	2 000	3 000
备注：白鹤梁保护体修建后引起该河段水位壅高值较小，遇较大的流量时水位抬高相对较多，水位壅高值往上游逐渐递减，工程修建前后下游河段的水位基本相同						

（2）对流速流态的影响

白鹤梁水下保护体耸立江中，对其周边的水流流速及流态均将造成一定的影响，其影响程度将直接关系到其附近水域的通航条件。

长江枯水期，涪陵长江流量（4 706 m^3/s）和乌江流量（1 155 m^3/s）都较小，此时涪陵河段水位较低，白鹤梁已部分出露，因流速较缓，白鹤梁工程对流速、流态影响很小。

长江流量 / 乌江流量增加到 11 098/1 155 m^3/s，白鹤梁河段的水位接近水平廊道顶部高程 143.0 m 时，受水平廊道阻水影响，鉴湖内的流速由工程前的 1.3 m/s 减小到工程后的 0.3 m/s，此时在水下保护体壳体头部出现绕流流态及较强的斜向水流，造成内外两侧出现明显的水位差，并伴有漩涡产生，其影响范围是：壳体上游 80 m，下游 100 m，外侧主航道 10 ～ 20 m。此时在该壳体外侧边壁附近流速增加 0.5 m/s，在壳体尾端沿外侧的贴壁水流脱离壳体并与右侧缓流区交汇，产生强烈的旋水，并向下游传递。

长江流量 / 乌江流量达到 16 860/900 m^3/s, 白鹤梁河段水位超过水平廊道不多，此时廊道项部产生明显的跌水，使表面流速增大 0.5 m/s 左右，在壳体头部、尾部分别有明显的绕流和强烈的泡漩水流，外侧水流流速增加了 0.5 m/s, 其影响范围是上游 60 m，下游 120 m，宽 30 ～ 40 m。

长江流量 / 乌江流量增大到 28 900/1 214 m^3/s，水流淹至保护体壳体顶部时，壳顶处流速从工程前的 3.3 m/s 增大至工程后的 3.91 m/s，壳体外侧 30 m 处的流速由工程前的 4.0 m/s 增至 4.5 m/s，因水流流速增大，水流冲击壳体而产生较强的波浪和泡漩水，该流态影响航道范围宽约 60 m，壳体上游 60 m、下游 150 m，同时沿大堤坡面布置的坡型廊道阻水作用也明显增强，在其后部形成回流区，回流流速约为 0.8m/s，影响范围长 90 m，宽 30 m。

当出现较大流量，长江流量 / 乌江流量达到 28 900/1 214 m^3/s 时，白鹤梁处水位已超过保护壳顶部标高较多，该处航深已满足要求，此时壳体阻水作用对水面影响减弱，泡漩、波浪等现象已不显著，其影响范围缩小至宽 20 m 左右、工程上下游分别约 30 m 和 80 m。

3）工程对港区停泊、作业影响

工程紧邻涪陵城区一岸，距长防大堤不超过 100 m，其沿岸上下游布置有糠壳湾港区、龙王沱客运港区，在乌江入汇处的麻柳嘴上游还有大东门港区，其中糠壳湾货运港区即白鹤梁题刻水下保护工程约为 1.2 km，大东门港区与工程处的距离约有 2.0 km，工程实施后的影响范围尚未涉及该两个港区，因此，该工程的实施不会影响船舶在两港区的停泊作业。但白鹤梁保护工程紧临龙王沱客运港区上段，该处码头较多，尤其是在白鹤梁右侧的鉴湖一带规划有 4 个码头，一方面由于白鹤梁保护工程出于结构安全考虑，已不允许船舶在工程水域锚泊，另一方面由于工程对其附近水域的水流条件等将造成重要影响，船舶将无法在该区域顺利航行，因此需要对原规划于该水域的码头泊位进行适当调整。

4）船舶航行、停泊、作业对工程影响

白鹤梁工程为特级建筑工程，设计使用年限 100 年以上。由于涪陵处于长江和乌江的交汇处，是三峡库区重要的中心港区，过往涪陵河段及进出涪陵港口的船舶较多，船行波及风浪等均可能对工程安全带来不利影响。

9.2.5 建议

白鹤梁题刻水下保护工程位于涪陵中心港区，码头密布，河道地形工程实施后船舶在港区的航行、停泊和进出港及调头作业等均将受到一定不利影响，需要配合设置航标，制定专门的特殊规定，以保证航道的畅通和港口码头的正常运转。

工程施工期间，水上交通安全主管机关发布《安全管理通告》、《航行通告》，提供现场监督、安全维护，划定工程施工区和港区码头配套泊船水域。严禁工程基础开挖的弃渣向江中倾倒，避免造成航道淤堵和改变床而形态影响水流条件。

工程建成后，应在工程水域设置安全航行警示标志，并由水上交通安全主管机关发布《安全管理通告》、《航行通告》等专门的特殊规定，以确保航道的畅通和港口码头正常运转。

9.3 三维非线性结构分析

白鹤梁题刻水下保护工程的关键性结构是水下呈椭圆形直立钢筋混凝土水下导墙和上覆的钢筋混凝土壳体，它们将承受来自外侧的泥砂压力。另外，壳体还要作为吊装和运输的承重支架。由于形体特殊，内跨大，受力复杂，在正式设计之前，需对其整体稳定性和受力状态进行三维有限元分析，以指导设计。在设计工程完成时，还需要按照最终的壳体形态调整数值模型，对最终的壳体受力状况进行分析验算。

9.3.1 自然条件

（1）地形地貌

白鹤梁题刻位于涪陵区龙王沱附近的江心，为一条带状石质漫滩，自西向东延伸，顺江分布，与江流平行，常年淹没于水中，只有每年冬春交替的最低水位时，才露出江面。

白鹤梁脊在其南侧，砂岩形成高约 0.80 ～ 1.60 m 的自然陡坎，页岩形成缓坡，其与南岸之间的水道称鉴湖，宽 100.00 ～ 150.00 m，为较平坦的河床，白鹤梁以北为长江主河道，40 m 的范围为砂岩形成的顺层面斜坡，在 40 m 以外地形变缓，形成较平坦的河床。

（2）地层岩性

工程区主要地层为侏罗系中统自流井组砂岩、页岩、泥岩组成，近南岸地段被第四系人工填土所覆盖，地层岩性主要分布有：人工填土、细砂土和基岩。

白鹤梁工程地段未发现断裂构造及构造破碎带，岩体完整，砂岩层透水性好，为含水层；页岩和泥岩层透水性差，含水性较弱，为相对隔水层和非含水层。基岩裂隙水主要赋存在地表出露的砂岩层中，与长江水有水力联系。

9.3.2 计算参数

以中等风化的砂岩、泥岩、页岩的基本物理力学指标作为所有模型工况的岩体计算参数。

岩体物理力学指标建议值见表 9–9；材料参数见表 9–10。

表9–9　岩体物理力学指标建议值

岩性		中等风化砂岩	中等风化泥岩	中等风化页岩
重度 λ（g/cm^3）		2.66	2.60	2.61
变形模量 E（GPa）		10.1	0.5	2.4
静泊松比 μ		0.266	0.320	0.315
抗剪强度	内聚力 C（MPa）	0.30	0.15	0.24
	内摩擦角 ϕ（°）	39.2	28.0	29.2

表9–10　材料参数表

参数	变形模量（GPa）	容重（kN/m^3）	泊松比 μ	抗剪断强度		抗剪残余强度	
				f	c（MPa）	f'	c'（MPa）
混凝土	26	24.5	0.167	1.1	3.0		
钢板	210	87.5	0.283				

9.3.3 计算方案

（1）计算方案

水下导墙平面布置为双变椭圆，外椭圆长轴为 70 m，短轴为 25 m；内椭圆长轴为 64 m，短轴调整为 17 m，导墙厚为 3 ～ 4 m。

水下保护体穹顶以水下导墙为基础，穹顶以钢桁架底模支撑并形成整体；穹顶标高 143 m，外江侧与水下导墙在 141.8 m 高程相接，近鉴湖侧与水下导墙在 141.5 m 高程相接。水下保护体穹顶顶板下缘在外江侧保护体中心处高程为 141.2 m，在鉴湖侧保护体中心一处高程为 140.2 m，在外江侧穹顶顶板下缘站水下导墙高程由 140.2 m 渐变至中点的 141.2 m。

水下导墙和保护体壳体按照实际的尺寸模拟，基岩的计算范围为长轴方向 400 m，短轴方向 160 m，底部考虑▽100 m（黄海高程）以上的岩体部分。计算平面如图 9–4所示；计算剖面如图 9–5所示。

（2）计算方法

采用弹塑性计算进行有限元分析。

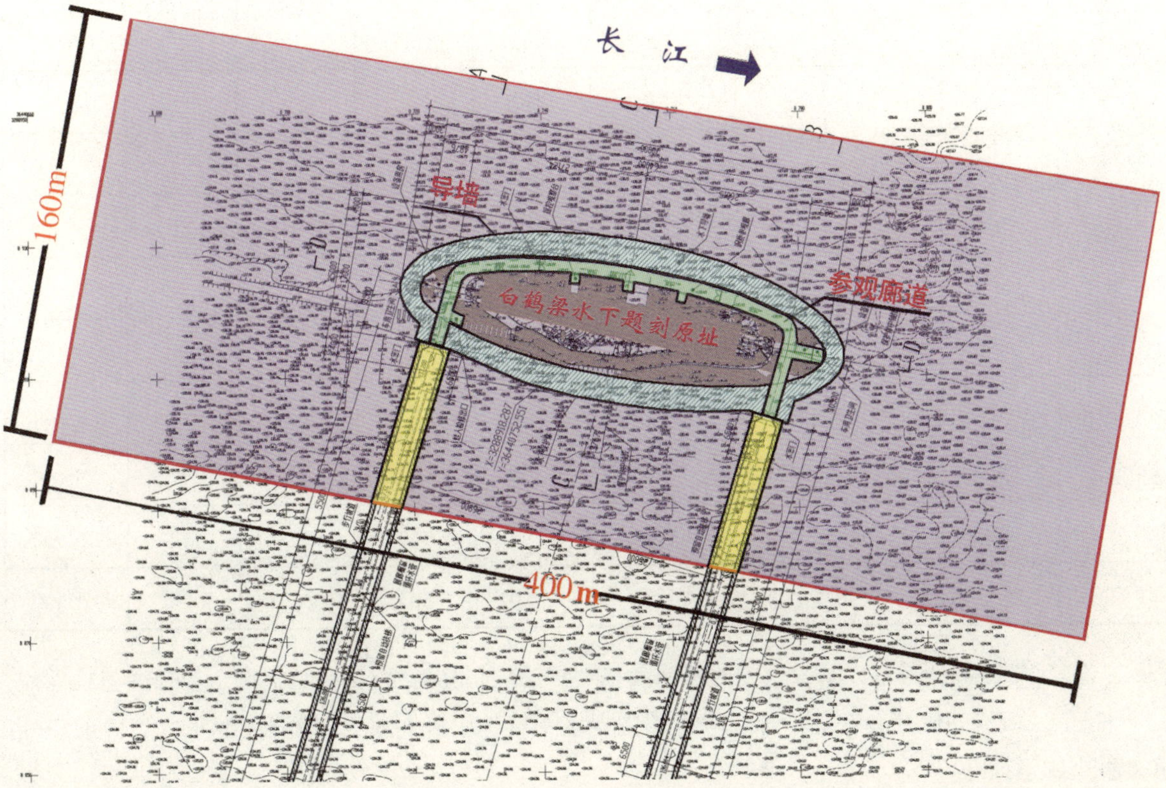

图 9-4 计算平面

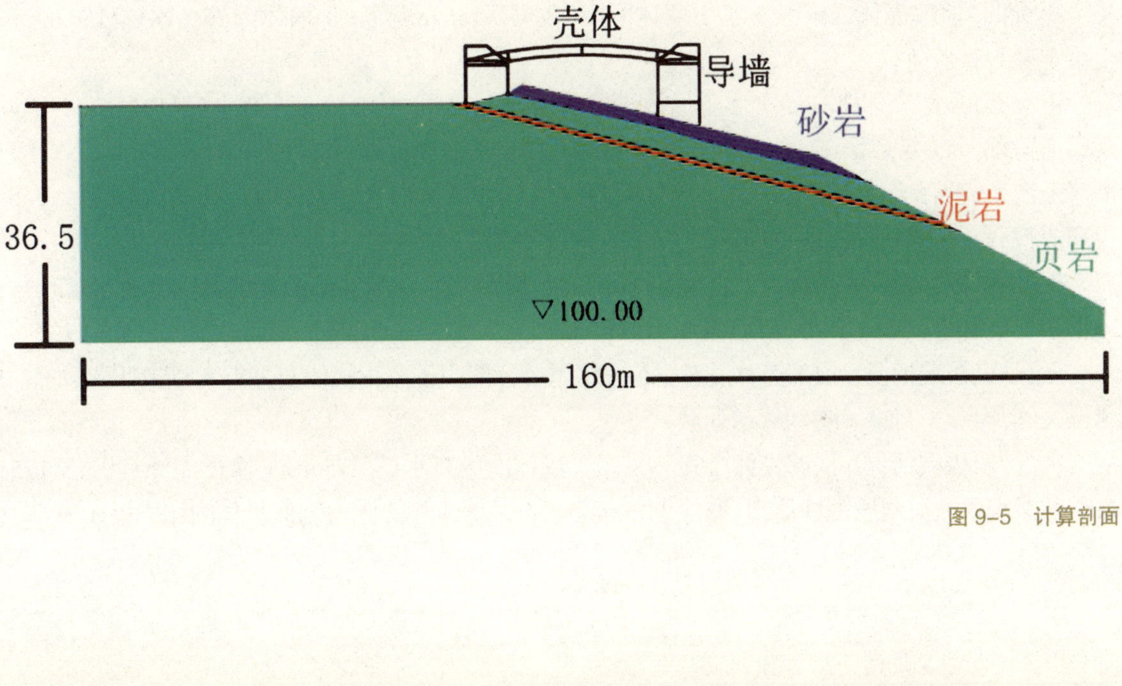

图 9-5 计算剖面

按保护体穹顶高程为 143.0 m（黄海高程）建立水下保护结构的三维有限元分析模型（整体结构模型将工字钢肋的作用作为强度储备，1 cm 钢模板作为整体结构的一部分）。

（3）计算工况

模拟施工过程和最不利运行过程，进行跟踪计算，计算工况模型及荷载组合见表 9-11。

表9–11　计算工况模型及荷载组合表

工况编号	自重	参观廊道荷载	壳体安装	保护体内水头（m）	保护体外水头（m）	泥沙到壳顶厚度（m）	钢模板	工字钢及肋梁	备注
一	√			0	141.8				
二	√	√		0	141.8				
三	√	√	√	0	141.8		√		
四	√	√	√	156.0	156.0		√		
五	√	√	√	175.0	175.0		√		
六	√	√	√	175.0	175.0	5	√		
七	√	√	√	175.0	175.0	11.3	√		
八	√	√		0	143.8		√		水位突变
九	√	√	√	175.0	175.0	11.3	√		内外压差1

工况一：顶部壳体没有安装 + 水下墙体圈内无水 + 墙体圈外有水（按极端情况水位到墙顶）+ 自重

工况二：顶部壳体没有安装 + 水下墙体圈内无水 + 墙体圈外有水（按极端情况水位到墙顶）+ 自重 + 参观廊道荷载

工况三：顶部壳体已安装 + 水下墙体圈内无水 + 墙体圈外有水（按极端情况水位到墙顶）+ 自重 + 参观廊道荷载

工况四：顶部壳体已安装 + 水下墙体圈内有水（▽156 m 运行）+ 墙体圈外有水（▽156 m 运行）+ 自重 + 参观廊道荷载

工况五：顶部壳体已安装 + 水下墙体圈内有水（▽175 m）+ 墙体圈外有水（▽175 m）+ 自重 + 参观廊道荷载

工况六：顶部壳体已安装 + 水下墙体圈内有水（▽175 m）+ 墙体圈外有水（▽175 m）+ 自重 + 参观廊道荷载 + 泥沙压力（泥沙 5 m 厚）

工况七（极端情况）：顶部壳体已安装 + 水下墙体圈内有水（▽175 m）+ 墙体圈外有水（▽175 m）+ 自重 + 参观廊道荷载 + 泥沙压力（泥沙 11.3 m 厚）

工况八（极端情况）：顶部壳体没有安装 + 水下墙体圈内无水 + 墙体圈外有水（临时围堰加高 2 m，水位突然升高）+ 自重 + 参观廊道荷载

工况九（极端情况）：顶部壳体已安装 + 水下墙体圈内有水（▽175 m）+ 墙体圈外有水（▽175 m）+ 自重 + 参观廊道荷载 + 泥沙压力（泥沙 11.3 m 厚）+ 保护体外的压力比保护体内压力高 1 m

9.3.4 计算模型

（1）模型建立

三维有限元模型包括水下保护壳体、导墙及地层。整体模型如图 9-6 所示。

（2）网格剖分

剖分网格时，水下保护壳体用 20 节点 6 面体 2 次单元，其他部分用 8 节点 6 面体 1 次单元，两种单元之间有过渡单元。整体模型包括 28 834 节点、21 255 单元。

水下保护体（包括水下导墙）单元划分如图 9-7 所示。

（3）典型荷载分布

水压力、泥砂压力在典型工况下施加后，典型荷载分布（一）～（三）如图 9-8、图 9-9 和图 9-10 所示。参观廊道简化成两条线荷载，典型荷载分布（四）如图 9-11 所示。

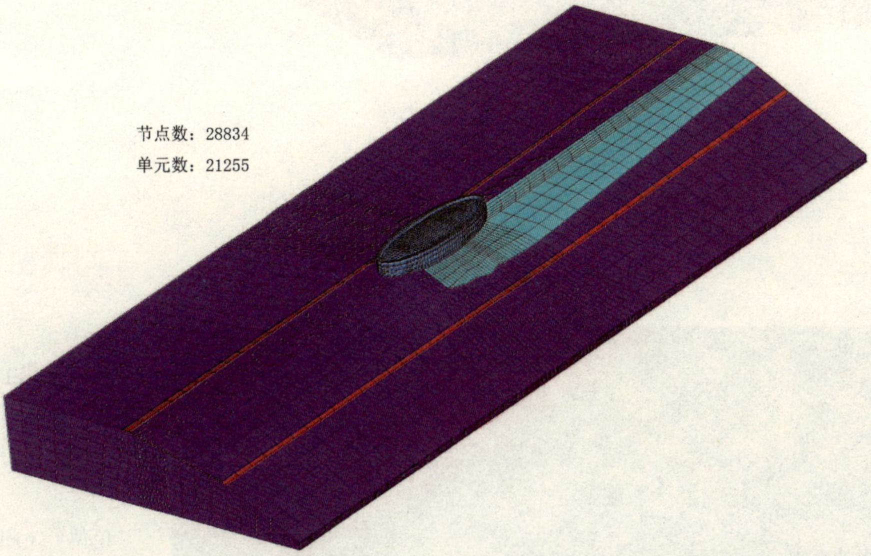

图 9-6 整体模型

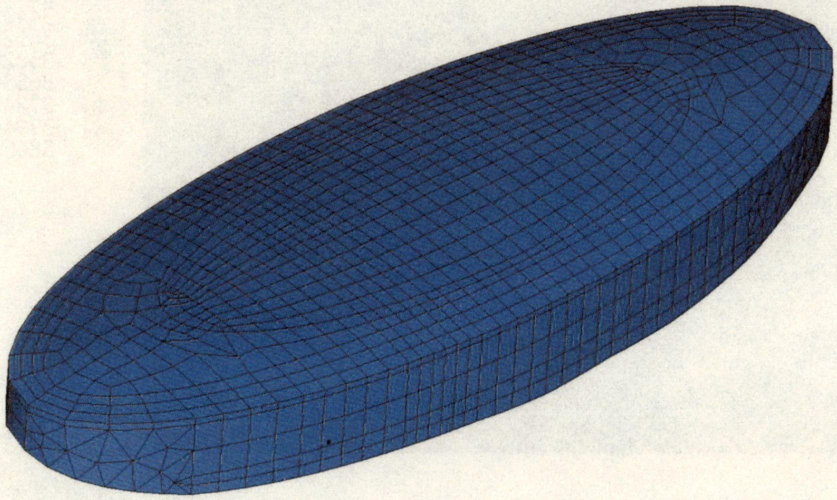

图 9-7 水下保护体单元划分

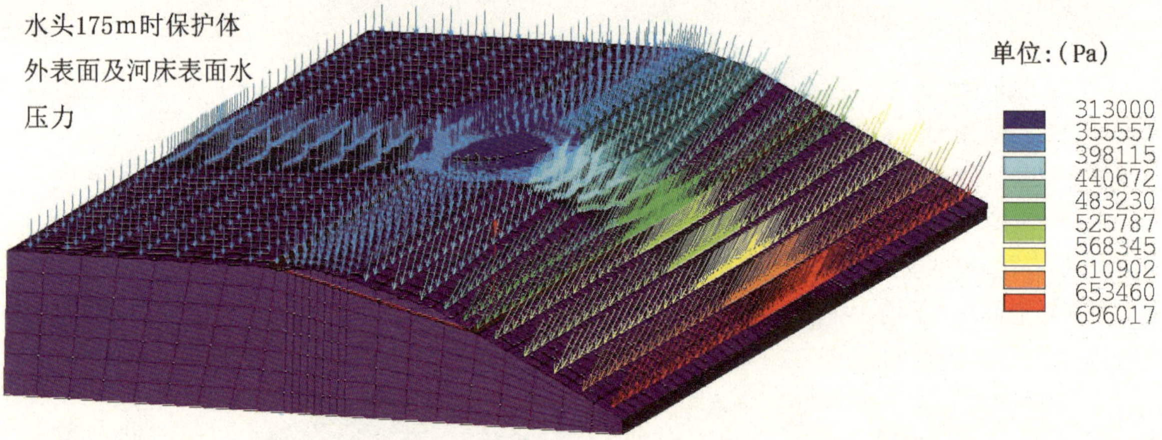

图 9-8　典型荷载分布（一）

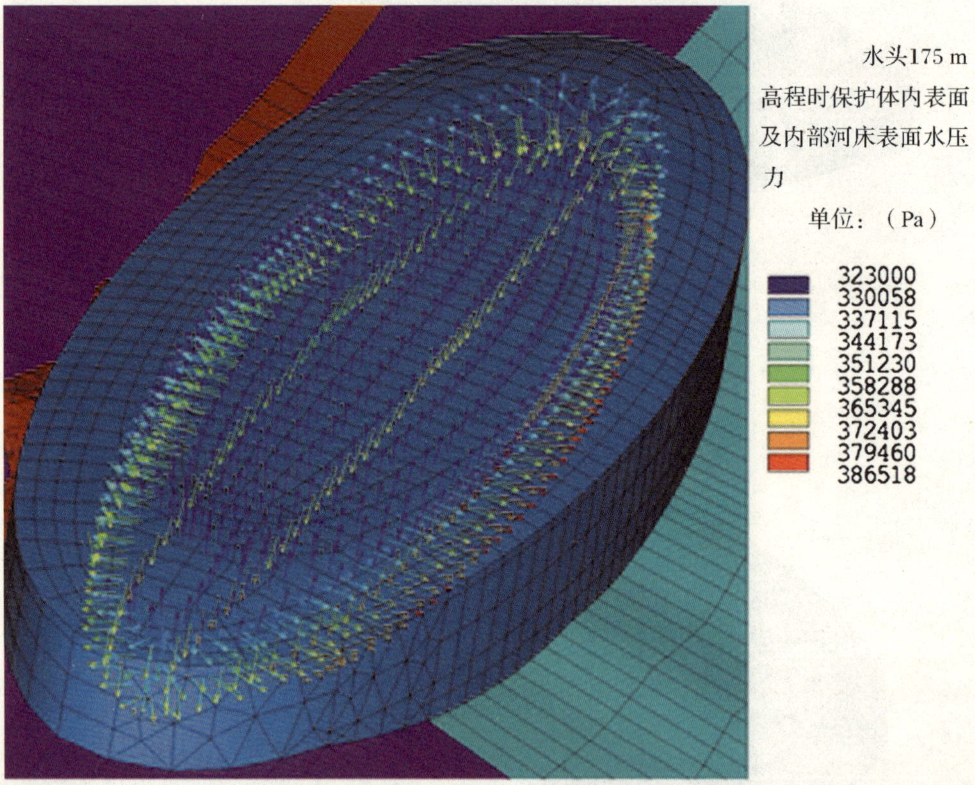

图 9-9　典型荷载分布（二）

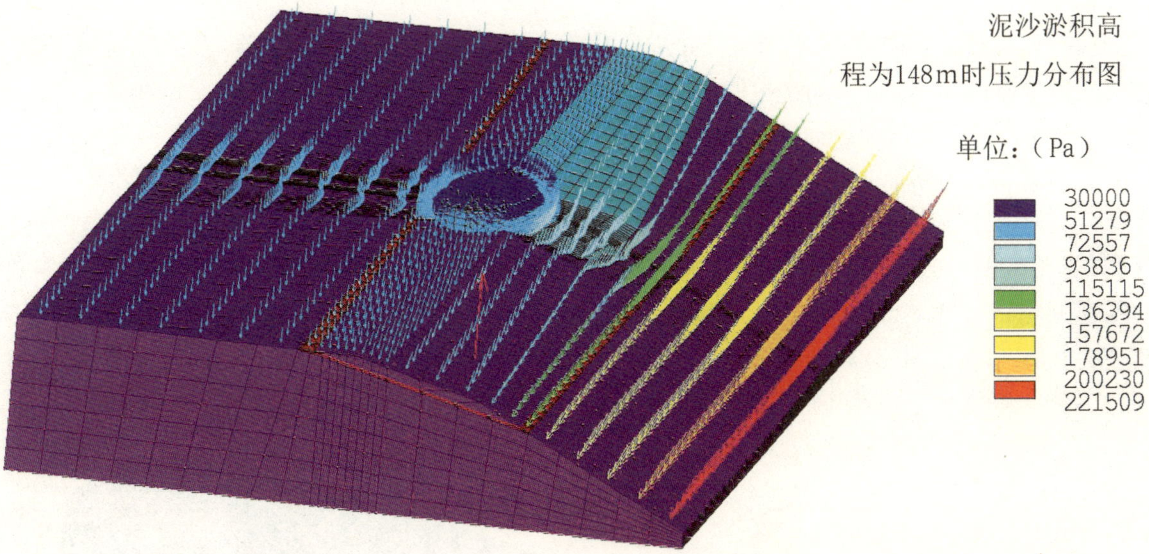

图 9-10　典型荷载分布（三）

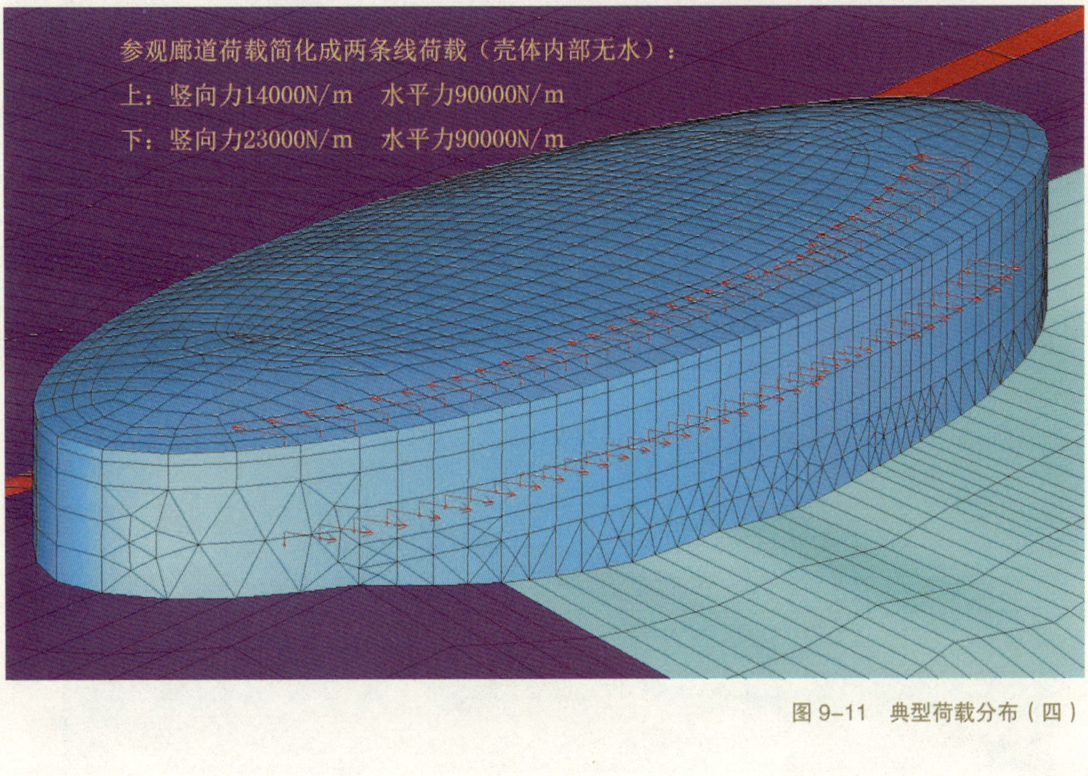

图 9-11　典型荷载分布（四）

9.3.5 计算结果

1）分析部位

在壳体没有安装之前，考虑到短轴处截面刚度最弱，应力容易集中，因此选取短轴中心处的剖面进行应力分析，如图 9-12 分析部位所示。

2）计算结果分析

（1）对于工况一，水下导墙的应力集中区为墙体底部，竖向应力等值线图上有 2 处压应力集中区，其值在 0.35 ～ 0.4 MPa 范围(拉为正值，压为负值)；水平应力有1处压应力集中区，其值在0.12 ～ 0.15 MPa 范围，都远小于 C30混凝土的抗压强度设计值（15 MPa）；第一主应力在墙根处有1处压应力集中区，其值为 0.09 ～ 0.12 MPa，对水下导墙的稳定性没有影响。

工况一竖向正应力、水平向应力和第一主应力分别如图 9-13 ～图 9-15 所示。

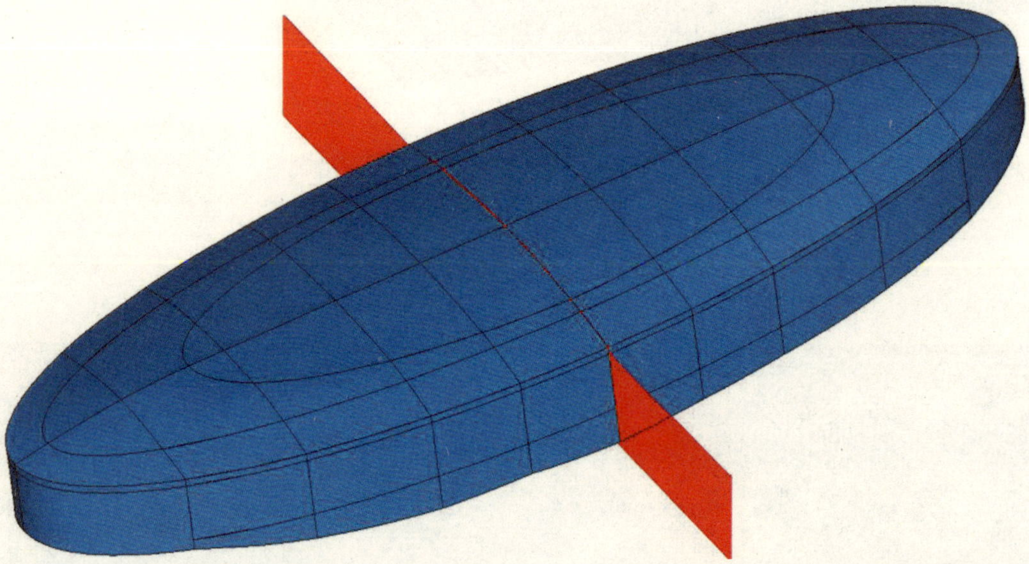

图 9-12　剖面位置示意图

图 9-13　工况一竖向正应力

图 9-14 工况一水平向应力

图 9-15 工况一第一主应力

（2）对于工况二，竖向应力等值图中水下导墙底部有1处压应力集中区，其数值在 0.45 ～ 0.52 MPa 左右；水平向应力等值线图中墙根有1处压应力集中区，其值在 0.24~0.3 MPa，这些值都远小于 C30混凝土的抗压强度设计值；第一主应力等值图中墙根有 1 个压应力集中区，其值为 0.13 ～ 0.16 MPa，对墙体的稳定没有影响。

工况二竖向正应力、水平向应力和第一主应力分别如图 9-16 ～图 9-18所示。

对工况一、二来说，在壳体没有安装的情况下，无论是水下导墙内是否有水，水下导墙受到的力都不会导致其破坏，也就是说，安装壳体以前水下导墙安全。

图 9-16 工况二竖向正应力

图 9-17 工况二水平正应力

图 9-18 工况二第一主应力

（3）对于工况三，竖向应力等值图中壳体与水下导墙连接部位有 2 处压应力集中区，其数值在 1.1 ～ 2 MPa 左右，低于 C30混凝土的抗压强度设计值；水平向应力等值线图中壳体有 2 处拉应力集中区，其值在 1.3～2.1 MPa，这些值接近或高于 C30混凝土的抗拉强度设计值（1.5 MPa），应采取措施；第一主应力等值图中壳体有 2 处拉应力集中区，其值为 2.0 ～ 2.62 MPa。

工况三竖向正应力、水平向应力和第一主应力分别如图 9-19 ～图 9-21 所示。

图 9-19　工况三竖向正应力

图 9-20　工况三水平正应力

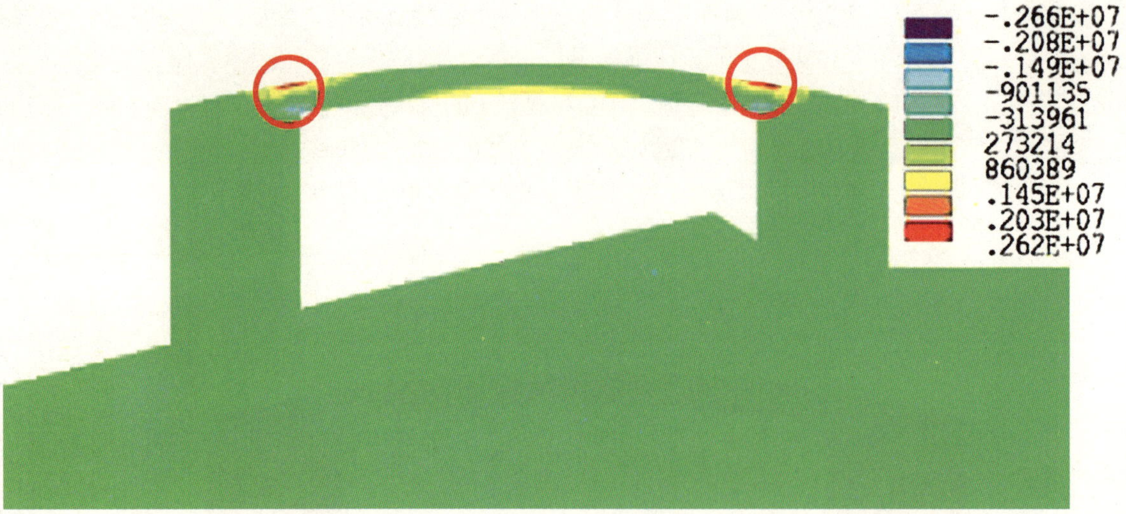

图 9-21　工况三第一主应力

（4）对于工况四，竖向应力等值图中水下导墙底部、壳体与水下导墙连接部位有 4 处压应力集中区，其数值在 0.5 ～ 1.0 MPa 左右，低于 C30 混凝土的抗压强度设计值；水平向应力等值线图中壳体有3处拉应力集中区，其值在 0.32 ～ 0.84 MPa，这些值接近或高于 C30 混凝土的抗拉强度设计值（1.5 MPa），应采取措施；第一主应力等值图中壳体有3处拉应力集中区，其值为 0.62 ～ 0.87 MPa。

工况四竖向正应力、水平向应力和第一主应力分别如图 9-22 ～图 9-24 所示。

图 9-22　工况四竖向正应力

图 9-23 工况四水平正应力

图 9-24 工况四第一主应力

（5）对于工况五，竖向应力等值图中壳体与水下导墙连接部位有 2 处拉应力集中区，其数值为 0.18 MPa 左右，低于 C30 混凝土的抗压强度设计值；水平向应力等值线图中壳体有 3 处压应力集中区，其值为 1.5 ～ 2.0 MPa，另外有三处拉应力集中区，其值在 0.59 MPa，这些值低于 C30 混凝土的抗拉强度设计值（1.5 MPa）；第一主应力等值图中壳体有3处拉应力集中区，其值为 0.38 ～ 0.62 MPa。

工况五竖向正应力、水平向应力和第一主应力分别如图 9-25 ～图 9-27 所示。

图 9-25　工况五竖向正应力

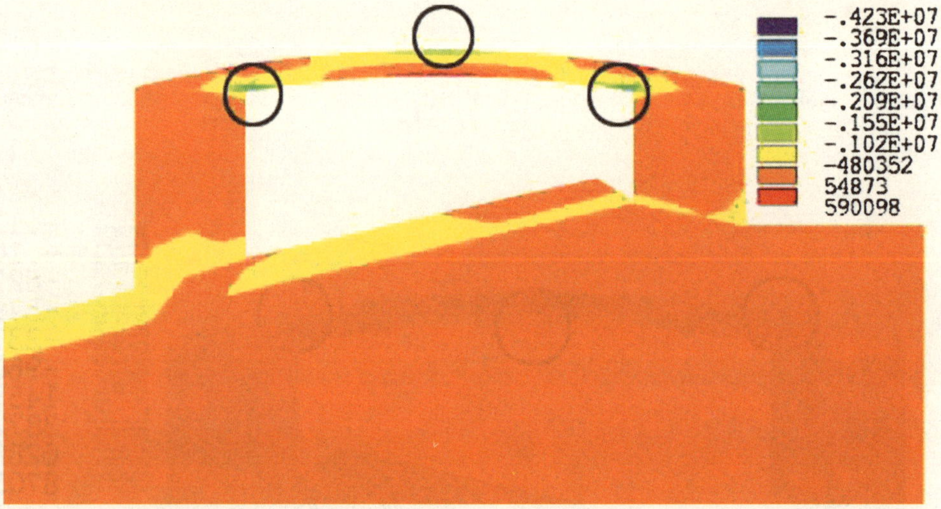

图 9-26　工况五水平正应力

图 9-27　工况五水平第一主应力

（6）对于工况六，竖向应力等值图中壳体与水下导墙连接部位有 2 处压应力集中区，其数值为 1.66 ～ 2.60 MPa 左右，低于 C30 混凝土的抗压强度设计值；水平向应力等值线图中壳体有 3 处压应力集中区，其值为 2.79 ～ 4.11 MPa，另外有三处拉应力集中区，其值在 1.18 ～ 2.50 MPa，这些值接近或高于 C30 混凝土的抗拉强度设计值（1.5 MPa），应采取措施；第一主应力等值图中壳体有 3 处拉应力集中区，其值为1.96 ～ 2.58 MPa。工况六竖向正应力、水平向应力和第一主应力分别如图 9-28 ～图 9-30 所示。

图 9-28　工况六竖向正应力

图 9-29　工况六水平正应力

图 9-30　工况六第一主应力

（7）对于工况七，竖向应力等值图中水下导墙底部、壳体与水下导墙连接部位有 2 处压应力集中区，其数值为 4.02 ～ 5.16 MPa 左右，低于 C30 混凝土的抗压强度设计值；水平向应力等值线图中壳体有3处压应力集中区，其值为 6.21 MPa，另外有三处拉应力集中区，其值在 3.40 MPa，这些值远高于 C30 混凝土的抗拉强度设计值（1.5 MPa），应采取措施；第一主应力等值图中壳体有 3 处拉应力集中区，其值为 3.53 MPa。

工况七竖向正应力、水平向应力和第一主应力分别如图 9-31 ～图 9-33 所示。

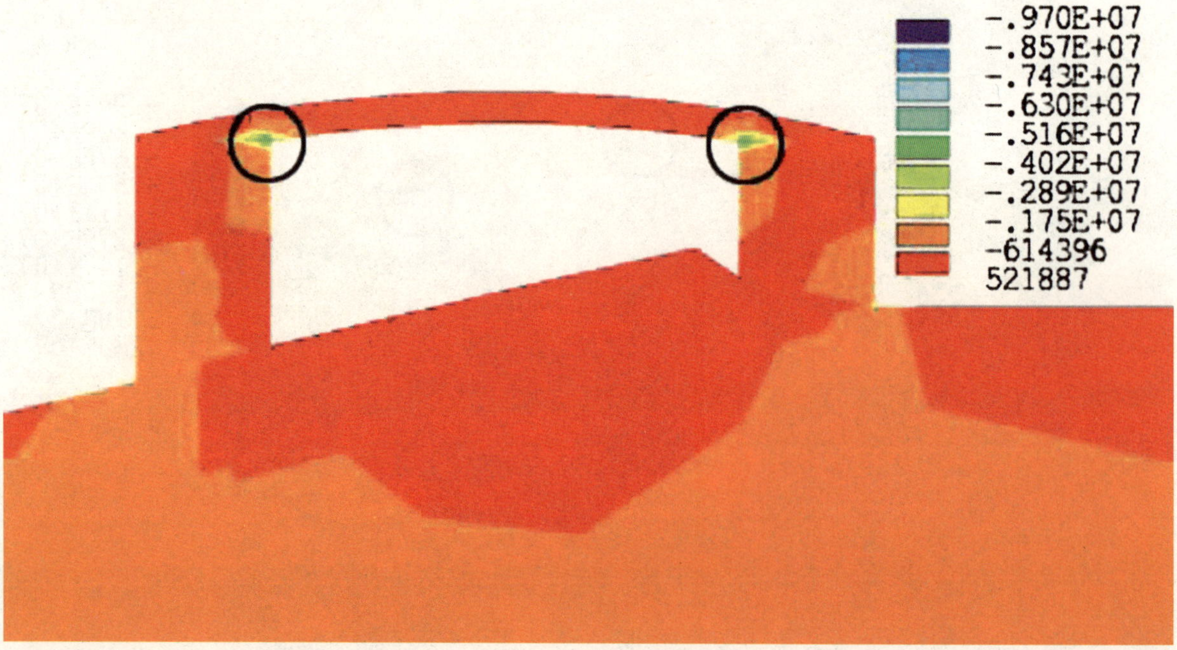

图 9-31　工况七竖向正应力

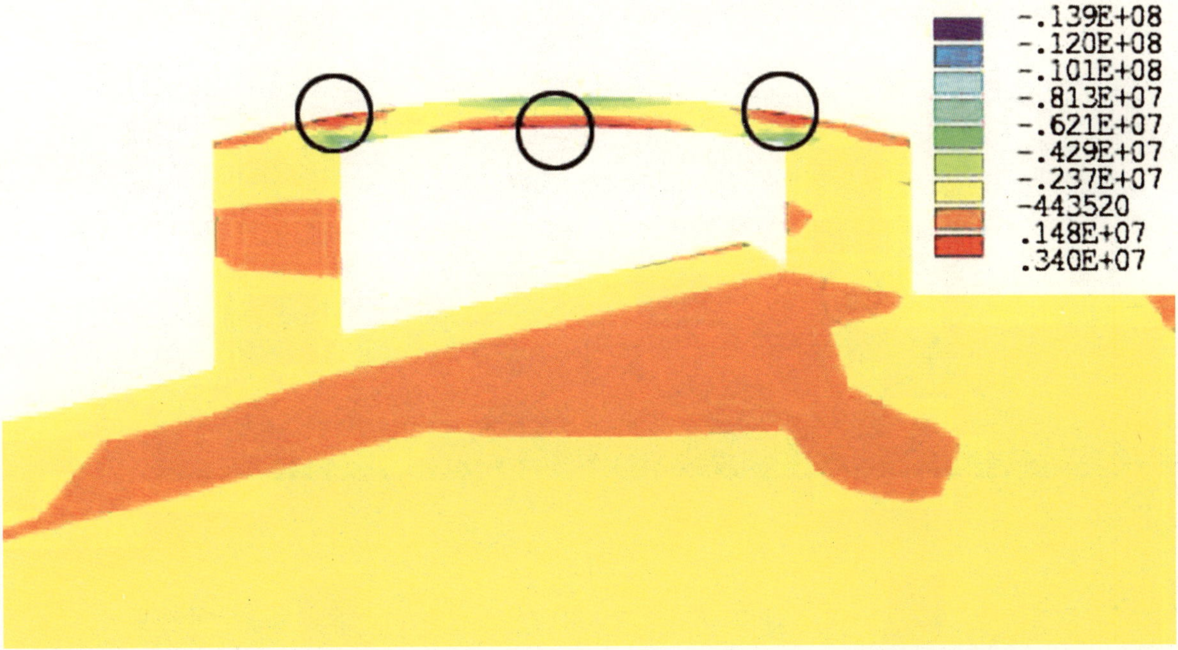

图 9-32 工况七水平正应力

图 9-33 工况七第一主应力

（8）对于工况八，竖向应力等值图中水下导墙底部有 1 处压应力集中区，其数值为 0.7 MPa 左右，低于 C30 混凝土的抗压强度设计值；水平向应力等值线图中水下导墙底部有1处压应力集中区，其值为 0.44 MPa；第一主应力等值图中水下导墙底部有 1 处压应力集中区，其值为 0.16 MPa。因此，洪水来临时，施工中增加 2 m高的临时围堰，水下导墙仍有很大的安全储备，可以保证水下导墙的安全。

工况八竖向正应力、水平向应力和第一主应力分别如图 9-34 ～图 9-36 所示。

图 9-34　工况八竖向正应力

图 9-35　工况八水平正应力

图 9-36　工况八第一主应力

（9）对于工况九，竖向应力等值图中壳体与水下导墙连接部位有 2 处压应力集中区，其数值为 3.33 MPa 左右，低于 C30 混凝土的抗压强度设计值；水平向应力等值线图中壳体有 3 处压应力集中区，其值为 7 MPa，另外有三处拉应力集中区，其值在 1.33 ～ 3.45 MPa，这些值接近或高于 C30 混凝土的抗拉强度设计值（1.5 MPa），应采取措施；第一主应力等值图中壳体有 3 处拉应力集中区，其值为 3.59 MPa。

工况九竖向正应力、水平向应力和第一主应力分别如图 9-37 ～图 9-39 所示。壳体大于1.5 MPa 的区域如图 9-40、图 9-41 所示。

图 9-37　工况九竖向正应力

图 9-38　工况九水平正应力

图 9-39　工况九第一主应力

图 9-40　工况九第一主应力俯视图 (>1.5 MPa)

图 9-41　工况九第一主应力仰视图 (>1.5 MPa)

9.3.6 结论与建议

按设计拟定的水下导墙尺寸，在仅有水下导墙的情况下，水下导墙可以承受外围水压力的作用，保持自身的稳定，满足水下导墙内施工的需要；在参观廊道安装后，水下导墙仍有很大的安全储备。

在洪水突然来时，增加 2 m 高的临时围堰后，水下导墙也有很大的安全储备，可以保证墙体的安全。

壳体安装后，在正常运行时，虽然壳体底部有一定的拉坏区，但由于钢模板作为永久结构的一部分，有较好的保护作用，结构整体仍然较为稳定。

为有效地改变穹顶的受力状态，减少壳体的拉应力，建议增加壳体的厚度或提高配筋量；对壳体底部的第一主应力大于 1.5 MPa 的区域提高配筋量，以减小壳体的受拉破坏；水下导墙和壳体的连接处采用圆弧状衔接，增加此处的刚度，减少应力集中。

9.4 循环水系统专题研究

9.4.1 研究目的

1994 年以来，有关主管部门、科研单位及专家学者为白鹤梁题刻水下保护工程开展了大量的研究论证工作，提出了“水晶宫”方案和“就地保护、异地陈展”等方案，这些方案均因不同程度地存在较大技术经济问题而难以实施。

葛修润院士从文物原址保护考虑，提出利用“无压容器”概念修建白鹤梁题刻水下保护工程的构想。基本思路是在拟保护的白鹤梁题刻上建造一个无压容器，容器内安装专门的循环水系统与长江水相通，通过容器内水压抵消其外部的长江水压力，同时对进出容器的长江水进行过滤，以确保容器内的水质清澈透明。

由于汛期长江水位及浊度变化较大，如何保证“壳体无压”和“水质清澈透明”成为该工程循环水系统的两大关键技术问题，需进一步深入调查研究和模拟实验，为本工程科学、安全、切实可行地实施提供理论和技术支撑。

9.4.2 研究内容

基于“无压容器”概念修建原址保护工程，循环水系统的主要功能是可靠地保持容器内外水压的动态平衡，以确保穹体结构的稳定安全，同时保持穹体内水质的清澈透明，以提高水下观赏效果。

循环水系统专题研究主要内容包括：外江水位起落时壳体内外水压变化规律模型试验；壳体内外水压差测定与控制方法；循环水质标准选用和循环周期；壳体沉积物清洗方法与技术措施；循环水净水设备选型和专用过滤器性能测试。

9.4.3 循环水系统方案

循环水系统方案以模拟外江水位起落的模型试验有关数据为依据，基于保护壳体低于长江干堤约 40 m 的现状情况，采用“廊道”和“缆车”两种输水方案进行研究论证。

（1）缆车方案

水下参观要能清晰地看到石刻，保护体内水质就应清澈透明（达到 $SS \leqslant 10$ mg/L），同时周期性更换水源。拟定循环周期 20 d，循环时间 120 h（每天夜间工作 6 h），循环流量 37.5 m^3/h。在岸上设备间内布置4台全自动净水器，中间调压水箱与泵房连为一体，采用斜坡式缆车取水方式。泵房内设三台循环水泵，从长江吸水送至净水器净化后，自流到调压水箱。水箱内水再自流到保护穹体内。移动水箱内水面与大气相通，水箱高出水面的距离大于该套设备及管路水头损失。穹体顶部排水导压管在高程137 m、140 m、150 m、160 m及170 m等处设电动闸阀及Y形管道过滤器与长江相通，导压管延伸至三峡水库设计洪水位175 m以上与大气相通。随长江水暴涨暴落调整移动水箱位置，同时通过启闭以上各高程处的电动闸阀调整穹体排水口高程。这样，当长江水涨落时穹体外壳水压力为长江水静水压力，穹体内壳压力可接近长江水静水压力，内外压力相抵消，实现“无压容器”的方案设想。缆车方案如图9-42所示。

（2）廊道方案

利用上、下游坡型交通廊道作为取水设施，近期（2006—2009年）在两个廊道高程137 m和141 m处各设置取水管及循环水加压泵一台，远期（2009年以后）将两台水泵改装在高程151 m和155 m处，抽取长江原水或壳体内的透明度和浑浊度变差的清水，送至岸上一体化净水器进行处理。制取的合格清水通过循环水箱，自流到循环水系统中，更新壳体内的水质。系统由设置在两条交通廊道内的DN300循

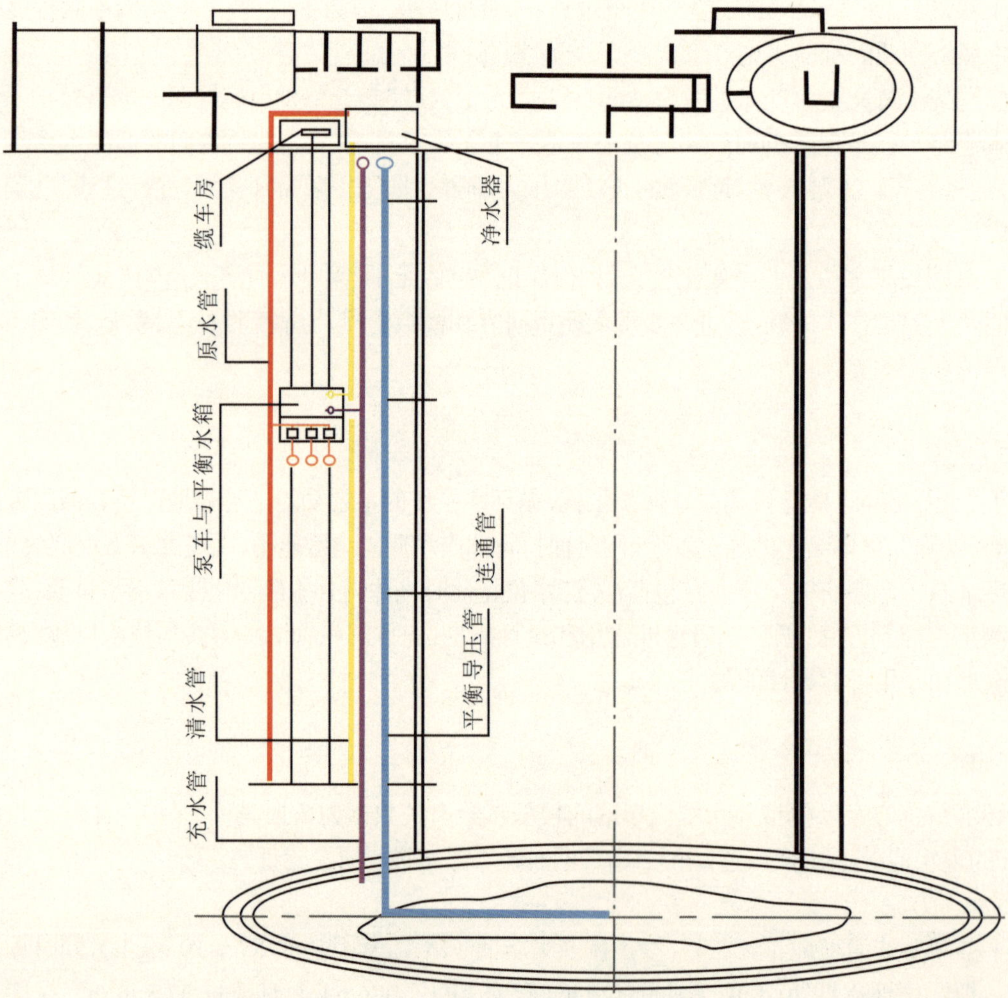

图9-42　缆车方案图

环水管道与保护穹体连接组成，近期在管道高程 138 m 处，安装专用过滤器与长江水相通，远期在管道高程 156 m 处增设专用过滤器，使得该系统将保护穹体内的水体与长江水体相通，形成一个“连通器”系统，以保证穹体内外的水压自动平衡。循环水管道和专用过滤器可互换使用，维护管理方便，运行更加可靠和灵活。专用过滤器使穹体内外的水体连通，在江水涨落变化时，使江水经过一定程度的过滤净化进入循环水系统，保证循环水系统的水质。廊道方案如图 9-43 所示。

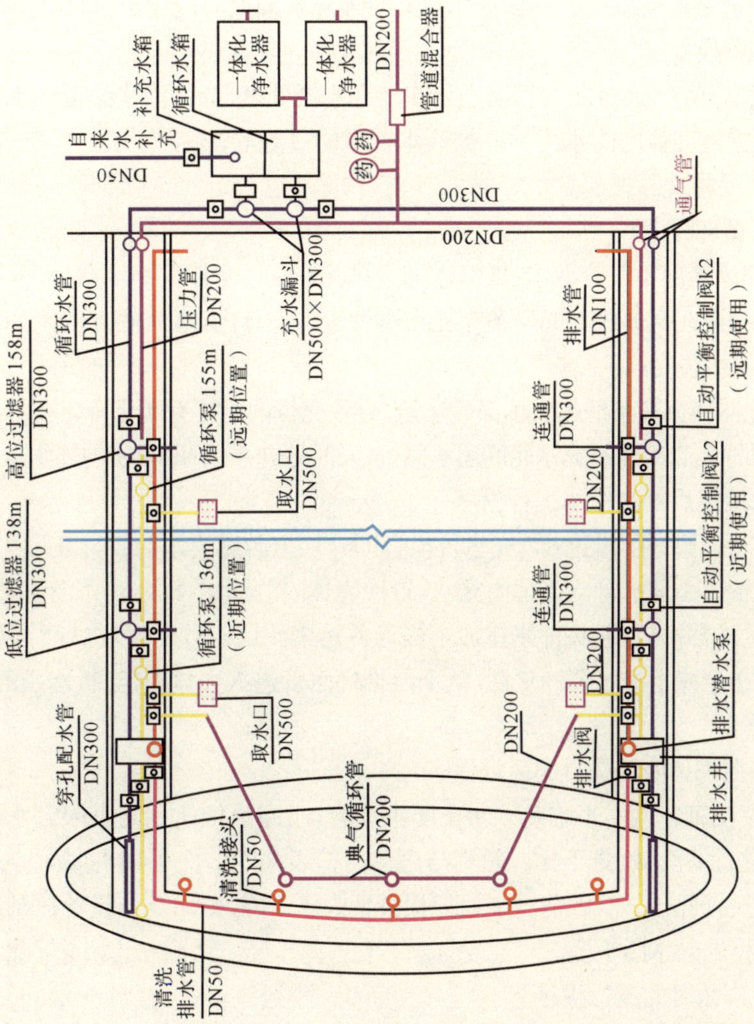

图 9-43　廊道方案图

廊道方案可以简化循环水系统，运行安全，保证循环水水质，容易控制系统水的渗漏，通过设置自动平衡控制阀和按“自动平衡程序”运行，可实现保护壳体的内外水压差为零。因此，循环水系统拟采用廊道方案，以确保系统的景观水质质量和方便运行管理。

9.4.4　系统运行程序

正常运行程序包括自动平衡程序、充水置换程序及封闭循环程序，特殊情况运行程序包括壳体竣工后初次充水运行程序、枯水期壳体内清洗时的运行程序及突发事故时的运行程序。

（1）自动平衡程序

水泵停止工作，壳体内水体与外江水体通过连通管及过滤器相通，在循环水管上紧靠过滤器设置的自动平衡控制阀处于常闭状态，壳体内的水压力将与外江水压力保持一致，内外水压差为零，并且不随外江水位与波浪涨落而发生变化，形成自动平衡状态。但外江水中的浑浊物质，将因沉淀、扩散和循环水系统中水的渗流所造成的水流传输作用，穿透滤层进入壳体内，影响壳体内的水质，设置专用过滤器可以将浊质穿透量控制在一定的限量内，使得在水循环周期内，系统内的水的浑浊度和透明度不超标。

（2）充水置换程序

水泵从外江取水，通过压力管输送到岸上净水器处理，合格清水经循环水箱自流进入一条循环水管道，挤压和置换壳体内的水经另一循环水管道的过滤器，排至外江。置换水流经过滤器时，同时对过滤器进行了反冲洗。

（3）封闭循环程序

水泵自壳体顶部集气管取水（集气也随之排除），压送至岸上净水器处理，同时回流到两条循环水管内，回流水经设在壳体底部的两条穿孔布水管进入壳体内，水从底部两侧均匀地朝向壳顶集气管方向流动，减少了水流短路。

冲洗过滤器使循环系统损失了部分水量，导致壳体内水压有所下降，这时，水压测定仪表和控制设备将同步启动岸上自来水补充水箱的出水阀门，及时地向系统补水，使内外水压迅速恢复到平衡状态。

（4）壳体竣工后初次充水运行程序

壳体竣工后，第一阶段进行“充水置换”，即开启上游廊道水泵自外江取水，抽至岸上净水器净化后，通过上游廊道循环水管向壳体内充水，置换壳体内的浑水；浑水由下游廊道的水泵取水口排放，而不通过专用过滤器排放，避免浑水排放不畅通并污染滤层；第二阶段进行“封闭循环”，即下游水泵自壳体内抽水，送至岸上净水器净化后，从上游循环水管进入壳体内，实行水质的封闭循环处理，直至循环水浊度合格。

（5）枯水期壳体内清洗时的运行程序

三峡水库在每年洪水来临前须留出防洪库容，水库水位达到防洪限制水位 140 m。本工程也将在这一期间进行清洗、检修工作。题刻与壳体内壁表面的清洗采用“抽吸”方法，关闭系统与外江的全部通道后进行清洗工作，因清洗水量耗损会使内压下降，则由测压设备控制岸上补充水箱及时进行补水，从而保持内外水压平衡。

（6）突发事故时的运行程序

一般情况下壳体内外水体通过专用过滤器相通，可保证内外水压的平衡。如果所有专用过滤器同时发生意外堵塞，或者其他不可预见的突发事故出现，必须实行内外水体直接连通以保障壳体安全时，这时开启取水泵取水口阀门和泵吸水管与壳体的连接阀门，外江水将直接进入壳体内。

9.4.5 模拟试验及研究成果

为实施“无压容器”构想，需要确保穹体内外水压平衡和循环水水质，对其关键技术和设备选用的研究是本课题的重点。通过模拟试验，分析外江水位起落时水下保护体壳体内外水压变化规律。

1997—2001 年，涪陵区长江水位每日涨落速度在 +3.14 m/d ～ – 6.42 m/d 之间，时间均发生在洪水高峰时期，三峡库区蓄水后水位变化将比天然情况下更趋平稳。分析涪陵区长江水位变化过程线变化速度

(即曲线斜率),在江面水位相对稳定时,涪陵江面某点水压因波浪而发生的变化幅度,最大 ±0.84 m。

1)壳体内外水压变化模拟试验

模拟水流涨落速度 ±2 ~ 4 m/h,外江水位暴涨暴落或因波浪而发生波动,观察和记录模型壳体内外水压的变化情况,掌握其变化规律,找出水压稳定措施的基础数据。

循环水系统采用廊道方案,制作试验模拟装置(如图 9-44 所示),其中由浑水水箱、浑水泵、浑水

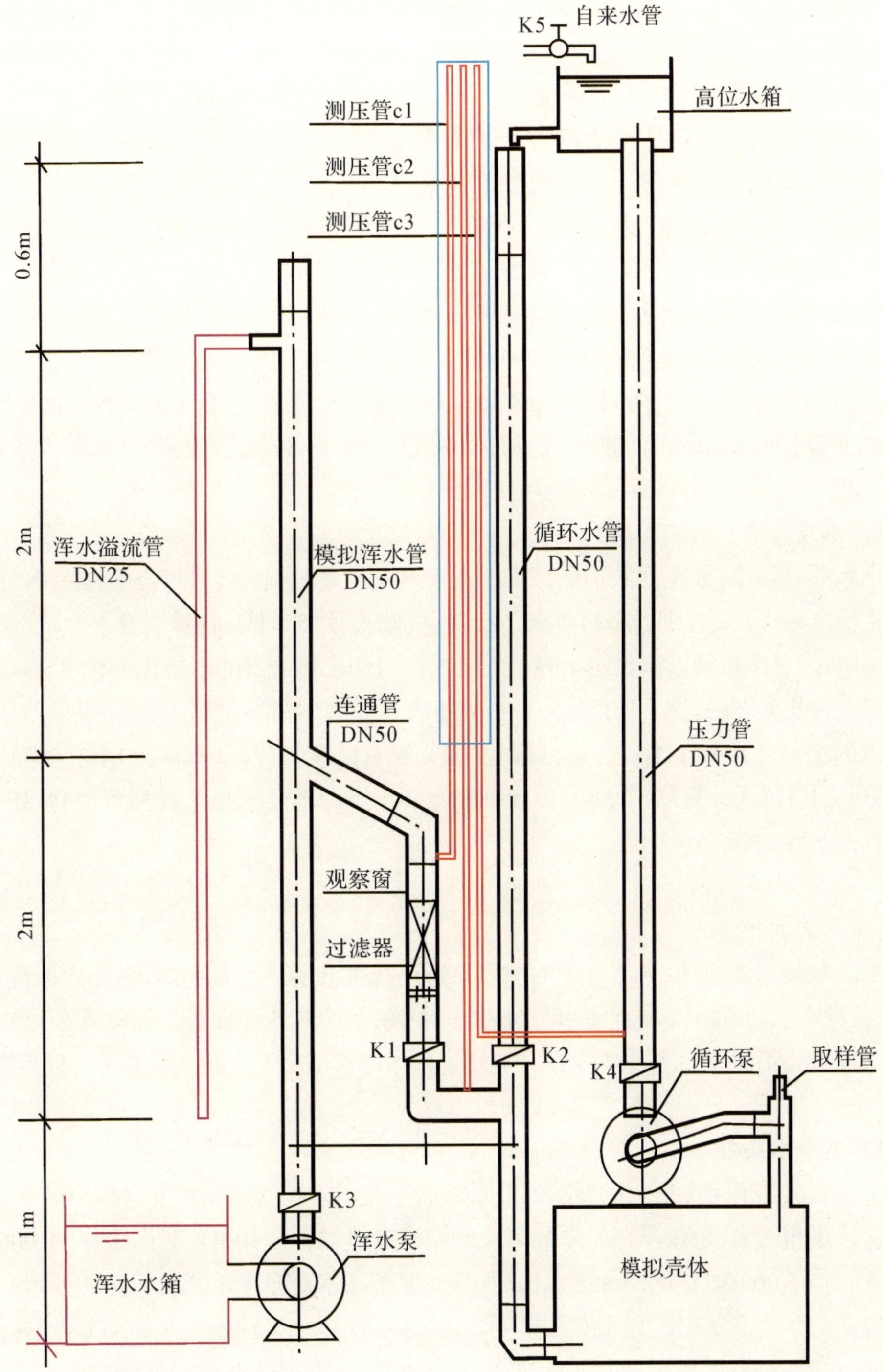

图 9-44 模拟试验装置系统图

管和浑水溢流管组成外江模拟系统；而循环水管、模拟壳体、循环泵、压力管和高位水箱则组成模拟循环水系统；这两个系统则由连通管与过滤器相联络。模型循环水管和压力管各用一根，原形系统各为两根。过滤器内装填有普通石英砂滤料，滤层厚度 0.4 m。

（1）用阀门 K3控制浑水泵流量，使模拟浑水管（即测压管 c1）的水位按 2 ～ 4 m/h 的速度上涨或下落，观察测压管 c2的水位变化，即获得模拟壳体内外的水压差的相关信息。

（2）不论模拟江水是涨是落，壳体内外测压管水头高度均是同步变化：阀门 K2 开启时，由于有水流正向或逆向通过过滤器，故内外水压有一定差值（等于滤层的水头损失）。阀门 K2 关闭时，没有水流通过过滤器，内外水压一致。

在 K2 关闭时，实际模拟水位涨落速度为 +5.22 m/h ～ –3.94 m/h 的条件下，如果没有渗水，模拟壳体内外的水压差为零。就是说，如果系统内没有水的流动，内外水压将保持一致，外江水位的涨落以及连通管上设置的过滤器，都不会影响内外水压的平衡。

这也循环水系统廊道方案设置自动平衡控制阀 K2 和采用“自动平衡程序”运行的试验依据。

（3）测定壳体内外水压及其差值，是保证循环水系统安全运行最为重要的数据。利用扩散硅传感器测定输出的与系统内外水压差成正比的 4 ～ 20 mA 电流信号，来控制岸上平衡水箱的充水阀门（电动或气动）的开度，使得内外水压差保持在规定的范围内。按内外水压差限值不大于 ±1 mH_2O，可以预先设定，当系统内水压小于外部水压 –0.8 mH_2O 时，阀门开度最大，充水流量等于循环泵额定流量；而在系统内水压等于外部水压时，阀门开度为零，阀门开度则与测压装置的输出电流信号大小成正比。

2）循环水质标准和循环周期

循环水水质标准中，最重要的指标是水的透明度及与之相应的浑浊度。我国室内游泳池及《生活饮用水卫生标准》对水质有相当高的要求，循环水系统采用“5 NTU，特殊情况下不超过10 NTU”，在这一浊度范围内，水透明度能够满足水下观景的要求。当然影响观景的水质还有色度、铁、锰等。考虑到长江原水通过常规处理后，这几项指标一般都能符合生活饮用水的要求，达到了循环水质指标标准。

系统内的循环水与外江水仅在连通管处相通，且有滤层隔开，基本保持相对洁净状态，水循环周期取用20 d（相当每天补充清洁水5%），与一般比赛用游泳池要求每天补充水量5%和一般水景设施要求每天补充水量2%～ 5%相当。

3）壳体内沉积物清洗

壳体内沉积物来源包括：外江水中的浊质穿透连通过滤器进入系统内、系统内循环水中的浊质沉淀、系统内各种水生动植物和微生物活动形成的沉积物、系统内各种金属设备和混凝土的腐蚀所形成的沉积物、其他意外情况下进入系统的杂质。利用壳体内与参观廊道间的水压差可将沉积物有效清洁。

4）循环水净水设备

长江上游江水在汛期（5—10月份），江水浊度高、变化也较急剧，几天之内可从几百度升至几千度。江水含砂量也较大，每年汛期江水的浑浊度经常出现（20 ～ 30 d）大于或等于1 000 NTU 高浊度江水，偶尔还有 >5 000 NTU 的高浊度水出现，高浊度长江水对净水工艺有特定的要求。

净水器在循环水系统中的作用非常重要，其出水水质浑浊度应不大于3 NTU，这样才能保证系统的水的浑浊度能在一个循环周期内恢复到不大于5 NTU。国内还没有一种能完全适应长江高浊度水处理的合适产品，主要是缺少处理泥沙的功能。另外，三峡水库水质因水流变缓和有机物增多，因而含藻量增大的情况发生，净水设备还应有直接过滤处理含藻水的能力。

专门设计的一体化净水器加上活性炭过滤器工艺，即专用过滤器，可确保循环水处理的水质要求(浑浊度 <3 NTU)，提高水下观景质量。

（1）专用过滤器在循环水系统中所担负的功能十分特别，它是设置在外江与循环水系统之间的一个“水质单向阀”，既使外江水与循环水有可靠的连通，以保持内外水压平衡，又要阻止外江水浊质对系统内水质不产生明显的影响。另外，专用过滤器也是循环水排除的出流通道，使得置换排水作为它的滤层反冲洗水。

（2）循环水流量产生的滤层反冲洗强度太大，过滤器做成具有正反双向过水、滤料不致流失的特殊构造。实物过滤器模型采用高度比例 1 : 1，横截面直径 DN50（1 : 6），滤料为两种不同厚度的均质滤料（0.4 m 和 0.6 m），并与普通石英砂滤料（0.4 m 厚）进行对比，测定其截留杂质和过流水头损失等性能，验证其功能和气水反冲洗效果是否满足工程要求，以取得基本的工艺尺寸参数和优化实际设备装置。

（3）模拟江水浊度为 800 ～ 2 500 NTU，在关闭阀门 K2 的条件下，测定模拟壳体内的水质浊度和过滤器前后（即壳体内外）水压随时间的变化，控制循环泵按不同流量运行，测定壳体内外水压的变化。采用专用过滤器，实现了“连通器”的功能，又能将外江浊质向循环水系统的渗透量控制在一定范围内，保证了循环水系统的水质。

9.4.6 结论和建议

循环水系统采用廊道方案，可保证壳体内外水压自动平衡和循环水质量，系统简单，管道设备和土建工程量少，经济合理，同时运行管理方便灵活。

严格控制系统水的渗漏，设置自动平衡控制阀和按“自动平衡程序”运行，可实现保护壳体的内外水压差为零。在外江水高浑浊度期间，一个运行周期的循环水浑浊度增量不超过2 NTU，可以确保系统的景观水质质量。

建议工程设计中，对循环水水质、壳体内壁和石刻表面清洗方法、测压控制设备、净水设备和专用过滤器进一步研究论证，确保循环水系统正常运转。

9.5 水下照明及 CCD 遥控观测系统专题研究

9.5.1 水下照明研究

涪陵白鹤梁题刻是三峡库区重要历史文物之一，三峡工程建库后它将永远淹没在长江水下 40 m 的深水中。涪陵白鹤梁题刻原址水下保护工程中水下保护体长 70 m，宽 17 m，采用无压结构。由于白鹤梁题刻长年浸泡在水中，为了满足人们在参观廊道内直接目视和间接观测题刻，提出了大面积深水照明和 CCD 图像遥测观测摄取及处理技术要求，但国内尚无相关技术标准和成熟案例，有必要通过专题研究，形成技术先进、安全可靠、经济合理、操作简单、便于维护的系统方案。对于今后的运行管理而言，照明设备所产生热量及辐射因素，不能对文物造成伤害，题刻的照明设备和 CCD 前端设备的维护问题是一个关键问题。

(1) 照明灯具发展

随着科学技术进步和社会发展，对照明提出了更高要求，照明方式和设备也逐渐完善。同时，电力设备的种类、品质提高，为照明系统的多样化创造了条件。在现行的照明系统中主要产品有白炽灯、日光灯、荧光高压汞灯、碘钨灯、管形氙灯、高压钠灯、金属卤化物灯等。近些年来，发展较快的新设备有 LED 照明、光纤照明等。

白炽灯：结构简单，价格便宜，寿命1 000 h。

日光灯：亮度大，寿命 3 000 h，电压低于额定电压 10% 时不能保证启动，安装复杂。

荧光高压汞灯：亮度大，体积小，寿命 2 000 h，电压要求高。

碘钨灯：亮度稳定，安装方便，管壁温度高，寿命 1 500 h。

管形氙灯：亮度大，寿命短，寿命为 1 500 h。

高压钠灯：体积小，亮度高，光色较差，寿命为 8 000 h。

金属卤化物灯：亮度大，光色好，寿命为 1 000 h。

电致发光片：通过交流电激发荧光物质，发出高效率的冷光，适用狭小空间照明，是一种冷光源。

LED 照明：体积小，照度高，能耗小，寿命为 20 000 h。

光纤照明：照度小，安装方便，寿命是 100 000 h。

（2）照明系统方案选择

为适应特殊用途，尤其是水下照明需要，可以选择多种形式的水下照明设备，主要有：普通水下照明设备，由常规灯头和防护罩组成；军事专用水下照明设备，主要用于舰船上，除了和普通水下照明设备相同的特点外，对电源进行了改造，对防护罩进行了加强，可以承受较大的压力；光纤照明，是一种新型照明方式，通过将电源和光源分离，不需防护，不会受潮湿、水压等方面的影响；LED 照明体积小、照度高、能耗小、可设计专用灯具承受较大的水压力。

普通水下照明设备：由灯头和防护罩构成，电源直接引到照明现场，组成照明系统。其主要特色是造价便宜，但寿命短，照明效果有限，同时发热量大，产生红外线、紫外线，易对文物产生伤害，安装维护困难；存在更大问题是不能实现水下作业，例如更换灯头只能在岸上进行，对于本工程中实施困难，每次更换需专业潜水人员及潜水设备，维护费用大，电缆浸泡在水里容易短路。

军事专用水下照明设备：属于潜水员用的照明设备，采用外灯头一组自备电源，每个灯泡为 500 W、55 V 交流，专用电缆供电，使用寿命为 3 000 h。这种照明设备通过改进，克服了普通水下照明设备寿命短、电缆易短路等方面的缺点，但维护难度大，更换灯头必须在岸上进行；同时供电要求高，发热量大，产生红外线、紫外线，易对文物产生伤害，维护费用也高；使用寿命虽有提高，但也难满足本工程使用要求。

光纤照明：是一种新型的照明方式，由电源、光源发生器、光纤、光纤发光头组成。光源发生器由光源、反射器、紫外线和红外线滤光器组成，将电能转换为光源后，通过光纤发送出去，照明现场只有光纤。其主要特点是单个光源可具备多个发光特性相同的发光点，发光器可以放置在非专业人员难以接触的位置，极具防破坏性，同时无紫外线、红外线光，可减少对文物的损坏，无电磁干扰无电火花，无电击危险，广泛用于有电磁屏蔽要求的特殊场所和喷泉水池、游泳池等潮湿多水位置。需要时可自动变换光色，柔软易折不易碎，可以加工成各种不同的图案；系统发热低于一般照明系统，但一次性价格高。

LED 照明：体积小、照度高、能耗小，可设计制造成专用灯具承受较大的水压力。其主要特点是灯具能耗小，比一般照明灯具功耗小 8 ～ 10 倍，同时无紫外线、红外线光，可减少对文物的损坏，无电磁干扰无电火花，无电击危险，广泛用于有电磁屏蔽要求的特殊场所和喷泉水池、游泳池等潮湿多水位置。需要时可自动变换光色，体积小，易被加工成专用灯具承受较大的水压力；供电要求一般，系统发热低于一般照明系统，但一次性价格高。

从对文物的保护、安装维护、安全性能等方面综合分析，光纤照明和 LED 照明具有明显优势，白鹤梁题刻水下保护工程实施时，水下照明采用的就是 LED 照明方案。

9.5.2 照度研究

照度研究是工程专题研究的重点，其目的是为工程设计、施工和运行管理提供理论和实践基础，提供设计、施工的技术保障。通过研究解决照明设备的布置问题，包括布置高度、距离、照明器的数量等方面的问题。在满足游客和文物专家清晰观察要求的前提下，尽量做到合理布局、数量适宜、降低成本、节省维护费用等。照明器的布置应使高度和间距适当，不留观测死角。

主要依托理论分析与局部模拟实验测量等方法来研究照度问题。

（1）理论分析

$Ei=\triangle Fi' / \triangle Si$，$\triangle Fi' = \triangle F\mu K/Z$

$\triangle F$ 为照明器在 $\triangle Si$ 的光通量；μ 为光在水中的利用系数；

$\triangle Si$ 为被研究的某面积；Z 为最小照度系数；K 为维护系数。

有效照度：$E = MIN\ (E1, E2, \cdots Ei, \cdots EN)$

按照此公式计算，由于水质不同，μ、Z 及 K 均不同，本工程照度计算难度较大，只能根据 LED 的照射及布置情况，通过照度测量值来确定。

（2）布置方式

LED 照明为深度配光（集中向下照射），在0～40° 范围内光强最强，在50°～90° 时光强大大减弱。其照度特征曲线如图 9–45 所示：

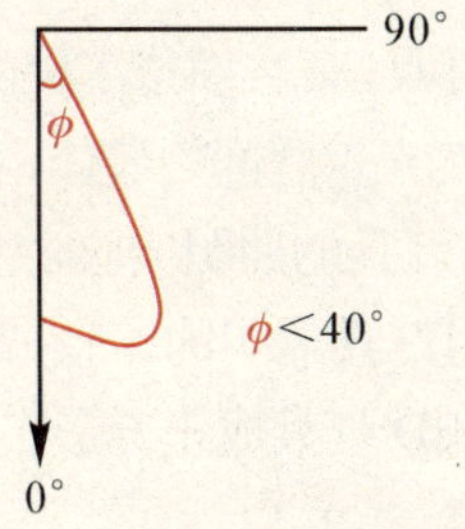

图 9–45　照度特征曲线图

（3）深度配光曲线的特征形状

参照配光曲线进行合理的灯具布置以达到基本照度要求，布置方式通常分为均匀布置和选择布置两种。本工程采用以均匀布置为主，少量重点部位选择布灯的方式。

均匀布置分为正方形顶点布置和棋式布置，布置图 9–46 如下：

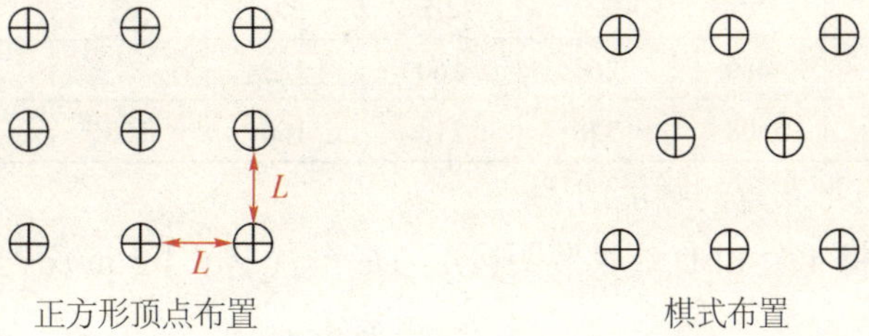

图 9–46　灯具均匀布置图

由于 LED 照明的夹角 $VAB=75°$，

单个灯头照明示意图 9-47 如下：

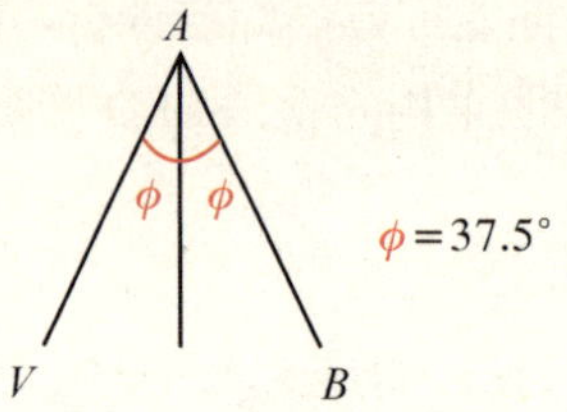

图 9-47　单个灯头照明示意图

当几个灯头同时照明时，其照度叠加如下：

若 h 取3.5 m，tg37.5° = 0.7673，$L=3.5\times0.7673=2.68$ m，取2.5 m。

每4点组成正方形的照度最小是单个灯头照度的两倍，且中间最强，故无需采用棋式布置（图 9-48、图 9-49）。

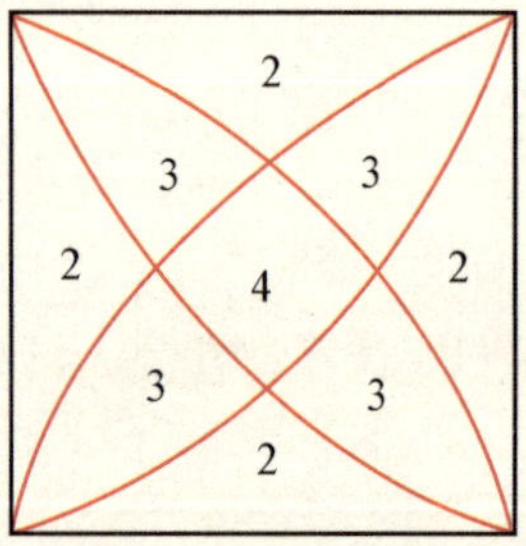

图 9-48　平面照度叠加情况

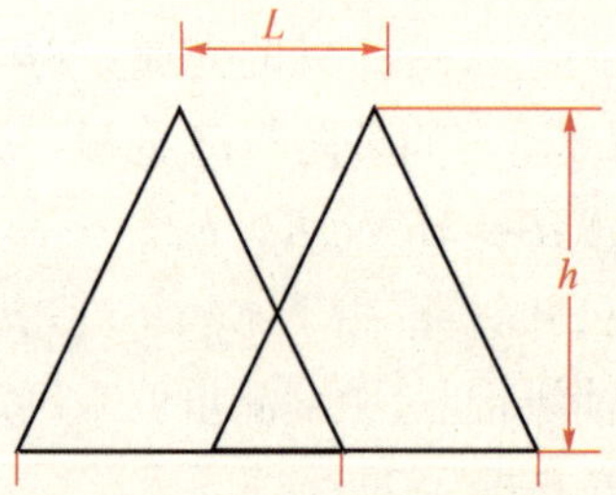

图 9-49　纵剖面照射叠加情况

当 $L=2.5$ m、$h=3.5$ m 时，叠加后其照度值约为单个照明时照度的两倍。

（4）照度实验

采用 4 台自研 1 W × 6 的特制试验灯具，真实模拟工程的实际情况；通过对比照度与距发光点之间距离的关系，可发现在可视范围内，两发光点之间的最佳距离。

实验分 3 次进行：第一次，单个 LED 灯具的照明实验，主要是测量单个灯具在水中各个深度的照度值；第二次，单个 LED 灯具与常规照明灯具照明的比较，常规照明因为散光，在 $h=2.5$ m 时即不能满足照度要求；第三次：采用一组共4个 LED 灯具成正方形布置时照明实验。

单个 LED 灯具的测试结果见表 9-12、表 9-13。

表 9-12　单个 LED 灯具在各个深度的照度值（第一次）

h（m）	0.5	1.0	1.5	2.0	2.5	3.0	3.5	4.0	4.5	5.0
lx	700	520	430	230	150	120	60	50	40	40
	910	680	330	300	200	156	78	65	52	48

表 9-13　单个 LED 灯具在各个深度的照度值（第二次）

h（m）	0.5	1.0	1.5	2.0	2.5	3.0	3.5	4.0	4.5	5.0
lx	750	560	480	260	160	125	89	50	42	40
	960	710	608	328	218	160	116	65	56	48

4 个 LED 灯具成正方形布置的测量结果：

模拟现场观察效果，将 4 个 LED 灯具照明按正方形布置于水下5 m 深处，可以清晰地看到8 m 深底层的物体。照度测量选 4 个 LED 灯具，取 L=2 m、L=2.5 m、L=3 m 呈正方形布置，测量 3 个典型位置（l=0，L/4，L/2）的照度，每一点深度分别为0.5 m、1 m、1.5 m、2 m、2.5 m、3 m、3.5 m、4 m、4.5 m 时其测量值见表 9-14。

表 9-14　4个 LED 灯具在不同边长、不同深度的照度值

L=2m（l=L/4）

h（m）	0.5	1.0	1.5	2.0	2.5	3.0	3.5	4.0	4.5	5.0
lx	700	520	430	330	300	280	200	130	89	

（l=0）

h（m）	0.5	1.0	1.5	2.0	2.5	3.0	3.5	4.0	4.5	5.0
lx	1100	960	680	500	473	325	209	150	102	

（l=L/2）

h（m）	0.5	1.0	1.5	2.0	2.5	3.0	3.5	4.0	4.5	5.0
lx	473	880	630	450	340	306	185	120	63	

L=2.5 m（l=L/2）

h（m）	0.5	1.0	1.5	2.0	2.5	3.0	3.5	4.0	4.5	5.0
lx	473	600	530	410	360	310	300	120	63	

（l=L/4）

h（m）	0.5	1.0	1.5	2.0	2.5	3.0	3.5	4.0	4.5	5.0
lx	950	700	520	440	380	305	310	140	76	

（l=0）

h（m）	0.5	1.0	1.5	2.0	2.5	3.0	3.5	4.0	4.5	5.0
lx	920	800	570	400	300	230	220	95	58	

L=3m（l=L/2）

h（m）	0.5	1.0	1.5	2.0	2.5	3.0	3.5	4.0	4.5	5.0
lx	437	630	720	508	370	140	80	64	37	

（l=0）

h（m）	0.5	1.0	1.5	2.0	2.5	3.0	3.5	4.0	4.5	5.0
lx	920	640	500	310	195	120	65	50	32	

（l=L/4）

h（m）	0.5	1.0	1.5	2.0	2.5	3.0	3.5	4.0	4.5	5.0
lx	850	630	470	280	201	140	95	72	53	

结果分析：① 4 个 LED 灯具成正方形布置，当 L=2 m 和 L=2.5 m 时，h=3.5 m 及以上的照度都在 150 lx 以上。② 当 L=3 m 时，局部区域照度小于 100 lx，观察也不太清晰。③ 实验测试结果与 LED 灯具照明配光曲线叠加效果一致，因此建议工程上采用 L=2.5 m 的正方形布置方案。

（5）水下照明色温和眩光

由于 LED 灯具照明不产生色温，避免了普通照明灯具产生色温对文物及设备的影响，色温问题得到了解决。

为避免产生眩光，影响观赏效果，参观廊道中的灯具布置应遵循以下原则：灯光不能太强；不能直接照射到观察窗上。

（6）照明灯具的散射补偿

水中的物体在空气中成像会产生较大散射，所观察到的图像失真较大。为解决这一问题，需要在参观廊道设计观察窗时，选用具有聚光性的镜面。本工程采用凸透镜玻璃作观察窗，可对散射作适当补偿，能使文物观察效果更为真实（图 9-50）。

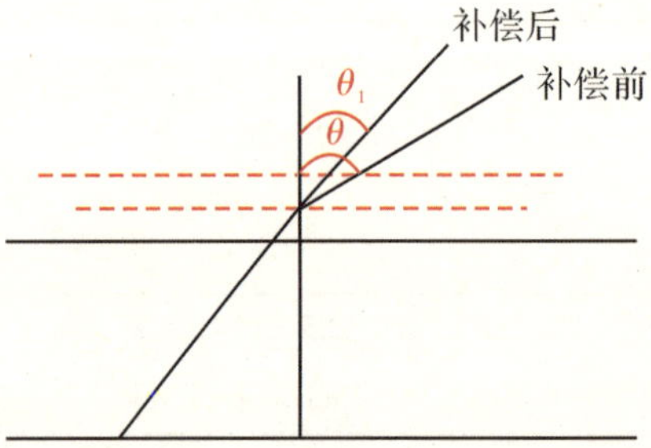

图 9-50　照明灯具的散射补偿

（7）保护体内 LED 照明照度参数

照度值高低是决定观赏效果主要因素之一，由于国内外当时尚无深水照明照度标准，针对白鹤梁题刻的特点，通过大量研究和试验，确定了深水下白鹤梁题刻表面照明的照度为 350 lx，特别关注的部位题刻表面照明的照度为 400 lx。经过 3 年的使用证明其能满足人们观赏和摄像要求。

9.5.3　水下专用照明灯具及摄像机的防护

图 9-51　一进六出水下可卸式穿舱连接器

LED 专用照明灯具直接置于水下，可承担 40 ～ 50 m 水头的压力而不需进行专门防护，克服了其他类型的照明设备防护难的问题。由于 LED 照明系统电流小、无火花，其绝缘问题得到了根本的解决，渗水的问题也同时得到解决。

为了便于水中安装和更换照明和摄像设备，摒弃了传统的挤压式密封穿舱技术，采用专利技术——水下可卸式穿舱连接器，并以此专利技术设计制造了水中脱卸、水中插拔的穿舱连接器（图 9-51）。这种穿舱连接器既能将电源及信号从地面连接到水中的灯具和摄像机，达到地面与水下的电气连接功能，又能在水中脱卸插拔，满足系统维护的要求，使得水下照明摄像设备维修更换变得轻而易举。因水的可视度高，所以不应存在镜头维护问题。

9.5.4 LED 专用照明灯具的布置与控制

针对白鹤梁题刻的分布特点，从文物保护、设备安装维护方便和安全等因素考虑，工程实施中大面积工作照明采用了 124 个以大功率节能 LED 为光源的专用照明灯具，重点文物局部照明采用了 30 个水下 LED 专用照明灯具。所有灯具采用分组控制方式并能在设备仓进行现地控制，在地面陈列馆进行远程遥控，每个灯具具有自我保护和提示功能，从而实现了智能管理。它是国内最早成功应用 LED 照明技术的照明工程，也是国内唯一的深水大面积大功率 LED 照明工程。经过 3 年的使用证明能满足游客和文物专家清晰观察要求。

9.5.5 CCD 遥控观测系统

该该系统由陈列馆 CCD 遥控观测系统和参观廊道 CCD 遥控观测系统组成。

（1）陈列馆 CCD 遥控观测系统

白鹤梁题刻的保护方式为水下原址保护，受场地和观测视角的限制，游客在现场只能局部观测题刻而无法清晰完整地观测题刻。为解决这一问题，在陈列馆 CCD 遥控观测系统中采用了实时摄取局部图像、无缝无叠拼接、全景图像展示的新技术，从而使游客在地面陈列馆演示厅内实时、清晰、完整地观测水下题刻体。

陈列馆 CCD 遥控观测系统由摄像部分、传输部分、显示及控制部分构成。摄像部分采用 24 台定焦距分辨率不小于 400 线的彩色摄像机，摄像机均匀布置于题刻体的上方约 3 m 处；传输部分采用密封可绕金属管穿射频线的方式，在廊道设备间内对射频信号进行数字化处理，由光缆通过电缆通道引至地面；系统控制部分为工业控制机；显示部分为大幅全景投影仪和高分辨率显示终端，其每行数字化成不少于 500 个像素点，以保证显示图像的清晰度。在高分辨率显示终端上，游客可通过控制键盘或鼠标浏览全景题刻图，也可按个人意愿在浏览全景题刻图中各碑刻的相对位置处点击热键，即可全屏或大幅特写方式调出对应的碑刻，达到清晰无误、真实再现的效果。CCD 遥控观测系统控制室设于地面陈列馆内。

（2）参观廊道 CCD 遥控观测装置

游客在参观廊道内近距离观看题刻时，尽管保护体内为过滤后的长江清水，但通过参观廊道观察窗观看的题刻最远直线距离为 17 m，而人们用肉眼观测题刻上字迹的分辨能力有限，因此要清晰并完整观看题刻有一定的难度。为解决这一矛盾，拟在参观廊道内设置 CCD 遥控观测装置，即在重点题刻或密集处设置可变摄像头，于参观廊道内设置高分辨率彩色显示器，游客在参观廊道内通过手控操作，根据各自需要清楚、直观地观看题刻。参观廊道内共设置 3 套 CCD 遥控观测装置，以满足参观廊道内多名游客同时观看题刻的需求。

9.6 水下参观廊道专题研究

9.6.1 研究目的

参观廊道是支撑在水下导墙上的重要水下建筑，类似固定的水下潜水器，承压结构为钢结构管道，并开设承压玻璃窗满足通视要求，人们通过交通廊道自岸上进入参观廊道，在水中观赏题刻的原有风貌。

参观廊道专题研究重在解决参观廊道的结构安全、防腐、观通、维护等方面的重大技术难题。

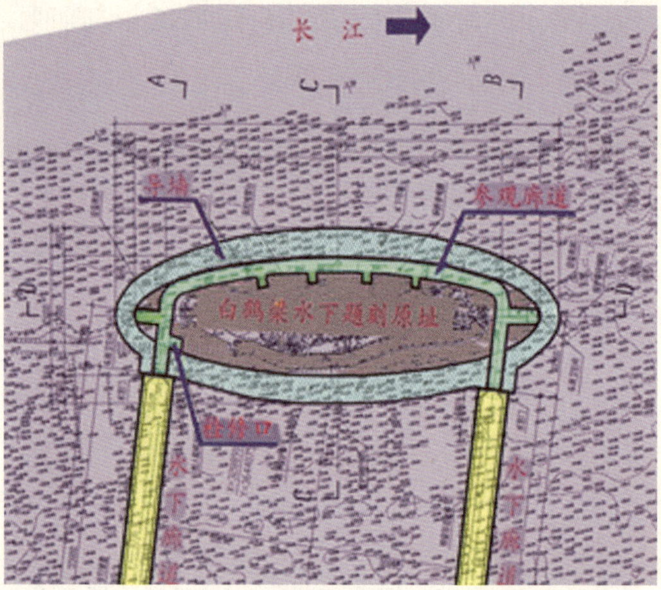

图 9-52 参观廊道平面布置图

9.6.2 参观廊道布置

参观廊道与水下导墙对应布置，采用钢结构管道的承压结构，并开设承压玻璃窗满足通视要求，整体平面布局为“U”字形，沿外江侧水下导墙内壁单边设置。廊道宽 2.412 m，高 2.8 m，底部高程 137.0 m。结合题刻分布和视角要求，廊道四处局部加宽 1.2 m，设置液晶屏幕及摄像操作台。参观廊道两端各设置一个舱室，布置卫生间及设备检修间，在左侧与导墙连接处设置一个尺寸为 2.8 m × 2.5 m × 1.2 m的蛙人出入口。观察窗为双层水密窗，采用厚实的航空玻璃窗，可承受压力。参观廊道平面布置如图 9-52 所示。

整个廊道由1个“U”形参观廊道和2个附属舱室组成，“U”形参观廊道共由4道水密舱壁分隔成3个水密舱，每个水密舱壁上设两扇水密门。水密门按广泛应用于各级潜水艇的平面舱壁标准，双重紧固，双面承压。附属舱室与参观廊道之间设水密舱壁，与廊道分隔。廊道通过铁件固定连接在水下导墙上，廊道参观平台以下设置铸铁压载保持廊道重力与浮力的平衡。廊道固定连接构造如图 9-53 所示；廊道铸铁压载如图 9-54 所示。

参观廊道内按需要配备电力系统、照明系统、火灾报警系统、电话系统、疏排水系统和通风系统。

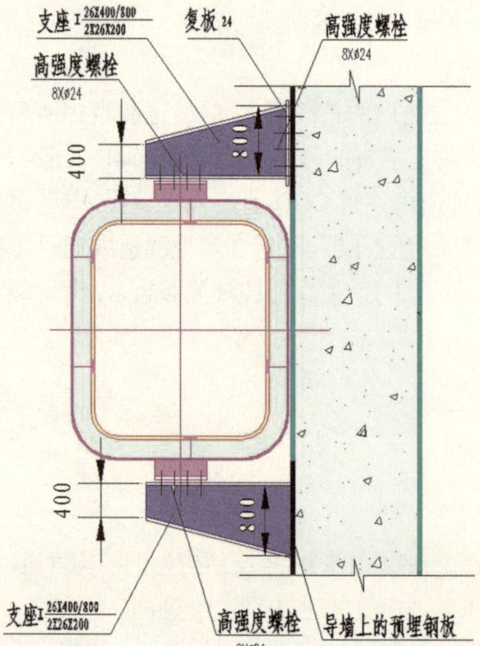

图 9-53 廊道固定连接构造

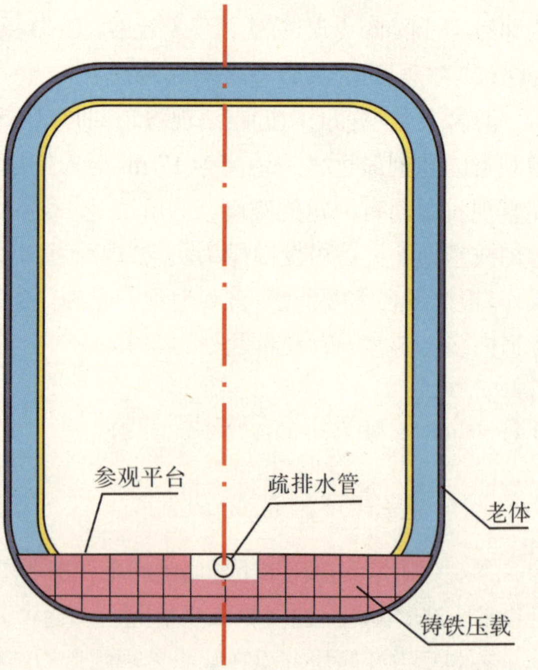

图 9-54 廊道铸铁压载

9.6.3 参观廊道结构分析

1）参观廊道构造

参观廊道耐压壳体采用混合构架结构，承受48米水深压力，与水平交通廊道对接。构造见图9-55。

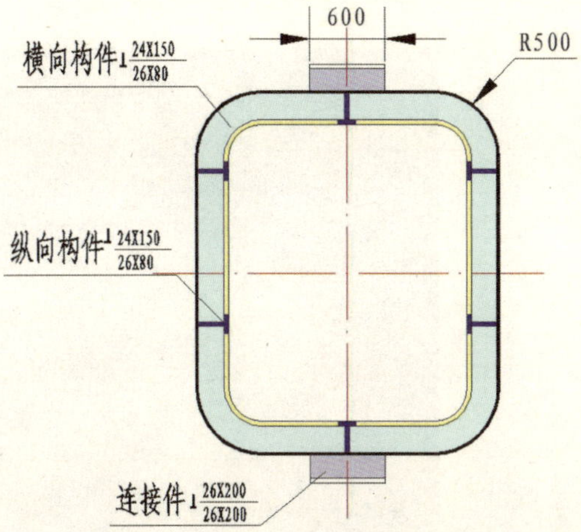

图 9-55 基本结构图

2）模型建立

参观廊道耐压壳体在水面下处于非自由状态，单独考虑耐压壳体将会忽略支座对耐压壳体的局部强度的影响，计算中耐压壳体和支座一起参与计算，这样既计算了耐压壳体又考虑了支座对耐压壳体局部强度的影响。即模型中包含耐压壳体和支座。它是一个对称体，取一半进行分析计算，耐压壳体与水平交通廊道连接一端采用固定约束，另一端采用对称约束。

采用板梁组合单元或壳单元两种类型进行有限元分析，耐压壳体、纵横结构腹板等采用壳单元纵横结构，面板采用梁单元。对耐压壳体结构的几何模型进行自由式网格划分生成有限元模型，其中梁单元有 7 196 个，壳单元有 58 448 个、节点有 58 140 个。耐压壳体及支座结构模型如图9-56所示；局部结构有限元模型如图9-57所示。

3）参观廊道计算分析

耐压壳体承受重力影响，包括耐压壳体重量和压载重量，其中压载重量沿廊道舱底均匀布置；耐压壳体处于工作状态时，即安装在水下 48 m，耐压壳体承受水的压力、自重（包括耐压壳体重量和压载重量）和游人重量的影响。按模型进行有限元分析计算，根据计算结果改变各结构构件参数，如壳单元的厚度、梁单元的截面参数，逐步使得最大应力值达到规范要求。

（1）初步拟定参观廊道结构各构件尺寸

耐压壳体的厚度 tf=30 mm；横向结构腹板的高度 hw=150 mm；横向结构腹板的厚度 =24 mm；纵向结构腹板的高度 hw=150 mm；纵向结构腹板的厚度 =24 mm；横向结构面板 26 mm × 80 mm；纵向结构面板尺寸为 26 mm × 80 mm；支座腹板尺寸为 26 mm × 400/800 mm；支座面板尺寸为 26 mm × 200 mm。

（2）计算结果

参观廊道承受重力影响时，耐压壳体最大等效应力为 34.9 MPa，位于圆弧过渡区的肋骨上；支座最大等效应力为 52.0 MPa，位于洗手间支座处角点上。

参观廊道处于工作状态时，耐压壳体最大等效应力为 323 MPa，位于显示屏结构与壳体连接处的壳体上；支座最大等效应力为 103 MPa，位于圆弧过渡区支座角点上；横向结构腹板最大等效应力为 307 MPa，位于距中 13.2 m 处的肋骨上；纵向结构腹板最大等效应力为 323 MPa，位于距中 4.5 m 处的纵骨上；支座最大支反力，位于圆弧过渡区支座上。

耐压壳体最大挠度为 10.27 mm，位于靠近导墙一侧，距中 8 m 处耐压体上；总体结构失稳临界压力为 4.47 MPa；相邻肋骨间的壳板失稳临界压力为 15.2 MPa。

综上所述，耐压壳体、构件最大等效应力 MAX=231 MPa，分布于纵向结构腹板上；耐压壳体的最大等效应力 182 MPa，结构强度满足要求。比较相邻肋骨间的壳板失稳临界压力和总体结构临界压

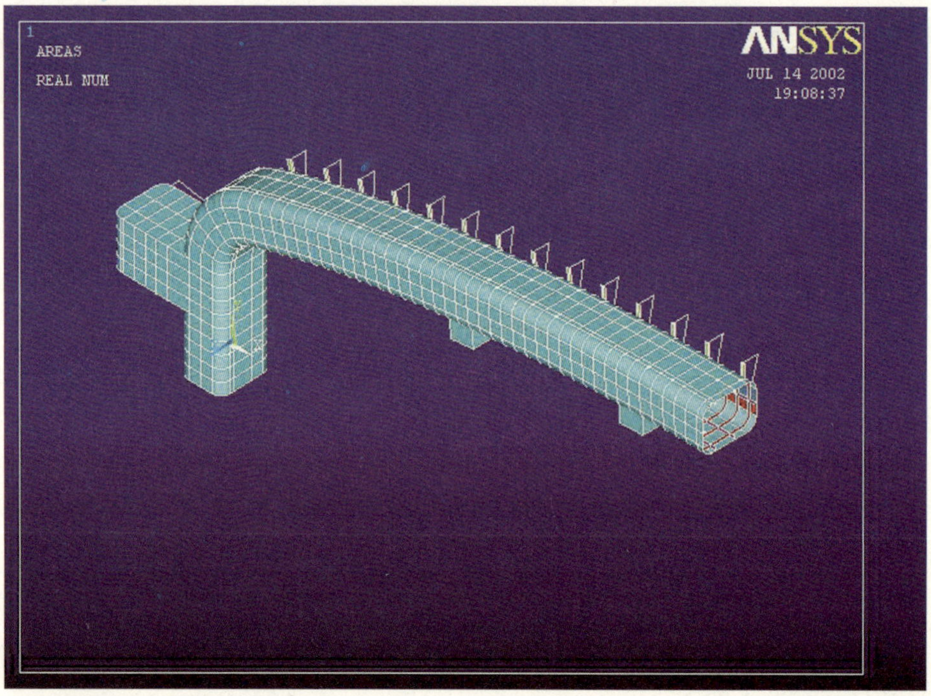

图 9-56　耐压壳体及支座结构模型

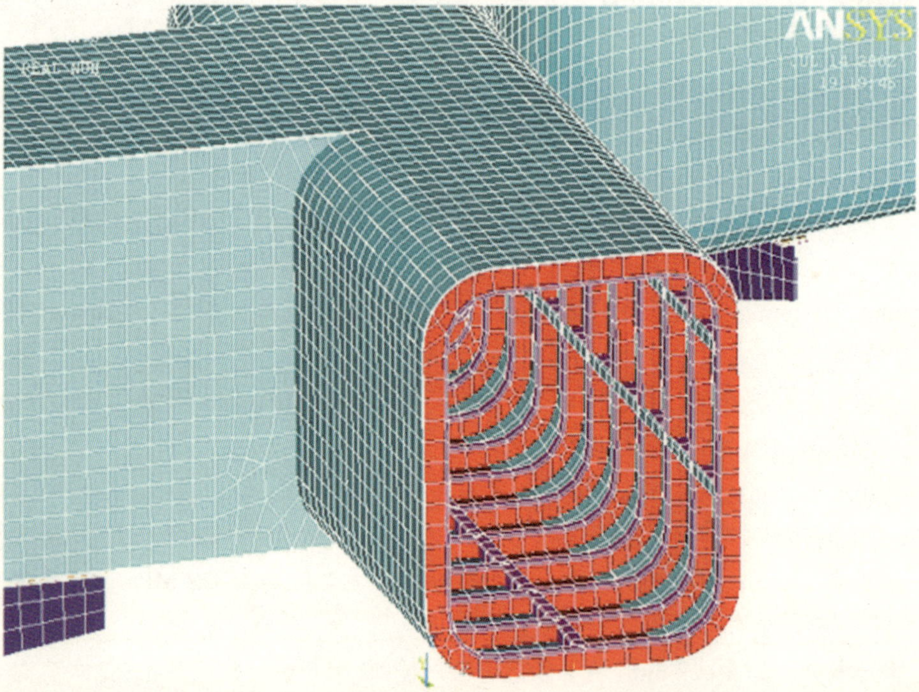

图 9-57　局部结构有限元模型

力，结构稳定性也满足要求。

参观廊道耐压壳体、构件有限元计算结果如图 9-58 ～图 9-65 所示。

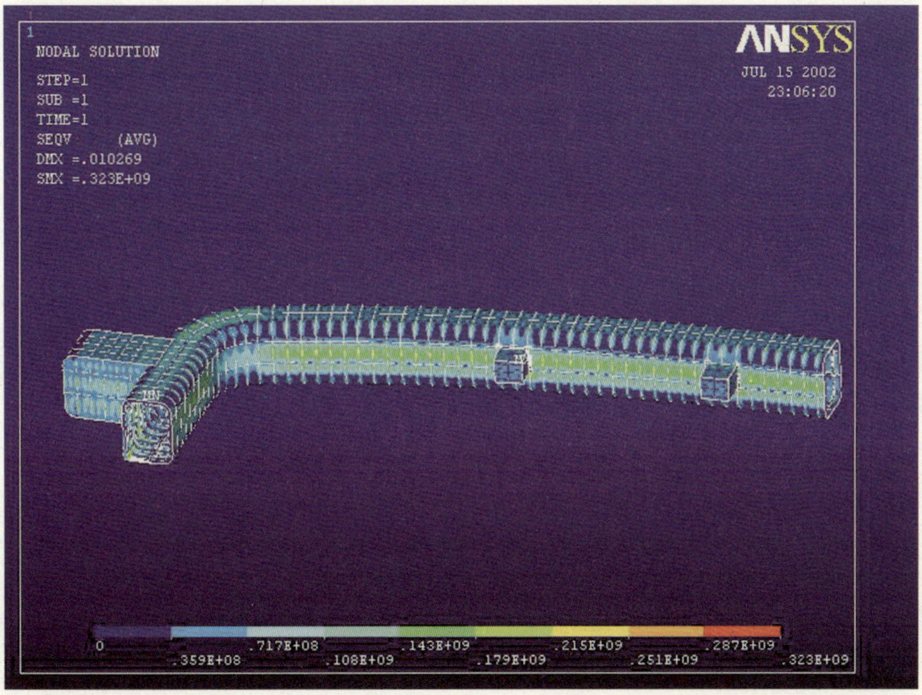

图 9-58　耐压壳体等效应力分布云图

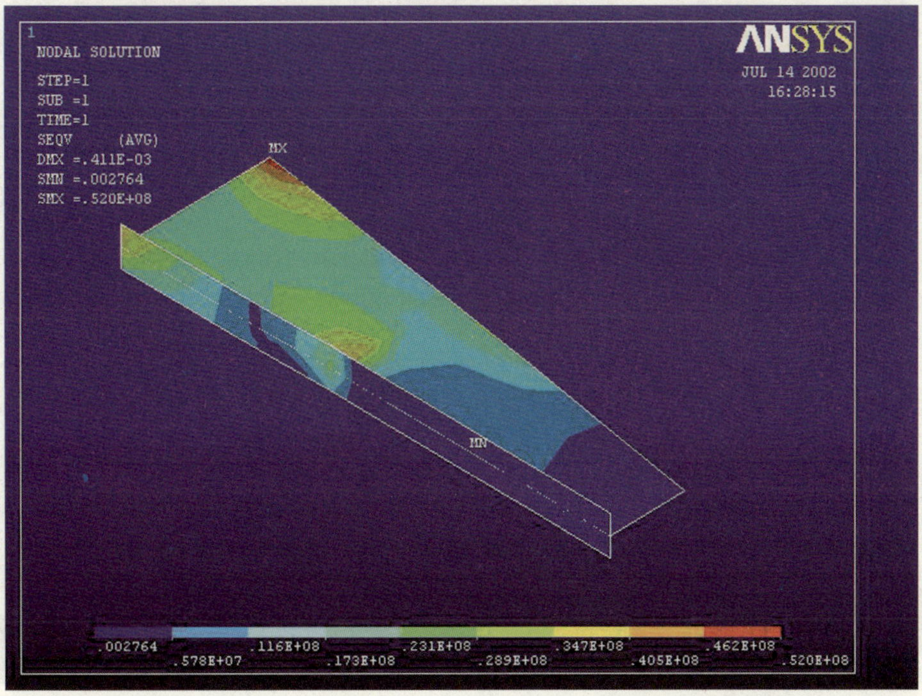

图 9-59　支座结构等效应力分布云图

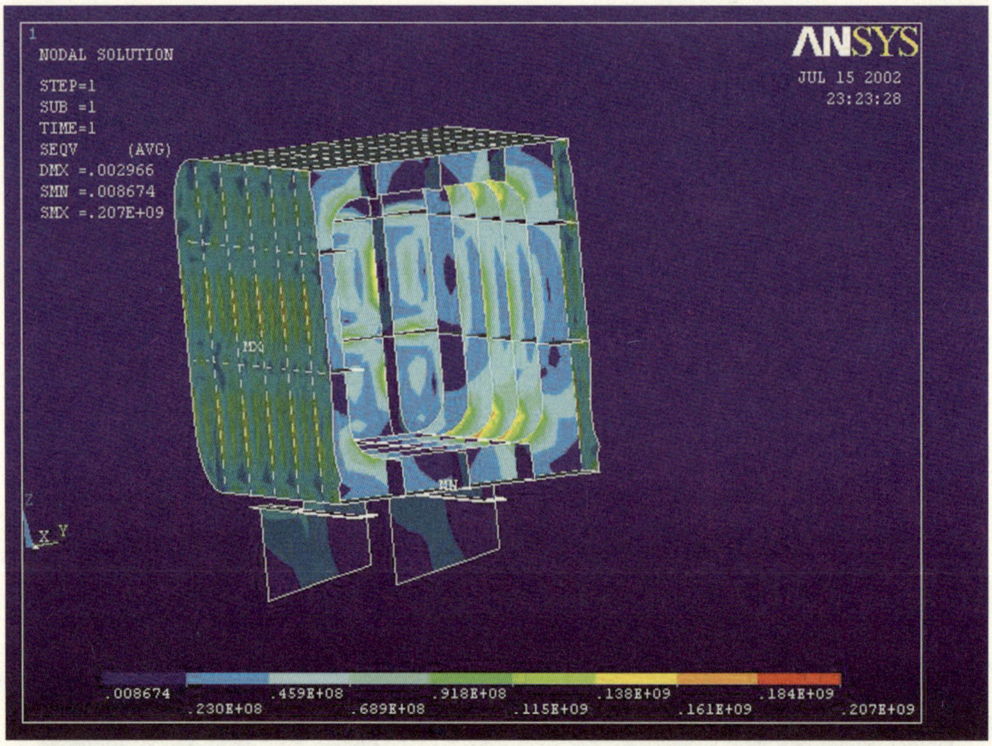

图 9-60　洗手间耐压体及支座结构等效应力分布云图

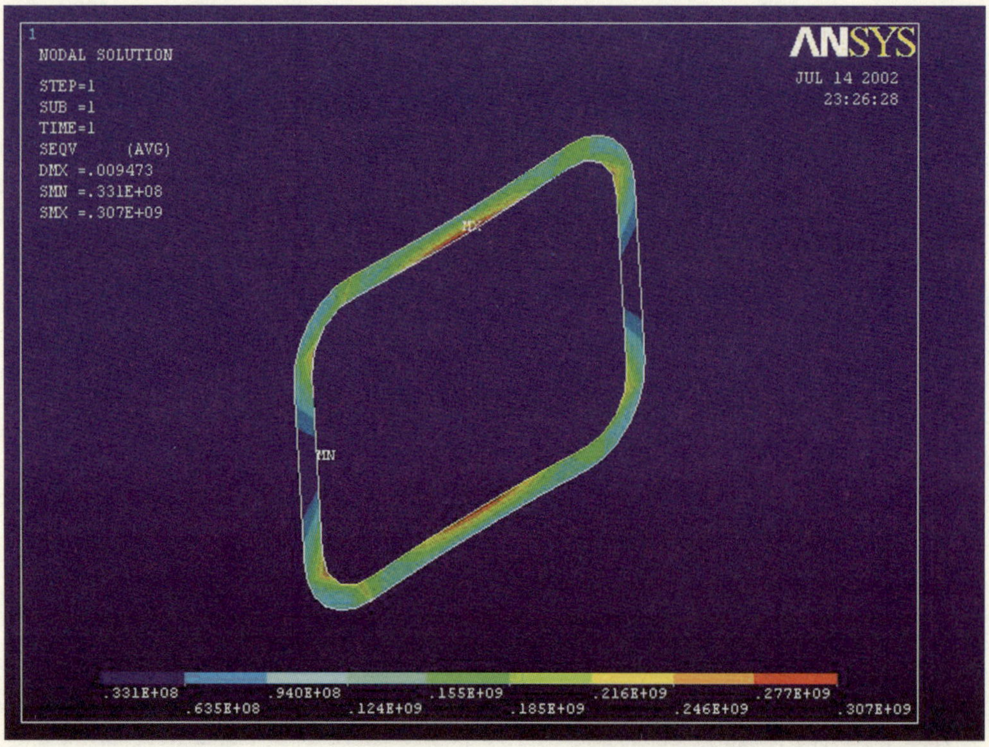

图 9-61　横向结构腹板等效应力分布云图

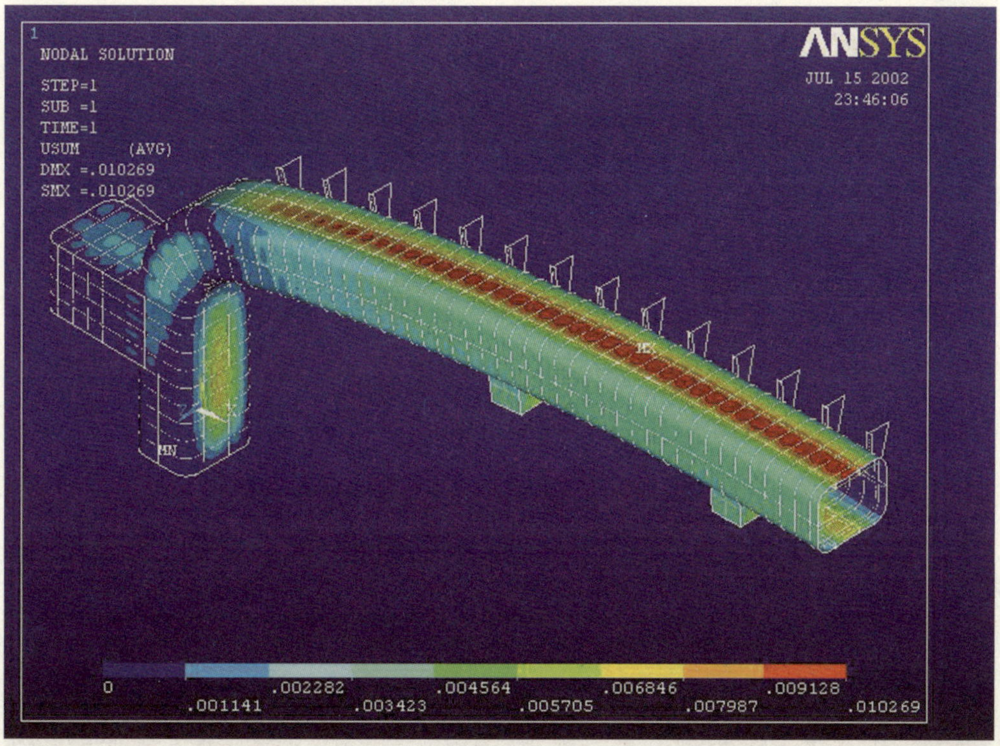

图 9-62 耐压壳体变形结果图

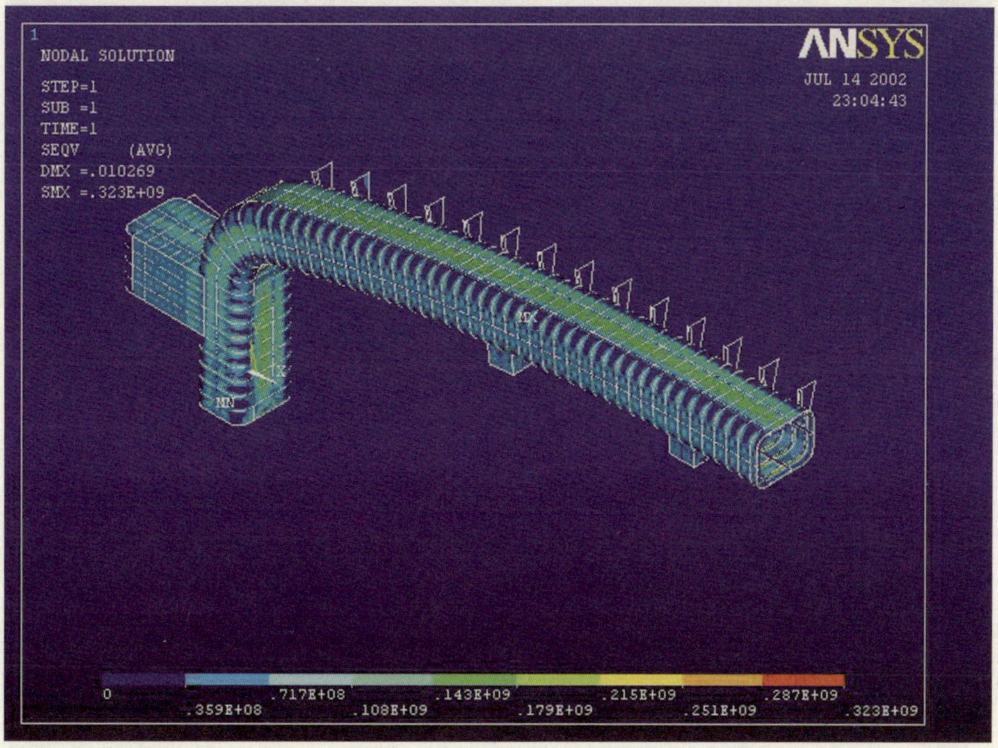

图 9-63 耐压壳板及支座等效应力分布云图

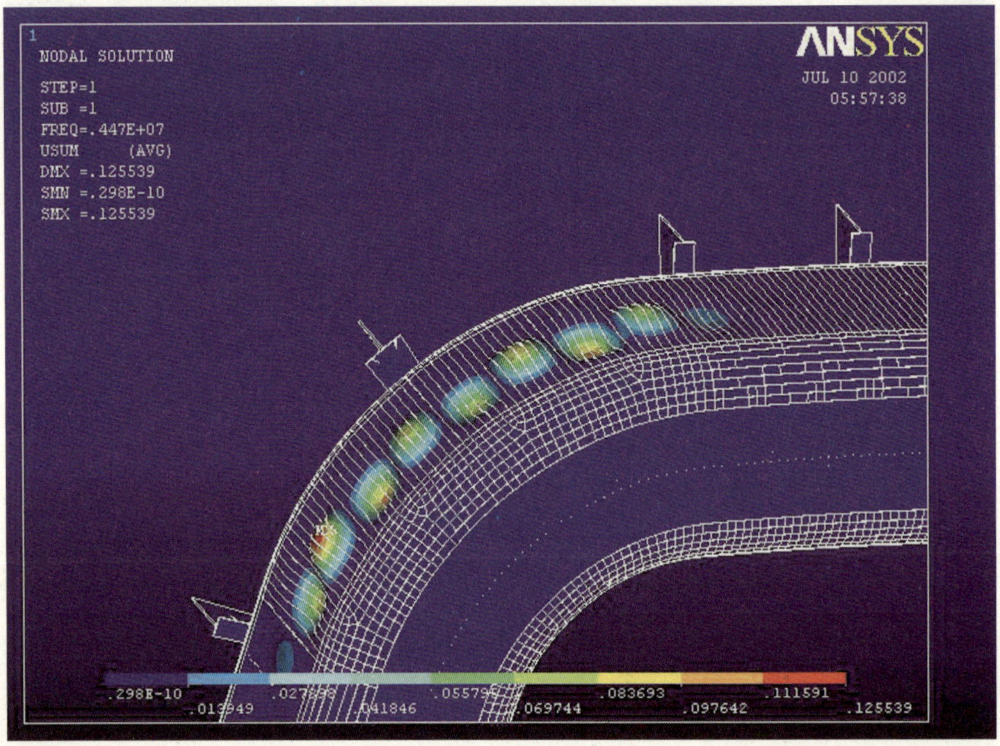

图 9-64　舱段总体稳定性分析结果图

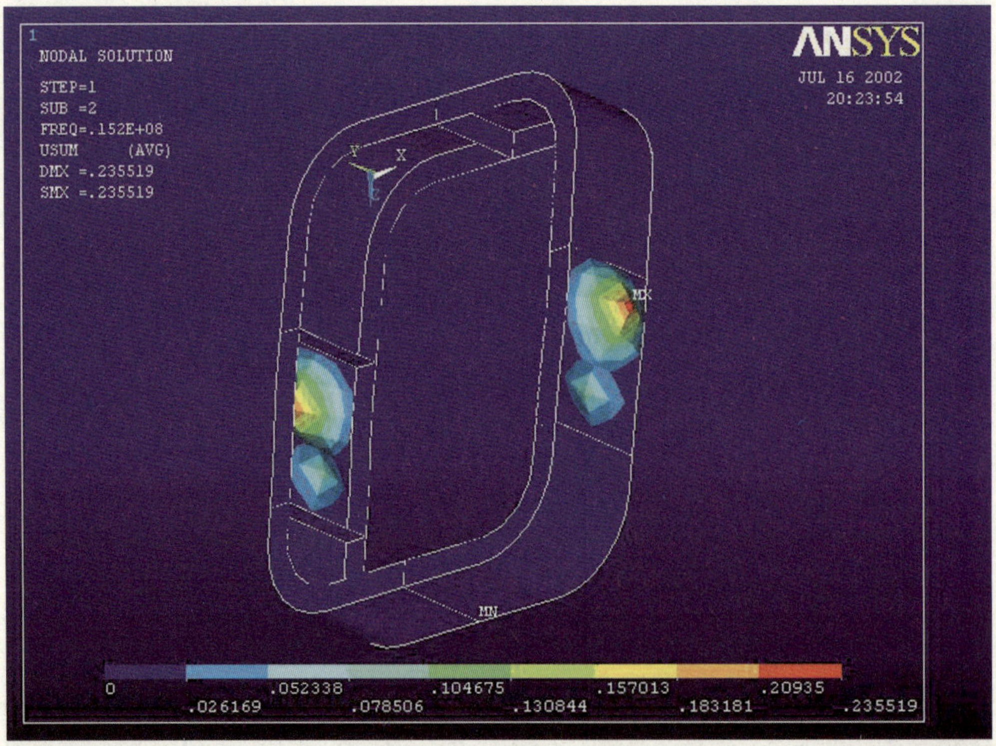

图 9-65　相邻肋骨间的壳板稳定性分析图

9.6.4 参观廊道观察窗及廊道涂装工艺

（1）观察窗材料选用 YB-3 航空有机玻璃，该材料广泛应用于航空飞机透明件制造，具有优越的透光性能。观察窗用于水下 48 m 深的淡水，单向承压，净透光直径 600 mm，涪陵水域（常年气温低于 38℃），要最大限度地满足廊道参观需要，选择观测角较为开阔的球面观察窗较为理想。

（2）参观廊道的防腐要求高于国际、国内大型钢结构产品防腐工艺及技术标准。参观廊道制造中需严格规范操作，具体步骤如下：

钢材表面喷砂处理→钢材表面喷铝→环氧封闭漆一度→环氧中间漆一度→厚浆环氧面漆二度。

经过对钢材表面严格处理，对易产生锈蚀的钢材表面进行全方位的喷铝，以达到保护结构钢材不锈蚀；环氧封闭漆对喷铝层进行全位置的表面封闭，增强喷铝层的表面强度及密实性；环氧中间漆可提高底漆和面漆的结合性能，同时提高防锈性能；厚浆环氧面漆具有漆膜坚固、耐磨损、耐海水、耐化学品等优点，且具有较好的外观特性。

9.6.5 建议

参观廊道由“U”形参观廊道和两个附属舱室组成，“U”形参观廊道由 5 道水密舱壁分隔成 4 个水密舱，4 个舱室和附属舱室将要求在工厂内分别制作。制作时在距各水密舱壁 600 mm 处加设一道临时水密舱壁，以便进行各项试验。各舱室制作完成后，需遵照中国船级社的有关规定进行防锈、防腐处理和各项试验。

（1）参观廊道除满足使用功能要求外，安全性置要放在首要位置，廊道结构要有足够的强度，并按能使用 100 年考虑。各构件除油漆涂层保护外，浸水部分留有 6 mm 腐蚀裕量，非浸水部分留有 2 mm 腐蚀裕量。

（2）观察窗采用双层玻璃结构，万一外层玻璃破损，则由内部玻璃承压，确保保护体内水不会浸入廊道。

（3）保护体内照明等用的设备安装在专设的设备舱内，以减少参观廊道主体上的开孔，提高安全性。

（4）参观廊道两端的“8”字体舱段作为应急时的救生舱。“8”字体舱段两端均设有承压的水密隔壁和水密门，各系统通过隔壁口处设有阀件，对平时常开的阀件采用气动手动阀，在参观廊道出现损漏进水时，工作人员首先关闭和交通廊道接口处的水密门，然后关闭有关阀门，将廊道内的观众引入两端“8”字体舱段后，再关闭该处的水密门。当水密门关闭后，“8”字体舱段内的进水可通过疏水管道排出，待水排除后舱内外压力相等时，人员即可从“8”字体舱段进入交通廊道返回地面。人员在“8”字体舱段时可启动供气系统向舱内提供新鲜空气，使舱内的氧气和二氧化碳的含量保持在正常的范围内。

9.7 安全监测系统专题研究

三峡库区国家级重点文物白鹤梁题刻水下保护工程为特级工程。为保证能在水下长期安全运行，有效地保护文物，有必要建立一套长期实时在线安全监测系统。

安全监测系统功能为对各建筑物整体性状的全过程持续监测，采集建筑物的变形、渗流状况、应力应变、施工期温度变化、裂缝情况、运行期的泥沙淤积情况、保护体内外水压平衡情况以及水下保护体在船只意外撞击情况下的损伤情况等效应量的初始值和在分阶段中变化过程的各种数据，进行及时处理分析，及时对建筑物的稳定性、安全度及结构的安全和健康状况作出评价，及时发现各效应量异常现象和可能危及各建筑物的不安全因素，及时报警并提出处理措施和进行决策，以达到确保白鹤梁题刻水下保护工程安全健康运行的目的。

9.7.1 安全监测项

保护工程在其施工期间，由于工程条件的特殊性会引起建筑物及其基础各种物理量的变化。在其运行期会受周围环境变化的作用，并随环境变化的程度或量级作出不同性状的反应。在监测工程的性态时，各种物理量的取得主要取决于原因或环境参量，即成因量，由于它们的变化而引起建筑物及其基础性态的变化，如白鹤梁附近江水的变化、泥沙淤积情况、轮船意外撞击及工程所在地的大气条件（温度、湿度、气压、风）等；效应参量（结果参量）即效应量，建筑物对原因参量变化而产生的反应，如变形、应力应变、温度、裂缝和接缝、扬压力、结构物及其基础各种物理力学状态等。

原因参量和效应参量随时间而不断地变化。为了解建筑物对各种静态和动态工况的反应，特别是在轮船意外撞击条件下的反应模式和反应量，并据此来评估建筑物的安全度，必须对这些变化进行测量。由于这种测量要在建筑物寿命期限内系统重复地进行很多次，唯一实用的解决办法是建立一套永久安全监测系统，也就必须选好监测物理量和相应的监测设施，即安全监测项目和仪器选型。

（1）监测部位

为了保证白鹤梁保护工程结构能在水下长期安全运行，了解它们在运行期及施工期的变形特性和结构应力变化规律，保护体拱形钢筋混凝土壳体、交通廊道和钢质参观廊道是重点监测部位。

（2）监测项目

对保护体拱形钢筋混凝土壳体进行安全监测项目包括沉陷或抬动变形、钢筋应力、混凝土应力应变、施工期混凝土温度变化、保护体与交通廊道接合缝的错动和保护壳体内外水压平衡等，从而判断基础岩体变形，对钢筋混凝土拱形结构是否造成不利的影响，评估钢筋混凝土结构体的安全性和可靠度，监测保护壳体内、外水压情况。

交通廊道由水平段和斜坡段组成，水平段底高程 136.2 m，斜坡顶部廊道拱顶高程约 180.0 m，由于三峡水库水位后期将蓄至 175 m，交通廊道处于水库的常年回水区，水位变幅大，交通廊是在库水位反复涨落工况下运行，其温度变化也较大，需对交通廊道进行混凝土温度和应变监测，并分析判断廊道是否出现裂缝。

钢质参观廊道工作最大水深为 45 m，运行期将有大量的游客在其中参观白鹤梁题刻。对其主构架进行应力应变监测，了解钢质参观廊道的结构安全性。

三峡水库运行到第 10 年末淤积泥沙将逼近白鹤梁题刻，由于泥沙逐年淤厚，将使保护体和水平交通廊道的荷载慢慢发生变化，使水下建筑物结构内力有所调整，也有必要对保护体的泥沙压力进行观测。

9.7.2 安全监测系统总体构成

安全监测系统是一个由许多仪器设备组成的协调的整体，能自动获得各种观测物理量，并对观测数据进行自动处理和管理，能判断观测值的合理性，对异常值能进行报警。

白鹤梁工程的安全监测系统主要由采集系统和安全决策支持系统两大部分组成，采集系统包含电测传感器子系统和光纤传感器子系统。

安全监测系统总体构成如图 9–66 所示。

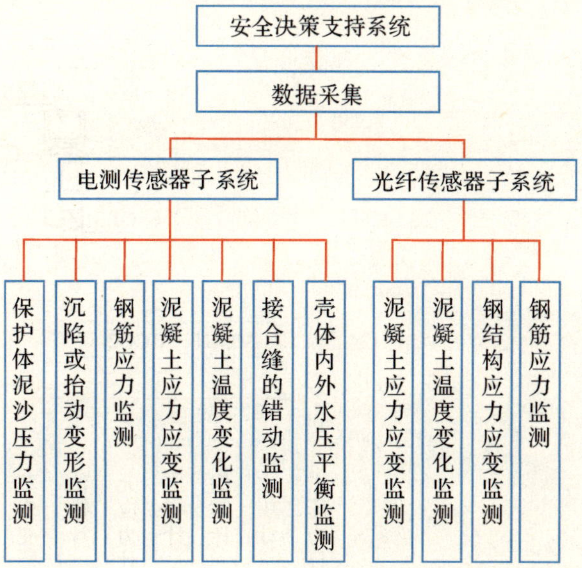

图 9–66　安全监测系统总体构成

钢筋混凝土保护体拱壳和水下导墙是控制整个工程结构安全的重要部位，在这2个部位既布置电测传感器也考虑光纤传感器，两者互为补充；对交通廊道和钢质参观廊道则采用光纤传感器进行安全监测。

（1）电测传感器子系统由布设于钢筋混凝土拱、钢筋混凝土水下导墙以及监测白鹤梁保护体内、外水压力及泥沙压力的各类电测传感器组成，包括保护体内的应变计、无应力计、水压计、钢筋计、位错计、基岩变形计和用于监测保护体外泥沙压力和水压力的土压力计和渗压计。

（2）光纤传感器子系统由布设于水下交通廊道、钢筋混凝土拱、钢筋混凝土水下导墙和钢质参观廊道的各类光纤传感器组成，包括交通廊道的光纤光栅应变计、光纤光栅温度计；保护体内的光纤光栅应变计、光纤光栅温度计、光纤光栅钢筋计和钢质参观廊道的光纤光栅应变计。

（3）决策支持系统包括信息管理分系统、分析评价和报警分系统、辅助决策分系统、系统支持库群四部分，其中：支持库群由监测数据库、建筑物资料库、仪器资料库、方法库、知识库和图形库等组成；分析评价和报警分系统则负责对实测资料加以综合分析，作出对建筑物工作状态的评价，当发现测值超出监控指标且经确认后作出技术报警，并立即向主管部门报告情况；辅助决策分系统主要根据分析评价分系统的结论，提出安全决策的建议；信息管理分系统具有资料查询功能、专家综合诊断功能、会商功能和辅助决策功能。

9.7.3　监测系统自动化

1）自动化系统总体构成

自动化系统是在 Windows NT 网络环境下，Windows 98/NT 工作平台上开发的安全监测自动化系统。该自动化系统由：电测子系统、光纤传感子系统和1个监控站构成。监控站位于地面陈列馆内。

保护工程安全监测自动化系统为分层分布式智能化网络结构。第一层由分布在水下交通廊道的2个遥控测量单元（MCU）和位于监控站内的11个解调器所组成，具备独立的采集存储能力，供电中断下能工作6 ～ 10 d。各 MCU 通过有线通信采集所在区域的电测传感器的观测值，解调器则负责采集所在区域内的光纤传感器的观测值。第二层为位于地面陈列馆内的监控站，监控站作为本监测自动化系统的核心管理层，通过有线通信管理各 MCU 和解调器的工作状态，将所采集的各观测数据进行管理和资料整理分析、网络管理、自诊断、自检和报警等。安全监测自动化系统框图如图 9–67 所示。

2）自动化系统性能

(1) 监测性能：包括各类传感器的数据采集功能和信号越限报警功能。

采集系统的运行可采用中央控制(应答式)，由监控主机命令所有 MCU 和解调器同时巡测或指定

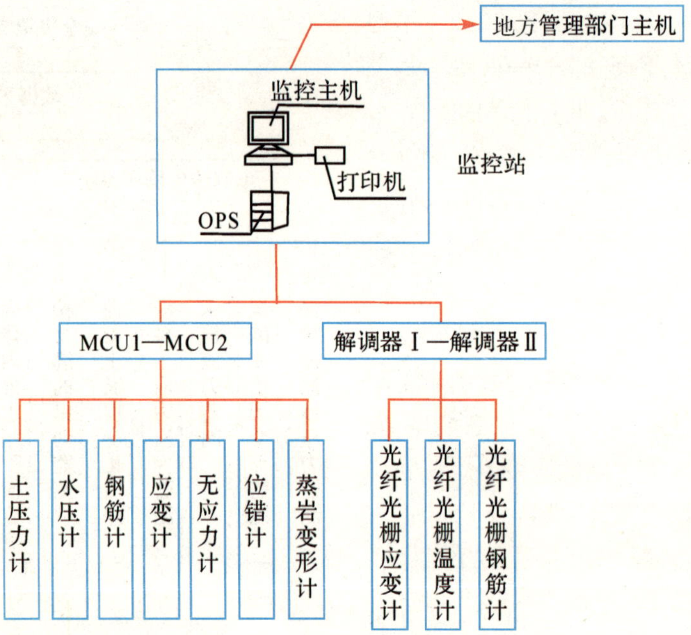

图 9-67　安全监测自动化系统框图

单台单点测量(选测),测量完毕将数据存于计算机中;也可实现自动控制(自报式),由各台 MCU 和解调器自动按设定时间进行巡测、存储,并将所测数据送到监控主机;当出现特殊情况时,监控站可以根据某个 MCU 或解调器的测值状态,决定对系统中的任意接点进行通信和控制。

每台 MCU 和解调器都具备常规巡测、检查巡测、定时巡测、常规选测、检查选测、人工测量等性能。

(2)操作性能:在监控站的监控主机上可实现监视操作、输入 / 输出、显示打印、报告现在测值状态、调用历史数据、评估运行状态;根据程序执行状况或系统工作状况发出相应的声音;整个系统的运行管理,包括系统调度、网络管理、过程信息文件的形成、进库、通信等一系列管理功能,利用键盘调度各级显示画面及修改相应的参数等;修改系统配置、系统测试、系统维护等。

(3)综合信息管理性能:包括在线监测、离线分析、预测预报、报表制作、图文资料、数据库管理及安全评估等。

(4)自检性能:系统具有自检、自诊断功能,能在监控主机上或状态显示屏上显示故障部位及类型,为及时维修提供方便。系统强大的网管功能,提供某些错误的自动恢复。

(5)系统具备功能强大、界面友好、操作方便的安全监控管理系统软件。该软件包括在线监控、离线分析、安全管理、数据库管理、网络系统管理、远程监测及辅助服务等部分。包括数据的人工 / 自动采集、在线快速安全评估、测值的离线性态分析、监控模型 / 分析模型 / 预报模型管理、工程文档资料、测值及图形图像管理、报表制作、图形制作、辅助工具、帮助系统、演示学习系统等日常安全管理的全部内容。

(6)系统具有防雷、抗干扰措施,保证系统在雷电感应和电源波动等情况下能正常工作。

(7)自动化监测系统备有与便携式检测仪表的接口,能够使用便携式检测仪表采集监测数据,并送入监测系统,可防止资料中断。

3）电测子系统

电测子系统由 MCU 和接入 MCU 的土压力计、基岩变形计、位错计、钢筋计、应变计、无应力计和水压计组成。

2380MCU 的基本功能是激励和测读现场传感器、数据的现场处理如工程单位的转换等，以及所需的控制功能。所有采集到的数据均存在 MCU 的大容量存储器内直至该数据成功传输到监控站或其他指定的地点，所有 MCU 数据的传输均经过误码检测及监控站的确认后才会清除。同时，MCU 采用“多任务”方式运行，例如，可以在 MCU 进行数据激励、采集的同时，进行数据的通讯、中继等。

2380MCU 是设计、制造用于与各种工业标准传感器及水工建筑物监测仪器直接接口，可以直接提供动态电流、电压、电阻及频率测量所需的激励源。2380MCU 所有的开关转换采用软件驱动切换，MCU 的编程及修改可以通过监控站以及局域网、广域网以及 Internet 远程进行，也可以采用便携微机在任一测站内进行，在任何地方进行系统编程或修改时，不会影响系统的正常运行或丢失数据。

MCU 一旦编程后，立即执行相应的有关任务，不再需要操作人员的干涉。所有测量、计算、控制、通讯等功能可以依据 MCU 本身的精确真实时钟根据编程设定的时间、间隔或特定的触发控制条件进行测量。MCU 的时钟定期与监控站的监控主机时钟自动对时，以确保时间的精确和一致性。MCU 的编程包括传感器激励及测量、信号条件、工程单位转换、各种工程数学公式计算、逻辑判断及处理、发布警报及实施控制功能。所有拟传输到监控站或其他 MCU 的数据存放在存储器里，直至数据传输成功并获得目的地地址的确认。此外，MCU 可以根据现场情况，触发各种预设警报并智能控制网络调整运行状态，例如，当某个 MCU 的重要测值出现异常，经自动复测确认这种异常后，可以由 MCU 主动发布命令通知网络中其他的单元立即工作而不一定需要监控站的干涉。在另一方面，MCU 可以由多种条件触发，例如，可以由时间 / 事件 / 条件联合触发，在正常情况下，MCU 将定时采数，当意外情况发生时，MCU 可以自动加密采数或启用其他的应急措施。

在许多大型工程中，需要足够密集的采样时段以确保系统的实时性以及大量历史数据的管理存档通常是一对矛盾，2380MCU 可以用相当密的间隔（秒级）不断地监测现场传感器，然而只将那些满足特定条件的数据送回监控站存档，从而在系统的前端直接解决了这个矛盾，例如 MCU 可以每分钟自动监测一次仪器的数据，如果数据变化没有超过预设的变化量，则不将该数据传回监控站，而每天只在预定时刻将数据传回监控站存档。

MCU 可以根据所连接传感器的重要程度或传感器数据的变化趋势、变化速率及是否接近警报值的程度，设定其数据传输的优先级别，一般的数据可以立刻传输或定时批量传输，在系统中，具有优先级别的重要数据是优先传输的，而警报信号的传输总是在发生时立刻传输到预定的监控站。

报警数据可以立刻直接传输到监控站，当监控站在一定的时间内未对此警报信号做出反应，MCU 可以将该警报信息转发到其他中心站，或者启动其他报警措施（如可以通过电话系统自动拨号拨通操作人员宿舍电话或拨打自动寻呼机）。

MCU 具有先进的电能管理模式，处于正常工作状态时的 MCU 在系统供电出现故障后可以自动转入低功耗状态工作，当系统供电恢复正常状态后，MCU 可以自动回到一般方式工作。

MCU 所具有的这些功能，实际上已经可以非常方便的为本工程提供一种先进的工程安全预警系统而不仅仅是数据自动采集系统。

4）光纤传感子系统

如图 9–68 所示，光纤传感子系统主要由分布于钢筋混凝土拱形椭圆保护体、水平交通廊道、钢结构参观廊道内的光栅混凝土应变计、光栅钢筋应力计、光栅温度计和光缆及解调系统所构成。各光纤传感器按监测要求将把与光栅对应波长的光通过光缆反射回解调系统，由解调系统确定应变或温度变化值。

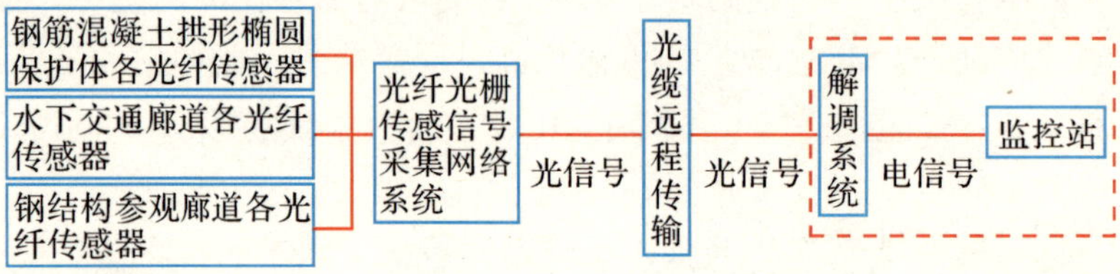

图 9–68　光纤传感子系统图

由解调系统的光源发出有一定波带宽度的光，通过光缆将其传送到埋入混凝土或粘贴于钢筋上的光纤光栅传感器网络系统。光纤光栅传感器网络系统中的光栅设置在结构需测应变或温度的部位。当光遇到光栅时，会把与光栅对应的波长（$\lambda B=2n\vee$）的光反射回解调系统。当设置光栅处的结构发生应变或温度改变时，应栅距的改变，反射光波长会产生一个微小的增量 $\lambda' B=\lambda B+\triangle\lambda$。由反射光的增量 $\triangle\lambda$ 就可确定光栅所在位置处结构的应变及温度变化。若把各个测点处光栅的反射波长 λB 设置为不同值，那么由于反射光的波长就可确定应变或温度发生的位置。

光纤传感器能够实时测量沿光纤的应力分布或温度分布，可进行分布式测量，测量点可在5 km范围内任意设置，实现了无电检测、安全防水、防雷击、防爆、抗腐蚀、抗电磁干扰和远程传输。

5）监控站系统

监控站主要由监控主机、激光打印机、交流静化电源、山顿 UPS 电源、扫描仪、刻录机、防雷器、监控管理软件等组成。

MCU 和解调器的监测数据均进入监控站的监控主机，由监控站主机统一管理，监控站可以对电测子系统和光纤传感子系统出现的问题进行远距离诊断并提供修理维护的帮助信息，可为用户及时提供所需的报表、图形和更新软件，并负责对整个白鹤梁保护工程建筑物的安全状况作出评价等。具体功能如下：

（1）监测信息的可视化查询、输出功能：为各种监测项目（变形、应力、温度、水压、土压力等）提供可视化查询、多种报表及图形输出。以直观的方式为设计、施工、运行管理、科研及调度决策服务。

（2）系统采用多种抗干扰设计，能最大限度地避免现场干扰。

（3）系统在有人 / 无人操作情况下，能自动处理非正常数据，能自动判别现场干扰或仪器故障。

（4）开放的总线协议及技术支持最新的激光、GPS、光纤等工程测量技术和产品，系统具有智能介质 / 通讯协议转换功能。

（5）系统能在异地通过通讯线路进行远程操作、诊断，对系统资源进行维护、管理软件版本升级。

（6）监测对象显示，仪器布置图显示，非统一单位量的过程线、相关图在同一坐标系中显示，不同形式的报警显示和中文提示。

（7）对远程用户和非本工程用户设置权限及口令，远程用户设置防火墙（多级权限管理）。

（8）系统运行时，全中文界面，采用多级弹出式菜单、图标菜单及对话框等接口形式。提示醒目，操作简单方便，容错能力强。实现在线监测、输入 / 输出、显示、打印，报告实时测值状态。可调用历史数据，评估运行状态，根据程序执行状况或系统工作状况发出相应告警类型。整个系统的运行都可进行管理（包括系统调度过程、各类信息文件的形成、进库、上传等),并可进行在线参数修改、系统测试、系统维护等。

(9)包括现场级和管理级的数据通信,现场级为现场数据测站 MCU 与监控站监控主机之间的双向通信。管理级通信为监控站内部及其同上级主管部门计算机之间的双向通信,远程通信为跨地区之间的监控通讯。现场级 MCU 与监控站间采用光纤和专用电缆通信,管理级通讯采用以太网络,远程通信采用公用网络或专线。

(10)系统管理功能强大。包括在线监控、数据库管理、工程安全管理、工程文档管理、远程服务、网络系统管理等部分。数据采集包括人工 / 自动采集,在线快速安全评估。工程状态分析包括:测值处理,报表图形制作。

(11)采用 UPS 功能电源和净化电源,能消除浪涌和过载。备用电源分散到数据测控单元级,断电情况下能自动切换备用电源。较强抗雷击和抗干扰型电源设计。

(12)系统采用先进的三层防雷技术:电测传感器和 MCU 之间设置有防雷击端子;MCU 自身带有防雷设置;MCU 的出口和监控主机的进口各设置了1台光电隔离驱动器,它一方面起到信号转换的作用,另一方面具有防雷作用。MCU 的机箱完全密封安装,防潮、防湿能力强。系统多处使用非电磁波干扰器件及干扰快速判别排除模式设计,使干扰降到最低。

(13)系统对建筑物观测数据进行综合分析和处理,其功能包括把各类经整编后的观测数据和观测资料与各类评判指标进行比较,从而识别观测数据和资料的正常或异常性质。在判断观测数据和资料为异常时,进行成因分析和物理成因分析,发出报警或提供辅助决策信息。

6)系统处理软件

自动化安全监测系统的处理软件是一套基于 Windows 98/NT 网络环境下研制开发出来的新型安全监控管理软件。

监控管理软件主要由六方面的内容组成:在线监控、离线分析、安全管理、数据库管理、网络系统管理、远程监测及远程辅助服务系统。在线监控包括人工和自动采集以及快速安全评估等内容;离线分析主要为对各类监测数据进行误差处理、整编计算、应用各种模型方法进行定量解析,以便揭示建筑物的实际运行性态;安全管理主要有工程档案管理、工程安全管理、人工巡查数据管理、报表制作、图形制作、预测预报等内容;数据库管理主要有在线监控数据库、原始测值数据库、应用数据库和文件库的生成、增补和维护,以及异种数据库文件的共享和转换等;网络系统管理主要有系统安装、系统初始化、监测系统配置、系统安全管理、帮助系统、演示系统、监测子网管理,系统与局域网、广域网联网管理等;远程监测及远程辅助服务系统主要让总站可以对各分站的监测系统进行直接的测量和监视,可对各分站出现的问题进行远距离诊断并提供修理维护的帮助,可为用户及时提供所需的报表、图形和更新软件等。

9.7.4 工程安全决策支持系统

安全决策支持系统是一个复杂而庞大的信息采集、管理、分析、决策和反馈系统,是白鹤梁题刻水下保护工程安全监测系统的重要组成部分。系统由安全信息管理分系统、分析评价与报警分系统、辅助决策分系统和一个支持库群(工程数据库、图库、知识库和方法库)四部分组成,整个系统由计算机网络有序地联成一个整体,使其成为一个具有实时监控功能的集监测信息采集、管理、报警、综合安全分析评价和安全决策支持为一体的系统。系统依据各监测单元提供的有关白鹤梁题刻水下保护工程性态变化的信息,对其安全状态做出判断和评价；当发现白鹤梁题刻水下保护工程出现异常现象，能自动报警及提出如何排除异常或险情的建议，供决策者参考，为工程安全运行提供有力的保障。系统框图如图 9–69 所示。

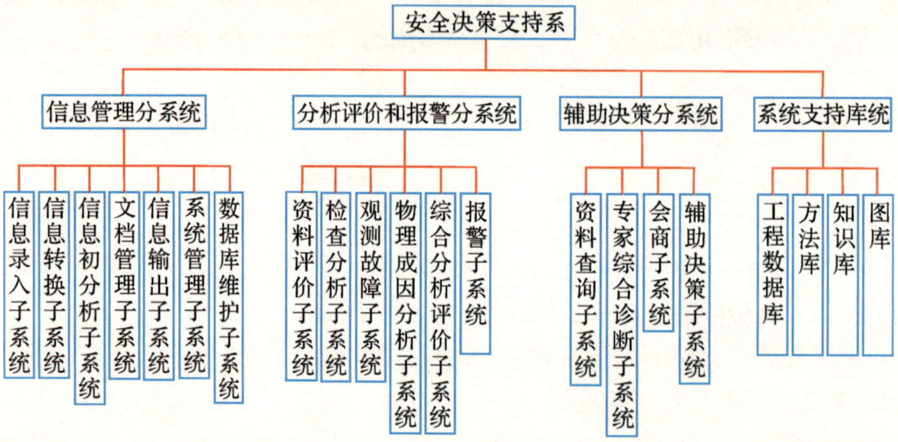

图 9–69　安全决策支持系统框图

（1）信息管理分系统

信息管理分系统能有效地组织管理和提取数据库中的各种信息，对进入系统的各类监测原始数据进行转换、处理、加工和存储，并可作一些初步分析。包括7个子系统，即信息录入子系统、信息转换子系统、信息初分析子系统、文档管理子系统、信息输出子系统、系统管理子系统、数据库维护子系统。

监测数据由监测系统各数据采集单元提供，先进入原始数据库，再进行处理加工。监测数据一是建筑物的环境量，包括江水位、水温、保护体内水压力、泥沙压力等；二是效应量，分为混凝土结构应力及温度、钢筋应力、接缝错动、保护体变形和钢结构应力等。从而实现对白鹤梁题刻水下保护工程安全监测相关信息的管理、加工、处理和初分析。

信息管理分系统框图如图 9–70 所示。

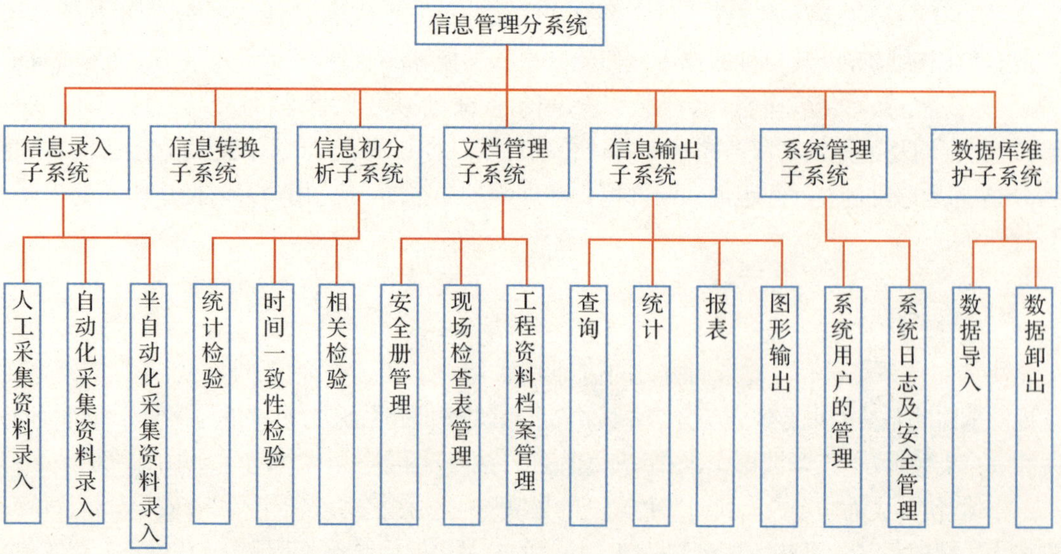

图 9–70　信息管理分系统框图

（2）分析评价和报警分系统

依据实测资料及其正、反分析成果及建筑物的工程背景资料和专家知识，对白鹤梁题刻水下保护工程的安全进行综合评价、成因分析和报警，为主管部门提供决策支持。包括资料评价子系统、检查分析子系统、观测故障子系统、物理成因分析子系统、综合分析评价子系统和报警子系统6个子系统。系统框图如图9–71所示。

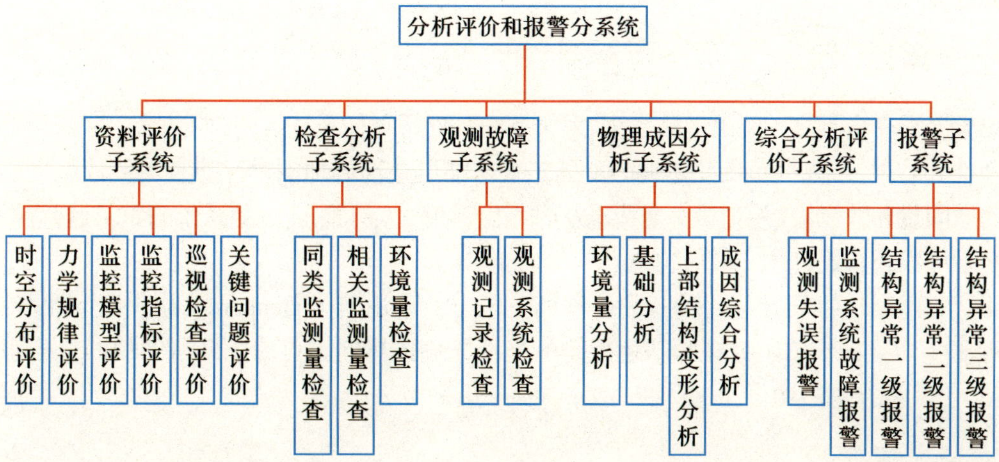

图9–71　分析评价和报警分系统框图

（3）辅助决策分系统

分析评价分系统确定的异常或不安全因素，从工程的整体安全性出发，提出辅助决策建议。系统包括资料查询子系统、专家综合诊断子系统、会商子系统和辅助决策子系统4个子系统。系统框图如图9–72所示。

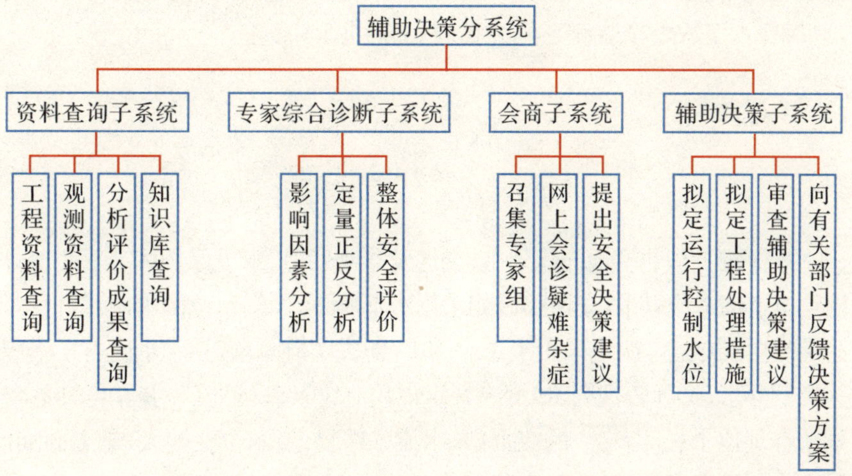

图9–72　辅助决策分系统框图

（4）系统支持库群

系统支持库群是安全决策支持系统的底层支持结构，存储和提供信息管理分系统、分析评价和报警分系统和辅助决策分系统所需要的全部数据、资料、知识、方法和图表，是一个结构复杂，用量庞大的信息库，包括工程数据库、方法库、知识库和图库四部分。

支持库群的输出与三个分系统都有接口，它是一个信息总栈，在系统运行过程中，库群按照各分系统的运行需要通过各自的接口频繁地进行信息交换，为各分系统提供所需用的数据、资料、方法、知识和图形。

9.7.5 监测仪器

白鹤梁工程安全监测系统由量测系统、采集系统及分析解释系统组成。它包含一系列仪器、仪表、计算机硬件和软件，形成一个统一协调的整体。要求能迅速准确地测量反映各主要建筑物及基础性状变化的原因量和效应量，并对其安全状态及时作出评价。为了保证监测系统的正常运行，所用的仪器设备必须可靠和有效。

水压计、应变计、钢筋计、温度计、测缝计和土压力计采用美国 Geokon 公司仪器；光纤传感器选用武汉理工大学光纤传感国家试验基地生产的光纤光栅传感器。自动化系统的仪器设备引进美国 Geomation 公司生产的2380自动化系统。

9.7.6 结论和建议

涪陵白鹤梁题刻水下保护工程安全监测系统是根据白鹤梁题刻所处水文、地质等环境条件和水下建筑物的结构受力特点等综合因素，有针对性地建立的一套安全监控系统。通过此套安全监测系统，能够对建筑物的安全状况全天候在线实时监控，能够对建筑物的安全进行综合评价，当建筑物的安全受到威胁时，还能够进行报警，及时通知管理部门采取补救措施。系统具有针对性、实时性、先进性和可靠性等多项优点，完全满足工程需要，并对其他类似工程具有指导和借鉴意义。

安全监测系统的成败，很大程度上取决于传感器埋设的成功与否，在监测仪器埋设过程中，有许多必须慎重考虑的具体问题，诸如电缆的牵引、仪器的保护、电缆的保护、钻孔回填的质量和初始值的测取等等。建议对监测承包商的资质进行严格审查，选择技术过硬、责任心强的专业队伍负责监测仪器的埋设工作，以确保本工程安全监测系统的顺利实施和圆满竣工。

9.8 工程施工专题研究

9.8.1 研究目的

白鹤梁题刻水下保护工程包括地面陈列馆、交通及参观廊道、水下保护体等三个部分。交通廊道和水下保护体导墙均位于枯水位以下，交通廊道如采用水下施工，面临定位困难，接缝止水无法保证，质量难以控制等问题，经过综合比较，决定采用干作业施工，即先实施围堰，抽干水后再在河床上施工交通廊道。导墙大致为椭圆环形，形体较规则，如解决好定位控制以及基础处理问题，是具备水下浇筑施工条件的。由于工程所在地位于长江、乌江的交汇口，水流条件复杂，水位变幅大，施工面临许多风险，必须开展对包括围堰在内的施工专题研究，确定稳妥的实施方案，才能确保工程质量。为此，本章重点介绍围堰的方案比较和施工方案，深入研究水下保护体施工的技术专题，初步论述施工程序和布置专题。

9.8.2 围堰专题

1）围堰方案比较

白鹤梁分期设计水位 11— 5月各月5年一遇的平均水位在 142 m 以下，1—3月各月5年一遇的平均水位在 136.5 m 以下，水下保护体穹顶、坡型交通廊道和地面陈列馆基本上位于水上，水下保护体导墙和水平交通廊道位于枯水位以下。

施工围堰按“[”形布置，由横向围堰和纵向围堰构成，轴线与白鹤梁题刻水下保护壳形体的长轴在同一线上，为了形成封闭的防渗体系，混凝土纵向围堰分为两部分，位于钢筋混凝土导墙壳形体长轴两端，上、下游横向土石围堰一端与混凝土纵向围堰相连，另一端与长江岸坡相接。

横向土石围堰采用高喷墙防渗，防渗顶高程 142.5 m，墙底伸入基岩内 0.5 m。横向土石围堰与纵向混凝土围堰相接的 3 m 范围内，高喷墙由一排增至三排，即在围堰轴线上、下游侧各增加一排高喷墙，排距为 0.6 m。横向土石围堰与岸坡段相接部位采用高压旋喷加灌浆防渗。

（1）方案一（纵、横土石围堰）

围堰主要由混合料、石渣料、块石填筑而成。围堰堰顶高程 143.5 m，顶宽 8 m，横向围堰最大堰高 11 m，纵向围堰最大堰高 20 m。围堰防渗体采用高喷墙，防渗墙顶高程 142.5 m。

围堰轴线总长约 488 m。围堰平面布置图（方案一）如图 9–73 所示。

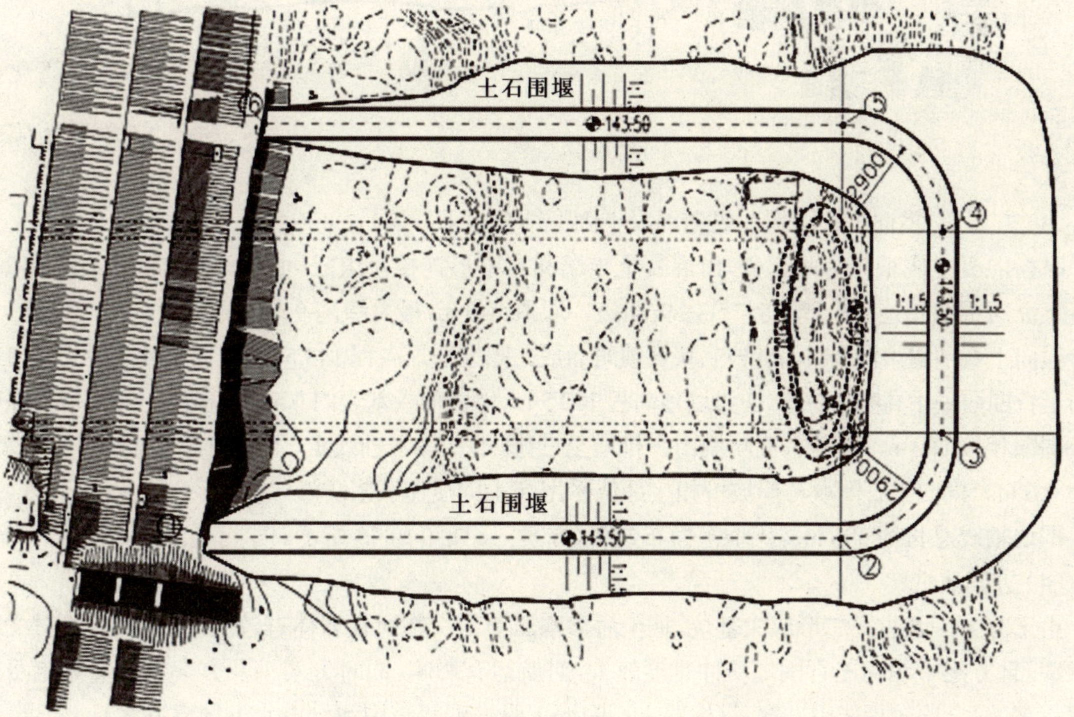

图 9–73　围堰平面布置图（方案一）

（2）方案二（横向土石围堰 + 纵向混凝土围堰）

横向土石围堰由混合料、石渣料、块石填筑而成。围堰堰顶高程 143.5 m，顶宽 8 m，最大堰高 11 m。

围堰防渗体采用高喷墙，防渗墙顶高程 142.5 m。

纵向混凝土围堰为水下混凝土施工围堰，堰顶宽 9 m，最大堰高约 15 m。

围堰轴线总长约 518 m。围堰平面布置图（方案二）如图 9-74 所示。

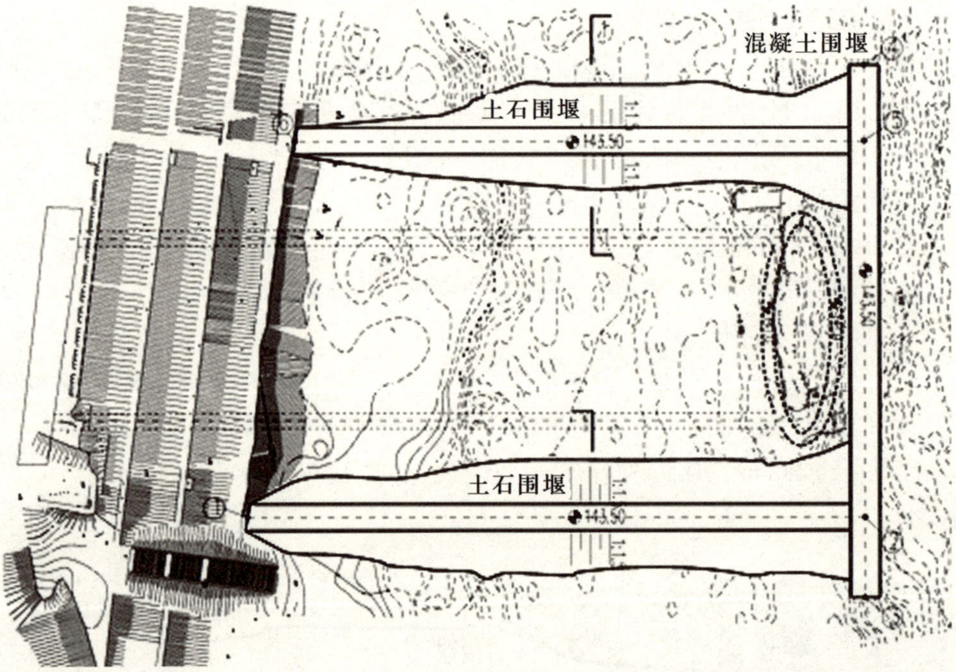

图 9-74　围堰平面布置图（方案二）

（3）方案三（横向土石围堰 + 纵向混凝土围堰结合水下导墙）

纵向混凝土围堰分为两部分，由混凝土导墙和八字形连接段组成，上、下游横向土石围堰一端与混凝土纵向围堰相连，另一端与长江岸坡相接。堰顶宽 6 m，最大堰高 9 m。

横向土石围堰由混合料、石渣料、块石填筑而成。围堰堰顶高程 143.5 m，顶宽 8 m，最大堰高 11 m。横向土石围堰采用高喷墙防渗，防渗墙顶高程 142.5 m，墙底伸入基岩内 0.5 m。横向土石围堰与纵向混凝土围堰相接的 3 m 范围内，高喷墙由一排增至三排，即在围堰轴线上、下游侧各增加一排高喷墙，排距为 0.6 m。横向土石围堰与岸坡段相接部位采用高压旋喷加灌浆防渗。

围堰轴线总长约 396 m。围堰平面布置图（方案三）如图 9-75 所示。

（4）方案比选

由于方案一及方案二形成大基坑，抽干后渗水压力对文物所在岩体有较大的顶托力，将对文物造成损害，且方案一纵向土石围堰防冲难度较大，对航运有影响，同时方案一及方案二围堰修筑费用比方案三高，综合比较后选用方案三（横向土石围堰 + 纵向混凝土围堰结合水下导墙方案）。

2）围堰施工

（1）混凝土纵向围堰施工

混凝土纵向围堰采用水下不分散混凝土浇筑，施工时先架立水下模板，用模袋混凝土封堵模板与

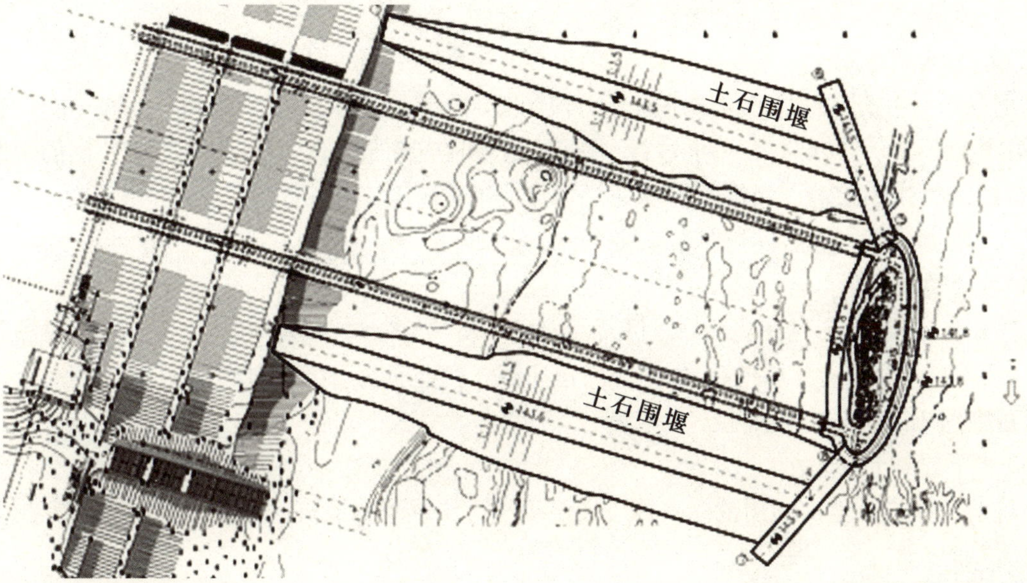

图 9–75　围堰平面布置图（方案三）

建基面之间间隙后在模板上搭设混凝土浇筑平台，布置导管浇筑混凝土。

（2）围堰施工道路采用单车道，路宽 5 m，基坑左右各一条，一上一下形成封闭回路，道路总长度约 700 m。施工时先拆除原堤防混凝土预制块护坡，并妥善保管，然后开挖和填筑部分石碴，并浇筑混凝土路面及混凝土护坡，防止汛期洪水对堤防产生破坏。工程施工完成后，拆除施工道路并恢复原堤防结构。

（3）围堰填筑采用端进法，自岸边向纵河床进占，在填筑至堰顶高程 143.5 m 后进行高喷防渗墙施工。

水下部分填筑施工时，上下游围堰混合料同时进占，石碴料填筑随后跟进，采用 15 ～ 20 t 自卸汽车运料，分层加高、分层碾压。

（4）防渗墙施工：高压摆喷防渗墙沿围堰轴线布置，在围堰填筑至堰顶高程 143.5 m 后，进行高喷墙施工。靠近岸边的部位采用挖槽成墙施工。

高喷防渗墙采用摆喷结合旋喷的方法施工，采用地质回转钻或潜孔钻钻孔，成孔后插入喷浆管，由下而上进行喷射作业。成墙施工时，分序加密，分两序施工，先施工Ⅰ序孔，再施工Ⅱ序孔。

9.8.3　水下保护体施工专题

白钢筋混凝土水下导墙支撑钢筋混凝土拱壳，顶拱与下部导墙形成整体。导墙平面呈椭圆布置，墙厚 3.0 ～ 4.5 m，墙高 5 ～ 9 m，墙顶高程为 141.0 m。导墙采用水下施工，与基础的锚固采用水下钻孔设置小型钢桩，小型钢桩采用 80 mm 的钢棒。顶拱内跨径 18 m，拱厚 1 m，拱顶高程 143.0 m。

（1）桩基施工

利用搭设的施工平台或水上钻船安装多台钻机，进行导墙基础的钻孔施工。水下钻孔形成后，用导管进行孔内注浆，然后插入钢棒（或先插钢棒再注浆），逐次形成水下小直径钢桩。

（2）清基

清基范围应满足水下立模要求，不小于结构线以外 1.5 m 左右，采用吸泥机或水力冲洗（由内侧向外侧冲洗)。

(3) 钢筋架立与沉放

水下混凝土中布置的钢筋,事先在岸上分段组装成钢筋网,分段钢筋网长度控制在 10 ~ 15 m 以内,重量不大于 20 ~ 30 t,并在岸上进行预拼装,组装时应考虑吊点位置,起吊时应使钢筋网保持铅垂状态,必要时用型钢加固。钢筋的接头采用焊接或机械连接。钢筋网采用船舶分段运输,浮吊下沉,由潜水员用拉条、垫块架立,并与埋入基础的钢棒牢固连接。

(4) 水下立模

采用整体大模板,事先在陆地分段拼装导墙模板及其组合构件,采用船舶分段运输,浮吊沉放就位,水下拼接。模板应有足够的重量,并应与预埋钢棒和钢筋网连接牢固,防止在水下混凝土拌和物浇筑过程中顶托钢筋网,造成移位。

(5) 水下混凝土浇筑

浇筑前先在模板上部利用钢棒支撑搭设浇筑平台。混凝土浇筑时混凝土受料坑固定在浇筑平台上。

导墙水下混凝土采用导管浇筑,一次立模,一次浇筑成型。导管的内径 20 ~ 25 cm,导管沿导墙顶呈梅花形均匀布置,间距 3 m,距模板最小距离 1 m。导墙水下混凝土施工平面布置图如图 9-76 所示。

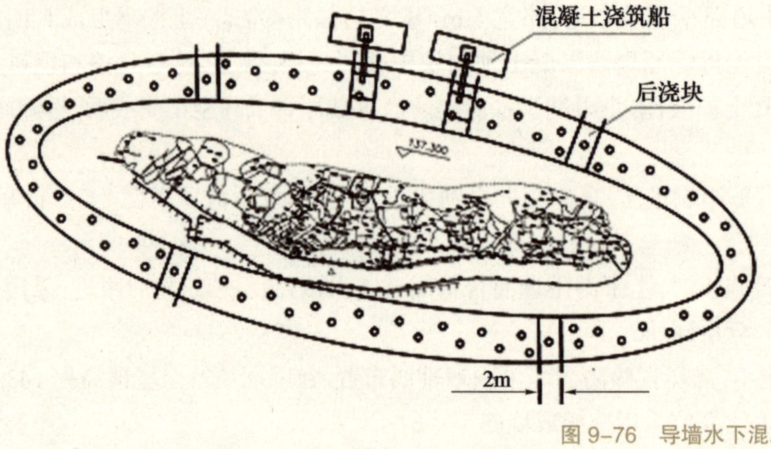

图 9-76 导墙水下混凝土施工平面布置图

导墙水下混凝土浇筑分段进行,首先浇筑上游圆弧段及下游圆弧段,再浇筑中间缓弧段。每段混凝土浇筑时,第一坯混凝土量应满足导管管口能埋入混凝土内的深度不小于 0.3 m,整段混凝土水平上升。根据导管布置间距和水下混凝土浇筑深度,混凝土浇筑过程中,导管插入已浇混凝土拌和物内的深度应控制在 0.6 ~ 0.8 m 内。导管一次提升高度根据混凝土浇筑速度和埋深要求而定,一般控制在 0.5 m 左右。仓面混凝土上升速度控制在 0.2 ~ 0.5 m/h。

导墙混凝土一次浇筑到顶,到顶后应继续浇筑使表面混凝土溢出或人工去除后收仓。如顶部已浇出水面,可按水下混凝土收仓,也可将露出水面后的表面混凝土剔除后,改用混凝土泵浇筑常态混凝土,振捣器振捣。

导墙水下混凝土施工布置横剖面图如图 9-77 所示。

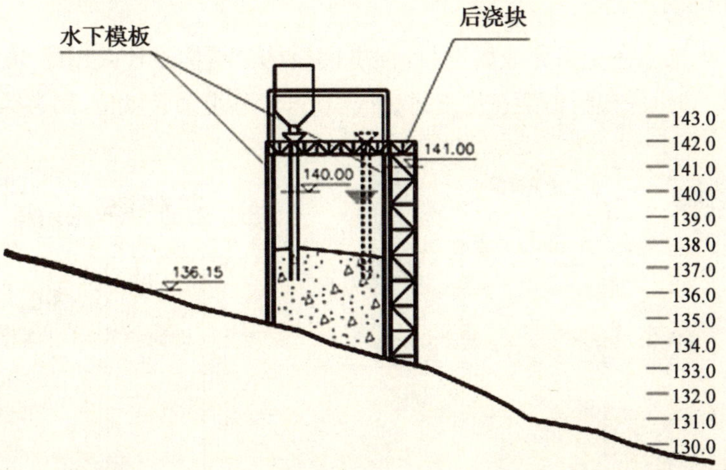

图 9-77　导墙水下混凝土施工布置横剖面图

导墙水下混凝土施工布置展开图如图 9-78 所示。

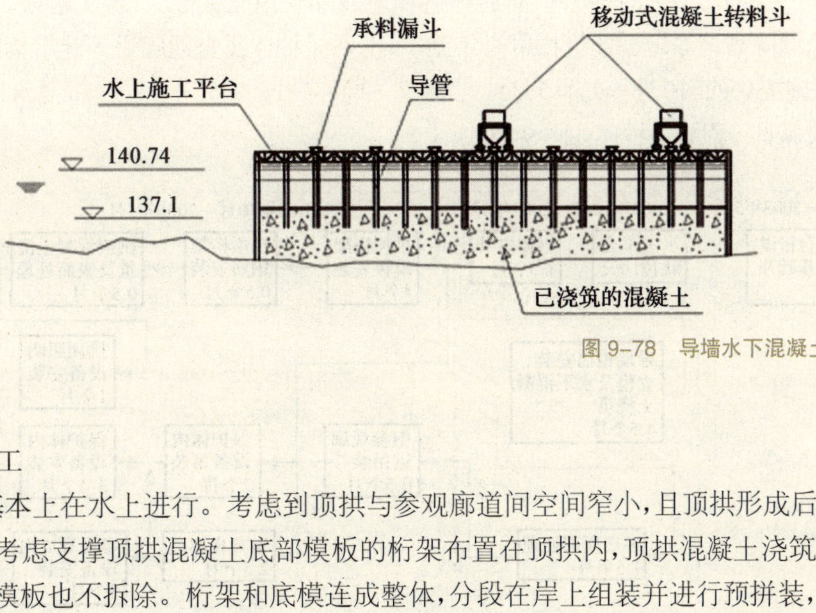

图 9-78　导墙水下混凝土施工布置展开图

（6）顶拱施工

顶拱施工基本上在水上进行。考虑到顶拱与参观廊道间空间窄小，且顶拱形成后顶拱底部模板拆除困难，初步考虑支撑顶拱混凝土底部模板的桁架布置在顶拱内，顶拱混凝土浇筑时埋入混凝土中，同时顶拱底模板也不拆除。桁架和底模连成整体，分段在岸上组装并进行预拼装，同时钢筋网也在岸上安装并分段，与桁架形成一体，船舶分段运至安装地，浮吊吊装就位。顶拱混凝土采用泵浇，软管振捣器振捣。

顶拱底模架立及混凝土浇筑时，根据参观廊道安装焊接需要可在顶拱合适位置预留一个2.0 m × 2.0 m的临时进出孔，并在当年3月底回填。

（7）水下导墙模板

水下保护体导墙施工最大水深为 7.3 m，流速约为 1.0 m/s，不便采用水下直接立模方法。导墙外侧模板采用钢围图结构形式，内侧模板采用整体模板。

模板不设仓面拉条，单块钢围图通过对拉螺杆与钢桩及内侧模板连接。钢围图之间和模板之间的连接主要依靠扣件来连接，扣件结构应简单便于水下潜水员操作。导墙模板平面布置图如图 9-79 所示。

（8）顶拱模板

水下保护体顶拱施工在导墙完成后进行，顶拱模板结合结构设计采用厚 10 mm 的钢板，钢板采用钢桁架进行支撑。顶拱底模与桁架在岸上拼装成型后，再分组吊装就位，吊装重量控制在 30 t 以内。

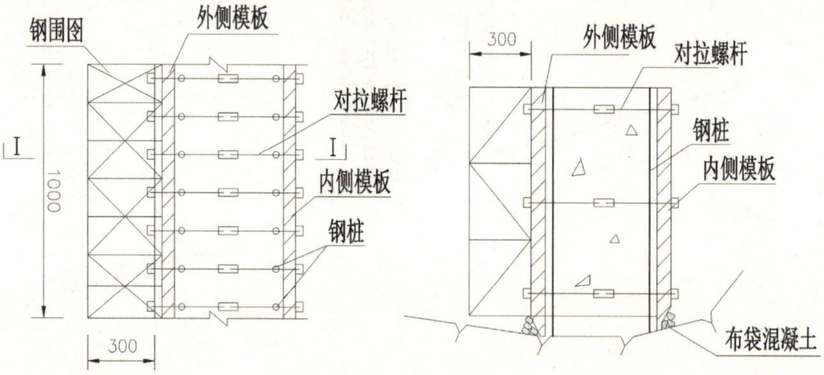

图 9–79　导墙模板图

9.8.4　施工程序

白鹤梁工程主要分为水下保护体、交通廊道和地面陈列馆三大部分，施工时段为 2002 年汛后—2006 年汛前，地面陈列馆等地面建筑物可全年施工，水下保护体及交通廊道等建筑物因汛期长江水位较高，在枯水期施工（每年 10 月—次年 5 月）。

（1）白鹤梁保护工程施工程序如图 9–80 所示。

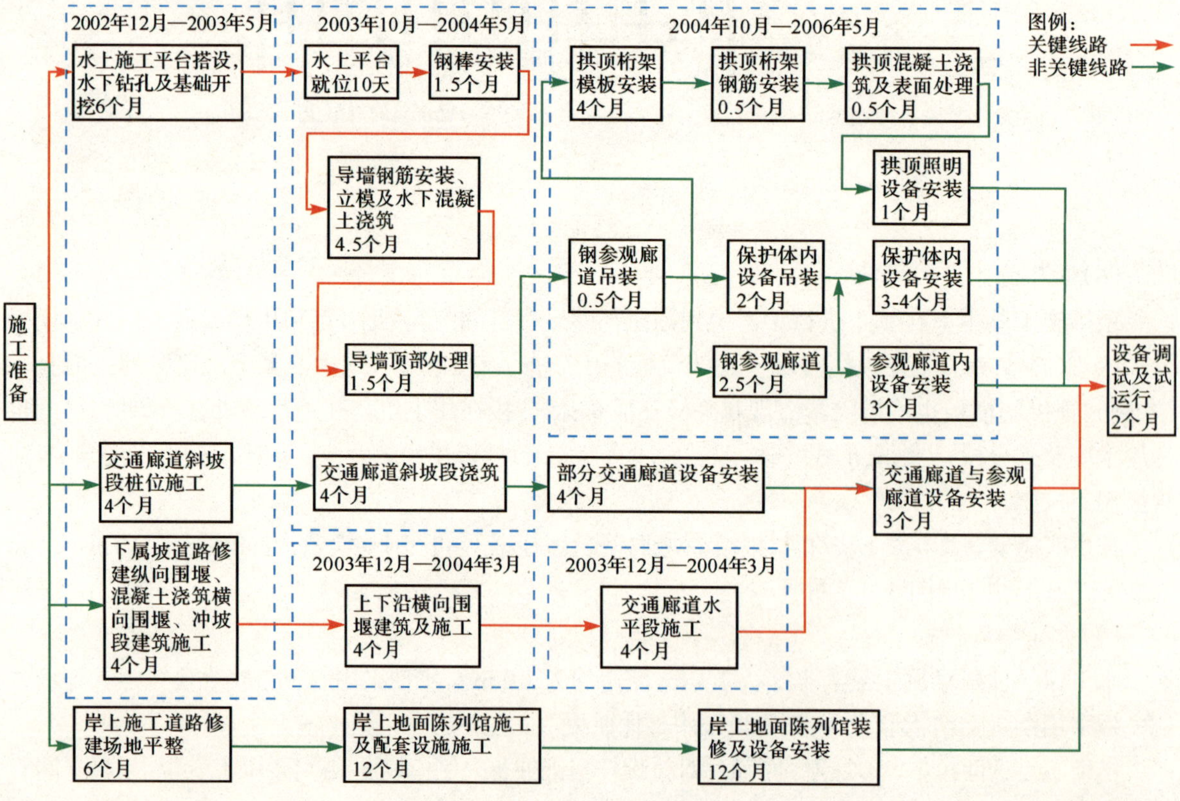

图 9–80　白鹤梁保护工程施工程序图

（2）地面陈列馆施工不受水位等条件影响，施工时间充裕，与其他建筑物施工干扰较小，可单独安排施工。先进行施工道路修建及场地平整，再进行陈列馆基础处理及陈列馆建筑施工，最后完成陈列馆内部设备安装及装修。

（3）交通廊道分为斜坡段和水平段，斜坡段桩基、斜坡段下端管段及水平段须利用枯水期施工，可先利用第一个枯水期即2002年12月至2003年5月完成斜坡段桩基施工，斜坡段廊道在第2个枯水期即2003年10月至2004年5月施工，由下端开始向上逐节施工，斜坡交通廊道施工程序如图9-81所示。

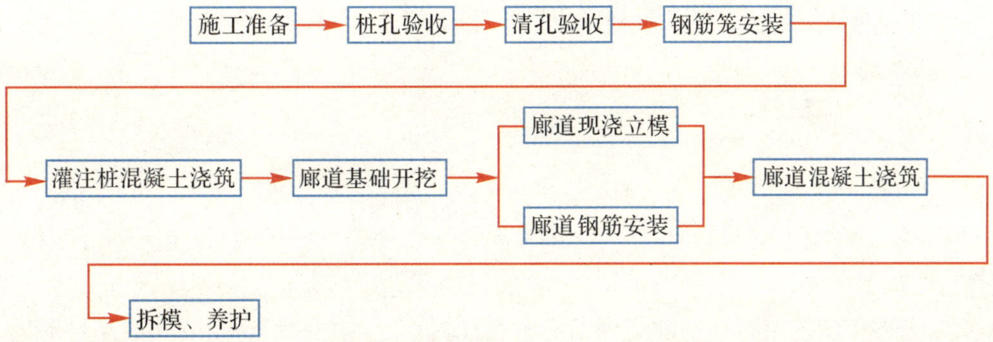

图9-81 斜坡交通廊道施工程序图

水平交通廊道混凝土浇筑完成与交通廊道贯通后即可进行廊道内通风、照明等电器设备安装。水平交通廊道施工程序如图9-82所示。

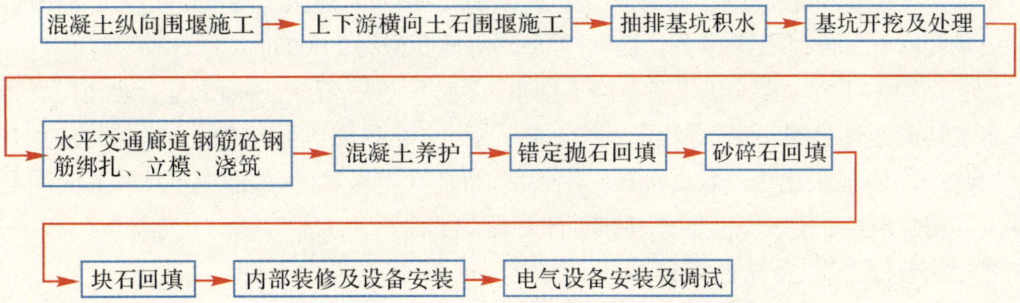

图9-82 水平交通廊道施工程序图

（4）水下保护体主要包括水下导墙、顶拱、参观廊道及电器设备，参观廊道穿过水下导墙与水平交通廊道连接。主要施工程序为：施工平台搭设→水下钻孔及基础处理→导墙基础钢棒安装→导墙钢筋及模板水下安装→导墙水下混凝土浇筑→导墙混凝土表面处理→参观廊道吊装→参观廊道焊接和保护体内设备吊装及顶拱桁架、模板、钢筋安装→顶拱模板、钢筋焊接→保护体及廊道内设备安装、顶拱混凝土浇筑→顶拱照明设备安装→设备调试及试运行→工程检查及验收。水下保护体施工程序如图9-83所示。

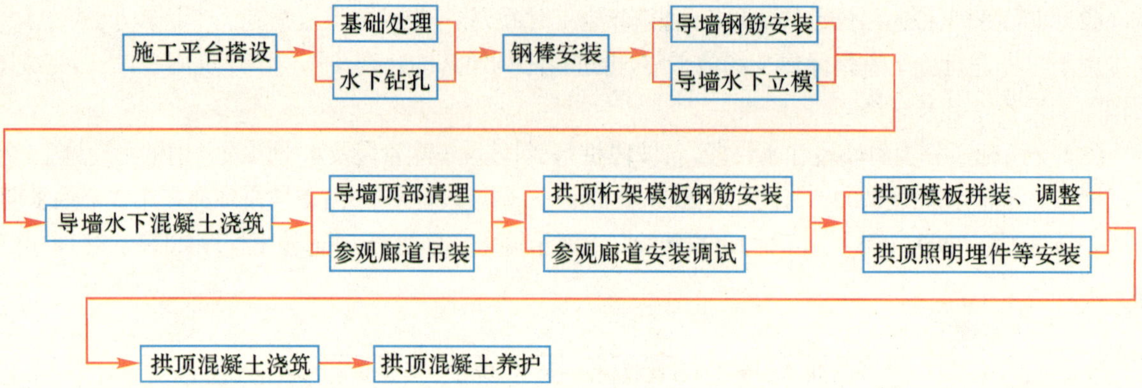

图 9-83　水下保护体施工程序图

9.8.5　施工总布置

(1) 砂石料：工程施工所需的混凝土粗、细骨料均在当地建材市场购买，工区不设砂石料加工系统，仅设置骨料调节堆场。

(2) 混凝土拌和系统布置在地面陈列馆下游长江堤岸上，由混凝土拌和站、成品料堆场、水泥库等组成，系统占地面积 0.5 万 m^2。

拌和站：承担混凝土总量 1.32 万 m^3，混凝土最大浇筑强度 50 m^3/h，需配置 HZ80—2Q1000 型拌和站 1 座。

(3) 综合加工厂主要为钢筋加工厂和模板拼装场，由于钢筋加工工期短，主要设置调直、冷拉、墩头、冷拔、切断、对焊、弯曲、骨架绑扎成型等工艺，只设露天加工车间，工厂占地面积约 5 000 m^2。模板拼装场占地面积约 5 000 m^2。

水下保护工程离涪陵城区近，且为季节性施工，施工期较短，施工现场不设机械设备修理厂，只设临时停放场和修理车间，零配件靠外协提供，停放场占地面积约 2 000 m^2。

(4) 施工供电：工程主要用电设备有施工排水泵、水下照明、混凝土拌和、综合加工厂、机修车间、施工供水及其他办公、生活、照明等用电设施。施工用电接涪陵城区已有电源，电压等级为 110 kV。

(5) 施工供水：施工用水一般直接从江中抽取，有洁净要求者，例如混凝土拌和和仓面混凝土浇筑前冲洗等用自来水。工区职工生活用水接涪陵城区自来水。

(6) 主要施工机械设备见表 9-18。

表9-15　主要施工机械设备表

序号	名称	型号	单位	数量
1	钻机	110	台	5
2	冲击钻		台	2
2	混凝土泵车	卧式，60 m^3/h	台	3
3	混凝土搅运输车	6 m^3	辆	2
4	趸船		艘	1
5	浮吊	30～40 t	台	1
6	50 t 拖轮		艘	1
7	汽车起重机	30～40 t	辆	2
8	混凝土拌和站	80 m^3/h	座	1

（7）施工总平面布置图如图 9–84 所示。

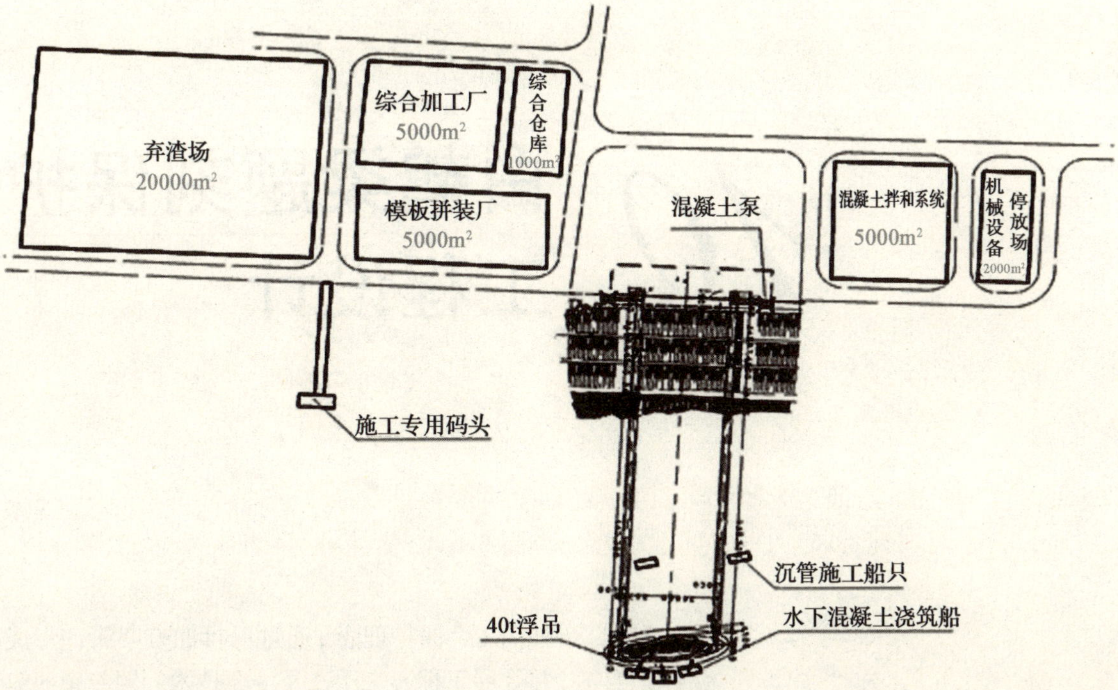

图 9–84　施工总平面布置图

9.9　结论和建议

白鹤梁题刻水下保护工程分为地面陈列馆、交通廊道、水下保护体三部分，地面陈列馆及交通廊道斜坡段具备干地施工条件，水下保护体顶拱在枯水期也位于水面以上，可在水上干地施工。采用横向土石围堰 + 混凝土纵向围堰结合导墙形成小基坑，水平交通廊道干地浇筑，水下导墙采用水下不分散混凝土浇筑，整个工程总工期约 3 年。

水下导墙施工时分四段浇筑。导墙钢筋及模板在岸上预绑扎及拼装后运至导墙处沉放，钢筋及模板主要由钢棒支撑固定。水下混凝土用导管浇筑。水下保护体顶拱底模采用埋设于顶拱内的桁架支撑，桁架、模板及钢筋在岸上拼装后用浮吊吊装，焊接后一次浇筑混凝土。

参观廊道在船厂预制后运至水下保护体处分段吊装，水上焊接。

各阶段施工过程中应特别注意文物保护，除在文物表面覆盖合适材料并挂网保护外，各阶段施工应选用对文物无损害的施工方法，并采用有效措施保护文物。

建议工程实施前，进行水下不分散混凝土的配合比室内试验和现场试验，优化混凝土配合比，降低胶凝材料用量，提高混凝土抗裂性能。

10 白鹤梁题刻保护工程设计

根据"无压容器"保护理念，通过可行性方案研究形成初步保护方案，并开展工程方案比选及主要技术问题专题研究形成了工程实施方案。2003年1月，国家文物局对《白鹤梁题刻原址水下保护工程初步设计报告》进行了批复，并要求尽快实施白鹤梁题刻原址水下保护工程。

2003年2月13日，白鹤梁题刻原址水下保护工程正式开工。保护工程由水下保护体、交通及参观廊道、地面陈列馆三部分组成，总建筑面积8 433 m^2，工程总投资1.9亿。2005年5月，水下保护工程156 m水下部分成功抢在三峡大坝蓄水前完工，为整个保护工程的顺利实施奠定了坚实基础。

10.1 工程建设条件

10.1.1 水文气象

涪陵区位于重庆市东南部，是长江上游重要的港口城市和乌江流域的最大物资集散地，属于三峡库区部分淹没城市。长江由西向东、乌江从南向北在涪陵汇合。涪陵地处汇合口的河谷地带，其主要城区被长江、乌江分隔成三大区，即李渡区、江东区和南岸浦片区。涪陵主城区城市面积12 km^2，海拔高程160～400 m。

长江江源为沱沱河，在四川盆地向东流，顺次接纳北岸的沱江、嘉陵江，南岸的乌江等。乌江是长江上游南岸的最大支流，于重庆市涪陵区汇入长江。长江与乌江汇合口以上的长江干流上有寸滩水文站，以下约 9 km 的长江干流设有清溪场（三）站。河段水系分布情况如图 10–1 所示。

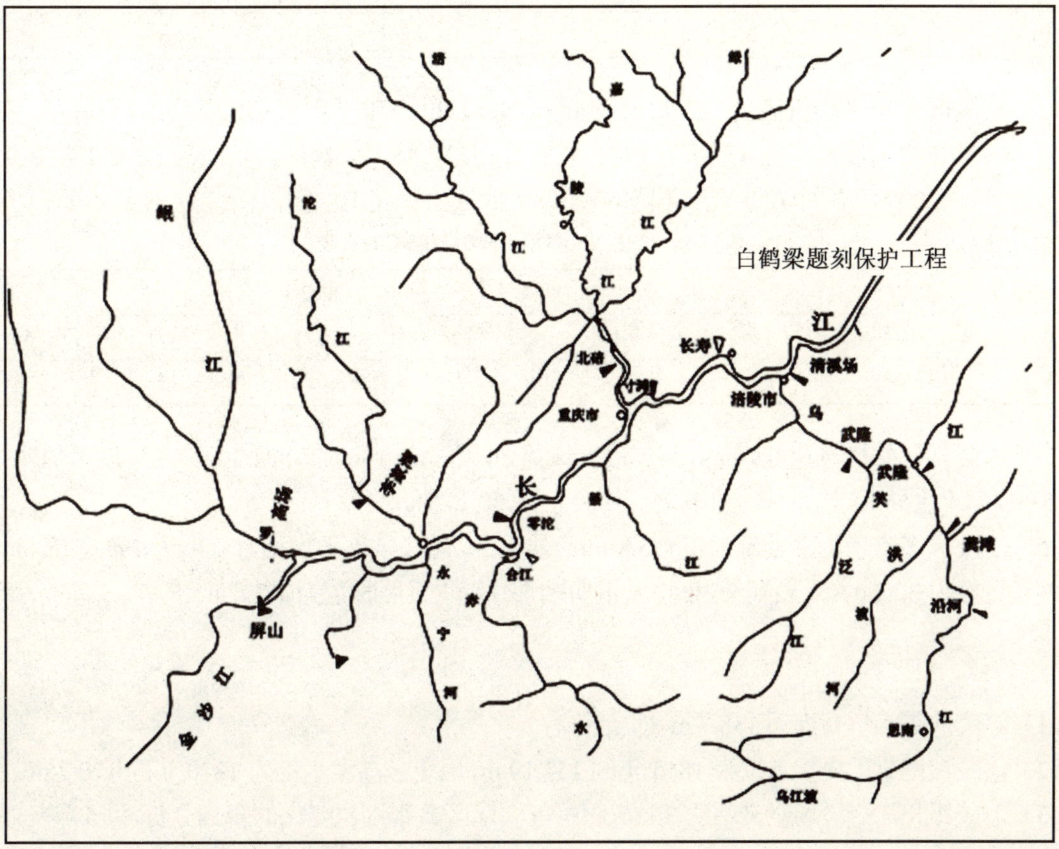

图 10–1　涪陵河段水系分布图

（1）涪陵区气候属亚热带湿润季风气候，主要受西风带天气系统及西太平洋副高、西南低涡、西藏高压的影响。该区冬季受偏北气流控制，夏季受偏南季风影响，太平洋副热带高压向西抵达本区。其气候特点为：四季分明，冬暖夏热，雨量充沛，无霜期长。

（2）涪陵区多年平均降水量为 1 073.5 mm。降水年内分配不均，多集中在 4—10 月，其降水占全年降水量的 80% 以上。4—10 月均会出现暴雨，夏季暴雨尤多，历年最大 1 日降水量高达 324.0 mm（1935）。多年平均暴雨日数为 2.2 d。多年平均降水日数 150.1 d。

各月及多年平均降水量统计见表 10–1。

表10–1　涪陵气象站多年平均降水量统计表(1952—1980年)

时间	1月	2月	3月	4月	5月	6月	7月	8月	9月	10月	11月	12月	年
多年平均降水量（mm）	14.7	19.0	48.8	102.3	161.4	170.8	133.8	111.1	129.5	106.1	54.0	23.1	1073.5

2001—2002各月日降水量＞5 mm 的日数（d）见表10–2（重庆市涪陵区气象局，2002.7）。

表10-2　涪陵区各月日降水量>5 mm的日数　　单位：d

2001年			2002年				
10月	11月	12月	1月	2月	3月	4月	5月
10	4	2	1	1	3	6	13

（3）涪陵区多年平均气温为18.1℃。以1月气温最低，多年平均气温为7.1℃，7月最高，多年平均气温28.7℃。极端最高气温42.2℃（1953年8月、1972年8月），极端最低气温为–2.2℃（1975年12月）。2001—2002年各月72 h气温下降6℃和8℃的次数见表10–3。

表10–3　各月72 h气温下降6℃和8℃的次数

2001年			2002年				
10月	11月	12月	1月	2月	3月	4月	5月
无	无	无	无	无	1	3	无

（4）涪陵站年平均风速0.9 m/s，历年最大风速24.4 m/s（1969年8月30日）。区境多静风，频率高达53%，全年主导风向东北风，频率7%；其次北风，频率6%。

（5）涪陵区多年平均蒸发量为1 126.8 mm，处于高湿区，多年平均相对湿度为79%。雾日较多，年平均雾日数为32.2 d。无霜期长，年均无霜期315 d，年均日照时数为1 297 h。

10.1.2　白鹤梁历史水位

（1）涪陵的零水位高程为138.7 m（吴淞高程）。

（2）涪陵白鹤梁历史枯水位为1813年的137.19 m，历史最高洪水位为1870年的170.7 m。

（3）涪陵距长江清溪场水文站约9 km，根据三峡库区蓄水水位变化的规划分析，按5年一遇洪水频率（p=20%）和20年一遇洪水频率（p=5%），涪陵与清溪场汛后天然水位相差分别为0.4 m和0.6 m。白鹤梁题刻所处长江河段按5年一遇洪水频率（p=20%）和20年一遇洪水频率（p=5%）的非汛期水位见表10–4。

表10–4　涪陵白鹤梁分期设计水位表（黄海高程）

项目	设计值（m）	
	20%（5年一遇洪水频率）	5%（20年一遇洪水频率）
10—4月最高	148.67	151.77
11—5月最高	146.64	150.04
1月平均	136.33	136.78
2月平均	136.05	136.47
3月平均	136.41	137.08
4月平均	138.34	139.84
5月平均	141.24	142.60
10月平均	144.31	145.82
11月平均	140.18	141.27
12月平均	137.44	138.04

（4）1997—2001 年长江水文涪陵段水位变化情况见表 10-5。

表10-5　1997—2001年涪陵水位变化表

月＼年	1997	1998	1999	2000	2001	范围值
1	137.62～1378.95	137.48～138.05	137.79～157.90	138.02～138.83	137.92～138.71	137.48～157.90
2	137.57～139.20	137.14～137.62	137.60～138.15	137.87～138.81	137.92～138.37	137.14～139.20
3	137.76～139.50	137.30～138.50	137.03～137.84	138.23～139.97	137.72～138.26	137.03～141.13
4	138.61～143.21	137.43～140.74	137.28～139.26	138.30～141.62	138.34～141.13	137.28～143.21
5	139.98～145.69	139.09～145.43	139.87～145.23	139.01～143.03	138.34～141.13	139.01～145.69
6	141.05～147.74	140.55～149.69	141.59～156.38	142.63～153.14	141.29～148.86	141.05～156.38
7	144.59～154.72	149.47～157.77	148.54～156.54	137.70～153.39	141.79～151.39	137.70～157.77
8	142.49～148.82	151.80～159.65	144.77～151.98	143.79～153.30	144.08～153.23	142.49～159.65
9	141.47～146.87	144.64～153.35	143.84 152.78	146.81～150.55	147.67～154.38	141.47～154.38
10	141.19～146.56	142.13～145.49	142.77～145.72	143.33～149.66	143.28～148.92	140.09～149.66
11	138.72～140.82	139.24～142.27	142.07～144.39	139.83～144.56	140.09～144.04	138.72～144.56
12	137.85～138.88	138.01～139.86	138.49～141.91	138.67～139.90	138.89～139.94	137.85～141.91
备注	地点：清溪水文站，黄海高程，零水位高程137.00 m					

（5）流量、流速。涪陵长江河段多年平均流量为 11 200 m^3/s，三峡工程坝区最高通航流量 56 700 m^3/s。三峡水库按拟定的 156 m 方案运行时，白鹤梁河段最大流速 5.6 m/s，最小流速 3.4 m/s；按 175 m 方案运行时，白鹤梁河段最大流速 4.3 m/s，最小流速 2.5 m/s。

10.1.3　三峡水库对涪陵河段水位的影响

三峡工程分三期施工，总工期 17 年，一期工程自 1993—1997 年，工期 5 年；二期自 1998—2003 年，工期 6 年，三期自 2004—2009 年，工期 6 年。三峡库区 2003 年 6月中旬将蓄水至围堰挡水发电水位 135 m；2007 年汛前右岸大坝具备挡水条件，2006 年 11月开始至 2007 年5月导流底孔封堵后水库库水位汛期将超过 135 m，汛后水位将蓄至初期发电水位 156 m。另外，三峡工程导流底孔在大坝等具备提前挡水条件及其他条件时，导流底孔可能提前封堵。

三峡水库拟定的调度方案：2003—2007 年汛期坝前运行水位为 135 m；2007 年汛后—2009 年汛期水库按 156 m 方案调度运行；2009 年汛后三峡水库具备蓄水至 175 m，达到按最终规模运行的条件。在水库蓄水初期涪陵河段将分别处于水库回水末端和回水变动区中下段，从水库正常运行期开始该河段已处于常年回水区上段，白鹤梁题刻则长期淹没于水中。

根据三峡库区蓄水水位变化的规划计算和《三峡库区重点文物白鹤梁题刻保护及迁建工程水工模型试验报告》（重庆西南水运工程科学研究所，2001 年 2月），三峡水库运行 30 年，涪陵河段水位变化如下：

（1）2003—2007年汛期，坝前运行水位为 135 m，回水末端位于涪陵附近。期间，涪陵河段汛期 5%，洪水天然水位约为 165.5 m，因大坝壅水，涪陵河段水位升高 1.5 m，水位约为 167.0 m；涪陵河段非汛期水位与天然情况一致。

（2）2007 年汛后—2009 年汛期，三峡水库按 156 m 方案调度运行。汛期6—9月坝前水位控制在 135 m，此时涪陵河段水位较天然情况抬高 0 ～ 3 m；汛后 10 月水库蓄水位至 156 m，其回水变动区位于长江铜锣峡与丰都之间。白鹤梁距三峡大坝约 490 km，处于变动回水区下段，届时该河段水位较天然情况抬高达 19 m 左右，河段汛期水位约为 166.2 m（按 20 年一遇洪水频率）。

（3）2009 年汛后，三峡水库具备蓄水至 175 m，达到最终规模运行的条件，坝前水位按 175 m—145 m—155 m 方案调度时，涪陵河段已处于水库的常年回水区，水位将进一步抬高，汛期水位较天然情况抬高 10 m 以上，非汛期水位抬高达 39 m 左右。按 20 年一遇洪水频率，这时涪陵河段汛期水位在 168.8 m；汛后涪陵河段水位在 175.6 m。

10.1.4 工程地质

（1）地形地貌

白鹤梁题刻位于涪陵区龙王沱附近的江心，为一条带状石质漫滩，距南岸约 150 m，距北岸约 400 m。自西向东延伸，顺江分布，与江流平行。白鹤梁长约 1 600 m，宽 10 ～ 15 m，题刻集中区主要分布于白鹤梁中段约 220 m 的地带，梁脊高程为 137.70 ～ 138.23 m，仅比常年最低水位高出 2 ～ 3 m，但低于最高洪水位达 30.06 m，它常年淹没于水中，仅在冬末的长江枯水季节才露出江面。

白鹤梁脊在其南侧，砂岩形成高约 0.80 ～ 1.60 m 的自然陡坎，页岩形成缓坡，其与南岸之间的水道称鉴湖，宽 100 ～ 150 m，为较平坦的河床，湖底高程 134.00 ～ 136.00 m。鉴湖底基岩为页岩、泥岩，其抗冲刷能力较差，局部被冲刷成浅坑，坑底高程在 130.00 ～ 132.00 m 之间。

白鹤梁以北为长江主河道，从白鹤梁往长江主河道方向约 40 m 的范围内，为砂岩形成的顺层面斜坡，坡度角 14°～ 18°；在 40 m 以外，高程 124.00 m 左右，地形变缓，形成较平坦的河床。

（2）地层岩性

工程区内主要地层为侏罗系中统自流井组砂岩、页岩、泥岩组成，近南岸地段被第四系人工填土所覆盖，白鹤梁仅在枯水季节部分基岩出露。地层岩性主要分布有：人工填土、细砂和基岩，基岩为砂岩、页岩和泥岩。

素填土：由砂岩、泥岩碎块、卵石及少量黏性土等组成，硬杂物含量为 50% ～ 60%，粒径一般为 100 ～ 200 mm，最大达 3 000 mm，结构稍密至中密状，均匀性差，稍湿。主要分布于南岸滨江路及防护堤上，堆积年限约 1 ～ 3年。

块石土：杂色。由砂岩、泥岩等块石组成，硬杂物粒径一般为 100 ～ 600 m，含量占 50% ～ 70%，最大达 3 000 mm，结构稍密，均匀性差，饱和状。钻探揭露厚层 1.20 ～ 7.00 m。主要分布于长江防护堤坡底处，为修建滨江路时堆积，堆积年限约 1 ～ 3年。

细砂土：灰白色。主要由石英、云母等组成，含圆砾，砾石粒径 5 ～ 15 mm，含量占 10% 左右，结构稍密，呈饱和状。

基岩：由砂岩、页岩及泥岩互层组成。砂岩：浅灰色至灰白色。主要由长石、石英组成，含有少量云母和暗色矿物等组成，局部夹泥质结核或团块。中细粒结构，中厚至厚层状构造，钙质胶结。中等风化带岩体裂隙较发育，裂面多被铁质浸染，岩质较坚硬，岩芯呈柱状；微风化带岩体裂隙不发育，岩芯呈长柱状，岩质坚硬，强度高。页岩：灰黑色。主要由片状云母、水云母、碎屑石英、方解石等组成。泥钙质结构，层状构造。中等风化带岩体微层理发育，岩芯呈短柱状、碎块状、薄饼状；微风化带，岩芯完整，多呈柱至长柱状，岩质较坚硬，节理裂隙不发育，其上部有 0.28 ～ 0.40 m 介壳灰岩。泥岩：紫红色。主要由水云母、绿泥岩等黏土矿物组成，内含少量灰绿色砂质条带或钙质团块，局部砂质含量较高。泥质结构，巨厚层状构造。其中等风化带裂隙较发育，岩芯多为短柱状，岩质较硬；微风化带岩体完整，裂隙不发育，岩芯多呈长柱状，少数为短柱状，岩质较硬。

（3）地质构造

白鹤梁题刻区位于川东弧形凹褶带东部，珍溪场向斜近南端的扬起端范围。该向斜轴部平坦宽缓，两翼相对舒展，向斜轴向为 NE 向，向南西延伸，其轴向发生了偏转，至本区轴向为 NNE 东向。区内地层呈单斜产出，总体产状向北倾，岩层产状 10°∠14°。区域构造纲要图如图 10-2 所示。

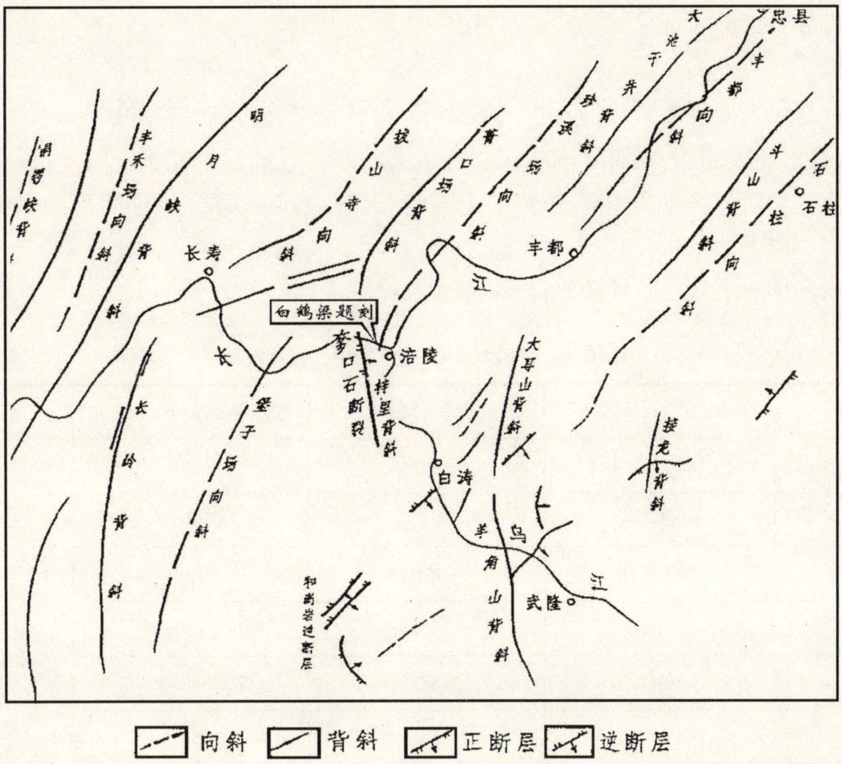

图 10-2　区域构造纲要图

场地内砂岩层中构造裂隙较发育，主要有四组：Ⅰ组裂隙产状 280°～290°∠75°～86°，裂隙长大略弯曲或呈舒缓波状，面较平整或粗糙，部分呈雁行式排列，间距 2～3条 /m，延伸 10～20 m，宽一般 1～2 mm，部分有钙膜充填，多切穿砂岩层，多为张性裂隙；Ⅱ组裂隙产状 10°～20°∠80°～87°，间距 1～3条 /m，延伸一般 3～5 m，较直，面粗糙，倾角近直立多张开，为纵张或横张裂隙；Ⅲ组裂隙产状 45°～55°∠75°～90°，间距 1～2条 /m，延伸长 2～3 m，面平直，多闭合，部分微张有钙膜充填，多切穿砂岩层，属扭性；Ⅳ组裂隙产状 70°∠85°～90°，面平直，一般延伸 3～5 m，多闭合，部分微张有钙膜充填，多切穿砂岩层，属扭性。

（4）地震

涪陵城区无大的断裂构造和构造破碎带。据有记载以来，历史上涪陵受地震影响较少。从“地震目录”中查知：在其半径 150 km 范围内发生中、强地震有 6 次（具体详见表 10-6 和图 10-3）。记载最早的中、强地震为 1854 年 12月 24日发生在南川陈家场的 5.5级地震；最大的地震是 1856 年 6月 10日发生在湖北咸丰大路坝的 6.5 级地震，这些地震对涪陵的影响均不超过Ⅵ度。在以涪陵为中心的 50 km 范围内，没有 MS4.75 级以上的破坏性地震记载，微震活动也较少。因而认为本区属典型的弱震活动区。

工程区属扬子准地台四川台坳，其地质构造简单，断裂构造较少。第四纪以来本区主要表现为间歇性整体抬升运动，近区历史至今无中、强震记载，有感地震很少，近期地震活动微弱。

地震的危险性主要来自外围地区地震的影响。在外围区域性断裂构造有长寿—遵义基底断裂、方斗山断裂和齐岳山—金佛山基底断裂，这些断裂均为弱活动性断裂。外围区域性断裂地震活动水平不高，频率较低，对本区影响轻微。场地地震基本烈度为Ⅵ度，该区水平向设计地震加速度代表值 α_h=0.1 g；设计反应谱最大值的代表值 β_{max}=2.25；谱特征周期 T_g=0.30 s。场地内未发现断裂构造及明显的构造破碎带等不良地质现象，场地区域稳定性好。

（5）水文地质

拟建构筑物地段未发现断裂构造及构造破碎带，岩体完整，砂岩层透水性好，为含水层；页岩和泥岩层透水性差，含水性较弱，为相对隔水层和非含水层。

基岩裂隙水主要赋存在地表出露的砂岩层中，与长江水有水力联系。中等至微风化的泥岩、页岩及泥岩中的砂岩夹层无地下水。

场地地表水和地下水均属中性淡水，地下水对混凝土无腐蚀性。

表10–6　涪陵150 km范围内中、强震统计

震中	发震时间	震级（MS）	与涪陵的距离（km）	涪陵影响烈度
南川	1854.12.24	5.5	75	Ⅳ
彭水	1955年秋	4.75	80	
咸丰	1856.6.10	6.5	120	
利川	1931.7.1	5.0	150	
江北	1989.11.20	5.2	48	
江北	1989.11.20	5.4	50	

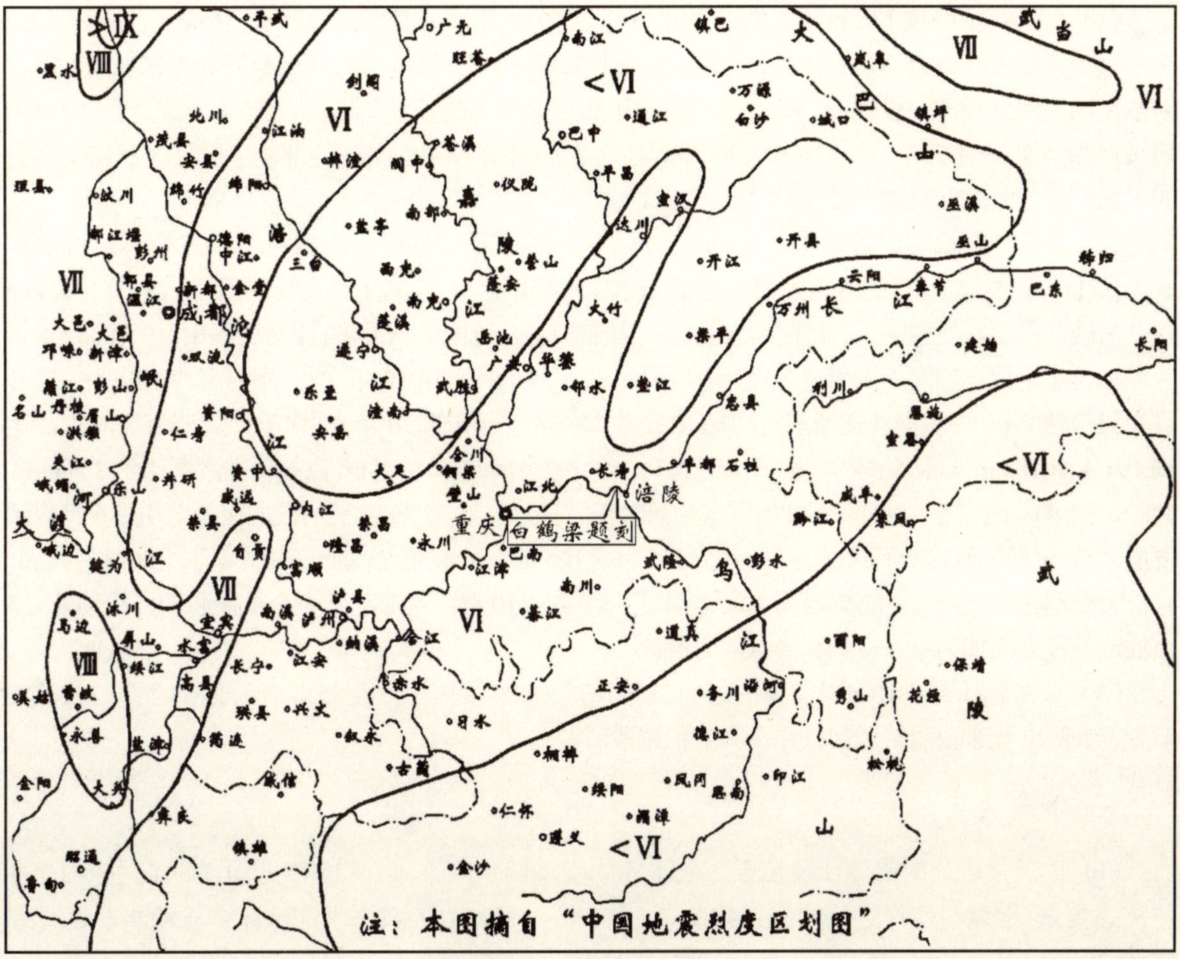

图 10-3　地震烈度区划图（50 年超越概率 10%，国家地震局 1990 年）

10.1.5　泥沙

涪陵长江河段多年平均悬移质输沙量为 4.6 亿 t（0.028 mm），多年平均沙质推移质为 600 万 t（0.014 mm），卵石推移质为 28.97 万 t（51 mm），汛期淤积，汛后冲刷，年内基本保持平衡。

三峡水库不同运行时期白鹤梁局部河段泥沙淤积特性表见表 10-7。

表10-7　水库不同运行时期白鹤梁局部河段泥沙淤积特性表

三峡水库运行年份	CS100—CS108			淤积厚度（m）		
	淤积量（104 m^3）	淤积强度（104 m^3/km）	淤积速率[（104 m^3/（km·年）]	一般淤厚	最大淤厚	白鹤梁上淤厚
5年	24.39	21.39	4.28	0～3	4	0
7年	46.57	40.85	5.84	0～4.5	5	0
10年	84.9	74.51	7.45	1～5	7	0
20年	218.2	191.43	9.57	9～14	18	2～6
30年	310.5	272.36	9.08	13～18		4～10

（1）在三峡水库按 135 m 水位运行的前 5 年，由于水库回水较小，涪陵长江河段泥沙淤积甚少；当三峡水库按 156 m 方案运行以后，涪陵河段处于水库回水变动区，其泥沙淤积的分布在总体上符合回水变动泥沙淤积的一般规律，水库运行至第7年底，防护大堤以外河段边滩已基本形成，河道向着顺地微弯和高滩深槽方向已有一定的发展。在防护堤所在河段，泥沙淤积的部位主要是在白鹤梁以右的大堤沿岸（即鉴湖内）、龙王沱内及两岸边滩。

（2）到第 7 年底鉴湖淤厚 0 ～ 4.5 m，白鹤梁上尚未受到泥沙淤积的影响。从第 8 年开始以后，水库按 175 m 方案运行，此时涪陵河段已处于水库常年回水区（上段），由于水位骤然大幅度抬高，使整个涪陵河段泥沙普遍落淤，既淤滩，又淤槽，但相对而言，边滩淤积更多，深槽淤积相对较少，特别是鉴湖和龙王沱深潭内泥沙淤积较多，淤积速度更快。水库运行到第 10 年末，鉴湖内泥沙淤厚 1 ～ 5 m，最大淤厚达 7 m，淤积泥沙逐渐逼近白鹤梁石刻。水库运行到第 20 年末，白鹤梁局部河段淤积已达到 191.43 × 104 m^3/km，鉴湖内一般淤厚达到 9 ～ 14 m，最大淤厚达 18 m，白鹤梁上淤厚达到 2 ～ 6 m，此时白鹤梁题刻已完全为淤积泥沙所覆盖。到水库运行到第 30 年末，涪陵河段的泥沙淤积进一步得到发展，白鹤梁局部河段淤积强度进一步达到 272.36 × 104 m^3/km，鉴湖内一般淤积厚度已达到 13 ～ 18 m，其最大淤厚达到 23 m，白鹤梁题刻上淤沙厚度达到 4 ～ 10 m。龙王沱已完全被淤积泥沙所填筑，整个涪陵河段发展成为单一规顺和微弯的河道。

（3）水库运行到第 10 年末淤积泥沙已逐渐逼近白鹤梁题刻，从第 15 年起开始全面覆盖白鹤梁题刻，到第 20 年末白鹤梁题刻已完全为淤积泥沙所覆盖。

10.1.6 白鹤梁保护建设

（1）白鹤梁所处的涪陵江段位于三峡水库的变动回水区下段。白鹤梁以北为长江主河道，水流流态复杂，南侧与南岸之间的水道称鉴湖，宽 100 ～ 150 m，为较平坦的河床。三峡水库运行到 15 ～ 20 年后泥沙逐步覆盖白鹤梁题刻，悬移质泥沙淤积及固结产生的破坏作用不容忽视。

（2）白鹤梁上部为较坚硬的石英砂岩，下部为较软弱的页岩，地质条件较差。在江水的长期冲刷下，页岩掏蚀，砂岩崩塌，已使部分题刻损坏。虽然对白鹤梁题刻进行了表面保护和整体加固处理，但经过一二百年淤泥埋藏，水下环境复杂，将无法确保题刻的完好，再挖掘难度亦更大。

（3）白鹤梁题刻原址水下保护工程必须克服紧邻长江主航道，地质条件差，运行条件复杂等种种困难，赶在三峡工程蓄水前实成水下施工。

10.2 白鹤梁题刻本体保护

白鹤梁上部为较坚硬的石英砂岩，下部为较软弱的页岩，地质条件较差。在江水的长期冲刷下，页岩掏蚀，砂岩崩塌，已使部分题刻损坏。对白鹤梁石刻必须进行本体保护。

白鹤梁题刻本体保护包括整体加固工程、表面加固工程和表面防冲蚀工程三部分。整体加固工程采用小锚杆加固、砌筑支护和裂隙灌浆。表面加固工程采用注射黏结和滴渗透增强相结合的工艺。表面防冲蚀工程采用双面层方案：下层为柔性保护层，保护题刻不被损伤；上层为刚性防冲蚀保护层，面层以锚固方式与岩体连接，以确保面层自身的稳定性。

（1）整体加固

为确保题刻所在梁体砂岩的整体性，防止岩体分离块体破坏面积进一步加大而导致题刻及梁体的彻底破坏，需对题刻砂岩块体实施小锚杆加固工程。锚杆采用 ϕ10 的螺纹钢，锚孔外口孔径 30 mm，内孔孔底将扩大至约 25 mm，以增加锚固体的抗拔力。锚杆长度拟定为 1 ～ 3 m，锚固段长度 1 ～ 2 m，锚固砂浆选用 525 号防水硅酸盐水泥，灰砂比 1 : 1，水灰比 0.5，填料选用 <1 mm 的砂。水上东段拟布置锚杆 42 根，西段拟布置锚杆 68 根，共计锚固长度约 330 m。考虑到现水下可能发生的工作量，预计总锚固长度在 500 m。

对岩体下部掏蚀凹槽及分离体间实施原岩砌筑，以防因江水进一步掏蚀而造成崩塌区域扩展，砌筑体断面选用梯形，为确保其稳定性，内部暗插筋，钢筋与岩体相连，底部清至新鲜岩石。材料选用原岩块石和 M7.5 的防水水泥砂浆，对岩体内部的纵横宽大裂隙实施灌浆处理，锚固砂浆选用 425 号防水硅酸盐水泥。

（2）表面加固

岩石学和材料学研究说明，岩体表层有 Fe、Mn 富集层，该层孔隙度很低。该层下部孔隙度增大，局部有裂纹，表面以下约 10 mm 处为主分离面。而题刻岩体和地质体间未脱离，题刻岩体下部的潮气无法切断，所以施工设计方案将不建议采用浸渍防水工艺。据此拟采用注射黏结和点滴渗透增强相结合的保护方案。

（3）表面防冲蚀

白鹤梁题刻将随着三峡工程的蓄水而永久淹没于水下，在水位抬升过程中该区域水流在一定阶段呈现紊流状态，河床底部细粒推移质在水流携带下，将不断磨损题刻表面，所以必须采取相应的保护措施，以确保题刻保存完好。

10.3 工程总体设计

10.3.1 场地概述

白鹤梁题刻位于涪陵区长防堤外江水中，中心距南岸长防堤 221 m，题刻为不规则长条形，长约45 m，宽约 10 m，题刻面成 12° 倾角坡向江心，最高点高程 138.0 m，最低点高程 136.15 m。题刻外江侧地面成 15° 坡向长江主河槽，内湖侧至长防堤坡脚为缓坡地，坡脚高程 138 m，题刻周边高程 136.0 m。

长防大堤边坡设三条马道，自 174.2 m 高程以 1 : 1.6 边坡降至坡脚 138.0 m 高程。当时在建的沿江大道路面设计高程为 175.7 m，人行道地面设计高程为 175.9 m。

10.3.2 总平面设计

白鹤梁题刻水下保护工程具备原址保护和题刻展示两大功能，由水下保护体、交通及参观廊道、地面陈列馆三部分组成，并选定▽143 m 分廊方案即水下保护拱顶高程 143 m，上、下游分开设置交通廊道方案作为实施方案（图 10–4）。

（1）水下保护体

水下保护体为椭圆形平面的单跨拱形壳体结构，覆盖在白鹤梁题刻正上方，壳体内置换清水，满足参观通视要求，内外水压平衡形成“无压容器”，永久保护题刻不受泥沙淤埋和冲淘破坏。

水下保护体处于约 40 m 深的长江水中，位于长江主航道一侧，三峡工程蓄水后，它将在变动深水中长期运行。根据水工试验，确定了保护体外轮廓尺寸及各部位高程，不影响航道和防洪要求前提下，椭圆保护体内径长轴 64 m、短轴 17 m，外径长轴 70 m、短轴 25 m，拱顶高程 143 m。水下导墙厚 3 ～ 4 m（兼作纵向施工围堰），采用水下混凝土浇筑，水下钻孔小型钢桩锚固。水下保护体穹顶拱壳采用钢桁架

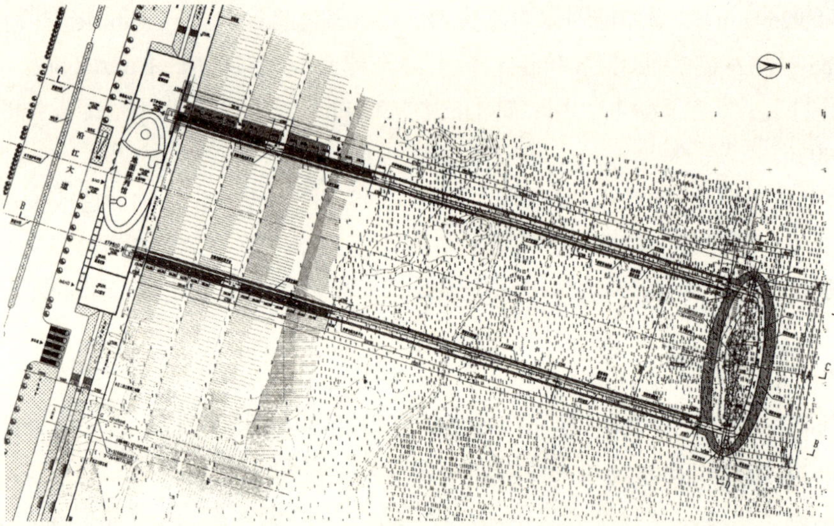

图 10-4　总平面图

与钢筋混凝土联合结构，承担壳体中央下缘的拉应力。在保护体上游方向布置鱼嘴以防止船只撞击，同时壳体结构承受一定的船只撞击。

（2）参观及交通廊道

参观廊道采用钢质管道结构，沿水下保护体外江侧内壁成“U”形布局，靠题刻侧开设承压玻璃窗满足对题刻的观赏要求。参观廊道按能承受 60 m 水头的潜水器标准进行设计，既要满足游客参观的需求，又要使潜水员能出舱进入保护体内进行潜水作业，应用了特殊的潜艇技术，采用了耐压金属结构和特种玻璃窗技术。参观廊道两端局部放大形成“8”字形设备间，并设蛙人出入口。全长由 4 道水密门将舱壁分为 3 个独立舱室，保证特殊情况下安全。参观廊道迎向题刻一侧设 23 个观察窗及 4 座与水下摄像系统连接的遥控观察台。

交通廊道分上下游两条垂直堤岸布置，连接参观廊道和地面陈列馆形成交通与疏散环路。交通廊道结合自然地形布置，沿长江防护堤坡段为坡型交通廊道，江底段为水平交通廊，为钢筋混凝土承压廊道。坡型交通廊道设步行梯道及自动扶梯(图 10-5)。

（3）地面陈列馆

地面陈列馆沿长江南岸滨江大道与长防堤之间绿化带部位布置，作为水下参观出入口及水下保护体之地面标志建筑。主要功能为人流集散、为水下保护体提供设备支持、办公及管理、陈列与展览。同时提供沿江观景平台，改善沿江景观，形成以白鹤梁题刻为背景的人文景点。白鹤梁题刻保护工程地面陈列馆如图 10-6、图 10-7 所示。

10.3.3　城市景观

由于工程需要，地面陈列馆拟建于沿江大道与长防堤之间的沿江观景带中，景观设计尤为重要。遵循重庆市涪陵滨江区规划思想，结合长防大堤及沿江大道建设要求，将白鹤梁题刻原址水下保护工程作为沿江观景带上的一个重要节点，强调建筑与周边环境协调统一。

总体布置上保持沿江景观带的连续性，保证观景平台和人行道高低两条观赏路线的贯通。在保

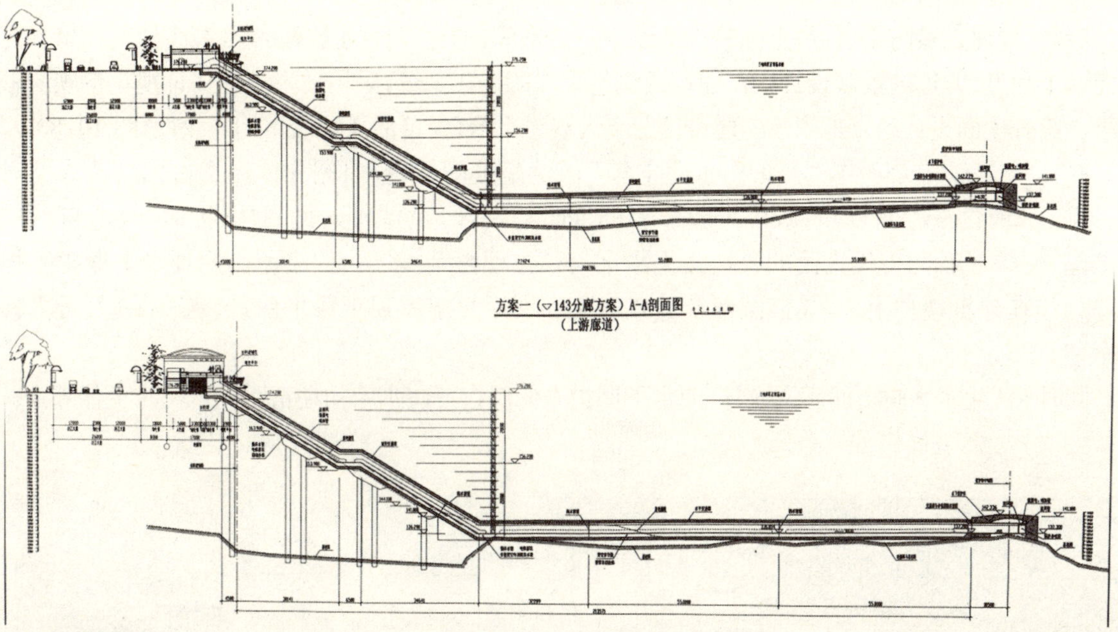

图 10-5　交通廊道剖面图

图 10-6　白鹤梁地面陈列馆效果图

图 10-7　白鹤梁地面陈列馆鸟瞰图

护工程设计过程中，尽量缩减建筑体量，降低建筑高度，避免对环境的破坏。坡形交通廊道采用浅埋式，部分体量埋入长防大堤；岸上陈列馆主要为三层空间，通过立面的虚实处理，减少建筑体量。充分考虑多个角度、方位的景观设计。在建筑两侧与大堤的衔接部分，采用坡形外形保证视觉景观的顺利过渡。第五立面设计结合陈列馆的建设设置上人观景平台，保持沿江观景带的连续性(图 10–8)。

在白鹤梁石鱼文化中，"石鱼出水兆丰年"虽然是民间传说，但充分体现了古代涪陵人民对气候预测、水利建设的高度重视，对丰收年岁的期盼与渴求，是古代人民利用、征服、改造自然的智慧结晶，反映了我国古代人民的科技文化水平与科技理性精神。白鹤梁题刻原址水下保护工程地面陈列馆在建筑造型上，利用椭圆形开放式庭院和展厅突出屋顶观景平台，实现"石鱼出水"的建筑意境。

同时，优化水平向交通廊道设计，使水下保护壳体仅在三峡水库初期蓄水枯水位时主体外露。

图 10–8　白鹤梁水下博物馆开馆庆典

10.3.4　竖向设计

在白鹤梁题刻地段，涪陵沿江大道地面高程 175.7 m，地面陈列馆临沿江大道布置，室外地面高程 175.9 m，以0.3％坡向沿江大道。地面陈列馆室内 ±0.000 相当于绝对高程 176.2 m，室内外高差 0.3 m。

10.3.5　交通流线设计

根据参观人群类型的不同，主要按室外交通、地面陈列馆交通和水下参观等三类流线设计。

（1）室外交通流线

沿江大道→入口广场，分流至主入口、办公入口、疏散出入口。

（2）地面陈列馆交通流线

主入口→水景内院，分流至水下参观入口门厅、地面展示厅、水下参观出口门厅、演示厅、办公入口、设备用房出入口。

（3）水下参观流线

水下参观入口门厅→下游交通廊道→题刻参观廊道→上游交通廊道→水下参观出口厅→疏散出口。

10.4 建筑设计

根据建筑物重要性及运行维护等因素确定本工程建筑物等级为一级，耐久年限为 100 年。

考虑水下交通及参观廊道火灾危险性及疏散和扑救难度确定水下建筑耐火等级为一级，地面建筑耐火等级为二级。地面陈列馆屋面防水为一级防水，水下建筑物抗渗等级为 S12。

10.4.1 平面设计

（1）水下保护体（图 10–9）：根据内部题刻分布形状及外部水流条件，拟定保护体采用椭圆形平面、拱壳顶结构，内空长轴 64 m，短轴 17 m，满足参观廊道布置要求，并能取得较好的观察窗视角视距，能保证参观廊道距题刻及拱顶的基本安装净空要求。保护体拱顶位于蛙人出口处上方设吊物孔，配合设备安装检修使用。

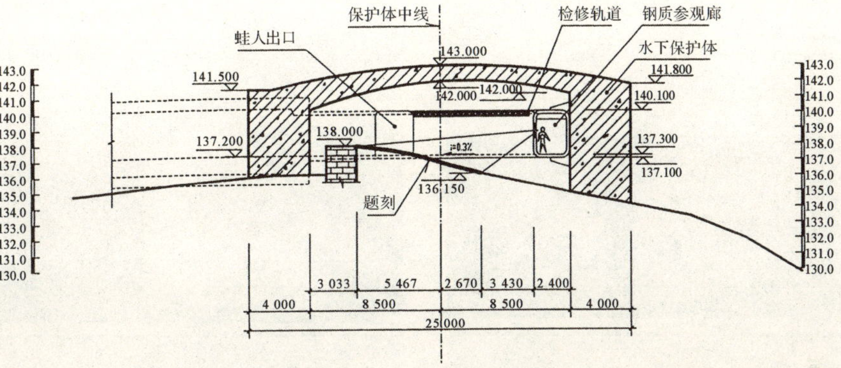

图 10–9 白鹤梁水下保护剖面图

（2）参观廊道：作为近题刻观赏空间，要求具有较好的观察角度及适宜视距，满足站位观赏及交通流线所需适宜空间尺度，具有较好的舒适性。同时要具有防火功能，防突发事故功能，以及对水下承压窗等进行检修更换的功能。参观廊道平面呈“U”形，支撑于水下保护体内壁，围绕题刻布置。廊道净宽 2 m，总长约 80 m，按潜艇分舱方式以承压水密门分为 3 个舱室。靠题刻侧以间距 1.2 m 开设 *D*=0.6 m 圆形承压玻璃窗。上下游方向各设支舱作设备用房及车用卫生间。上游出口处设蛙人进出检修舱。廊道外侧沿观察窗下部连接蛙人出口处设置水下观察窗检修平台，廊道上方设手动吊物滑道。

（3）交通廊道：分上下游两条设置，连接地面陈列馆与水下参观廊道形成环形通道，提供水下部分设备通道，既要满足消防疏散要求及设备运行要求，又要减少对长防大堤结构、长江行洪、沿江堤岸景观的不利影响。沿堤坡为坡形交通廊道，沿江底为水平交通廊道，均为线形平面，总长 290 m，宽 2.7 m。内部空间分为 1.4 m 宽双人梯道及 0.9 m 宽单人自动扶梯。扶梯与梯道共用休息平台，长 6.5 m，宽 2.7 m。交通廊道单侧设展示空间，以拓展视觉空间，形成展廊式通道，改善空间的压抑感与单调感，提高舒适性。

（4）地面陈列馆：地面陈列馆位于沿江大道与长防堤之间，贴长防堤布置，呈矩形平面，长约115.6 m，宽约 14.8 m，三层，底层高 5.4 m，总高 14.5 m，建筑面积 3 088 m^2，规划用地面积 3 946 m^2，建筑密度 37%，容积率 0.78，绿化率 30%，室外设备用地 580 m^2。陈列馆由参观展览用房、设备用房、办公管理三大功能区组成，同时提供沿江观景平台，改善沿江景观，形成以白鹤梁题刻为背景的人文景点。一层布置主入口、门厅、序厅、展厅、水下参观出入口厅、安检、存包和水、电、空调及消防设备用房；二、三层为展厅、演示厅及办公管理用房，其中技术业务和办公管理用房布置在下游侧。功能分区明确，各类交通流线简洁。

10.4.2 立面设计

建筑立面设计综合考虑白鹤梁题刻水下保护工程独特的历史文化特点，以简洁、朴素、现代为主基调。

水下保护壳体和交通廊道由于功能要求，以实体混凝土为外表面，不作任何修饰处理。地面陈列馆为了满足观光游览休憩的需要，造型处理上针对沿街立面低长的特点，中部利用椭圆形开放式庭院和展厅突出屋顶观景平台，实现“石鱼出水”的建筑意境。两侧借鉴白鹤梁题刻丰富多彩的历代书法雕刻艺术作品，弱化建筑体量，形成活泼丰富的专业博物馆形象，使工程融入自然、融入历史(图 10–10 ～图 10–12)。

图 10–10 立面雕刻(一)

图 10–11 立面雕刻(二)

图 10–12 白鹤梁水下博物馆

10.4.3 剖面设计

(1)地面陈列馆：为局部三层框架结构，室外地面▽175.9 m，室内地面高程 176.2 m，一、二层层高 5.1 m，办公用房层高 3.6 m。

(2) 坡形交通廊道：坡形廊道外露尺寸的降低，有利于长江行洪过流，也有利于沿江景观，但埋深过大会对工程实施及地面陈列馆进深带来不利影响。经综合比较，本方案用贴坡浅埋方式，埋深约 2 m。

坡形廊道地面建筑高程自地面陈列馆室内▽176.2 m，分两部自动扶梯下至水平廊道接口▽136.2 m，总高 40 m，每段扶梯高 20 m，坡度30°。▽156.2 m 高程处设 6.5 m 宽扶梯步梯共用休息平台。步梯共分 16 跑，每跑 15 级，踏步尺寸 263 mm × 178 mm，休息平台宽度 0.9 m。

(3) 水平交通廊道：为避免水下基岩过大开挖，保证交通流线便捷，以直线连接坡形交通廊道及参观廊道。拟定水平交通廊道地面高程自▽136.2 m ～▽137.2 m，纵坡 0.7%作为地面排水坡。

(4) 水下保护体：拱顶高程受枯水位通行条件控制，可研及专题研究确定最大拱顶高程不超过▽143.0 m，为最大限度改善参观题刻视角并兼顾结构受力条件，以▽143.0 m 作水下保护体拱顶高程。

(5) 参观廊道：保护体拱顶▽143.0 m 时，从协调结构受力及施工安装工艺要求等因素考虑，参观廊道地面高程最大值为▽137.30 m，与水平廊道接口处高程为▽137.2 m，纵坡 0.3% 做地面排水。参观廊道横断面净宽 2.0 m，净高 2.2 m。送排风、强弱电、喷淋水系统沿吊顶内布置(图 10-13)。

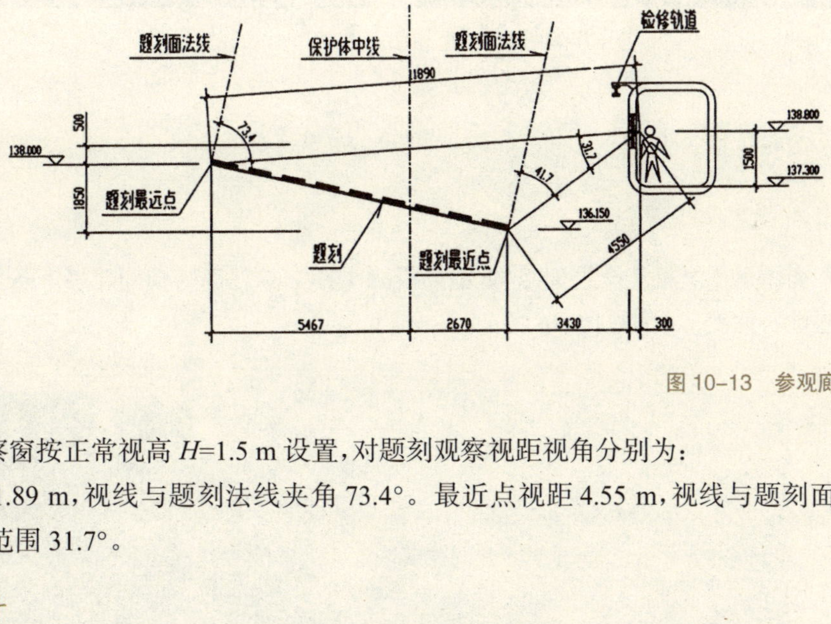

图 10-13　参观廊道实现分析

视角分析：观察窗按正常视高 H=1.5 m 设置，对题刻观察视距视角分别为：

最远点视距 11.89 m，视线与题刻法线夹角 73.4°。最近点视距 4.55 m，视线与题刻面法线夹角 41.7°，观察点视角范围 31.7°。

10.4.4　消防设计

依照现行《建筑设计防火规范》及《博物馆设计规范》有关规定，地面陈列馆耐火等级为二级，水下交通及参观廊道确定耐火等级为一级。

因水下交通及参观廊道交通流线较长，建设单位委托权威单位进行了消防专项论证。为保证消防安全，地面陈列馆、交通廊道、参观廊道分设防火分区，并形成交通参观环路，保证人流双向疏散要求；同时加强运行管理，控制廊道内停留总人数不大于50人，并在入口处设置安检系统，以杜绝危险品和违禁品的进入；在装修材料选用上大量运用难燃材料，钢结构表面做防火涂料，保证耐火极限 3 h，电路采用阻燃电缆、暗敷；消防设备上按规范布置了消防报警系统、送新风及排烟系统、消防水喷淋系统和移动灭火设施。

10.4.5 装修设计

交通廊道及参观廊道装修注重防火、吸音、防结露、无污染等功能要求，力求简洁、明快，主要装修材料为防滑地面砖、穿孔铝板内墙面和吊顶，内衬吸音棉。

地面陈列馆采用现代装饰风格，根据展示需要做中高级装修，主要装修材料为高级内墙涂料、花岗岩墙地面、铝合金吊顶等（图 10-14 ～图 10-15）。

图 10-14　展厅实景一

图 10-15　展厅实景二

10.5 结构工程

10.5.1 地面陈列馆结构设计

地面陈列馆采用混凝土全框架结构，钢筋混凝土柱下独立基础和局部墙下条基，整个建筑坐落在长防堤碾压堆石体地基上（图 10-16）。

图 10-16　白鹤梁水下博物馆临水一侧

10.5.2 坡型交通廊道结构设计

坡型交通廊道为连接地面陈列馆和水平交通廊道的交通通道。上、下游坡型交通廊道结构形式一致，沿长防堤顺坡布置，嵌入堤内深度 1.7 ～ 3.2 m；基础坐落于长防堤堤坡上，并辅以混凝土补偿垫层。

（1）纵断面：坡型交通廊道在 176.2 m 高程与地面陈列馆相接，基本沿长防堤堤坡向下，136.2 m 高程与水平交通廊道相连，嵌入堤内 1.7 ～ 3.2 m；廊道坡度为 27°，坡比 1∶1.963，高差 40 m，水平长 77.7 m，斜向长 88 m，廊道内布置 1.4 m 宽单坡自动扶梯，一侧的人行步梯分 16 跑，每跑 15 级，休息平台宽 900 mm，踏步尺寸 263 mm×178 mm，共计 240 级，人行步梯梯下设循环水管道沟。坡型交通廊道沿水平方向每 11.0 m 设置变形缝，中间不设施工缝。

（2）横断面：坡型交通廊道横断面呈箱形截面布置，正截面外轮廓尺寸 5 m×5.8 m（宽 × 高），正截面内空净尺寸 3.4 m×4.2 m（宽 × 高），侧墙、顶板、底板厚度均为 0.8 m。坡型交通廊道底部两侧设墙趾，外挑净宽 0.7 m，厚 0.8 m，底板内、外侧腋角均为 300 mm×300 mm。

（3）基础：坡型交通廊道顺应现有长防堤堤坡布置，长防堤为碾压堆石体，上、下游廊道平行坐落在长防堤碾压堆石体地基上，底部以下设混凝土补偿垫层。补偿地基下碾压堆石体采用压密注浆加固，浆液为 C30 细石混凝土，注浆孔孔径 100 mm，孔深为补偿地基 C20混凝土垫层底面以下 7 m。

（4）结构分析：坡型交通廊道采用三维非线性有限元结构分析和静力计算复核。以廊道、基底垫层和长防堤碾压堆石体建立整体力学模型，分析重点为沉降分析，主要考虑长防堤堆石体在库区蓄水情况下沉降分析和坡型交通廊道内力与堆石体沉降协同分析。

主要荷载包括：廊道顶部荷载，有水压力、泥沙压力以及沉船荷载；廊道侧面水压力，覆土压力；廊道底面水浮托力；廊道内荷载，有步梯、自动扶梯、给排水设备、展廊橱等恒载和人行荷载等活载；基础上面的覆土、碎砂石和泥沙淤积等引起的附加压力；基础对廊道支撑力，其反力即为廊道对基础的附加压力。

计算工况见表10–8。

表10–8　坡型交通廊道计算工况

工况		廊道自重等恒载	活载	施工荷载	覆土抛石	泥沙压力	水压力	温度应力	沉船荷载
施工期	A	√	√	√					
	B	√	√		√				
运行期	C	√	√		√	√	√		√
	D	√	√		√	√	√	√	√
	E	√	√		√	√	√	√	√
	F	√	√		√	√	√	√	
	G	√	√		√	√	√		

分析各种工况下，变形缝处最大沉降差不超过 10 mm，最大水平位移差为 11 mm。设置 20 mm 变形缝满足要求，各区段既不会发生碰撞，也不会影响止水连接；在最不利工况下，计算动水压力、泥

沙压力、浪压力、地震动水压力等的作用，坡型交通廊道的抗倾覆安全系数为2.15，抗滑移安全系数为1.45，坡型交通廊道稳定、抗滑满足要求。通过分析三维计算成果以静力计算进行复核，静力计算是以钢筋混凝土箱涵通过横断面在各工况下进行内力计算和截面设计，坡型交通廊道拟定断面尺寸合适，出现较大拉应力处即廊道与承台连接处，通过局部加厚桩承台，增加配筋进行处理。

（5）分段连接：坡型廊道分段间设置两道止水带，外侧为橡胶止水，内侧为“Ω”形止水铜片；与水平交通廊的连接为刚性连接，混凝土浇筑时主筋与水平交通廊道端部预埋钢筋焊接或绑扎搭接形成整体，并设置两道止水带，外侧设置橡胶止水带，内侧设镀锌钢板，形成楔形接头。

（6）回填覆盖：坡型交通廊道自长防堤顶顺坡而下，长防堤堤面面层为20 cm厚预制混凝土块和50 cm厚碎砂石垫层，以下为碾压堆石体。坡型交通廊道局部嵌入长防堤，廊道完工后，对碾压堆石体、堤面进行恢复；为防止坡型交通廊道基底受江水冲淘，保证廊道自身稳定，保持较好的水流条件，廊道两侧采取碎砂石回填及块石护脚。

（7）坡形廊道施工：坡型廊道基础开挖采用小型挖掘机进行。垫层底加固桩采用油压回转钻机钻孔，成孔后插入灌注导管，采用C30细石混凝土进行灌注。垫层混凝土采用泵送浇筑。基础施工完成以后，采用立模现浇的方式进行坡型廊道的施工。施工时采用钢管脚手架方式支撑立模，自下向上按变形缝分段立模、扎筋、混凝土泵送浇筑，用软轴振捣器进行振捣。拆模以后，立即进行洒水并覆盖麻袋进行养护，并进行外防水施工及锁定块石施工，同时作好第二个汛期的度汛准备（图10–17）。

图10–17　坡形廊道施工现场

10.5.3　水平交通廊道结构设计

水平交通廊道与坡形交通廊道对应，分上、下游两条设置，一端与坡形交通廊道相接，另一端通过预埋钢套管与参观廊道相连，形成环形通道。

（1）纵断面：水平交通廊道在▽136.2 m高程与坡型交通廊道相接，在▽137.2 m高程与保护体内参观廊道相连。上游廊道长147 m，下游廊道长154 m，坡比约0.7%，高差1 m，满足排水需要。水平方向每9 m设置变形缝。

（2）横断面：水平交通廊道横断面呈箱形截面布置，正截面外轮廓尺寸5 m×5.8 m（宽 × 高），正截面内空净尺寸3.4 m×4.2 m（宽 × 高），侧墙、顶板、底板厚度均为0.8 m。坡型交通廊道底部两侧设墙趾，外挑净宽0.7 m，厚0.8 m，底板内、外侧腋角均为300 mm×300 mm。

（3）结构分析

水平交通廊道采用三维非线性有限元结构分析和静力计算复核。廊道直接建在鉴湖底泥岩上（或回填碎砂石垫层），重点分析水平交通廊道的内力分布

主要荷载包括：廊道顶部荷载，有水压力、泥沙压力以及沉船荷载；廊道侧面水压力，覆土压力；廊道底面水浮托力；廊道内荷载，有给排水设备、展廊橱等恒载和人行荷载等活载；基础上面的覆土、碎砂石和泥沙淤积等引起的附加压力；基础对廊道支撑力，其反力即为廊道对基础的附加压力。

主要计算工况：泥岩在自重作用下完成原始沉降。荷载仅有自重，以惯性力的方式施加；施工阶段（无水），荷载有廊道自重及其内荷载和施工荷载。施工水位和泥沙均达到最大高程，廊道内外温差 ±15℃，整体温度上升 20℃。此种工况下廊道内力达到最大，荷载有廊道自重及其内荷载 + 水压力（最高水位 173.9 m）+ 泥沙压力（泥沙淤积高程 148 m）+ 覆土压力 + 沉船荷载（50 kN/m^2）+ 温度应力。

廊道沉降是在附加力作用下完成，其值相对于原始沉降很小，不会对结构构造处理构成影响；廊道内力反应温度应力的影响较大，特别是在变形缝端部，因此要考虑变形缝处连接刚度尽量小。

通过分析三维计算成果以静力计算进行复核，静力计算以横断面静力计算进行复核，水平交通廊道的抗浮安全系数 1.4，拟定断面尺寸合适，裂缝控制等级为三级，支座处若出现超限，通过加腋和增加配筋解决。

（4）变形缝采用外贴橡胶止水带、中埋式可注浆式钢边橡胶止水带、内装可卸式 Ω 形橡胶止水带三道防水及聚氨脂密封胶、遇水膨胀腻子止水条、SM 胶等辅助防水措施。

（5）水平交通廊道端部预埋 12 mm 厚钢板与参观廊道端部焊接在一起，廊道内预埋两道环向金属止水环，对于金属板与混凝土易产生的收缩裂缝，在施工时提高变形缝两侧混凝土的密实性，并在预埋钢板时，在钢板与混凝土接触面设置遇水膨胀密封胶。

（6）回填覆盖：交通廊道混凝土浇筑完成，其外层进行防水涂层施工完毕后，及时对水平交通廊道回填覆盖，以浆砌块石锁定护脚，并铺设浆砌块石防锚，回填土石料分层压实。

（7）水平交通廊道施工：以变形缝为施工流水段，每一施工流水段混凝土分两次浇筑，先浇筑底板混凝土，再进行廊道墙身及顶板混凝土浇筑。钢筋工程施工也分两次完成，先施工底板钢筋及预留墙身钢筋，底板混凝土浇筑后，再施工墙身及顶板钢筋（图 10–18）。

图 10–18　水平交通廊道施工现场

10.5.4　水平保护体结构设计

水下保护体以壳体结构覆盖白鹤梁题刻，永久保护题刻不受泥沙淤埋和冲淘破坏。水下保护体

由水下导墙、钢筋混凝土拱顶拱壳和鱼嘴防撞墩三部分组成。沿导墙外江侧布置钢质参观廊道，保护体建筑面积 1 375 m^2，其中参观廊道 220 m^2。

（1）水下导墙

水下导墙是白鹤梁题刻水下保护体重要支撑结构。水下导墙平面成双变椭圆布置，导墙外轮廓尺寸为长轴 70 mm、短轴 25 m 的椭圆，导墙内侧为长轴 64 m、短轴 17 m 的椭圆，两椭圆中心一致。水下导墙平面由四段圆弧相切组成的弧状，外江侧导墙外缘圆弧半径为 145.45 m，内缘圆弧半径为 175.643 m；鉴湖侧导墙外缘圆弧半径为 145.45 m，内缘圆弧半径为 175.643 m，上、下游两侧导墙外缘圆弧半径为 9.0 m，内缘圆弧半径为 6.0 m，导墙平面外长轴 70 m，内长轴 64 m，外短轴 23 m，内短轴 16 m；导墙厚度由两端的 3.0 m 渐变至中间的 3.5 m。

水下导墙的锚固采用水下钻孔小型钢桩，小型钢桩采用 ϕ50 钢棒；导墙的稳定是考虑导墙内外有水压差，外江侧水位 141.91 m，未安装参观廊道状态和导墙内外有水压差，外江侧水位 141.91 m，安装参观廊道状态这样两种工况，分析验算导墙稳定及基底应力满足要求。

（2）水下保护体穹顶拱壳

水下保护体穹顶平面成椭圆布置，顶板上缘在外江侧为长轴 70 m、短轴 23 m 的半椭圆，顶板上缘在鉴湖侧为长轴 70 m、短轴 23 m 的半椭圆；顶板下缘为长轴 64 m、短轴 16 m 的椭圆。

水下保护体穹顶以水下导墙为基础，顶标高 143.00 m，外江侧与水下导墙在 141.80 m 高程相接，近鉴湖侧与水下导墙在 141.50 m 高程相接。穹顶顶板在外江侧水下保护体中心处下缘高程为 141.20 m，在鉴湖侧水下保护体中心处高程为 140.20 m，外江侧穹顶顶板下缘沿水下导墙高程由 140.20m 渐变至 141.20 m。

穹顶拱壳施工以钢桁架作为底模，钢桁架与拱壳混凝土一起浇筑形成整体。在水下保护体蛙人出口处上方穹顶拱壳上设置 1.2 m × 0.6 m 的吊物检修孔，盖板为特制不锈钢盖板。

（3）鱼嘴防撞墩位于水下保护体上游，平面由四段圆弧相切形成凸凹弧状，顺水流方向圆弧半径为 8.1 m，前端圆弧半径为 3.2 m，高程由前端的 139 m 渐变至 143 m，在 142 m 高程与水下保护体相邻接。鱼嘴长 20.6 m，最宽处 17 m，最窄处 1 m，高 5.8 m。鱼嘴与基础的锚固采用 ϕ50 钢棒水下钻孔小型钢桩。

（4）混凝土施工

水下导墙分 SDQ1、SDQ2、SDQ3、SDQ4 及后浇带一至后浇带四，共 8 段，每段浇筑一次混凝土，外江侧在变弧交接点处以 2 m 宽后浇带隔开，鉴湖侧导墙与水平交通廊道通过预埋钢管连接，预埋钢套管与导墙 SDQ1、SDQ3、SDQ4 交接处做后浇带混凝土浇筑。导墙为水下施工，为保证施工质量，尽量减少水下作业，加快施工进度，结合本工程施工特点，施工总体方案为将水下施工改为陆地施工，采取导墙钢筋、模板、预埋件、劲性骨架分段整体预制，水下分段吊放安装的施工方案。钢筋、模板、预埋件、劲性骨架分段整体预制：SDQ1 分为 3 块，SDQ2 分为 7 块，SDQ3 分为 3 块，SDQ4 分为 7 块，其中劲性骨架每块为一个整体，为了运输方便，每块导墙根据实际大小将模板分成几块。SDQ1、SDQ3 模板按每段约 2.5 m 长；SDQ2 内侧、SDQ4 模板均根据实际尺寸分为左右两块；SDQ2 外侧模板高度较高，模板分为下下左右四块。施工时先在船上将劲性骨架立好，抄垫平整，以劲性骨架为支撑绑扎导墙主体钢筋，安装预埋件及竖向钢套管，预留槽口及后浇带免拆模板安装定位，最后立模板，将劲性骨架、钢筋、模板连成一整体。

水下保护体穹顶由劲性钢骨架、钢筋、混凝土组成，为了保护文物，水下保护体内不准搭设脚手架，穹顶采用浮吊吊装施工。用 30 t 汽车吊 1 台进行组装及预拼装与吊运构件，用 400 t 驳船 1 艘水上分段运输穹顶吊装段，用 40 t 浮吊水上分段吊装就位穹顶底模。顶拱混凝土一次浇筑完成，台阶法进行浇筑，在覆盖模板上开下料口及振捣口，采用两套混凝土布料杆布料，混凝土浇筑完毕后不间断洒水养护直至水位上升时将其淹没（图 10–19）。

图 10–19　水平保护体施工现场

10.6　循环水系统

10.6.1　廊道方案基本原理

通过模型试验分析，循环水系统专题研究推荐提出了廊道方案（如图 10–20 所示），利用上、下游坡形交通廊道作为取水设施，即近期（2006—2009 年）在两个廊道高程 138.00 m 和 142.20 m 处各设置取水管及循环水加压泵一台，远期（2009 年以后）将两台水泵改装在高程 151 m 和 155 m 处，抽取长江原水或壳体内的透明度和浑浊度变差的清水，送至岸上一体化净水器进行处理。制取的合格清水通过循环水箱，自流到循环水系统中，更新壳体内的水质。循环水系统由分别设置在两条交通廊道内的两条 DN300 循环水管道与保护穹体连接组成，近期在两条管道高程 138 m 处，各安装一台专用过滤器与长江水相通，远期在两条管道高程 156 m 处各增设一台专用过滤器，使得该系统将保护穹体内的水体与长江水体相通，形成一个“连通器”系统，以保证穹体内外的水压自动平衡。在实际运行时，两条管道和专用过滤器可互换使用，方便维护管理，也使得运行更加可靠和灵活。专用过滤器，既让穹体内外的水体顺利连通，又能在江水涨落变化时，使江水经过一定程度的过滤净化才能进入循环水系统，从而保证了循环水系统的水质。

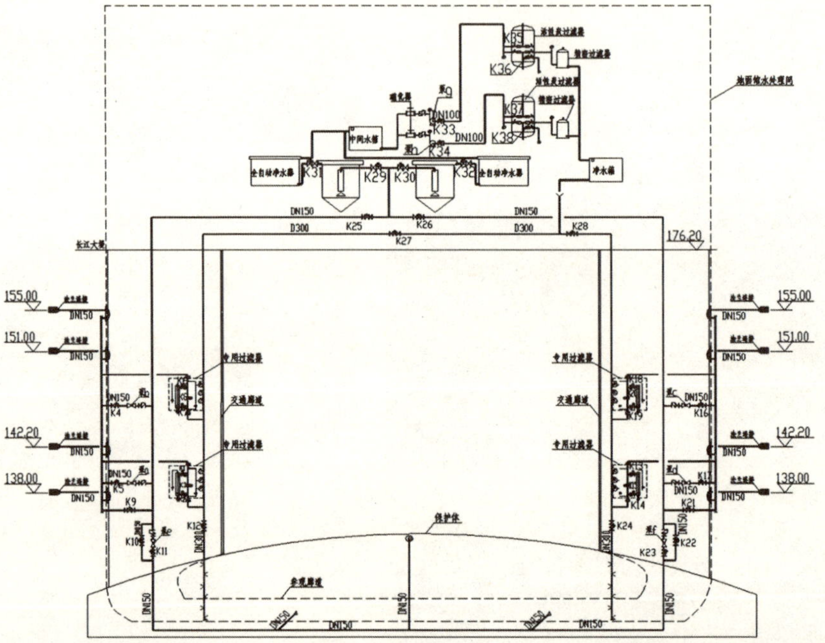

图 10-20　廊道方案系统原理图

10.6.2　循环水系统布置

在陈列馆水处理间内设一体化净水器 2 台，每台净水处理能力为 50 m^3/h。在两廊道内▽138 m、▽142.2 m 处各设 DN150 循环取水管及加压泵1台。另外在▽151 m 和▽155 m 处设取水管，取水管在廊道内设阀门，近期阀门常闭，待远期安装加压泵。循环水经加压泵提升至岸上水处理间，经过加药处理后进入一体化净水器再经活性炭过滤器处理后流入调节水池。水由调节水池自流到循环供水管顶部的漏斗中，经漏斗至循环供水管，再进入保护壳体内，伸入壳体内的循环供水管采用穿孔布水，使水流尽量均匀，壳体循环排水管设在另侧廊道内，壳体内的水由该循环排水管经专用过滤器及连通管排至外江。左右两侧廊道内循环管路及设备互为备用。

10.6.3　系统运行程序

包括正常运行程序和特殊情况下运行程序，其中正常运行程序包括自动平衡程序、充水置换程序及封闭循环程序，特殊情况下的运行程序包括壳体竣工后初次充水运行程序、枯水期壳体内清洗时的运行程序及突发事故时的运行程序。

（1）自动平衡程序

循环水泵 a(d) 停止工作，电动蝶阀 K1、K2、K13、K14（K6、K7、K18、K19）全开，其余阀门关闭，此时，壳体内水体与外江通过连通管和专用过滤器相通。设置专用过滤器的作用是将外江水浊质穿透至保护壳体的量控制在一定范围内，使得在水循环周期内，系统内水的浊度不超标。

（2）充水置换程序

K5、K25、K29、K30、K31、K32、K33、K34、K35、K36、K37、K38、K27、K12、K24、K15 开，其余阀门全关（左右侧廊道内设备及管道互为备用），此时水泵从外江取水，通过压力管输送至岸上净水器处理，合格清水经平衡水箱自流入循环供水管，挤压和置换壳体内的水经另一侧循环水排水管上专用过滤器，排至外江。按水泵运行 20 d，每天晚上运行 6 h 计算，将壳体水的水（约 4 500 m^3）置换一次，循环流量约为 37.5 m^3/h。置换水流经过滤器的同时对过滤器进行了反冲洗，循环水管直径 DN300。

（3）封闭循环程序

考虑到上述充水置换程序中的排水水质较好（浊度约 8 ～ 10 NTU），这种水质经砂滤层直接过滤并少量加药，就可使滤后水浊度小于 3 NTU。为降低系统日常运行成本，采用以下封闭运行循环程序：K11、K12、K23 ～ K28、泵 e、泵 f、K29 ～ K38 开启，其余阀门全关闭。此时水泵自壳体顶部集气管取水，压送至岸上净水器处理，然后同时回流到两条循环水管内，回流水经设在壳体底部的两条穿孔布水管进入壳体内，水从底部两侧均匀地朝向壳体顶部集气管方向流动，减少水流短路。由于封闭循环程序具有明显节省混凝剂的优点，对净水设备的操作要求不高，故设计时将该程序作为经常运转的程序，尤其在外江出现高浊度洪水时采用该程序更加适宜。

（4）正常运行程序工作周期

循环水的一个循环周期拟定为 20 d，即每天补充洁净水 5%，为了降低日常运行费用，应尽可能多地运行封闭循环程序。初步设定每四个循环周期组成一个 80 d 的工作周期，可拟定一个工作周期计划见表 10–9，也就是在一个工作周期中执行一次充水置换程序和三次封闭循环程序。在实际运行中，可根据循环水水质变化情况对表 10–9 的安排加以调整。

表10–9　循环水系统工作周期表

序号	程序名称	运行工作周期				每日运行时间
		1～20 d	21～40 d	41～60 d	61～80 d	
1	自动平衡程序					每日4:00～22:00
2	充水置换程序					每日22:00至4:00
3	封闭循环程序					

（5）壳体竣工后初次充水运行程序

保护体壳体竣工交付时，要求施工单位对壳体内污水及杂质进行清洗，达到一定要求后，方可验收。

保护体壳体竣工后按以下特定的“两阶段”运行：第一阶段进行“充水置换”，即开启上游廊道水泵自外江取水，抽至岸上净水器净化后，通过上游廊道循环水管向壳体内充水，置换壳体内的浑水；但浑水由下游廊道的水泵取水口排放，而不通过专用过滤器排放，否则浑水排放不畅通并污染滤层，这是与前述“充水置换程序”不同的地方；在这一阶段中，水质净化需要投加混凝剂（PAC，约 20 ～ 25 mg/L），运行时间大致为壳内浑水全部置换一次的理论时间（～ 20 h），最后使壳内水的浊度降为 50 ～ 100 NTU 以下。第二阶段进行“封闭循环”，即下游水泵自壳体内抽水，送至岸上净水器净化后，从上游循环水管进入壳体内，实行水质的封闭循环处理，直至循环水浊度合格（降为5 NTU）为止，时间也需 20 h 左右。

（6）枯水期壳体内清洗时的运行程序

近期三峡水库在每年洪水期之前须留出防洪库容，水库水位可达到防洪限制水位 140 m。本工程也将在这一期间进行清洗、检修工作。题刻与壳体内壁表面的清洗拟采用“抽吸”方法，使系统内的水量有所损失。这一清洗过程如果在“自动平衡程序”中进行，则外江水将通过专用过滤器进行水量补充，但会同时带入部分浊质而影响系统内的水质，故考虑采用以下较为简便的程序：在关闭系统与外江的全部通道后进行清洗工作，因清洗水量耗损会使内压下降，则由测压设备控制岸上补充水箱及时进行补水，从而保持内外水压平衡。

（7）突发事故时的运行程序

一般情况下壳体内外水体通过专用过滤器相通，均可保证内外水压的平衡。但考虑到如果所有专用过滤器同时发生意外堵塞，或者其他不可预见的突发事故出现，必须实行内外水体直接连通而别无他法保障壳体安全时，则运行以下程序：开启取水泵取水口阀门和泵吸水管与壳体的连接阀门，外江水将直接进入壳体内。事故后重新启动，则须按前述“壳体竣工后初次充水运行程序”执行。

10.6.4 保护体内外压力差控制

采用扩散硅传感器测定系统内外水压差。具体方法：将传感器两个测压点设在专用过滤器前后，测定出的 4 ～ 20 mA 电信号与系统内外水压差成正比，用来控制岸上电动二阀（循环水补水阀）的开度，使得内外水压保持在规定的范围内。

白鹤梁工程通过循环水系统使水下保护体成为一个特殊的“无压容器”，通过控制循环水系统内水的浊度，获得纯净的水质，保证观众良好的视觉效果观赏白鹤梁题刻；通过控制循环水系统运行程序，将保护体内外压力差控制一定范围，确保水下保护体的“无压容器”概念构想得以实施。

循环水控制系统如图 10–21 所示：

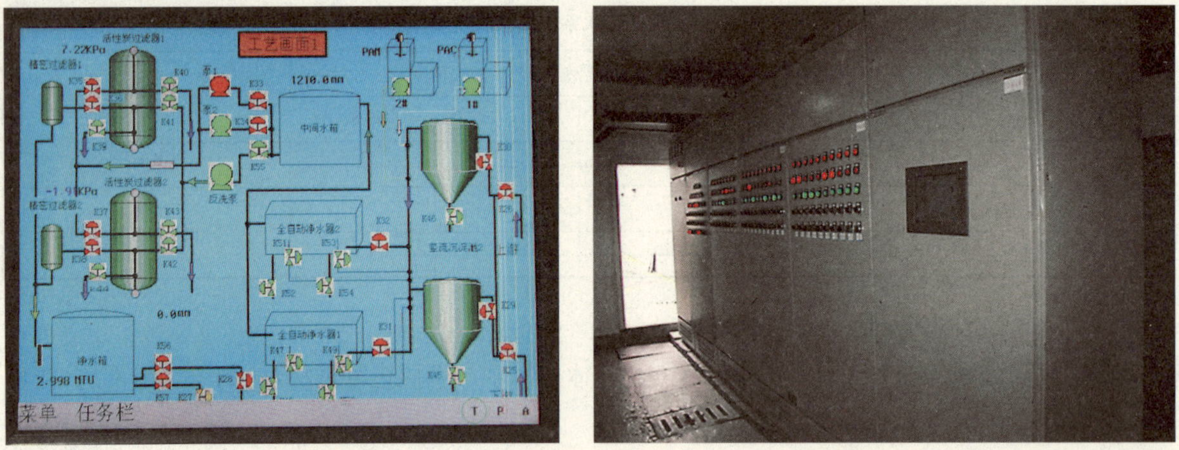

图 10–21 循环水控制系统

10.7 水下照明及摄像系统

10.7.1 水下照明系统

为满足白鹤梁题刻水下照明，经过专题研究和试验，同时比较了多种照明方案后，决定采用 LED 光芯灯照明系统。

（1）LED 水下照明系统组成与功能

白鹤梁题刻原址水下保护工程水下 LED 光芯灯照明系统共采用 108 套 LED 光芯灯模组组合灯具。这些灯具均匀布置于题刻在表面上方 1.5 ～ 3 m 处，重点题刻的局部照明灯具布置于题刻表面，兼有附光配置作用，使其为白鹤梁题刻提供均匀照明的同时，保证人眼对题刻的观赏和水下摄像系统的观赏的亮度要求，使观众在参观廊道内观赏题刻时不会产生眩光和遮挡。

水下 LED 光芯灯模组组合灯具采用水下插拔接插件连接水密电缆，再通过穿舱连接器接至电源及控制柜处，从而保证电源与灯具可靠连接和正常供电。

（2）水下 LED 光芯灯模组组合灯具组成

水下照明系统的每个 LED 光芯灯模组组合灯具由 6 个模组组成，每个模组内含 6 个大功率 LED 光芯和 1 个驱动器，灯具壳用不锈钢制作，每个灯具由 3 W 共计 20 颗灯芯组成，配以专用透镜使光线散角为 45°，照度在 350 ～ 450 lx。电压等级为 24 V。LED 光芯灯模组组合灯具具有可靠的耐压和防水性能，可承受 5 MPa。将 6 个经过密封处理的模组紧凑排列，固定在支架上，组成一个 LED 光芯灯模组组合灯具(图 10–22)。

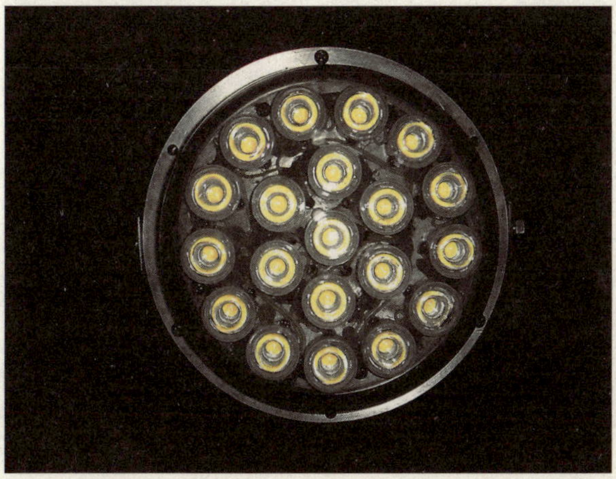

图 10–22　水下照明系统

10.7.2　水下摄像系统

游客在参观廊道内观赏白鹤梁题刻最远直线距离为 16 m，而观众观赏题刻上字迹的分辨能力是有限的，因此要清晰并完整观赏题刻有一定的难度。为解决这一问题，决定在水下保护体内设置水下摄像系统。

（1）系统组成功能

水下摄像系统由布置在白鹤梁题刻表面上方的 24 个内置云台半球形水下摄像机、视频切换控制系统和能远程遥控操作的浏览终端、演示终端等组成。内置云台半球形水下摄像机具有变焦、调焦和光圈控制能力，能带动摄像头水平、垂直转动，所有的控制和摄像部件均安装在半球形球面罩内，具有耐压、防水特点。将其安装在白鹤梁题刻上方的支架上，其分布间距与安装位置要充分满足对题刻采用实时摄取局部图像、无缝无迭拼接、全景图像展示，还要有水下摄像照明的亮度要求。

（2）水下摄像机的信号和电源通过穿舱连接器连接到参观廊道的设备间内。

陈列馆内设置 6 台浏览终端、演示终端，参观廊道内设置 10 台。视频切换控制系统之间通过光缆连接，视频信号和通信信号的发射和接受由光端机来实现。

浏览终端采用触摸显示屏，具有多媒体演示和互动操作功能，观众用手指在屏上点击就能远程操作水下摄像机，实现自己的浏览要求(图 10-23)。

图 10-23　水下摄像系统

10.8　参观廊道

参观廊道是白鹤梁题刻原址水下保护工程的一个重要组成部分，它安装于水下保护体内外江侧水下导墙上，两端分别与水平交通廊道相通。观众通过参观廊道的观察窗可以观赏白鹤梁题刻。参观廊道有潜水员舱，作为潜水员进入水中对参观廊道的舱外设备进行维修和更换时的过渡舱室。另外还配有设备舱，作为照明、摄像、供气等设备的布置舱室及电缆集中通道。

10.8.1　参观廊道组成

参观廊道由结构部分、系统部分和电气三部分组成。

(1) 参观廊道结构

参观廊道由廊道主体、设备舱和潜水员舱组成。参观廊道按最高水位 179 m (黄海高程) 来计算其强度，其主体为直径 3 150 mm 的带肋圆柱壳，壳板厚度 t=28 mm。两端为“8”字体结构，直径 3 150 mm，两圆心距为 1 600 mm，廊道两端与交通廊道用土建预埋钢套管连接。

潜水员舱与设备舱均为球形结构，直径为 2 400 mm，壳板厚度 t=20 mm。潜水员舱设有三个通道，侧通道和参观廊道主体连接，通道直径为 1 000 mm，其上装有耐压门；下通道内径为1 000 mm，设有上下两个承压门盖。另外设有通道通向设备舱，内径为 700 mm。通道两端设有承压门盖，各通道的围壁厚度均为 40 mm。参观廊道全长约 70 m。

参观廊道主体内水平中轴线偏上 222 mm 位置，设有 23 个观察窗，窗体前倾 8°，沿廊道走向均匀分布。观察窗为双层玻璃结构，一方面是确保安全，另一方面是在保护体内蓄水后便于更换玻璃。玻璃直径为 800 mm，厚度为 88 mm。

参观廊道主体中间部分的底座焊接在其下的 17 个“牛脑”基座上悬臂梁，其座与混凝土水下导墙预埋钢板用螺栓连接，连接后不再加焊。参观廊道主体弯道部分与“8”字体部分底部焊接在土建预埋钢板上，潜水员舱及设备舱均通过四根 $\phi203\times18$ 钢管座焊接在土建的预埋钢板上。

参观廊道外窗上部设有维修时吊运观察窗的轨道，潜水员更换外观察窗时，可通过安装在轨道上的手动葫芦及轨道小车将外层观察窗从潜水员舱吊运至工作点。维修轨道下方设有维修平台。

（2）系统部分

潜水员舱控制系统：潜水员作业系统由综合控制台系统和潜水员舱舱内系统两部分组成。综合控制台实施对潜水员舱的供气、加压、减压、舱内氧气和二氧化碳含量的监测以及舱外水深的显示。

供气系统：主要作用是为参观廊道通风闸阀、排水闸阀提供应急切断以及开关气源、吹降观察窗内水汽以及在应急状态下为“8”字体舱内的待救人员提供纯净的空气。供气系统由地面气站供应，穿舱处均采用通舱管件以及不锈钢球阀。

疏排水系统：参观廊道主体底铺板下设疏水槽，疏水槽经“8”字体舱段两端隔壁处设有气动蝶阀，端部连接至交通廊道的排水管，疏排，两层玻璃窗之间的积水，清洗廊道时的水通过地漏排至疏水槽内。如果参观廊道受损进水，在修复受损部位后，廊道内的水通过地漏流至疏水槽内，再通过交通廊道的排水排出。

文物清洗管路系统：利用舱内外的压差，将题刻表面的积尘和水通过软管抽吸至参观廊道主体内的排水总管，再排至交通廊道的排水管。整个参观廊道主体设有四处连接软管点，各点的壳体上均设有阀件和快换接头座，供软管插接，在舱内阀后接有管路通至排水总管。

空调通风及防排烟系统：参观廊道空调通风系统风源及冷源由设在地面陈列馆的空调设备提供。参观廊道夏季设空调和通风，冬季设通风。排烟风管与回风管共用。风管中送风管和回风管采用焊接钢管，并在水密门设蝶阀，使之形成密封止水接口。参观廊道及“8”字体舱段合为一个防火分区，发生火灾时，排风管上的排烟口直接切换为排烟。火灾发生在参观廊道舱段以外时，关闭“8”字体舱段内的气动蝶阀。

自动喷淋系统：自动喷淋系统按中危险级Ⅰ级设计，喷水强度为 6 L/（min•m^2），系统设计流量为32 L/S。系统给水管由两侧交通廊道喷淋干管接入，接入点压力不小于 0.4 MPa。DN80干管上设闭式喷头，每 2.8 m 一只。

火灾自动报警及联动控制系统：参观廊道内火灾自动报警及联动控制系统与交通廊道及地面陈列馆火灾的自动报警及联动控制系统统一考虑。该系统的消防控制室位于地面陈列馆一层，火灾发生时，烟感探测器报警，将信号传至消控室内火灾报警控制器，控制器发出指令，通过中继器启动警铃，也可通过手动报警按钮将火灾信号发至火灾报警控制器。发生火灾区域与消控室通讯由消防专用电话及消防广播完成。

（3）电气部分

照明系统：电源进线分两路由岸上引至参观廊道入口与出口设备间内的配电箱中。每路电源进线又以双电源的形式分成两根电缆引下来。

参观廊道照明：参观廊道的入口水密门内，设防水翘板开关，用来控制廊道入口的照明，用户在开启廊道入口的灯具后，即可进入。设备间的门口也设有一个防水翘板开关，用来控制设备间的照明。

在廊道的出口处，也同样设有翘板开关以方便在原始状态下进入设备间；廊道顶部每隔 4.8 m 布置一盏嵌入式吸顶灯。当观赏题刻时，为既保证观赏效果又不影响旅客行走，廊道内设置13盏地灯，分别由设备间的两个配电箱控制。在参观廊道入口及出口的“8”字体舱段内，各布置了 2 盏嵌入或吸顶灯，以便出入。

应急照明：廊道内设置带应急装置的疏散指示灯，分别由两个设备间的应急箱供给电源，在观赏题刻时也参与观察照明，停电时便自动转为应急照明。

潜水员舱、设备舱照明：布置一防水耐压灯具，可承受 0.7 MPa 的压力，它的电源级别为 24 VAC，由低压照明箱 3 L 控制。

水下题刻照明：题刻照明配电系统的任务是为 108 盏 60 W 24 V 的 LED 灯具照明供电，输出电缆通过穿舱件后接舱外的插拔件连接到每盏灯上。

（4）通讯系统

外部通讯：两个设备间及参观廊道两端均设电话分机与地面陈列馆总机相连。所有分机并联。

内部通讯：设备间与潜水舱以及设备舱的通讯采用内部对讲电话方式。设备间控制台上为嵌入或对讲电话主机，潜水员舱与设备舱为壁挂式对讲电话分机，每个分机均可免提通话，双工工作。

潜水通讯：潜水员舱壁设有两个潜水员专用电话插座，该插座直接到上游设备间的潜水电话主机。在潜水作业前，潜水员将头盔上的电话线插头插入电话插座，设备间的操作员可通过潜水电话主机与潜水员通话或接通潜水员舱的通话回路。

内部电视监视系统：潜水员舱上方安装一个 1/2 型 CCD 超低照度彩色摄像机，配 6 mm 固定光圈镜头，水平视角为 56° 7′，垂直视角为43.5°。电源由设备间控制台提供。视频信号通过 75 Ω 同轴电缆送到设备间控制台上的彩色监视器。

（5）保护措施

在参观廊道距地面 200 mm 处的不同位置，共设置 4 个浸水传感器；在潜水员舱及设备舱也各设置 1 个浸水传感器用来监测事故进水，进水信号引入设备间的监控柜内进行报警提示，监控柜同时将报警信号传给岸上。为避免误操作，在确认发生事故漏水后，可由工作人员手动切断配电柜内的电源，使廊道内断电。每个参观廊道做了可靠的接地处理，并在廊道相应位置设置了多个电位接地端子。

配电柜内所有与照明相关的小型断路器均带漏电保护装置；所有开关、插座及其他用电设备均做保护接地处理；参观廊道入口与出口的水密门外，各设置一个应急操作箱，其应急电源由岸上供给。

10.8.2 参观廊道安全措施

参观廊道在满足使用功能的情况下，安全性必须置于首要位置，提高安全意识和增加安全裕度十分重要。

（1）廊道结构要有足够的强度，并按使用年限 100 年考虑。除油漆涂层保护外，结构主体在浸水部分留足 6 mm 腐蚀裕量，非浸水部分留有 2 mm 腐蚀裕量。

（2）观察窗采用双层玻璃结构，万一外层玻璃破损，则由内部玻璃承压，确保水不会浸入廊道内。

（3）保护体内照明等设备安装在专设的设备舱内，以减少参观廊道主体上的开孔，提高安全性。

（4）参观廊道两端的“8”字体舱段作为应急时的救生舱。“8”字体舱段两端均设有承压的水密隔壁和水密门，各系统通过隔壁口处均设有阀件。对平时常开的阀件采用气动手动阀，在参观廊道出现损漏进水时，工作人员首先关闭和交通廊道接口处的水密门，然后关闭有关阀门，将廊道内的观众引入两端“8”字体舱段后，再关闭该处的水密门。当水密门关闭后，“8”字体舱段内的进水可通过疏水管道排出，待水排除后舱内外压力相等时，人员即可从“8”字体舱段进入交通廊道返回地面。人员在“8”字体舱段时可启动供气系统向舱内提供新鲜空气，使舱内的氧气和二氧化碳的含量保持在正常的范围内（图 10-24）。

图 10-24　参观廊道

11 白鹤梁题刻保护工程实践

11.1 施工准备及施工流程

11.1.1 围堰抗渗处理

白鹤梁保护工程围堰由上、下游土石围堰和混凝土围堰及水下保护体自身组成，上游土石围堰长约 130 m，下游土石围堰长约 100 m，混凝土围堰长约 30 m。下游基岩面高程为132 ～ 137 m，挡水标准采用 1997—2001 年涪陵段长江最高水位 141.91 m，考虑到风浪高与安全超高，设计围堰顶标高为 143.5 m，堰顶宽 8 m。在第一枯水期已初步填筑的上游土石围堰长约 120 m，下游土石围堰长约 75 m，围堰顶标高 141.7 ～ 141.8 m。

基于前期围堰施工情况，前期施工经历了一个洪水期，围堰需进行防渗处理，即在围堰中间用冲击钻机钻 ϕ800 mm 单排连续咬合桩抗渗止水，抗渗桩勘入基岩深度 0.5 m，钻孔桩相互咬合 15 cm，达到围堰基本不渗水的目的。同时将围堰顶加高至设计标高 143.5 m, 围堰顶宽度加宽至 8 m，围堰外侧增加一道注浆帷幕，确保围堰施工万无一失。围堰防渗加固平面布置如图 11-1所示。

11.1.2 围堰抗渗施工工艺

施工顺序：由于同一序孔相邻两个孔之间距离较近，为了保证施工质量和安全，故采取如下施工工序：A1→ A2→ A3→ A4→ A5→ A6→ A7→ A8→ A9（图11-2）。

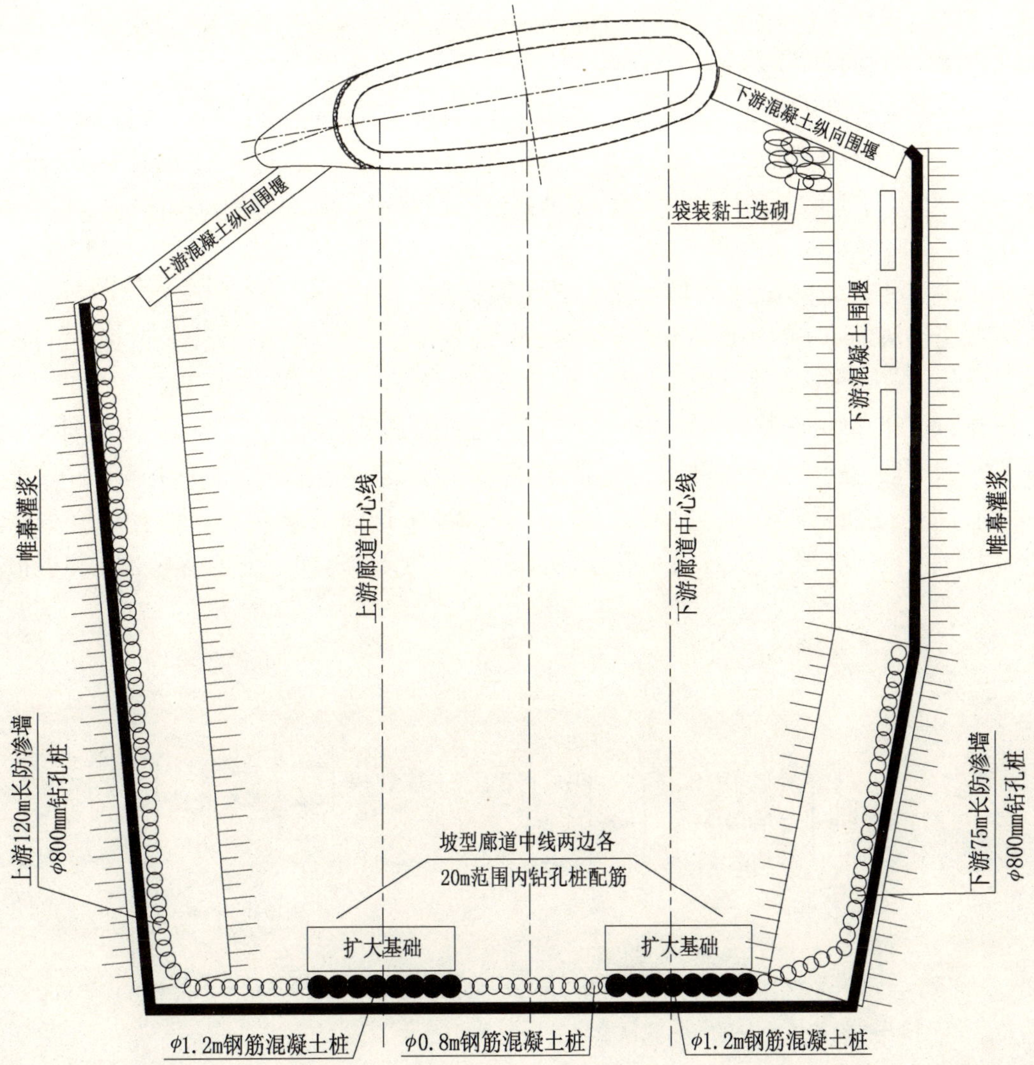

图 11-1 围堰防渗加固平面布置图

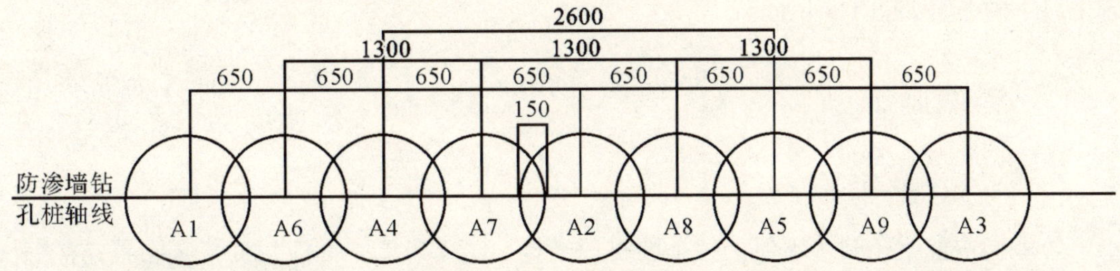

图 11-2 防渗墙钻孔桩施工顺序示意图

施工工艺流程：测放桩位→护筒埋设→冲击钻机就位对中→冲击钻进→成孔质量检查→清孔换浆→吊放钢筋笼→灌注混凝土→桩机移位。

施工要点：

（1）为了保证孔口的定位精度，待相邻桩混凝土强度达到一定强度后将咬口部位深度 1.2 m 以上的混凝土凿除，方便相邻孔施工时埋设护筒。

（2）施工过程中要随时检查孔的垂直度，保证咬合桩底部有足够的咬合量。

（3）施工过程中要做好施工记录，尤其是进入基岩面时的钻进深度，确保围堰内钻孔桩基底嵌入基岩面的深度不小于 0.5 m，长防堤侧上、下游坡型廊道中心线两侧各 20 m 内范围内桩尖入基层深度不小于 4.0 m。

（4）施工中对已施工完成的孔要做好记录，不能漏孔。

（5）混凝土浇筑采用水封法，导管内径为 25 cm，底节导管长度为 2 m，以上每节长 1 m 或 2 m，混凝土浇筑过程中要确保导管埋于混凝土内 1 ～ 1.5 m，导管长度根据孔深配置节数。

施工安排：长江防洪堤一侧防渗墙安排 8 台冲孔机施工，施工时从上、下游两侧向中间按序段进行；上、下游土石围堰各安排 9 台冲孔钻机施工，施工顺序为从江岸至水下保护体方向按序段排列实施钻孔。沿长防堤一侧廊道中心线两侧各 11.6 m 防渗墙为 ϕ1 200 mm 钢筋混凝土桩，该桩兼做坡型廊道基底扩大基础开挖挡土墙，桩内配置方形钢筋笼，桩尖入岩 4.0 m，桩顶设锁口梁将桩顶连成一体。

11.1.3 施工流程（图 11-3）

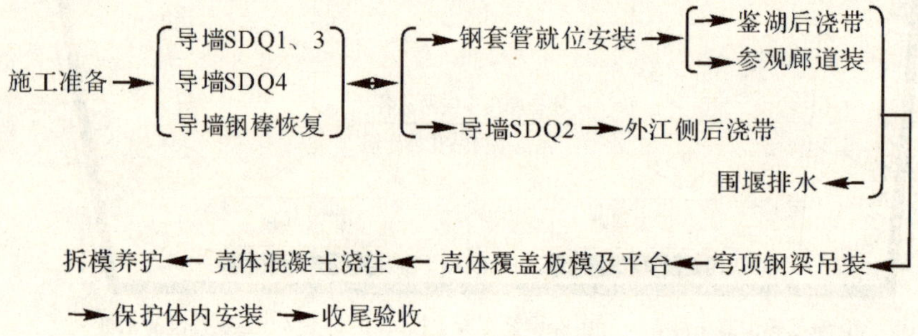

图 11-3　施工流程图

11.1.4 施工总布置

施工总平面布置如图 11-4 所示。

11.2 水下导墙施工

11.2.1 水下导墙布置

水下导墙是白鹤梁题刻水下保护体重要支撑结构。水下导墙平面成双变椭圆布置，导墙外轮廓尺寸为长轴 70 m、短轴 25 m 的椭圆，导墙内侧为长轴 64 m、短轴 17 m 的椭圆，两椭圆中心一致。水下导墙平面由四段圆弧相切组成的弧状，外江侧导墙外缘圆弧半径为 145.45 m，内缘圆弧半径为

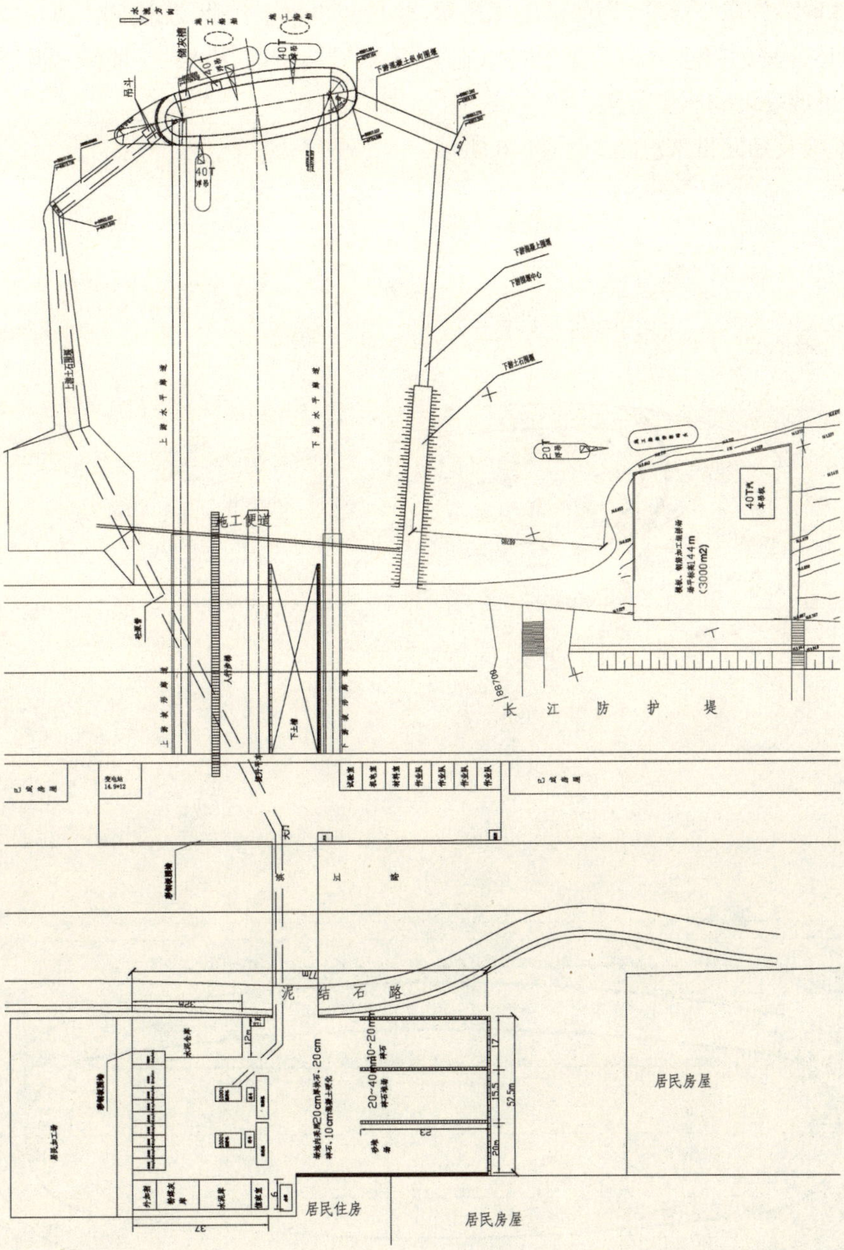

图 11–4　施工总平面图

175.643 m；鉴湖侧导墙外缘圆弧半径为 145.45 m，内缘圆弧半径为 175.643 m，上、下游两侧导墙外缘圆弧半径为 9.0 m，内缘圆弧半径为 6.0 m，导墙平面外长轴 70 m，内长轴 64 m，外短轴 23 m，内短轴 16 m；导墙厚度由两端的 3.0 m 渐变至中间的 3.5 m。水下导墙平面布置如图 11–5 所示。

11.2.2　水下导墙施工

水下保护体导墙分 SDQ1、SDQ2、SDQ3、SDQ4及后浇带一至后浇带四，共 8 段，每段浇筑一次混凝土，外江侧在变弧交接点处以 2 m 宽后浇带隔开，鉴湖侧导墙与水平交通廊道通过预埋钢管连接，预埋钢套管与导墙 SDQ1、SDQ3、SDQ4 交接处做后浇带混凝土浇筑。

水下保护体导墙为水下施工，为保证施工质量，尽量减少水下作业，加快施工进度，结合本工程施工特点，施工总体方案为将水下施工改为陆地施工，采取导墙钢筋、模板、预埋件、劲性骨架分段整体预制，水下分段吊放安装的施工方案。

水下导墙模板及劲性骨架总图如图 11-6 所示。

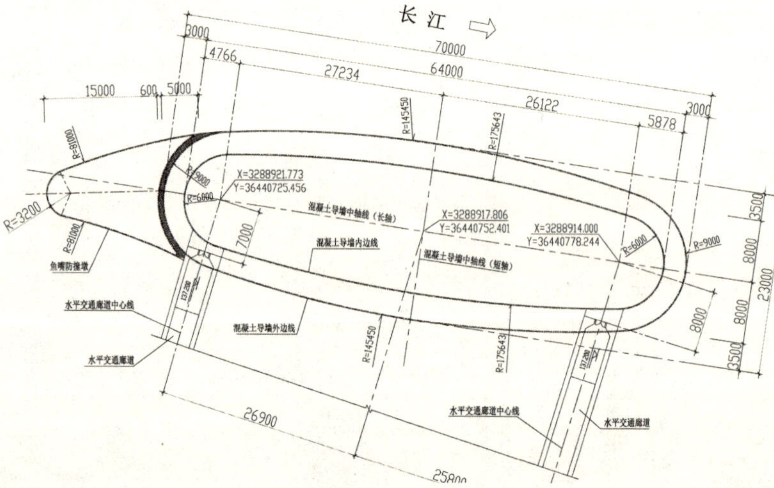

图 11-5　水下导墙平面布置图

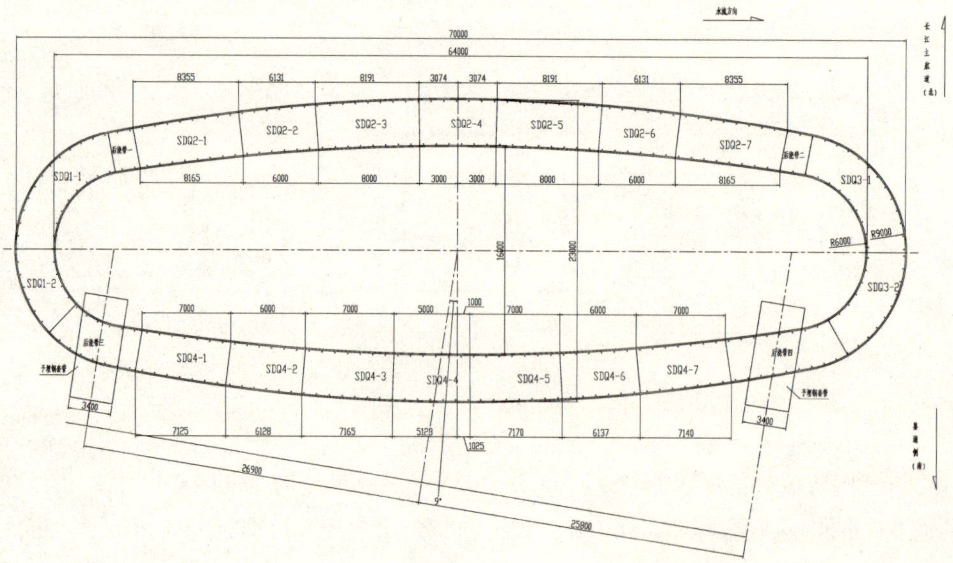

图 11-6　水下导墙模板及劲性骨架图

1）水下导墙施工顺序

水下导墙的施工顺序为:SDQ1、SDQ3 、SDQ4→ SDQ1、SDQ3 与 SDQ4 间合拢段→ SDQ2→ SDQ1、SDQ3 与 SDQ2 间合拢段。

2）施工准备

（1）对前期施工部分折断和弯曲的 $\phi 50$ 钢棒进行纠偏调直，清理水下导墙四周基岩面。

（2）地形测量及水下清基：由潜水员配合，测量人员对导墙基底标高进行加密测量并绘制详细的导墙地形图；潜水员水下作业，用风枪由导墙内侧向外侧冲洗淤积泥沙至干净。

3）组拼劲性骨架及模板

（1）钢筋、模板、预埋件、劲性骨架分段整体预制：SDQ1 分为 3 块，SDQ2 分为 7 块，SDQ3 分为三块，SDQ4 分为 7 块，其中劲性骨架每块为一个整体，为了运输方便，每块导墙根据实际大小将模板分成几块。SDQ1、SDQ3 模板按每段约 2.5 m 长；SDQ2 内侧、SDQ4 模板均根据实际尺寸分为左右两块；SDQ2 外侧模板高度较高，模板分为上下左右四块。施工时先在船上将劲性骨架立好，抄垫平整，以劲性骨架为支撑绑扎导墙主体钢筋，安装预埋件及竖向钢套管，预留槽口及后浇带免拆模板安装定位，最后立模板，将劲性骨架、钢筋、模板连成一整体。

（2）钢筋、模板底部修整：按现场实测导墙基底地形走向修整钢筋、模板底部，保证修整后的模板底部与基岩面间缝隙不大于 200 mm。在模板底部外侧设置竖向插槽，安装窄条插板，临时用铁线提起固定。

劲性骨架一般节段结构如图 11-7 所示。

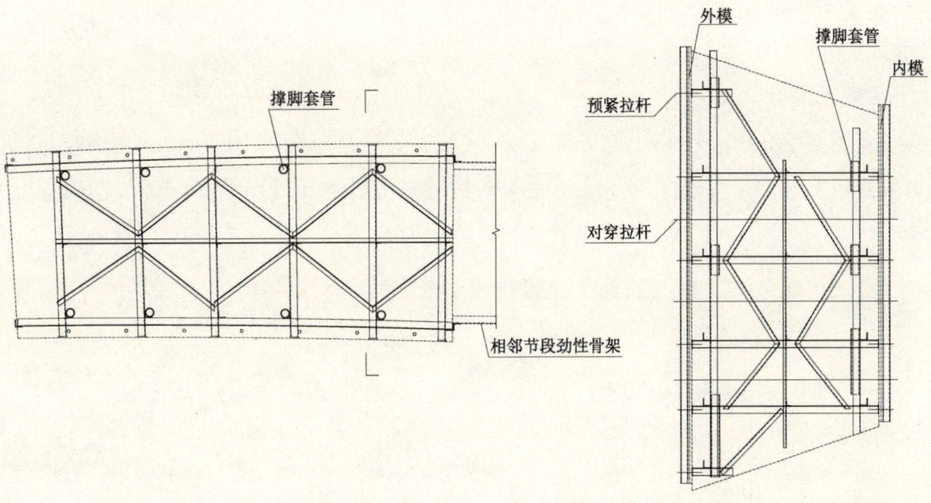

图 11-7　劲性骨架一般节段结构图

4）劲性骨架及模板吊装和入水

（1）各序段分块整体吊放安装：利用 400 kN 浮吊将各序段分块吊放，吊放时将 $\phi 50$ 钢棒插入相应竖向钢套管内，使钢棒与劲性骨架、钢筋、模板连成一体；调整定位采用顶标高控制法，即在下放过程中，随时用测量仪器监控，当标高达到设计标高时，即停止下放，用预先准备好的竖向撑杆通过导向下到基岩面，调整好模板位置后用电焊将撑杆顶部与劲性骨架焊接，然后潜水工下到水下检查模板底部与基岩密贴情况，缝隙处采用插板与混凝土袋配合施工，潜水工在水下将模板外竖向插板逐个下放插入混凝土袋子中固定，确保严实无缝。模板底部在内侧设橡胶围裙，序段模板连接采用拴接，将连接孔眼沿竖向加工成椭圆孔方便安装。

（2）SDQ3 与纵向混凝土围堰相接处因间隙过小无法支立导墙外模，采取 SDQ3 导墙与下游已成混凝土围堰整浇连接，SDQ3 外模与混凝土围堰相接处按混凝土围堰实际尺寸制作模板，局部加强。

整体序段起吊入水如图 11-8 所示，施工支架布置如图 11-9 所示。

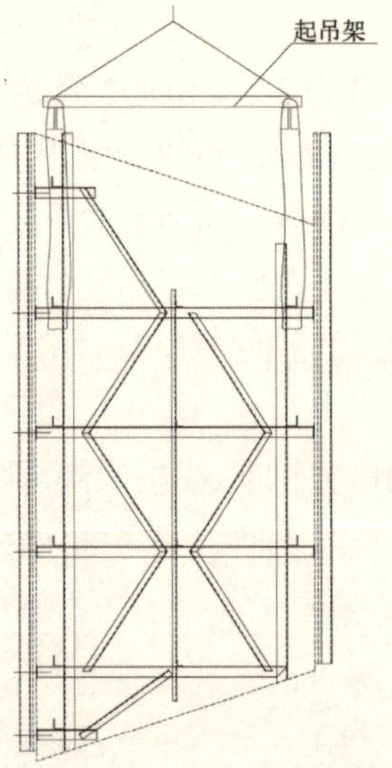

图 11-8　整体序段起吊入水图

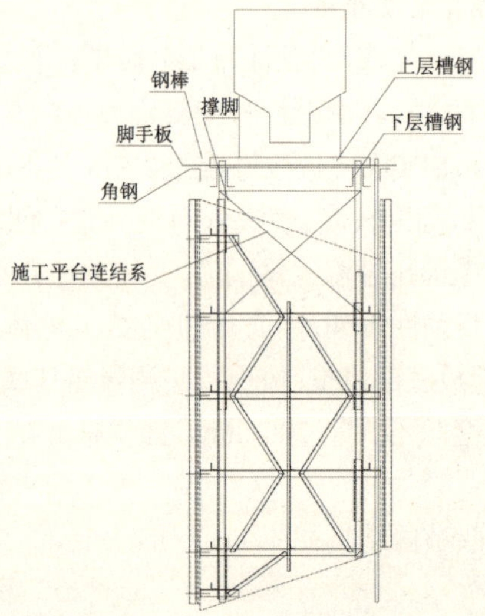

图 11-9　施工支架布置图

5）水封混凝土灌注

（1）水封施工平台的搭设：利用原 ϕ50 钢棒接长，顺导墙方向焊“[”形16a 槽钢，并横向连接。在槽钢上铺设木方及脚手板，搭设两层施工平台，水封导管间距按 3.5 m 左右布置，布置见图 11-10。

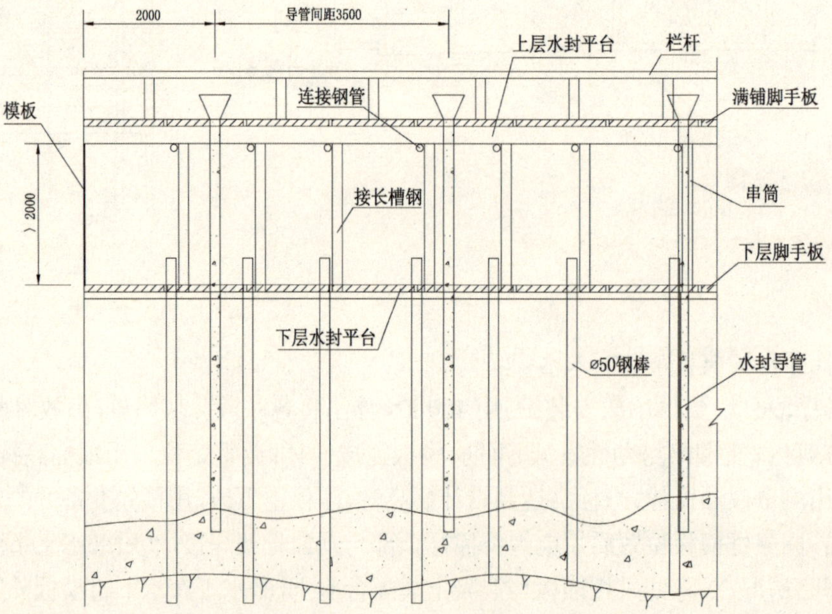

图 11-10　水下保护体混凝土浇筑示意图

（2）水封混凝土灌注：在上游鱼嘴防撞墩或 SDQ1 导墙上放置 3 个储灰吊斗（每个约 4 m^3），用两台混凝土输送泵输送混凝土。水封时对浮吊进行定位（以能满足起吊混凝土吊斗灌注混凝土的幅度及起重量为宜），用浮吊作起吊工具，由最低处向高处进行水封浇筑。水封前，对围堰基底进行测量，并做好记录，导管布置时尽量布于基底的最低处。水封过程中及时进行测量记录，根据混凝土面上升高度确定导管提升高度，水封导管在混凝土中埋深控制在1.0 ～ 1.5 m，以确保水封质量。

（3）水下导墙采用水下不分散混凝土施工，混凝土灌注必须一气呵成，不允许中途中断混凝土浇筑作业，因此施工准备工作必须充分，灌注前做好各项准备工作。混凝土浇筑至模板外长江瘗水面以上 0.5 m 时，清除模板内混凝土表层浮浆，进行类似于普通混凝土（陆上）浇筑振捣作业。

水下导墙混凝土施工平面布置如图 11-11 所示。

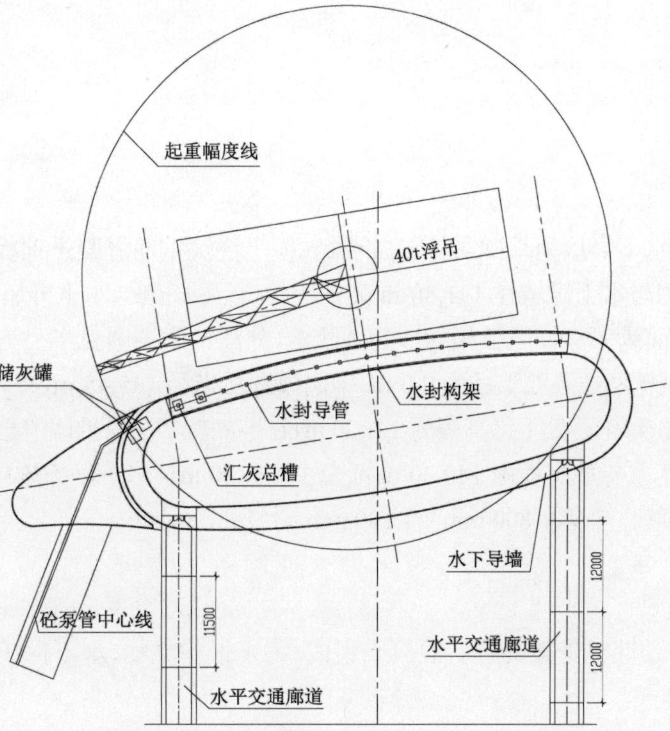

图 11-11　水下导墙混凝土施工平面布置

11.2.3　导墙预留槽口及预埋钢套管施工

由于参观廊道焊接需要，在水下导墙 SDQ2 留有预留槽口；在参观廊道与水平廊道交界处设置了预埋 ϕ3 150（内径）钢导管。

（1）预留槽口作为参观廊道接头焊接用，预留槽口为 5 个，预留槽口的钢筋与序段钢筋一并制作沉放，其混凝土二次浇筑，模板采用免拆模板与钢筋网片一并加工沉放。预留槽口布置如图 11-12 所示。

（2）后浇带三（四）劲性骨架设 2 排 4 个撑脚，以钢棒作为施工平台的 2 个中间支点，施工时将劲性骨架、主体钢筋连同钢导管整体制作，一次吊放到位，与 SDQ1、SDQ3 模板整体安装完毕，施工现场若起吊能力不够，可考虑分三次吊装，由潜水员水下作业将模板与基岩缝隙堵死。如图 11-13 所示。

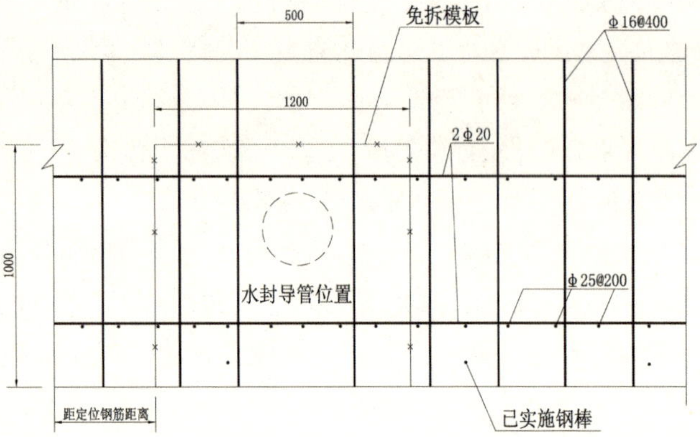

图 11-12　预留槽口布置图

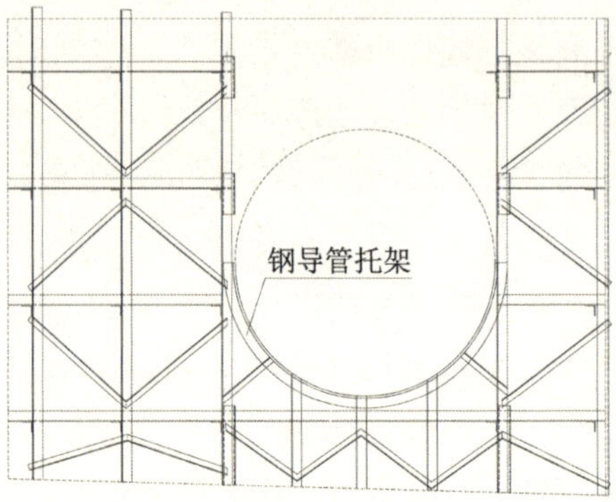

图 11-13　后浇带三（四）劲性骨架结构图

11.3　保护体穹顶施工

11.3.1　保护体穹顶布置

水下保护体穹顶以水下导墙为基础，采用在钢拱底模上浇筑钢筋混凝土顶板结构形式。穹顶顶标高为 143.00 m；外江侧与水下导墙在 141.80 m 高程相接，近鉴湖侧与水下导墙在 141.50 m 高程相接。水下保护体穹顶平面为不等径圆弧相切成的圆弧面，外江侧两端圆弧半径为 9.0 m，中间的圆弧半径为 145.45 m；近鉴湖侧两端圆弧半径为 9.0 m，中间段圆弧半径 145.45 m，外轮廓长轴为 70 m；穹顶顶板在外江侧水下保护体中心处下缘高程为 141.20 m，在鉴湖侧水下保护体中心处高程为 142.20 m，外江侧穹顶顶板下缘沿水下导墙高程由 140.20 m 渐变至 141.20 m。水下保护体穹顶与水下导墙分期实施，形成整体，穹顶拱壳上方设置 800 mm × 1 100 mm 检修孔。

11.3.2　保护体穹顶施工

水下保护体穹顶由劲性钢骨架、钢筋、混凝土组成，为了保护文物，水下保护体内不准搭设脚手架，穹顶采用浮吊吊装施工。

（1）施工工艺流程

焊接工字钢主梁制作、肋梁制作、工字钢主梁上部支撑制作、肋板制作、复合钢板加工制作→主梁、肋梁、上部支撑、肋板、复合钢板底模组装并预拼装→穹顶拱底模分段切割形成吊装跨→穹顶钢结构吊装跨分段运输→浮吊水上分段依次吊装就位→穹顶钢结构吊装跨分段拼接。

（2）穹顶钢结构加工

钢结构制作在加工厂胎模架上1∶1准确放样后制作，制作完成后整体预拼装，然后分割形成吊装跨。钢梁及拱壳，制作好后预拼装，经检查验收合格后解体运至施工现场。

（3）穹顶拱底模分段

为便于吊装和运输，分段后的穹顶拱底模重量不超过 25 t，穹顶拱底模按纵向分成 16 段，每段的工字钢主梁 2 根，复合钢板底模 2 跨即 4 m 长，最重的一段在穹顶中轴线段，重量达 23 t。穹顶拱底模分段制作如图 11-14 所示。

（4）安装施工

用 30 t 汽车吊 1 台进行组装及预拼装与吊运构件，用 400 t 驳船 1 艘水上分段运输穹顶吊装段，用 40 t 浮吊水上分段吊装就位穹顶底模。在先期钢梁支座预埋件（500 mm × 700 mm × 20 mm）上弹出钢梁定位十字线，用 40 t 浮吊吊至预埋件上，初步固定后通过千斤顶校核垂直度。

（5）钢筋绑扎及顶模安装

穹顶底层钢筋及顶层钢筋采用现场绑扎，顶拱覆盖模板采用 5 mm 厚竹胶板覆盖，用8# 铁线穿孔与钢筋捆绑加固。

（6）混凝土浇筑

顶拱混凝土一次浇筑完成，以台阶法进行浇筑，在覆盖模板上开下料口及振捣口，采用 2 套混凝土布料杆布料，混凝土浇筑完毕后不间断洒水养护直至水位上升时将其淹没。

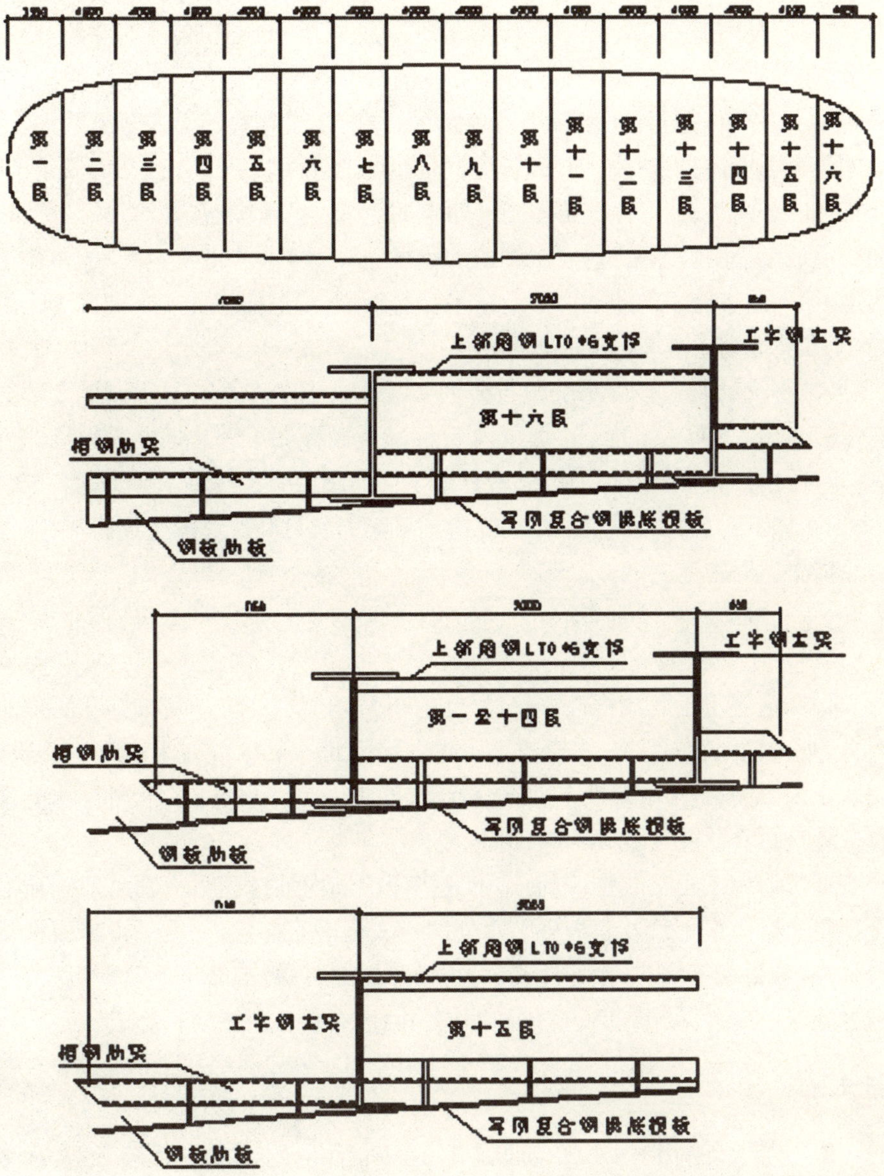

图 11–14　穹顶拱底模分段制作示意图

11.4 交通廊道施工

11.4.1 总体施工方案

（1）坡型廊道施工

坡型廊道基础开挖采用小型挖掘机进行。垫层底加固桩采用油压回转钻机钻孔，成孔后插入灌注导管，采用C30细石混凝土进行灌注。垫层混凝土采用泵送浇筑。基础施工完成以后，采用立模现浇的方式进行坡型廊道的施工。施工时采用钢管脚手架方式支撑立模，自下向上按变形缝分段立模、扎筋、混凝土泵送浇筑，用软轴振捣器进行振捣。拆模以后，立即进行洒水养护并覆盖麻袋进行养护，并进行外防水施工及锁定块石施工，同时做好第二个汛期的度汛准备。第三施工期进行廊道外回填施工、内装饰、安装工程施工。

（2）水平交通廊道施工：在第二施工期一到立即进行围堰防渗墙施工及围堰内抽水，基坑抽水完成以后，开始基坑清理及廊道基础处理，然后进行水平交通廊道的施工。施工时采用立模现浇的方式，按变形缝分段立模、扎筋，采用软轴振捣器结合平板式振捣器进行振捣。拆模以后，立即进行洒水养护并覆盖麻袋进行养护，并进行外防水施工及锁定块石施工，同时做好第二个汛期的度汛准备，第三施工期一到立即进行围堰内抽水并清理廊道，进行交通廊道外回填施工、内装饰、安装工程施工，整个廊道及水下保护体内装饰、安装工程在第三施工期施工完毕后拆除围堰。

（3）交通廊道按上下游坡形廊道、水平廊道大致可划分为4个作业面：第一流水施工作业面为上游水平交通廊道，第二流水施工作业面为下游水平交通廊道，第三流水施工作业面为上游坡形交通廊道，第四流水施工作业面为下游坡形交通廊道。

（4）上、下游坡形交通廊道按变形缝位置分为7段，上、下游水平交通廊道按变形缝位置分为12段，为加快施工进度，上、下游水平廊道各加工4套标准段模板和1套非标准段模板，上、下游坡形廊道各加工2套标准段模板和1套非标准段模板。水平交通廊道分3次施工完毕，第一次施工第8、13、15、17、19段，第二次施工第10、12、16、18段，第三次施工第9、11、14段；坡形交通廊道分7次施工完毕，从第7段至第1段依次进行施工。

11.4.2 施工工艺流程

（1）坡形交通廊道施工工艺流程：廊道基础开挖→基础垫层浇筑→基础钻孔注浆→廊道变形缝及底板外防水处理→底板钢筋绑扎、立模→止水板安装固定→底板混凝土浇筑→侧墙、顶板钢筋绑扎、预埋件安装、立模→侧墙、顶板混凝土浇筑→拆模、养护→廊道侧墙及顶板外防水处理→碎砂石回填→浆砌块石护脚→回填石料→预制混凝土块恢复。

（2）水平交通廊道施工工艺流程：围堰施工完毕→围堰内抽排积水→廊道基础开挖及处理→基础垫层混凝土浇筑→廊道变形缝及底板外防水处理→底板钢筋绑扎、立模→止水板安装固定→底板混凝土浇筑→侧墙、顶板钢筋绑扎、预埋件安装、立模→侧墙、顶板混凝土浇筑→拆模、养护→廊道侧墙及顶板外防水处理→锁定块石施工→碎砂石回填→回填石料和防锚块石施工。

11.4.3 基槽土石方开挖

坡型交通廊道为碾压石体开挖，水平交通廊道为鉴湖内块石土开挖和泥岩开挖，水平交通廊道及坡形交通廊道末端要开挖至基岩面。基槽土石方开挖原则是以机械施工为主，人工施工进行必要配合。

（1）坡型交通廊道基槽开挖前，测放出廊道基槽开挖边线，人工拆除开挖线内的钢筋混凝土长江防洪大堤和拆除堤面预制混凝土块和碎石垫层，将拆除后的预制混凝土块运至场内空旷处堆码整齐，以便以后利用。防洪大堤拆除后，上、下游交通廊道基槽开挖各用1台挖掘机从防洪大堤顶面向下一层一层挖，挖出的防洪大堤土石方堆至坡脚，最后用挖掘机装车，自卸汽车运输土石方及推土机推土石方到土石围堰范围处进行土石围堰的填筑施工。坡形交通廊道基础开挖时应确保长防堤安全，开挖至建基面验槽后及时对碾压堆石体进行混凝土注浆加固和浇筑混凝土补偿垫层。

（2）水平交通廊道基槽开挖前临时围堰已施工完毕，先将围堰内积水抽干，并设置排水沟和集水坑，使围堰内处于干地施工条件，再测放出廊道基槽开挖边线，用挖掘机、装载机及自卸汽车进行配合，开挖并运输水平交通廊道基槽土石方。开挖出的土石方根据现场平面布置摊铺整平碾压成一个材料、设备堆场。

11.4.4 交通廊道施工

（1）坡形交通廊道基础垫层及钻孔注浆施工

坡型交通廊道基底开挖至设计高程验槽后，立即进行补偿混凝土垫层施工，以及对基槽开挖工作面进行 100 mm 厚 C20 混凝土全封闭处理。每段垫层施工从下向上进行，斜面外模采用组合钢模板，根据测设放线定位出垫层边线，然后支护一层斜面外模板随即浇筑一层垫层混凝土。

对坡型交通廊道垫层进行清理后，在坡型交通廊道垫层上搭设钻孔平台，从坡型交通廊道垫层上开钻对坡型交通廊道基底进行注浆加固处理。注浆加固浆液采用 C30 细石混凝土，注浆孔直径为 110 mm，孔深为开挖基底面以下 7 m。注浆加固采用压密实注浆法加固，注浆顺序按跳孔间隔方式进行，采用“围、挤、压”的原则，先将灌浆区圈围住，再在中间插孔灌浆挤密，最后逐序压实。

（2）交通廊道钢筋施工

交通廊道以变形缝为施工流水段，每一施工流水段混凝土分两次浇筑，先浇筑底板混凝土，再进行廊道墙身及顶板混凝土浇筑，故廊道钢筋工程施工也分两次完成，先施工底板钢筋及预留墙身钢筋，底板混凝土浇筑后，再施工墙身及顶板钢筋（图 11–15、图 11–16）。

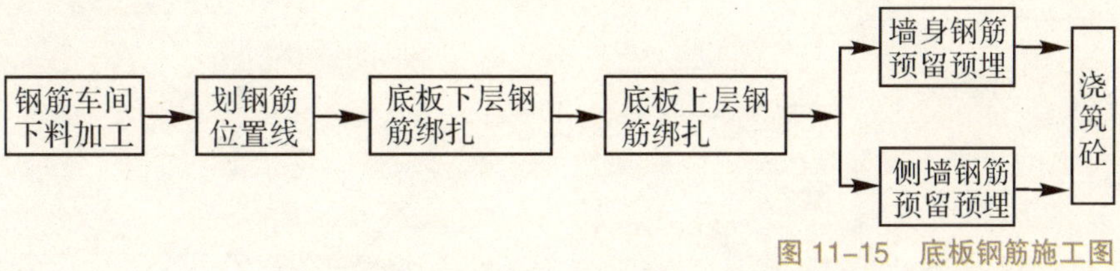

图 11–15　底板钢筋施工图

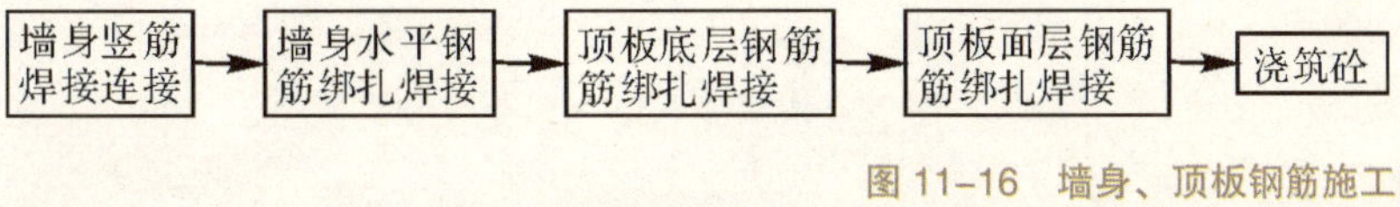

图 11–16　墙身、顶板钢筋施工图

（3）交通廊道模板施工

底板侧模施工：垫层上弹线 → 钢管脚手架搭设 → 安装底板两侧外模板→ 底板钢筋及预埋件

施工 → 安两内墙址斜模板 → 调整固定 → 浇筑混凝土。交通廊道底板侧模及支架布置图如图 11–17 所示。

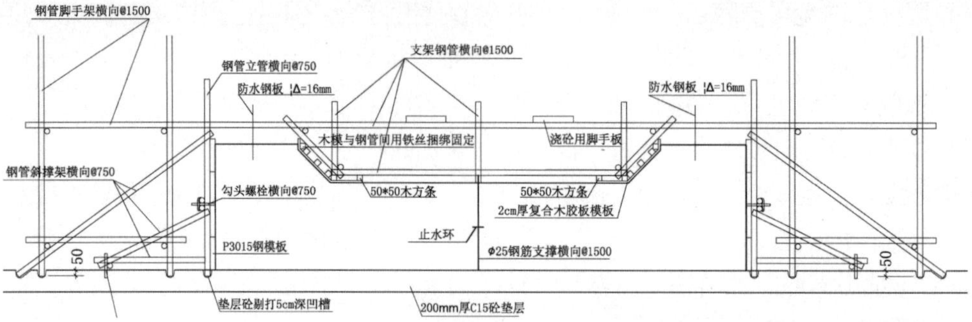

图 11–17　交通廊道底板侧模及支架布置图

墙、顶模施工：弹线 →钢管脚手架搭设→ 调整标高 → 安两侧内墙模板→ 安顶板模板 →墙、顶钢筋及预埋件施工 → 安两外侧模板 → 穿墙螺栓紧固 → 调整固定模板 →浇筑混凝土。

交通廊道顶模板钢管桁架布置图如图 11–18 所示，交通廊道墙、顶模板及支架布置图如图 11–19 所示。

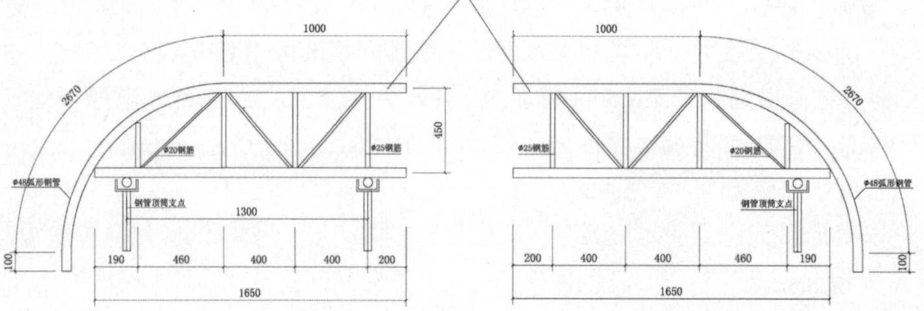

图 11–18　交通廊道顶模板钢管桁架布置图

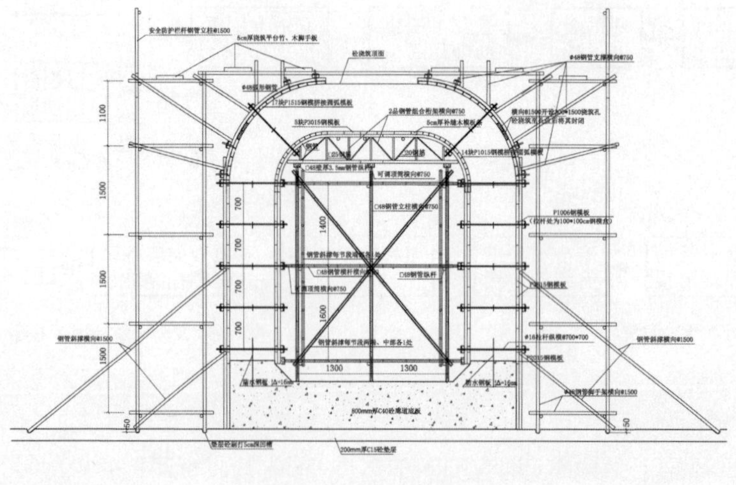

图 11–19　交通廊道墙、顶模板及支架布置图

钢管脚手架的立柱横向间距 1 300 mm，纵向间距 750 mm，由上中下三道水平横杆和纵杆连接，立柱顶端安置顶筒并按设计标高调整顶筒高度，在顶筒上安置顶模钢管桁架。

墙址处斜角采用定型木模，廊道墙模板由 P3015、P1006 钢模横向安装，穿墙对拉螺栓处用 100 mm × 100 mm 钢模盒安装。顶板内圆角由 P1015 钢模安放于顶模钢管桁架上形成设计要求的圆弧，顶板平直部分由 P3015 钢模安装。顶板外圆弧处用 P1515 钢模通过勾头螺栓拉接于 90° 弧形钢管上形成设计要求的圆弧。廊道墙模内楞为并排 2 根 ϕ48 × 3 mm、横向间距 500 mm 的钢管，外楞为并排 2 根 80 mm × 40 mm × 2 mm、竖向间距 700 mm 的矩形钢棱。穿墙对拉螺栓用碟形扣拉接于外楞上，为保证模板平整度，钢模板纵横间距 600 mm、用勾头螺栓及 3 形扣拉接于内楞上。

铺定型组合钢模板块可从一侧开始铺，每两块板间边肋用 U 形卡连接，钢模与钢模连接处短边方向 U 形卡应满扣，长边方向 U 形卡安装间距不大于 30 cm（即每隔一孔插一个）。每个 U 形卡卡紧方向应正反相间，不要安在同一方向。

模板用人工就位，就位后要用钢管架稳定，模板就位连接后进行校正，模板校正用线锤两面吊正固定，上口拉通线校直，并用钢管稳固。

安装墙模时先把内墙模板靠于墙址上按位置线就位，然后安装拉杆和顶撑及穿墙螺栓，ϕ20 穿墙螺栓从第一块模板起纵、横向均间距 700 mm，然后清扫墙内杂物，再安另一侧模板，调整顶撑（拉杆）使模板垂直后，拧紧穿墙螺栓。

（4）交通廊道混凝土施工

施工缝：交通廊道垂直施工缝留在结构变形缝处。水平施工缝设在底板顶面上 400 mm 处，水平施工缝预埋 16 mm 厚钢板止水，钢板伸入混凝土内各 500 mm；施工缝新旧混凝土接茬处，继续浇筑前，施工缝处应凿毛，清除浮浆及松散石子，用水冲洗保持湿润，先铺 30 ～ 50 mm 厚的 1 : 1 水泥砂浆一层，再继续浇筑混凝土。

泵送混凝土施工：水平交通廊道以 2 个变形缝为施工流水段，坡型交通廊道以 1 个变形缝为施工流水段，每一施工流水段混凝土分 2 次浇筑，先浇筑底板混凝土，再浇筑廊道墙身及顶板混凝土。混凝土采用现场搅拌站集中搅制，从搅拌站用混凝土输送泵输送入模。拌好的混凝土要及时浇筑，必须在初凝前浇筑完毕，混凝土入模时的自由倾落高度不应超过 2.0 m，超过时应用串筒、溜槽下料，进行分段分层连续浇筑，分层厚度为 20 ～ 30 cm。相邻浇筑面必须均衡，不留垂直高低茬。浇筑时左右墙身混凝土高差控制在 0.6 m 以内；浇筑混凝土时派钢筋工和模板工及预留预埋件相关专业工人观察钢筋、模板、预留孔洞、预埋件、插筋等有无位移变形或堵塞情况，发现问题及时处理；混凝土浇筑使用插入式振捣器应快插慢拔，插点要均匀排列，逐点移动，按顺序进行，不得遗漏，做到均匀振实。移动间距不大于振捣器作用半径的 1.5 倍（一般为300 ～ 400 mm），分层浇筑中振捣上层混凝土应插入下层混凝土 50 mm 以上以消除两层间的接缝。平板振捣器的移动间距应能保证振捣器的平板覆盖已振实部分边缘。振捣时间为 10 ～ 30 s，振捣到表面泛浆无气泡为止，避免漏振、欠振和超振。廊道顶板表面用铁锹拍平拍实，待混凝土初凝后用铁抹子抹压，以增加表面致密性。

（5）交通廊道外防水施工

交通廊道结构施工完毕后，进行廊道外防水施工。外防水施工完毕后，及时对坡形交通廊道进行护脚和水平交通廊道回填覆盖。坡形交通廊道两侧先对混凝土补偿垫层和混凝土基础以上回填碎砂石，并分层压实，并浆砌块石护脚，护脚顶面按原长防堤堤面标准恢复预制混凝土块护面；水平交通廊道底板两侧的回填垫层上以浆砌块石锁定护脚，进行碎砂石回填并分层压实，并回填石料和浆砌防锚块石，回填石料底与水平交通廊道顶齐平。

11.5 安装工程施工

安装工程主要包括：电气系统——低压供配电系统、廊道照明系统、水下照明系统、水下摄像系统、安全接地系统、火灾自动报警系统、联动控制系统、排水控制系统、循环水控制系统；暖通系统——通风空调系统、排烟系统、压缩空气系统；给排水系统——排水系统、自动喷淋系统、循环水系统；监测系统——电测系统、光纤系统、自动化系统。

安装施工工艺流程如图 11-20 所示。

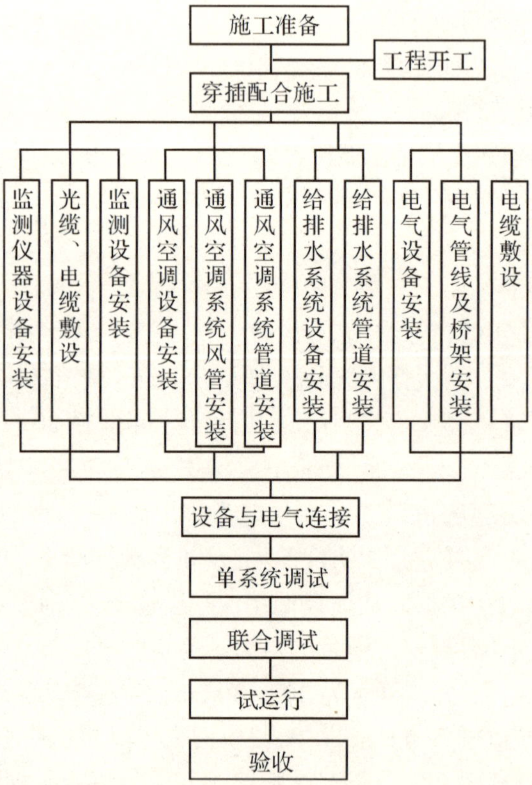

图 11-20 安装施工工艺流程图

11.6 白鹤梁文物保护施工措施

白鹤梁题刻是长江中上游一处闻名于世的重要水文古迹，在施工中应采取措施进行重点保护，做到文物保护工作万无一失。

（1）白鹤梁题刻是三峡库区唯一一个水下原址保护文物，也是库区四大国宝级文物之首。整个施工全过程中必须采取切实可行的保护措施，加强进场施工人员的文物保护意识教育，同时加大文物保护的费用投入，以确保文物保护工作万无一失。

（2）建立和健全文物保护保证体系，是文物保护的重要保证。坚决贯彻执行文物保护管理程序确保文物题刻安全，成立由项目经理为组长、各工区负责人参与的文物保护小组，形成自上而下的文物保护体系。积极组织开展活动，确保文物保护体系的有效运行，实现文物保护目标。

（3）建立文物保护教育、检查、活动三项文物保护制。

对进场施工的所有人员开展文物保护学习和教育，贯彻执行《中华人民共和国文物保护法》。认清文物保护的重要性及本工程施工的目的性。施工过程中每月对施工人员定期组织教育，时刻为施工人员敲响文物保护警钟，确保祖国文化遗产不受侵害。

文物保护领导小组随时检查文物保护措施是否落实，保护措施是否得当，每天检查对文物保护存在的隐患，违章指挥和违章作业的情况，一经发现及时发出整改通知，限期整改。

领导小组定期或不定期召开文物保护工作会议，研究和讨论在施工过程中的对策，确定各项措施执行。专职文物保护施工班组每天定时召开当日的工作总结会，针对工作中存在的隐患提出意见，经领导小组研究讨论后进行落实执行。施工期间 24 h 派专人对题刻文物进行看护。

（4）施工阶段的文物保护措施。

在白鹤梁题刻文物上、下游 200 m 及水下保护体外江侧 40 m 的长江中设置浮标警戒区，防止船只靠近。

派专业潜水员将题刻文物用棕垫覆盖，再在棕垫上放置 500 mm 厚的砂袋保护层。

防护墙上插上小红旗及标上“文物保护禁区”、“严禁入内”字样，以防止施工机具或施工人员靠近。

船只靠近题刻文物前，划船的蒿杆铁尖应取掉，以防止铁尖损坏题刻文物。

（5）水下保护体导墙施工期对文物的保护措施。

水下保护体导墙施工过程中，施工船只周围要设置安全网，防止施工机具掉入题刻文物附近的水中，使题刻安全造成隐患，施工船只下锚应向外侧抛送，以防抛锚时损坏文物。

水下保护体导墙施工进行水下清基时，潜水员用高压水枪冲洗基础时由文物题刻向外侧进行，清基后潜水员必须再次检查题刻文物棕垫覆盖及砂袋保护层有无移位或损坏，发现移位或损坏及时进行修复。

水下保护体导墙钢筋筋笼吊装时，分段由外侧吊入，吊装时设专人指挥。在钢筋笼上设溜绳，防止钢筋笼碰撞防护墙。

在进行水下保护体导墙模板支设时，浮吊吊装内模时设专人指挥，在导墙内模上设拉绳模板进入文物上空不得落吊，内侧模板不设外支撑、外拉条。模板就位后进行清仓、堵缝、加固使其密封，以防止浇筑混凝土时漏浆，污染文物。

保护体导墙混凝土浇筑施工期间，利用导墙基础锚杆搭设浇筑平台，混凝土泵送管布置不经过文物上空，沿导墙外环布置。导墙混凝土浇筑露出水面后清除表面混凝土浮浆施工时，清除的混凝土浮浆用船运弃渣，不得任意抛弃在保护体以内。

（6）参观廊道施工期对文物的保护措施。

在围堰形成后，进入第二施工期，立即对围堰内的水进行排除，抽水工作完成后进行参观廊道的施工。当围堰内抽水至 137 m 左右由专业的文物保护施工班组检查文物覆盖，并进行日常守卫和保护工作。在文物保护区域周边设置 1.5 m 高竹跳板防护墙，防止参观廊道施工时损坏文物。

11.7 白鹤梁工程图片（图 11-21 ～图 11-29）

图 11-21 围堰施工

图 11-22 水下保护体导墙施工

图 11-23　水下保护体穹顶施工

图 11-24　水平交通廊道施工

图 11-25　斜坡交通廊道施工

图 11-26　工程施工夜景

图 11-27 斜坡廊道自动扶梯

图 11-28　主体工程完工

图 11-29　地面陈列馆

11.8 工程展示

白鹤梁题刻原址水下保护工程在充分尊重和研究文物价值的前提下，最大限度地保留了白鹤梁题刻的历史信息，保证了文物保护的真实性、完整性、观赏性和延续性，以实际行动践行了《威尼斯宪章》和《水下文化遗产保护公约》等国际文化遗产保护精神。白鹤梁题刻原址水下保护工程融合了全国科研、设计、工程单位的智慧，集成了文物、水利、建筑、市政、航道、特种设备等多学科专业技术，攻克了在深水条件下保护古代遗存的世界性难题。2009 年 5 月 18 日"世界博物馆日"这一天，保护工程建成开馆，白鹤梁题刻在长江水下"沉睡"6 年之后，在水下 40 m 深处与人们再度相会，成为世界第一座遗址类水下博物馆。

现在的白鹤梁水下博物馆，给人的是一种"深水奇幻旅程"。水下博物馆在水下 40 m 处，环境极为特殊。要进入水下博物馆，必须要经过一个严格的安检程序。之后踏上一条长 88 m 的电梯，进入水深 40 m 处。再通过一条约 150 m 的平直交通走廊，在迈过一道宽约 1 m、厚约 0.5 m 的钢制舱门后，进入到 60 多 m 长的环形参观走廊。

参观走廊上的一侧有 23 个 60 cm 大小的水下视窗。从视窗望去，石鱼、书刻等都展现在面前，最近的题刻只有 1 m 远，最远的也不过 8 m 左右。水下题刻周围安装了6排共1万多盏节能灯，以前只有在枯水年份的冬季（每 3.5 年才能露一次）才能看见的题刻，现在游客可以全天候清晰地看到题刻。

图 11-30 白鹤梁水下博物馆入口

在视窗之外的水中还安装了 28 个可旋转摄像机，游客通过触摸屏调节可以欣赏到题刻的细节，还能通过电脑数据库调取与眼前景观相关的录像资料等。倘若参观者是潜水爱好者，还能到水中和题刻做“亲密接触”。意犹未尽的参观者还可以到岸上博物馆参观从白鹤梁转移上来的题刻。

得益于水下博物馆优良的安全措施，水下博物馆参观丝毫不会受到往来船只的影响，同时自身安全也可以得到保证。

白鹤梁水下博物馆多年运行监测资料表明，保护体内外水压达到了动态平衡，水质清澈满足观赏要求，保护工程的变形在允许范围内，文物工程结构及观众安全得到保障，航运通行情况正常，白鹤梁题刻文物保护环境更好更稳定 。“第一古代水文站” ——全国重点文物保护单位白鹤梁题刻得到安全保存并完美展示。

白鹤梁水下博物馆地面陈列馆以“水、石、诗、馆”为主题，分别介绍“生命之水——世界大河文明中的水文观测”、“长江之尺——白鹤梁题刻的科学价值”、“水下碑林——白鹤梁题刻的人文价值”、“三峡明珠——世界首座遗址类水下博物馆”四部分内容，让中外游客更全面、更深入地了解这处世界奇迹。目前博物馆平均每天接待游客量在 700 人次左右，全年接待 20 余万人次。2014 年 2月，涪陵区白鹤梁水下博物馆风景区正式被国家旅游局批准为国家 AAAA（4A）级风景名胜区。

白鹤梁题刻独特的保护方式丰富和创新了国际文化遗产保护理念和成套技术，在中国乃至世界产生广泛的社会影响。它向世界展示中国尊重历史文化的文明形象，现已列入国家申请世界文化遗产名录的预备清单，反映水下保护工程方案探索的文章——《白鹤梁的沉浮》列入小学义务语文教科书，白鹤梁题刻保护工程也列入高考题目。

白鹤梁题刻原址水下保护工程自建成以来，受到了国际文化遗产保护界的广泛关注和高度评价。

图 11-31　白鹤梁题刻

联合国教科文组织在其网站上对白鹤梁保护工程进行了高度评价，并于2010年10月24日至26日联合中国文化遗产研究院和重庆市文物局，在重庆召开了“水下文化遗产的保护、展示与利用国际会议”。总结意见认为：“白鹤梁水下博物馆即是就地保护的典型个案。这是第一座已完工的水下博物馆，是为了保护长江上中国重庆涪陵区的‘白鹤梁题刻’而建。这座史上第一座水下博物馆展示了世界上最古老的水文题刻，记录了长江水位1 200多年间的变化。博物馆的建造采取了拱形的无水压结构，解决了许多工程和技术上的难题，同时也造就了就地保护水下遗产的国际先例。”

联合国教科文组织《水下文化遗产保护公约》秘书乌尔里克·格林评价：白鹤梁水下博物馆和南海I号沉船博物馆这两座博物馆在其各自类别中都是“世界第一”。

国际古迹遗址理事会（ICOMOS）共享遗产委员会在2013年11月16日的“工程·文化·景观”国际研讨会的总结文件中指出：“以白鹤梁题刻原址水下保护工程为代表的一批水利、铁路、桥梁等工程与文化遗产保护相结合的高水平案例，不仅仅是对中国，而且对世界范围的文化遗产保护事业同样有着示范和推动作用。”

此外，2010年11月，“白鹤梁题刻原址水下保护工程研究与实践”获国家文物局2009年度文物保护科学和技术创新奖一等奖。《涪陵白鹤梁题刻原址水下保护工程可行性方案研究报告》获2002年度全国优秀工程咨询成果奖二等奖。

白鹤梁题刻原址水下保护工程按照“原址建馆、原环境保护、原状态展示”的全面保护理念建设，完全符合联合国教科文组织《水下文化遗产保护公约》所提倡的“让公众了解、欣赏和保护水下文化遗产，鼓励人们以负责的和非闯入的方式进入仍在水下的文化遗产，以对其进行考察或建立档案资料”的保护理念。

白鹤梁水下博物馆的建成为以后类似的保护工程提供了范例，其“无压容器”理念、工程布局方案、平压净水技术、深水照明与遥控观测技术和水下施工技术等可为文物保护和其他工程的研究、设计、实施提供借鉴。

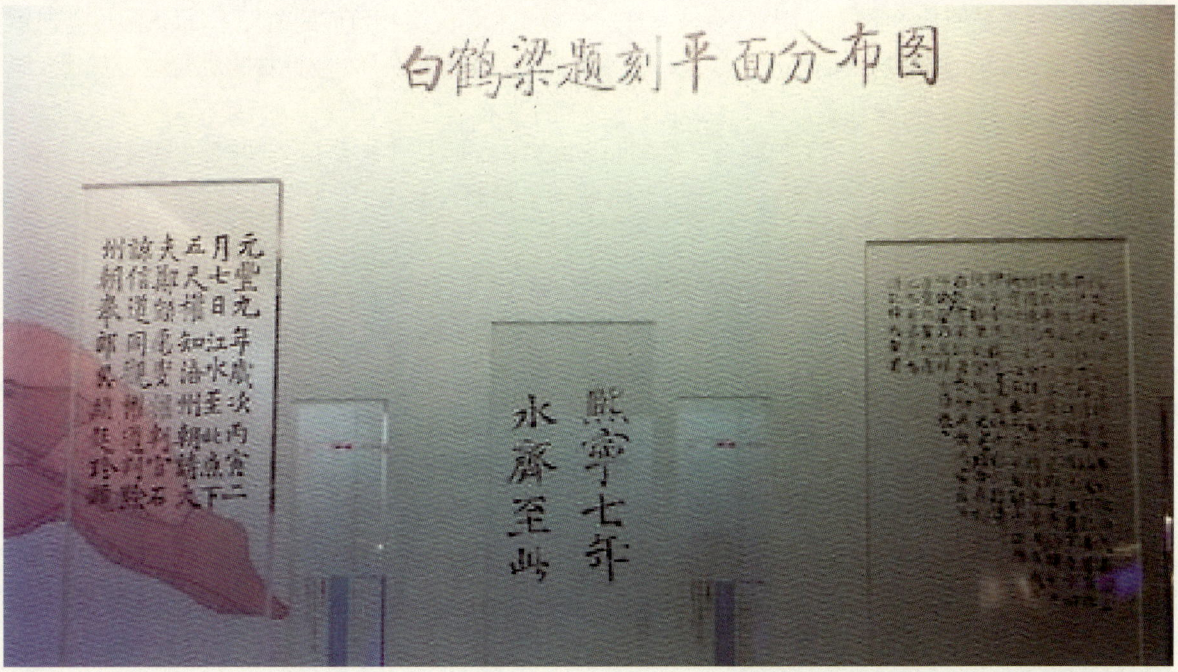

图 11-32 白鹤梁题刻平面分布图

下篇结语

国际、国内对于白鹤梁题刻原址水下保护工程的总体评价

白鹤梁题刻是1988年国务院公布的第三批“全国重点文物保护单位”之一，题刻记载了唐广德元年起1200余年间的72个枯水年份的水位资料，堪称保存完好的世界“第一古代水文站”和世界罕见的“水下碑林”。题刻囊括了各派书法，尤以宋代大文学家黄庭坚的题铭为典型。其水下碑文多、题记内容丰富、水情记录翔实，与长江及环境浑然一体，具有极高的历史、艺术、科学和社会价值。

三峡水库蓄水后，白鹤梁题刻将永久淹没在40余m深的江水下，如不及时保护，文物将掩埋在三峡水库泥沙之中，其科学和人文价值将受到无可挽回的损失。白鹤梁题刻在三峡库区1 087处需抢救和保护的文物中位列第一，有关部门及设计单位开展了大量的方案研究工作，但一直未找到合适的保护方案。2001年2月，在决定放弃白鹤梁题刻原址保护的关键时刻，葛修润院士创新提出了采用“无压容器”概念兴建原址水下保护工程。该方案在充分尊重和研究文物价值的前提下，最大限度地保留了白鹤梁题刻的历史信息，既满足了三峡工程蓄水的需要，同时保证了文物保护的真实性、完整性、观赏性和延续性，符合国际文化遗产保护《威尼斯宪章》的要求。

白鹤梁题刻原址水下保护工程融合了全国30多家科研、设计、工程单位的智慧，集成文物、水利、建筑、市政、航道、特种设备等多学科专业的技术，解决了在深水条件下保护古代遗存的世界性难题，目前国内外尚无可供借鉴的工程实例。

白鹤梁题刻原址水下保护工程是世界博物馆类型当中第一座遗址类水下博物馆，2009年6月开馆试运行，多年运行监测资料表明，保护体内外水压达到了动态平衡，水质清澈满足观赏要求，保护工程的变形在允许范围内，工程结构和观众安全得到保障，船舶航行情况正常，白鹤梁题刻文物保护环境更好更稳定。

白鹤梁题刻独特的保护方式丰富和创新了国际文化遗产保护理念和成套技术，也向世界展示中国尊重历史文化的文明形象，现已列入国家申请《世界遗产名录》的预备清单，并列入《中国文物保护准则案例阐释》;《白鹤梁的沉浮》一文已列入小学义务教育语文教科书，保护工程也列入高考题目，具有广泛的社会影响。该工程的建成为以后类似的保护工程提供了范例，其“无压容器”理念、工程布局方案、平压净水技术、深水照明与遥控观测技术和水下施工技术等可为文物保护和其他工程的研究、设计、实施提供借鉴。

白鹤梁题刻原址水下保护工程自建成以来，受到了国际文化遗产保护界的广泛关注和高度评价，联合国教科文组织在其网站（www.unesco.org/new/en/custom/）上对白鹤梁工程进行了高度评价，并于2010年10月24日至26日联合中国文化遗产研究院和重庆市文物局，在重庆召开了“水下文化遗产的保护、展示与利用国际会议”，总结意见认为：“白鹤梁水下博物馆即是就地保护的典型个案。这是第一座已完工的水下博物馆，是为了保护长江上中国重庆涪陵区的‘白鹤梁题刻’而建。这座史上第一座水下博物馆展示了世界上最古老的水文题刻，记录了长江水位1 200多年间的变化。博物馆的建造采取了拱形的无水压结构，解决了许多工程和技术上的难题，同时也造就了就地保护水下遗产的国际先例。”

联合国教科文组织《水下文化遗产保护公约》秘书乌尔里克・格林评价：白鹤梁水下博物馆和南海I号沉船博物馆这两座博物馆在其各自类别中都是“世界第一”。

国际古迹遗址理事会（ICOMOS）共享遗产委员会在2013年11月16日的“工程・文化・景观”国际研讨会的总结文件中指出：“以白鹤梁题刻原址水下保护工程为代表的一批水利、铁路、桥梁等工程与文化遗产保护相结合的高水平案例，不仅仅是对中国，而且对世界范围的文化遗产保护事业同样有着示范和推动作用。”

此外，2010年11月，“白鹤梁题刻原址水下保护工程研究与实践”获国家文物局2009年度文物保护科学和技术创新奖一等奖。《涪陵白鹤梁题刻原址水下保护工程可行性方案研究报告》获2002年度全国优秀工程咨询成果奖二等奖。

白鹤梁题刻原址水下保护工程的主要科技创新点

1）白鹤梁题刻原址水下保护工程的创新首先在于创建性提出“无压容器”的保护原理，实现文物“原址、原样、原环境”保护

白鹤梁题刻的价值取决于文物的真实性和完整性，异地保护虽然技术和经济方面问题相对难度低，但无疑将严重破坏文物的历史信息和价值。“无压容器”方案解决了以往原址保护方案（“水晶宫”方案）存在的重大技术及经济问题，使得白鹤梁古文物保护“绝处逢生”，符合文物“原址、原样、原环境”的保护原则，且工程投资较低，成为可实施方案。

“无压容器”保护方案基本原理：在需保护的白鹤梁题刻上兴建一座保护壳体结构——容器，容器内是经专门的平压净水系统处理后的长江清水，保持容器内水压与外部的江水压力平衡，保护壳体只承受自重荷载、水库风浪力、浮力及淤积泥沙作用于外侧的压力，使容器基本处于平压的工作状态。

保护体结构采用椭圆形平面、拱壳顶结构，内空长轴64 m，短轴17 m，由于不再考虑巨大的水压力，拱壳结构高度大大降低，壳体结构简单、体量较小，所占据的河道过流面积相对较小，不会影响该河段行洪。即使在三峡水库低水位运行条件下，也不影响长江航道的通航，解决了通航对保护工程带来的安全问题。

平压净水系统按需要定期将滤过的江水泵入或泵出保护体内，并通过“双向水质专用过滤器”与外江连通，使保护体内的水压力与壳体外的长江水压力保持平衡。题刻处于水压平衡的状态，避免了题刻受渗透水压力抬动而遭破坏，题刻仍处于长江清水的保护之中。

为满足游客、专业研究及潜水员出舱进入保护体内进行潜水作业的需要，在保护体内设置了承压的金属参观廊道，参观廊道上设置了供参观的耐高压的玻璃观察窗。

保护体内设计了水下照明和遥控观测系统，人们经岸上的地面陈列馆及交通廊道进入参观廊道，

通过玻璃观察窗观赏题刻，也可通过遥控观测系统在参观廊道或陈列馆内实时观赏题刻。

在参观廊道内设置蛙人孔，供工作人员或其他人员潜水进入保护体内开展研究、观赏和维护工作。

2）白鹤梁题刻原址水下保护工程创建了独特的平压净水系统，实现“无压容器”构想和原环境保护

白鹤梁题刻的原环境构成了文物的独特背景。按照《威尼斯宪章》、《保护世界文化和自然遗产公约》等国际公约的要求，文化遗产的背景环境与文物应一体保护。平压净水系统集成了安全保障系统等成套技术，适应了三峡水库水位涨落和泥沙变化，维持保护体内外水压平衡，净化了水下保护体内水质，为文物提供了更好、更加稳定的保存环境，并确保主体结构和人员的安全，为今后进入《世界遗产名录》打下了坚实的基础。

（1）提出了水质及压差控制指标

由于城市自来水中的余氯对题刻本体有化学腐蚀作用，不适宜直接使用。研究采用长江水作为平压净水系统的水源，满足“原环境”的文物保护原则。

在对国内外游泳池与生活饮用水的水质标准进行分析比较后，通过试验选择适合本工程需要的净化水质指标。提出平压净水系统出水浊度控制指标不超过 1 NTU，且在一个循环周期内系统中水的浊度不超过 3 NTU，在此标准下水的透明度能够满足水下观赏以及摄像观察题刻的要求。

合理控制保护壳体内外水压差，实现“无压”。考虑到外江水涨落及风浪带来的保护壳体内外瞬时压差，设定保证壳体内外水压差限值不大于 $\pm 0.5\ mH_2O$，保证壳体及文物安全。

（2）研制了独特的水净化循环处理、自动检测、自动平压净水系统

涪陵河段长江水位在汛期日最大变幅约为 9.5 m，全年江水浊度在 300 ～ 5 000 NTU 之间变化，在 40 余 m 的深水下如何实现以上复杂环境下的水质及压差控制标准，尚无工程先例。为攻克这一难题，通过反复试验，创建了一套具有水净化循环处理、自动检测及自动平压等多种功能的平压净水系统，通过一体化净水器、净水管道、专用过滤器、循环水泵、阀门、浊度仪及压差计等一系列设备及部件的协同动作，启动自动平衡和循环处理程序，有效保证了保护壳体结构在“静水”及“动水”状态下的“无压差”。为适应三峡水库水位涨落和泥沙淤积，保证特殊情况下保护壳体的安全和维护需要，系统特别设计了壳体竣工后初次充水运行程序、文物清洗程序、正常运行和紧急平衡压力程序。

（3）研制了“双向水质专用过滤器”及反冲洗装置

针对平压净水系统在“静水”状态下受高浊度长江水的渗透及汛期长江水位大幅度变化的特殊情况，为满足净化周期内水质及压差的控制要求，特别研制了“双向水质专用过滤器”及反冲洗装置。专用过滤器使外江水与平压净水系统有可靠的连通，保持内外水压平衡，阻止外江水浊质对系统渗透不产生明显的影响。专用过滤器采用均质滤料为填料，这种双向流的过滤技术为国内首创。研究中通过实物模型，验证其过滤功能和气水反冲洗效果，取得专用过滤器的基本工艺参数及反冲洗措施。

平压净水系统已安全运行 3 年，保护壳体内外水压差不超过 $\pm 0.2\ mH_2O$，实践证明“双向水质专用过滤器”技术的成功应用起到了关键作用。

3）白鹤梁题刻原址水下保护工程创建了深水照明与遥控观察系统，使得白鹤梁题刻的艺术价值得以彰显，同时也能满足观赏、研究需要

白鹤梁题刻位于水下 40 余 m 的深水中，照明设备需承受水的压力，设备安装及维护均在深水中

进行；题刻为深色砂岩，保护体为密闭容器，为了照明设备安全需采用低压直流供电；特殊的使用环境及观赏的需要，需要研究特殊的布光方式。

（1）提出了深水照明照度参数

照度值高低是决定观赏效果主要因素之一，由于国内外当时尚无深水照明照度标准，针对白鹤梁题刻的特点，通过大量研究和试验，确定了深水下白鹤梁题刻表面照明的照度为350 lx，特别关注的部位题刻表面照明的照度为400 lx。经过3年的使用证明能满足人们观赏和摄像要求。

（2）创建了深水大面积大功率LED照明技术及专用遥控观测系统

针对白鹤梁题刻的特点，从文物保护、设备安装维护方便和安全等因素考虑，在比较研究了大量照明方式后，采用了可靠性高、寿命长、耐高压（承受5 atm压力）、亮度高、显色性好、水中维护方便的LED照明方案，并专门研制了“一种高亮度、高压、防水、聚束水下照明灯”，开发了“白鹤梁博物馆水下照明系统智能控制软件”。这是国内最早成功应用LED照明技术的照明工程，也是国内唯一的深水大面积大功率LED照明工程。

根据题刻分布特点，为满足游客和文物专家清晰观察要求，所有灯具采用分组控制方式并能在设备仓进行现地控制、在地面陈列馆进行远程遥控，每个灯具都具有自我保护和提示功能，从而实现了智能管理。

为提供多种观赏途经和提高观赏效果，工程设计了深水下CCD遥控观察系统。它基于闭路电视监控技术，以可遥控操作的水下摄像机作为观赏题刻的主要手段，解决了水下摄像设备的密封、信号传输等技术问题，提供了地面陈列馆遥控观察和参观廊道局部遥控观察相结合的两种观察方式；融合了计算机控制技术、闭路电视监控技术和资料检索技术，创造性地将实时图像与图片资料集成到一个操作界面上，使得游客不但能够亲手操控摄像机，通过镜头观赏白鹤梁题刻，还能浏览观看白鹤梁题刻的图片录像资料，为游客提供了一条了解游览观赏白鹤梁题刻的有效途径；具有景点位置记忆功能，游客通过预置景点调用，能够迅速地将摄像机定位到想要观赏的题刻。

（3）研制了专用的水中脱卸水中插拔的穿舱连接器

为了便于水中安装和更换照明和摄像设备，摒弃了传统的挤压式密封穿舱技术，采用了专利技术——水下可卸式穿舱连接器，并以此专利技术设计制造了水中脱卸、水中插拔的穿舱连接器。这种穿舱连接器既能将电源及信号从地面连接到水中的灯具和摄像机，达到地面与水下的电气连接功能，又能在水中脱卸插拔，满足系统维护的要求，使得水下照明摄像设备维修更换变得轻而易举。

4）白鹤梁题刻保护工程水下施工难度大，为最大限度地保证文物安全，在施工技术上采用围护壳体与围堰相结合方案，实现水平廊道干地施工；采用了水下不分散混凝土新材料、新工艺

水下保护体（围护壳体）采用椭圆形平面、拱壳顶结构，内空长轴64 m，短轴17 m，水下导墙建基面高程约131～136 m，墙厚3.0～4.5 m，保护壳体厚1.0 m，尺寸较大。水下导墙混凝土为水下施工，保护壳体混凝土需整体浇筑。

水下保护体和交通廊道为水下建筑物，施工难度大，同时为适应三峡工程提前蓄水要求，本工程需在2个枯水期施工完成，工期紧。

根据白鹤梁水下保护体结构平面布置特点，鉴于文物保护工程的特别重要性和事故后不可修复性，为确保工程质量，经专题研究和多种方案比选，确定采用修筑围堰，实现主体工程干地施工方案。

考虑到长江水位变化情况，在枯水期修筑围堰。施工围堰由两道横向围堰和一道纵向围堰组成。

传统围堰是指修建临时围堰，主体工程与围堰相对独立，在水下保护体外侧用混凝土或土石修建顺流向纵向过水围堰，在水平交通廊道上下游各修建一道土石过水围堰，并进行防渗处理，形成一个大的封闭圈，然后抽干基坑，使水下保护体及交通廊均在干地施工。但形成大基坑抽干后，渗水压力对文物所在岩体有较大的顶托力，将对文物造成损害，纵向土石围堰防冲难度较大，同时受到航运影响，本项目采用传统围堰是不合适的。

为解决以上诸多矛盾，在施工技术上，采用围护壳体与围堰相结合方案：利用水下保护体导墙作为纵向围堰一部分，在导墙上下游修筑混凝土纵向围堰，水下交通廊上下游各修建一道土石过水围堰，并进行防渗处理，然后抽干基坑，使水平交通廊道实现干地施工，顶拱施工也基本上在水上进行。经工程实践，确保了工程进度和质量。

采用水下不分散混凝土施工水下导墙，使混凝土在水中不分散、不离析，流动性好，自流平，自密实，不需振捣，减小了施工难度，缩短了施工工期。

白鹤梁题刻原址水下保护工程项目研究与国内外同类研究的比较

白鹤梁题刻位于涪陵城北长江水中，长江主航道边，水文地质条件复杂。三峡工程正常蓄水后白鹤梁题刻隐于水下 40 m 深处，此类水下文化遗产保护问题在国内乃至全世界罕见，之前亦无成功范例。白鹤梁题刻原址水下保护工程研究采用“无压容器”概念兴建，保护方案解决了复杂软弱地质条件下文物的安全保护，达到了“原址、原样、原环境”的保护目的，实现了人们常年观赏白鹤梁题刻的梦想，是我国也是世界博物馆类型当中唯一的遗址类水下博物馆。

平压净水系统适应江水涨落变化，维持保护体内外水压平衡，保护体结构处于无压差工作状态，确保主体结构及文物在变动深水中的长期运行安全；平压净水系统还净化了水下保护体内水质，让题刻处于长江水的保护之中，实现了观赏白鹤梁题刻的目的，该系统为国内首创。

深水大功率 LED 照明系统为观赏题刻提供了可能，是国内最早成功应用 LED 照明技术的照明工程，也是国内唯一的深水大面积大功率 LED 照明工程。

埃及亚历山大港发现的水下皇宫从提出至今已经多年，迟迟没有进展，重要原因就是技术和经济问题——挑战这一海湾昏暗水域以提高隧道内的能见度，如何确保博物馆的坚固性，以经受住水流考验，以及建设所需的高昂费用。

墨西哥海滨旅游胜地坎昆水下博物馆于 2011 年 11月建成开馆，号称世界首创海底博物馆，它仅仅是将当代艺术家雕刻的人体雕像放入海底，目的是把大量游客从珊瑚礁吸引过来，保护海洋生态环境。

在2010年“水下文化遗产保护展示与利用”国际学术研讨会上，专家们一致认为“白鹤梁水下博物馆是三峡文物保护工作的重点工程”。这座博物馆按照“原址建馆、原环境保护、原状态展示”的全面保护理念建设，与联合国教科文组织《水下文化遗产保护公约》（2001）中强调的“让公众了解、欣赏和保护水下文化遗产，鼓励人们以负责的和非闯入的方式进入仍在水下的文化遗产，以对其进行考察或建立档案资料”的理念是完全一致的。

附录

附录一 水下文化遗产保护公约

大会，认识到水下文化遗产的重要性，它是人类文化遗产的组成部分，也是各国人民和各民族的历史及其在共同遗产方面的关系史上极为重要的一个内容；认识到保护和保存水下文化遗产的重要性，所有国家都应负起这一责任，注意到公众对水下文化遗产日益关心和重视，深信研究、宣传和教育对保护和保存水下文化遗产极为重要，深信公众只要以负责的和非闯入的方式进入仍在水下的水下文化遗产，就有权从中接受教育和得到娱乐，也深信公众接受的教育有助于他们认识、欣赏和保护这份遗产，意识到水下文化遗产受到未经批准的开发活动的威胁，有必要采取更有力的措施阻止这些活动，意识到合法开发水下文化遗产的活动也可能无意中对其造成不良后果，因而有必要对此作出相应的对策，对水下文化遗产日益频繁的商业开发，尤其是对某些以买卖、占有或交换水下文化遗产为目的的活动深感忧虑，意识到先进的技术为发现和进入水下文化遗产提供了便利，认为国家、国际组织、科研机构、专业组织、考古学家、潜水员、其他有关方面和广大公众之间的合作对保护水下文化遗产是极为重要的，考虑到水下文化遗产的勘测、挖掘和保护都必须掌握，并能应用特殊的科学方法，必须利用恰当的技术和设备，还必须具备高度的专业知识，所有这些说明必须有统一的标准，认识到必须根据国际法和国际惯例，包括 1970 年 11 月 14 日的《关于采取措施禁止并防止文化财产非法进出口和所有权非法转让公约》，1972 年 11 月 16 日的《保护世界文化和自然遗产公约》和 1982 年 12 月 10 日的《联合国海洋法公约》，编纂有关保护和保存水下文化遗产的法典和逐步制定这方面的规章制度，决心提高国际、地区和各国为就地保护水下文化遗产，或因科研及保护的需要，小心打捞水下文化遗产而采取的措施的有效性，在其第二十九届大会已决定为此拟定一份国际公约的基础上，于 2001 年 11 月 2 日通过本公约。

第1条 定义

在本公约中：

1. (a)“水下文化遗产”系指至少 100 年来，周期性地或连续地，部分或全部位于水下的具有文化、历史或考古价值的所有人类生存的遗迹，比如：

(i) 遗址、建筑、房屋、工艺品和人的遗骸，及其有考古价值的环境和自然环境；

(ii) 船只、飞行器、其他运输工具或上述三类的任何部分，所载货物或其他物品，及其有考古价值的环境和自然环境；

(iii) 具有史前意义的物品。

(b) 海底铺设的管道和电缆不应视为水下文化遗产。

(c) 海底铺设的管道和电缆以外的，且仍在使用的装置，不应视为水下文化遗产。

2. (a) “缔约国”系指同意接受本公约之约束和本公约对其具有约束力的国家。

(b) 本公约经必要的改动后也适用于本公约第26条第2段(b)中所指的那些根据该条规定的条件成为本公约的缔约方的地区，从这个意义上说，“缔约国”也指这些地区。

3. “教科文组织”系指联合国教育、科学及文化组织。

4. “总干事”即教科文组织总干事。

5. “区域”系指国家管辖范围以外的海床和洋底及其底土。

6. “开发水下文化遗产的活动”系指以水下文化遗产为其主要对象，并可能直接或间接对其造成损伤或破坏的活动。

7. “无意中影响水下文化遗产的活动”系指尽管不以水下文化遗产为主要对象或对象之一，但可能对其造成损伤或破坏的活动。

8. “国家的船只和飞行器”系指属于某国或由其使用，且在沉没时仅限于政府使用而非商用的，并经确定属实又符合水下文化遗产的定义的军舰和其他船只或飞行器。

9. “规章”系指本公约第33条所指的《有关开发水下文化遗产之活动的规章》。

第2条 目标和总则

1. 本公约的目的是确保和加强对水下文化遗产的保护。

2. 缔约国应开展合作，保护水下文化遗产。

3. 缔约国应根据本公约的各项规定为全人类之利益保护水下文化遗产。

4. 缔约国应根据本公约和国际法，按具体情况单独或联合采取一切必要的措施来保护水下文化遗产，并应根据各自的能力，运用各自能用的最佳的可行手段。

5. 在允许或进行任何开发水下文化遗产的活动之前，就地保护应作为首选。

6. 打捞出来的水下文化遗产必须妥善存放和保管，以便长期保存。

7. 不得对水下文化遗产进行商业开发。

8. 本公约须与各国的惯例和包括《联合国海洋法公约》在内的国际法相一致，任何条款均不应被理解为对有关主权豁免的国际法和国家惯例的规定的修正，也不改变任何国家对本国的船只和飞行器拥有的权利。

9. 缔约国应确保对海域中发现的所有人的遗骸给予恰当的尊重。

10. 只要不妨碍对水下文化遗产的保护和管理，应当鼓励人们以负责的和非闯入方式进入仍在水下的水下文化遗产，以对其进行考察或建立档案资料，从而使公众认识到应当了解、欣赏和保护水下文化遗产。

11. 根据本公约采取的任何行动或开展的任何活动均不构成对国家主权或国家管辖权提出要求、支持或反对的理由。

第3条 本公约与《联合国海洋法公约》之间的关系本公约中的任何条款均不得妨碍国际法，包括《联合国海洋法公约》，所赋予各国的权利、管辖权和义务。本公约应结合国际法，包括《联合国海洋法公约》，加以解释和执行，不得与之相悖。

第4条 与打捞法和打捞物法的关系

打捞法和打捞物法不适用于开发本公约所指的水下文化遗产的活动，除非它：

(a) 得到主管当局的批准，同时

(b) 完全符合本公约的规定，同时又

(c) 确保任何打捞出来的水下文化遗产都能得到最大程度的保护。

第5条 无意中影响水下文化遗产的活动

每个缔约国应采用它能用的最佳的可行手段防止或减轻其管辖范围内无意中影响水下文化遗产的活动可能造成的任何不良后果。

第6条 双边、地区或其他多边协定

1. 鼓励缔约国为保护水下文化遗产，签订双边、地区或其他多边协定，或对现有的协定加以补充。所有这些协定应完全符合本公约的规定，不得削弱本公约的普遍性。各国在这些协定中可提出能比本公约提出的规章更好地保护水下文化遗产的规章。

2. 这些双边、地区或其他多边协定的缔约方可邀请与有关的水下文化遗产确有联系，尤其是文化、历史或考古方面的联系的国家加入这些协定。

3. 本公约不得改变缔约国在本公约通过之前缔结的其他双边、地区或多边协定，尤其是与本公约的宗旨相一致的协定中规定的有关保护沉船的权利和义务。

第7条 内水、群岛水域和领海中的水下文化遗产

1. 缔约国在行使其主权时，拥有管理和批准开发其内水、群岛水域和领海中的水下文化遗产的活动的专属权利。

2. 在不违背其他有关保护水下文化遗产的国际协定和国际法准则的情况下，缔约国应要求开发内水、群岛水域和领海中的水下文化遗产的活动遵守《规章》中的各项规定。

3. 缔约国在其群岛水域和领海内行使其主权时，根据国与国之间的通行做法，为了在保护国家船只和飞行器的最佳办法方面进行合作，要向是本公约缔约国的船旗国，并根据情况，向与该水下文化遗产确有联系，尤其是文化、历史或考古方面的联系的其他国家通知发现可认出国籍的船只和飞行器的情况。

第8条 毗连区的水下文化遗产

在不违背第9、10两条的情况下，并在此两条之外，根据《联合国海洋法公约》第303条第2段的规定，缔约国可管理和批准在毗连区内开发水下文化遗产的活动。此时，缔约国应要求遵守《规章》的各项规定。

第9条 专属经济区和大陆架范围内的报告和通知

1. 所有缔约国都有责任按本公约保护其专属经济区内和大陆架上的水下文化遗产。因此：

（a）当一缔约国的国民，或悬挂其国旗的船只发现或者有意开发该国专属经济区内或大陆架上的水下文化遗产时，该缔约国应要求该国国民或船主报告其发现或活动；

（b）在另一缔约国的专属经济区内或大陆架上：

（i）缔约国应要求该国国民或船主向其，并向另一缔约国报告这些发现或活动；

（ii）或，一缔约国应要求该国国民或船主向其报告这些发现或活动，并迅速有效地转告所有其他缔约国。

2. 在交存其批准、接受、赞同或加入文书时，一缔约国应说明本条第1段（b）中提到的报告的传达方式。

3. 缔约国应向总干事通报根据本条第1段向其报告的所有发现和活动。

4. 总干事应及时向所有缔约国通报根据本条第3段向其汇报的信息。

5. 任何缔约国都可以向在专属经济区内或大陆架上拥有水下文化遗产的缔约国表示愿意在有效保护这些水下文化遗产方面提供咨询。提出这种意愿的基础是这一缔约国必须与有关的水下文化遗产确有联系，尤其是文化、历史或考古方面的联系。

第10条 专属经济区内和大陆架上的水下文化遗产的保护

1. 在本条款许可范围之外，不得授权开发专属经济区内或大陆架上的水下文化遗产。

2. 缔约国有权依据包括《联合国海洋法公约》在内的国际法，为保护其主权权利和管辖权不受干涉而禁止或授权开发本国专属经济区内或大陆架上的文化遗产。

3. 当一缔约国在其专属经济区内或大陆架上发现水下文化遗产，或有意在其专属经济区或大陆架上开发水下文化遗产时，该缔约国应：

（a）与所有根据第9条第5段提出意愿的缔约国共同商讨如何最有效地保护这些水下文化遗产；

（b）作为“协调国”对这类商讨进行协调，除非该缔约国明确表示不愿做“协调国”；在这种情况下，其他根据第9条第5段表达参与商讨意愿的缔约国应另行指定一个“协调国”。

4. 在不妨碍缔约国遵照国际法采取各种可行措施来保护水下文化遗产，以防止水下文化遗产受到包括抢劫在内的紧急危险的情况下，如有必要，协调国可在协商之前遵照本《公约》采取一切可行的措施，和/或授权采取这些措施，以防止人类活动或包括抢劫在内的其他原因对水下文化遗产构成的紧急危险。在采取这些措施时，可请其他缔约国给予协助。

5. 协调国：

（a）应实施包括协调国在内的协商国一致同意的保护措施，除非包括协调国在内的协商国同意由另一个缔约国来实施这些措施；

（b）应为实施一致同意的符合《规章》的保护措施进行必要的授权，除非包括协调国在内的协商国同意由另一个缔约国来作出这些授权；

（c）可对水下文化遗产进行必要的初步研究，并为此进行必要的授权，并应及时向教科文组织总干事报告研究结果，总干事也应及时将这些信息通报其他缔约国。

6. 协调国在根据本条款协调缔约国之间的协商，对水下文化遗产采取保护措施，进行初步研究和/或进行授权时，应代表所有缔约国的整体利益，而不应只代表本国的利益。协调国在采取上述行动时不能就此认为自己享有包括《联合国海洋法公约》在内的国际法没有赋予它的优先权和管辖权。

7. 除本条款第2段和第4段所指的情况外，未经船旗国的同意和协调国的协作，不得对国家船只和飞行器采取任何行动。

第11条　“区域”内的报告和通知

1. 根据本公约和《联合国海洋法公约》第149条之规定，缔约国有责任保护“区域”内的水下文化遗产。据此，当一缔约国的国民或悬挂其国旗的船只在“区域”内发现水下文化遗产，或有意开发“区域”内的水下文化遗产时，该缔约国应要求其国民或船长向该缔约国报告他们的发现或活动。

2. 缔约国应向教科文组织总干事和国际海底管理局秘书长通知向他们报告的这些发现和活动。

3. 教科文组织总干事应及时将缔约国提供的这些信息通报给所有的缔约国。

4. 任何缔约国均可向教科文组织总干事表示愿意参与商讨如何有效地保护该水下文化遗产。提出这种意愿的基础是这一缔约国必须与有关的水下文化遗产确有联系，特别应考虑该遗产的文化、历史和考古起源国的优先权利。

第12条　“区域”内的水下文化遗产的保护

1. 在本条款许可范围之外，不得授权开发“区域”内的水下文化遗产。

2. 总干事应邀请根据第11条第4段提出意愿的缔约国商讨如何最有效地保护有关的水下文化遗产，并指定其中一个缔约国为“协调国”，协调商讨工作。教科文组织总干事还应邀请国际海底管理局参加此类协商。

3. 任何缔约国可依照本公约采取一切切实可行的措施，以防止人类活动或包括抢劫在内的其他原因对水下文化遗产造成的直接危害。必要时，可在与其他缔约国进行协商之前采取措施。

4. 协调国应：

(a) 实施由包括协调国在内的协商国一致同意的保护措施，除非包括协调国在内的协商国同意由另一个缔约国来实施这些措施；和

(b) 根据本公约之规定，为实施一致同意的措施进行必要的授权，除非包括协调国在内的协商国同意由另一缔约国进行这些授权。

5. 协调国可对水下文化遗产进行必要的初步研究，并为此进行必要的授权，并应及时向教科文组织总干事报告研究结果，总干事也应及时将这些信息通报其他缔约国。

6. 协调国在根据本条款协调缔约国之间的协商，对水下文化遗产采取保护措施，进行初步研究和/或进行授权时，应以全人类的利益为重，代表所有的缔约国。应特别考虑有关水下文化遗产的文化、历史和考古起源国的优先权利。

7. 任何缔约国未经船旗国的许可，不得对“区域”内的国家船只或飞行器采取任何行动。

第13条　主权豁免

享有主权豁免的军舰和其他政府船只或军用飞行器，在执行非商业性的和非针对水下文化遗产的正常任务时，没有根据本公约第9、10、11和12条之规定，报告发现水下文化遗产的义务。但是缔约

国应采取适当措施，在不妨碍上述船只和飞行器执行任务或损害其执行任务的能力的情况下，确保上述船只和飞行器在合理和可行的范围内，遵守本公约的第9、10、11和12条。

第14条 限制进入领土，买卖和拥有

缔约国应采取措施，阻止非法出口和/或以违反本公约的方式非法打捞的水下文化遗产进入其领土，和在其领土上买卖或拥有这种水下文化遗产。

第15条 禁止使用缔约国管辖的区域

缔约国应采取措施禁止使用其领土，包括完全处于其管辖权和控制之下的海港及人工岛，设施和结构，进行违反本公约开发水下文化遗产的活动。

第16条 有关国民和船只的措施

缔约国应采取一切可行的措施，以确保其国民和悬挂其国旗的船只不进行任何不符合本公约的水下文化遗产的开发活动。

第17条 制裁

1. 缔约国应对违反贯彻本公约的措施的行为进行制裁。

2. 对违反行为所作的制裁的力度应足以惩戒任何地方的违法行为，确保遵守本公约，并剥夺违反者从非法行为中获取的利益。

3. 缔约国应相互合作以确保根据本条款所采取的制裁措施得到实施。

第18条 水下文化遗产之扣押与处置

1. 缔约国应采取措施在其领土上扣押以违反本公约的方式打捞的水下文化遗产。

2. 缔约国应对根据本公约扣押的水下文化遗产进行登记和加以保护，并采取一切合理的措施使其保持原有状况。

3. 缔约国应向教科文组织总干事报告其依据本公约扣押的水下文化遗产，并通报任何与该水下文化遗产确有联系尤其是文化、历史或考古方面的联系的缔约国。

4. 扣押了水下文化遗产的缔约国应确保对该文化遗产的处理方式符合公众的利益，要考虑对该遗产的保护和研究，散落文物之复原，向公众开放，展览和进行教育等问题，以及与该文化遗产确有联系尤其是文化、历史或考古方面的联系的缔约国的利益。

第19条 合作与信息共享

1. 缔约国应依据本公约在水下文化遗产的保护和管理方面相互合作、互相帮助，有可能的话，也应在对这种遗产的调查、挖掘、记录、保存、研究和展出等方面开展协作。

2. 在不违反本公约宗旨的前提下，各缔约国要与其他缔约国分享有关水下文化遗产的信息，包括水下文化遗产的发现、所处位置、违反本公约或国际法或违反与这种遗产有关的其他国际法、有关的科学方法和技术以及有关法律挖掘或打捞的文化遗产。

3. 缔约国之间，或教科文组织与缔约国之间分享的有关水下文化遗产的发现或其位置的信息，只

要泄露后可能危害水下文化遗产或危及水下文化遗产的保护工作，就应在不违反缔约国国内法律的前提下，作为只有缔约国主管当局了解的机密。

4. 缔约国应采取一切可行的措施，并在可行的情况下，包括利用有关的国际数据库，公布有关违反本公约或国际法挖掘或打捞的水下文化遗产的信息。

第20条 提高公众意识

缔约国应采取一切可行的措施，提高公众对水下文化遗产的价值与意义的认识及依照本公约保护水下文化遗产之重要性的认识。

第21条 水下考古培训

缔约国应开展合作，提供水下考古、水下文化遗产保存技术方面的培训，并按商定的条件进行与水下文化遗产有关的技术的转让。

第22条 主管机构

1. 为确保本公约的有效实施，缔约国应设立主管机构，已设立的要予以加强，负责水下文化遗产目录的编制、保存和更新工作，对水下文化遗产进行有效的保护、保存、展出和管理，并开展有关的科研和教育活动。

2. 缔约国应将其主管水下文化遗产的机构的名称和地址告知总干事。

第23条 缔约国会议

1. 总干事应在本公约生效一年之后召开一次缔约国会议，其后至少每两年召开一次。如大多数缔约国要求，总干事应召开缔约国特别会议。

2. 缔约国会议应确定其职能和责任。

3. 缔约国会议应有自己的《议事规则》。

4. 缔约国会议可以设立一个由缔约国提名的专家组成的科学与技术咨询委员会，该委员会的组成应充分考虑公平的地理分配原则和男女成员的适当比例。

5. 科学与技术咨询委员会应在实施《规章》中涉及的科学和技术问题方面，向缔约国会议提供必要的协助。

第24条 公约秘书处

1. 总干事应负责为本公约设立秘书处。

2. 秘书处的职能包括：

(a) 根据第23条第1段的规定组织缔约国会议；

(b) 协助缔约国落实缔约国会议的决定。

第25条 和平解决争端

1. 两个或两个以上缔约国在解释或实施本公约时出现的任何争端，都应以诚恳的协商或它们所选择的其他和平方式加以解决。

2. 如此类协商未能在合理的时间内解决争端，可经当事缔约国同意后，交由教科文组织调解。

3. 如未进行调解或调解无效，《联合国海洋法公约》第十五部分有关解决争端的条款，经必要修改后，可适用于本公约缔约国之间在解释或实施本公约中出现的任何争端，无论这些缔约国是否也是《联合国海洋法公约》的缔约国。

4. 本公约及《联合国海洋法公约》的缔约国依据《联合国海洋法公约》第287条所选择的任何程序，都适用于解决本条款中所说的争端，除非该缔约国在批准、接受、赞同或加入本公约之时或其后的任何时候，依据第287条选择了其他程序来解决因本公约引起的争端。

5. 没有加入《联合国海洋法公约》的本公约缔约国，在批准、接受、赞同或加入本公约之时或其后的任何时候，可以通过书面声明的方式，由自由选择《联合国海洋法公约》第287条第1段所规定的一种或多种方式，来解决本条款中所说的争端。第287条适用于这类声明，也适用于上述缔约国为当事一方，但是不在有效声明范围内的任何争端。依据《联合国海洋法公约》附件V和附件VII，为了进行调解和仲裁，上述缔约国有权指定调解人和仲裁人，列入附件V第2条和附件VII第2条提到的名单，以解决因本公约引起的争端。

第26条　批准、接受、赞同或加入

1. 教科文组织会员国可以批准、接受或赞同本公约。

2. 可以加入本公约的国家或地区包括：

(a) 不是教科文组织会员国，但是联合国成员国或联合国系统内某一专门机构或国际原子能机构的会员国的国家，《国际法院规约》的缔约国，以及应教科文组织大会的邀请加入本公约的任何国家；

(b) 没有完全独立，但根据联合国大会第1514（XV）号决议被联合国承认为充分享有内部自治，并且有权处理本公约范围内的事宜，包括有权就这些事宜签署协议的地区。

3. 批准、接受、赞同或加入本公约的文书应交存于总干事处。

第27条　生效在收到本公约第26条言及之第二十份文书三个月之后，本公约生效，但仅限于递交了文书的二十个国家或地区。其他任何国家或地区在递交其文书三个月后，本公约生效。

第28条　内陆水域声明

任何国家或地区，在批准、接受、赞同或加入本公约之时或其后的任何时候，都可以声明本公约之《规章》适用于其不具海洋性质的内陆水域。

第29条　地理范围的限定

任何国家或地区，在批准、接受、赞同或加入本公约之时，可向文书保管者声明，本公约不适用于其领土、内水、群岛水域或领海的某些特定部分，并在声明中阐述其理由。该国应尽其所能尽快地创造条件，使本公约适用于其声明中所指的特定区域，一旦条件成熟，应尽快全部或部分地撤回其声明。

第30条　保留

除第29条所指的情况外，对本公约不得持任何保留意见。

第31条 修正

1. 缔约国可书面通知教科文组织总干事，对本公约提出修正建议。总干事应将此通知转发给所有缔约国。如在通知发出之日起六个月内，有一半以上的缔约国答复赞成这一要求，总干事应将此建议提交下一次缔约国会议讨论，决定是否通过。

2. 对本公约的修正须经出席并参加表决的缔约国三分之二多数票通过。

3. 对本公约的修正一俟通过，可交由缔约国批准、接受、赞同或加入。

4. 对于批准、接受、赞同或加入修正案的缔约国来说，本公约修正案在三分之二的缔约国递交本条第3段所提及的文书之日三个月之后生效。此后，对任何批准、接受、赞同或加入修正案的国家或地区来说，在其递交批准、接受、赞同或加入文书之日三个月之后，本公约修正案即生效。

5. 依照本条第4段修正案生效后，本公约的缔约国或地区，在该国或地区未表示异议的情况下，应：

（a）被视为本公约业经修正之文本的缔约方。

（b）但在与不受修正案约束的任何缔约国的关系中，仍被视为未经修正之公约的缔约方。

第32条 退出

1. 缔约国可书面通知教科文组织总干事退出本公约。

2. 退出自接到通知之日起十二个月后生效，除非通知指定一个较后的日期。

3. 退出本公约决不意味着该缔约国可以不履行按照本公约以外的国际法应承担的与本公约的规定相同的一切义务。

第33条 规章

作为本公约之附件的《有关开发水下文化遗产之活动的规章》是本公约的一个组成部分，除非另有明确说明，否则凡提及本公约时，均包括该《规章》。

第34条 备案

根据联合国宪章第102条，本公约应按总干事的要求在联合国秘书处备案。

第35条 有效文本

本公约用阿拉伯文、中文、英文、法文、俄文和西班牙文制定，这六种文本具有同等效力。

附录二　加强水下文化遗产保护的重庆建议

我们，来自中国、加拿大、韩国、英国、埃及、瑞典、土耳其、法国以及联合国教科文组织的代表，应中国文化遗产研究院、重庆市文物局、联合国教科文组织的邀请，参加了2010年11月24日至26日在中国重庆举办的"水下文化遗产保护、展示与利用"国际学术研讨会。在这里我们看到，中国正在利用原址保护（例如白鹤梁水下博物馆）、整体保护（例如海上丝绸之路博物馆）的理念有效保护水下文化遗产。在这里我们看到，水下文化遗产的价值正在被科学发掘和有效展示。在这里我们看到，不论是公众还是国家都在为保护水下文化遗产付出不懈努力。为进一步推动水下文化遗产的保护，在这里我们集体建议，各国政府、社会各界采取实际行动保护水下文化产遗产：

一是进一步加强水下文化遗产保护。加强对水下文化遗产的调查、登录和研究，逐步摸清水下文化遗产分布、特点及埋藏规律等情况，为依法保护奠定坚实基础。特别呼吁各国政府采取切实措施坚决制止非法盗捞，同时严格限制纯商业打捞水下文化遗产等行为，确保水下文化遗产安全。

二是加强水下文化遗产保护能力建设。重点是专业人员的培养和培训，水下考古、水下文化遗产保护专业队伍、专业机构的建设。并特别呼吁加强对发展中国家水下文化遗产保护专业队伍建设、技术等的支持。建议联合国教科文组织与相关国家合作建立水下文化遗产保护培训中心。

三是通过水下博物馆等方式加强水下文化遗产的原址保护，通过博物馆展览、出版物、互联网、广播电视、社会媒体、社区专题活动、体验潜水等多种方式让公众了解、参与水下考古、水下文物文化遗产保护，提高全社会水下文化遗产保护意识和参与水下文化遗产保护的积极性。

四是加强水下文化遗产保护国际合作。水下文化遗产保护具有"涉及范围广、技术含量高、资金需求量大"等特点，加强全球性国际合作十分必要，特别是水下文化遗产保护的理念、方法、技术以及防止非法打捞、走私水下文化遗产等方面。

五是进一步加强对《水下文化遗产保护公约》的研究和完善，促进世界各国尽早加入该公约。

附录三 白鹤梁题刻文物保护工程大事记

1. 1992年3月，中共中央政治局委员、国务委员李铁映在涪陵视察时，提出保护白鹤梁题刻。

2. 1994年10月，中共中央总书记、国家主席江泽民在涪陵视察时，对白鹤梁题刻保护工作做了重要指示。

3. 2001年2月23日—24日，重庆市文化局组织的《涪陵白鹤梁题刻保护方案专家论证会(黄真理方案)》，以中国工程院院士葛修润先生为组长、中国历史博物馆研究员周宝昌先生为副组长，由来自全国的13位专家组成专家评审组，会议原则通过了黄真理博士的设计方案，论证会后，葛修润院士提出一个新的保护方案设想提交参会的专家讨论，并经专家组同意同时进行深化。

4. 2002年1月15日—16日，重庆市人民政府在北京主持召开了《重庆涪陵白鹤梁题刻原址水下保护工程可行性方案研究报告论证会》。来自全国的文物、建筑、水工、航运、科研、设计、施工、地震等方面的12人组成了专家组，其中有9人是中国科学院、中国工程院院士。专家组对白鹤梁题刻保护的有关问题进行了咨询，对葛修润院士的"无压容器"方案进行充分讨论研究后，原则通过了"无压容器"保护白鹤梁题刻的方案。

5. 2002年3月，重庆市委书记贺国强、市长包叙定一行视察白鹤梁题刻，听取本体保护工程技术人员的工作汇报。贺国强、包叙定对白鹤梁题刻的保护工作给予高度评价，并对保护工作的具体工作做了重要指示。

6. 2002年8月16日—18日，重庆市文化局三峡办、重庆峡江文物工程有限责任公司在武汉长江勘测规划设计研究院举行了白鹤梁题刻原址水下保护工程研究中间成果评审会。专家评审组由来自全国水工、施工、结构、隧道、船舶、建筑、给排水、电气、文物、堤防工程等方面的14位专家组成。通过评审，专家组原则通过了各研究课题单位提交的白鹤梁题刻原址水下保护工程三维非线性结构分析、水工模型试验、交通廊道、参观廊道、水下照明系统、水下摄像系统、循环水系统、工程安全监测、施工专题、航道安全保护等研究报告。

7. 2002年10月23日—24日，重庆市文化局在北京举行了《重庆涪陵白鹤梁题刻原址水下保护工程初设报告》评审会。专家组由中国工程院院士王三一先生任组长，中国文物研究所原所长、著名石质文物专家黄克忠先生任副组长，来自全国水工、建筑、施工、结构、航运、文物、给排水、电气等方面的院士、专家共16人组成专家组。专家组对长江勘测规划设计研究院白鹤梁题刻课题组提出的《重庆涪陵白鹤梁题刻原址水下保护工程初设报告》，相关科研单位实施的九项课题研究报告进行了深入细致的研讨与评审，原则同意初设报告的结论与建议方案，同意各专题报告，要求并按照专家组提出的修改意见进行深化和优化，使保护方案更加完善可行。

8. 2002年3月，国家文物局下发了《关于对涪陵白鹤梁题刻原址水下保护工程可行性方案研究报告的意见的函》。

9. 2003年1月，国家文物局下发了《关于白鹤梁题刻原址水下保护工程初步设计方案的批复》。

10. 2003年2月13日，重庆涪陵白鹤梁题刻原址水下保护工程正式开工。

11. 2004年4月，国务院三峡工程建设委员会下发了《关于涪陵白鹤梁题刻原址水下保护工程投资标准的批复》。

12. 2005年2月16日，重庆峡江文物工程有限责任公司白鹤梁工程项目部组织潜水员打捞白鹤梁石刻13则，经请示重庆市文物局，移交给涪陵区博物馆收藏。

13. 2005年12月24日—26日，重庆市文物局在北京组织召开了专家论证会，包括多位院士在内的各方面专家对白鹤梁文物保护变更设计进行评审并通过，形成会议纪要。

14. 2006年1月，国家文物局批复同意该工程的变更设计报告。

15. 2008年11月7日，重庆市特检中心技术人员到参观廊道对焊缝进行全面测试检查，出具合格报告。

16. 2009年2月27日，陈列馆主体结构验收，评定合格。

17. 2009年3月3日，对参观廊道、交通廊道安装工程进行验收，评定合格。

18. 2009年5月18日，在白鹤梁举行了“5·18国际博物馆日”中国区主会场活动暨白鹤梁水下博物馆开馆仪式，中央电视台进行了4 h的现场直播，在全国引起强烈反响。

19. 2010年4月24日—25日，重庆白鹤梁水下博物馆开馆运行，接待首届三峡国际旅游节代表。4月26日正式对外开放。

20. 2010年4月27日，峡江公司组织对本工程B标段工程进行验收，评定合格。

21. 2010年11月24日—26日水下文化遗产保护展示与利用国际学术研讨会在重庆召开，支持单位：国家文物局、重庆市人民政府；主办单位：联合国教科文组织、中国文化遗产研究院、重庆市文物局；承办单位：国家水下文化遗产保护中心、重庆中国三峡博物馆、重庆文化遗产保护中心。11月25日上午参观白鹤梁水下博物馆，下午葛修润院士做《白鹤梁古水文题刻——世界第一古代水文站的原址水下保护工程》报告，并回答国外专家的提问。

22. 2011年5月22日，重庆涪陵白鹤梁题刻原址水下保护工程综合验收预备会议在重庆白鹤梁水下博物馆召开，会议由国家文物局主持，组成了专家组，勘察了白鹤梁水下博物馆，认真考察各分项工程状况，查阅了工程资料，听取参建单位的汇报，形成专家意见，评定合格。

23. 2011年6月15日，重庆市城建档案馆组织专家对白鹤梁题刻原址水下保护工程档案进行了专项验收，评定为优良。

24. 2011年7月，重庆市文物局委托重庆万隆方正会计师事务所有限责任公司对白鹤梁题刻原址水下保护工程竣工财务决算编制报告进行了审计，出具了《三峡工程重庆库区涪陵白鹤梁题刻原址水下保护工程项目竣工财务决算审计报告》。

25. 2011年7月27日，国家文物局在重庆组织召开了白鹤梁题刻原址水下保护工程竣工综合论证会，会议组成了专家组。专家组会前查勘了工程现场，查阅了工程建设相关资料，听取了业主及运行单位、设计单位、监理单位、施工单位以及工程质量监督机构的汇报，经认真研究讨论，形成验收意见，专家组一致同意该工程通过竣工综合验收。

26. 重庆市审计局于2006年4月—7月对建设单位1997—2005年的三峡库区文物保护资金的管理使用情况进行了审计。对白鹤梁题刻水下保护工程项目存在的问题要求建设单位进行整改，峡江公司按要求整改完成。

27. 国家审计署驻重庆特派员办事处于2011年11月—2012年1月对重庆市本级三峡工程移民资金财务决算情况进行了审计，同时对三峡工程移民安置规划任务完成，移民工程项目建设管理以及其他与移民工作相关的政策措施执行情况进行了调查，延伸审计了重庆文物管理部门以及其他相关单位，审计抽查了部分移民资金迁建项目，对重要事项作了必要的延伸和追溯。对白鹤梁题刻原址水下保护工程项目进行了审计并提出整改要求，峡江公司按要求完成整改工作。

28. 2012年1月17日，经重庆市文物局专题会议研究，决定从2012年1月起，重庆涪陵白鹤梁题刻原址水下保护工程正式由重庆峡江文物工程有限责任公司移交重庆中国三峡博物馆管理使用。

附录四 工程与文化相互促进的武汉倡议

2013 年 11月,第二届“ICOMOS—武汉无界论坛”在华中科技大学成功召开。本届论坛的主题为“工程 · 文化 · 景观”,来自德国、比利时等国际著名遗产保护专家与我国的工程院院士、勘察设计大师及专家学者共聚一堂,围绕“工程建设与文化遗产保护”这一主题展开充分讨论和深入交流,会议达成以下共识:

工程建设,特别是大型工程建设中所遇到的文化遗产保护问题,往往涉及因素复杂,牵涉面广,保护难度大,质量要求高,是一个世界性的难题。中国作为《保护世界文化和自然遗产公约》缔约国,政府和设计研究人员在工程项目的规划和建设过程中,经过艰苦努力,使一批具有极高价值的人类文化遗产得以妥善保存和科学利用。我们十分欣喜地看到这次研讨会集中展示了以“白鹤梁题刻原址水下保护工程”为代表的一批水利、铁路、桥梁等工程与文化遗产保护相结合的高水平案例,不仅仅是对中国,而且对世界范围的文化遗产保护事业同样有着示范和推动作用。本次论坛代表共同发出“武汉倡议”:

(1) 整合社会各界力量,实现遗产保护发展的跨学科、跨行业联手,以敬畏的心态、传承的责任、无界的情怀,通过科学的保护手段,让工程项目(特别是大型工程项目)在建设的同时,维护好文化遗产安全和健康的生态环境。

(2) 实现工程与保护的相互促进,工程技术人员要以保护文化遗产为已任,在工程设计和实施过程中,进一步实现遗产的价值,扩大遗产的影响,为保护和传承中华民族优秀的历史文化遗产而不遗余力。

(3) 实现工程与艺术的相互关联,工程技术人员在项目规划设计和建设实施过程中,要努力发现美和创造美,让这个时代的美丽工程成为未来的文化遗产。

(4) 欢迎公众参与,积极构建专家、政府、大众间的互动平台,实现工程与文化的相互促进,政府决策的民主性和科学性的和谐统一。鼓励公众与专家共同参与遗产保护和利用的宣传,用文化遗产提升地区形象,营造良好社会环境。

以上为论坛全体代表的心声,我们呼唤社会各界人士加入这一行列,共同努力,推动中国遗产保护事业的可持续发展,实现中华文明的永续流传!

参考文献

中文文献：

[1] 中国文化遗产研究院．2010年水下文化遗产保护展示与利用国际学术研讨会论文集．北京：文物出版社，2011.

[2] 丁援．文化线路：有形与无形之间．南京：东南大学出版社，2011.

[3] 国家文物局水下文化遗产保护中心．水下文化遗产行动手册．北京：文物出版社，2013.

[4] 中国国家博物馆水下考古研究中心．水下考古学研究：第一卷．北京：科学出版社，2012.

[5] 广东省文物考古研究所．2011 年“南海 1 号”的考古发掘．北京：科学出版社，2011.

[6] 赵亚娟．联合国教科文组织《水下文化遗产保护公约》研究．厦门：厦门大学出版社，2007.

[7] 无锡文化遗产局．文化线路遗产的科学保护论文集．南京：凤凰出版社，2010.

[8] 镇雪峰．文化遗产的完整性与整体性保护方法．上海：同济大学，2007.

[9] 重庆文物局．巫山大厂古镇．北京：文物出版社，2013.

[10] 重庆文物局，重庆市移民局．忠县石宝寨．北京：文物出版社，2013.

[11] 徐嵩龄，张晓明，章建钢．文化遗产的保护与经营：中国实践与理论进展．北京：社会科学文献出版社，2003.

[12] 傅崐成．联合国教科文组织2001年《水下文化遗产保护公约》评析．厦门：厦门大学出版社，2004.

[13] 鲁娜．探索蓝色文明：水下考古．中国国家地理杂志，1999（2）.

[14] 孙健．海底考古．中国国家地理杂志，1999（5）.

[15] 俞伟超．中国水下考古学的主要成就．福建文博，1997（2）.

[16] 张威，李滨．水下考古大事记．福建文博，1997（2）.

[17] 张威．三道岗元代沉船．北京：科学出版社，2001.

[18] 中澳合作水下考古专业人员培训班定海调查发掘队．中国福建连江定海1990年度调查、试掘报告．中国历史博物馆馆刊，1992（18）、（19）.

[19] 中澳联合定海水下考古队．定海沉船遗址1995年度调查与发掘：东南考古研究（第二辑）. 厦门：厦门大学出版社，1999.

[20] 张威，林果，吴春明．福建定海沉船考古的有关问题：东南考古研究（第二辑）．厦门：厦门大学出版社，1999.

[21] 中国人民政治协商会议四川省委员会涪陵地区工作委员会．世界第一古代水文站·白鹤梁．北京：中国三峡出版社，1995.

[22] 陈曦震．水下碑林白鹤梁．成都：四川人民出版社，1995.

[23] 栗建安．谈谈水下考古学——中澳合作水下考古专业人员培训班学习札记．福建文博，1990（1）.

英文文献：

[1] Guido Camarda, Tullio Scovazzi. The Protection of the Underwater Cultural Heritage:Legal Aspects. Campobasso: Giuffre Editorè，2002.

[2] James P Delgado. Encyclopaedia of Underwater and Maritime Archaeology. London: British Museum Press，1997.

[3]Sarah Dromogoole. Legal Protection of the Underwater Cultural Heritage: National and International Perspectives. Alphen aan den Rijn: Kluwer Law International,1999.

[4] Roberta Garabello, Tullio Scovazzi. The Protection of the Underwater Cultural Heritage: Before and After the 2001 UNESCO Convention. Leiden: Brill Academic Publishers,2003.

[5]Patrick J O' keefe. Shipwrecked Heritage:A Commentary on the UNESCO Convention on Underwater Cultural Heritage. Leicester: Institute of Art and Law，2002.

[6]Anastasia Strati. The Protection of the Underwater Cultural Heritage:An Emerging Objective of the Contemporary Law of the Sea. Alphen aan den Rijn: Kluwer Law International，1995.

[7]UNESCO. Protection of the Underwater Heritage. UNESCO，1981.

[8]Agustin Blanco-Bazán. The IMO Guidelines on Particular Sensitive Sea Areas(PSSAs):Their Possible Application to the Protection of the Underwater Cultural Heritage. Marine Policy，1996，20(4).

[9]Jean Allain. Maritime Wrecks:Where the Lex Ferenda of Underwater Cultural Heritage Collides with the Lex Lata of the Law of the Sea Convention. International Law: Virgina，1998，38(4).

[10]David J Bederman. The UNESCO Draft Convention on Underwater Cultural Heritage:A Critique and Counter-Proposal. Maritime Law and Commerce，1999，30(2).

[11]Margaret Beukes. Underwater Cultural Heritage:Archaeological Preservation or Salvage. South African Yearbook of International Law，2001，26.

[12]Janet Blake. The Protection of the Underwater Cultural Heritage. International and Comparative Law Quarterly，1996，45(4).

[13]Lauren W Blatt. SOS(Save Our Ship)!Can The UNESCO 1999 Draft Conventlon on the Treatment of Underwater Cultural Heritage Do Any Better? Emory International Law Review，2000，14(3).

[14]E D Brown. Protection of the Underwater Cultural Heritage:Draft Principles and Guidelines for Implementation of Article 303 of the United Nations Convention on the Law of the Sea, 1982. Marine Policy, 1996, 20(4).

[15]Guido Carducci. New Developments in the Law of the Sea:The UNESCO Convention on the Protection of Underwater Cultural Heritage. International Law: American，2002，96(2).

[16]Guido Carducci. The Expanding Protection of Underwater Cultural Heritage:The New UNESCO Convention Versus Existing International Law Guido Camarda, Tullio Scovazzi. The Protection of the Underwater Cultural Heritage:Legal Aspects. Campobasso: Giuffre Editorè，2002.

[17]A Couper. The Protection of the Underwater Cultural Heritage. Oceanographic Literature Review，1997，44(1).

[18]Alastair Couper. The Principal Issues in Underwater Cultural Heritage. Marine Policy，1996，20(4).

[19]Sarah Dromgoole. Unesco Convention on the Protection of the Underwater Cultural Heritage 2001：

Implications for Commercial Treasure Salvors. Lloyd's Maritime and Commercial Law Quarterly, 2003, 3.

[20]Sarah Dromgoole.2001 UNESCO Convention on the Protection of the Underwater Cultural Heritage. Marine and Coastal Law, 2003, 18(1).

[21]Sarah Dromgoole, Nicholas Gaskell. Draft UNESCO Convention on the Protection of the Underwater Cultural Heritage 1998. Marine and Coastal Law, 1999, 14(2).

[22]Sarah Dromgoole. A Protective Legal Regime for the Underwater Cultural Heritage: The Problem of International Waters. Annuaire de Droit Maritime et Ockanique, 1997, 15.

[23]Craig J Forrest. Has the Application of Salvage Law to Underwater Cultural Heritage Become a Thing of the Past? Maritime Law and Commerce, 2003, 34(2).

[24]Craig Forrest. A New International Regime for the Protection of Underwater Cultural Heritage. International and Comparative Law Quarterly, 2002, 51(3).

[25]Craig J S Forrest. Defining "Underwater Cultural Heritage". Nautical Archaeology, 2002, 31(1).

[26]Francesco Francioni. The Role of International Law in the Protection of Cultural Heritage Guido Camarda, Tullio Scovazzi. The Protection of the Underwater Cultural Heritage: Legal Aspects. Campobasso: Giuffre Editorè, 2002.

[27]Leopoldo Franco. Ancient Mediterranean Harbours: A Heritage to Preserve. Ocean and Coastal Management, 1996, 30(2/3).

[28]Fu Kuen-chen. Some Comments on the UNESCO Convention on the Protection of the Underwater Cultural Heritage—A Chinese Perspective Fu Kuen-chen. Essays on International Law of the Sea. Xiamen: Xiamen University Press, 2004.

[29]Fu Kuen-chen. A Chinese Perspective on the UNESCO Convention on the Protection of the Underwater Cultural Heritage. Marine and Coastal Law, 2003, 18(1).

[30]Roberta Garabello. Sunken Warships in the Mediterranean: Reflections on Some Relevant Examples in State Practice Relating to the Mediterranean Sea Tullio Scovazzied. La Protezione Del Patrimonio Cultural Sottomarino Nel Mare Mediterraneo. Campobasso: Giuffre Editorè, 2004.

[31]Brice Q C Geoffrey. Salvage and the Underwater Cultural Heritage. Marine Policy, 1996, 20(4).

[32]Arielw Gonzalez. Negotiating the Convention on Underwater Cultural Heritage: Myths and Reality Guido Camarda, Tullio Scovazzi. The Protection of the Underwater Cultural Heritage: Legal Aspects. Campobasso: Giuffre Editorè, 2002.

[33]He Shuzhong. What Kind of Underwater Heritage Convention Do We Need? Cultural Property, 1999, 8(2).

[34]Gillian Hutchinson. Threats to Underwater Cultural Heritage: The Problems of Unprotected Archaeological and Historic Sites, Wrecks and Objects Found at Sea. Marine Policy, 1996, 20(4).

[35]Roderick Mather. Technology and the Search for Shipwrecks. Maritime Law and Commerce, 1999, 30(2).

[36]L Migliorino. In Situ Protection of the Underwater Cultural Heritage under International Treaties and National Legislation. Oceanographic Literature Review, 1996, 43(10).

[37]Patrick J O'keefe. The Buenos Aires Draft Convention on the Protection of Underwater Cultural

Heritage Prepared by the International Law Association:Its Relevance Seven Years On Guido Camarda, Tullio Scovazzi. The Protection of the Underwater Cultural Heritage:Legal Aspects. Campobasso: Giuffre Editorè, 2002.

[38]Patrick J O'keefe. Protection of the Underwater Cultural Heritage:Developments at UNESCO. Nautical Archaeology, 1996, 25(3/4).

[39]Patrick J O'keefe. Protection of the Underwater Cultural Heritage:The Intenational Law Association Draft Convention. Marine Policy, 1996, 20(4).

[40]Lyndel V Prott, Patrick J O'keefe. Law and the Underwater Heritage, UNESCO, Protection of the Underwater Heritage. UNESCO, 1981.

[41]Richard T Robol. Legal Protection for Underwater Cultural Resourse:Can Weter? Maritime Law and Commerce, 1999, 30(2).

[42]Tullio Scovazzi. The 2001 UNESCO Convention on the Protection of the Undewater Cultural Heritage. The Italian Yearbook of International Law, 2003, 11.

[43]Hance D Smith, Alastair D Cuper. The Management of the underwater Cultural Heritage. Cultural Heritage, 2003, 4(1).

[44]Paul Fletcher Tomenius, Craig Forrest. Historic Wreck in International Waters:Conflictor Consensus? Marine Policy, 2000, 24(1).

[45]Varmet, Caroline M Blanco. United States of Americ Sarah Dromoglode. Legal Protection of the Underwater Cultural Heritage:National and International Perspectives. Kluwer Law International, 1999.

[46]Cultural Heritage Administration. The Shinan Wreck Underwater Excavation, 1988.

[47]Cultural Heritage Administration. The Wando Wreck Underwater Excavation, 1984.

[48]National Maritime Museum. The Underwater Remains of Doripo, Muan, 2003.

[49]National Maritime Museum. The Yami Island Underwater Excavation, 2004.

[50]National Maritime Museum. The Underwater Excavation of the sea off Sibidongpa Island Gunsan, 2005.

[51]National Maritime Museum The excavation of Anjwa Ship, Shian, 2006.

[52]National Maritime Museum. The Yami Island Underwater Excavation, 2007.

[53]National Maritime Museum. Boryeong Wonsan Island Sea Site-Submarine Excavation, 2007.

[54]National Maritime Museum. Ansan Daebudo Ship Sea Site-Submarine Excavation, 2008.

[55]National Maritime Museum. The Yami Island Underwater Excavation(II), 2008.

[56]National Research Institute of Maritime Cultural Heritage. Taean Treasure Ship I, II-Submarine Excavation, 2009.

[57]National Research Institute of Maritime Cultural Heritage. The Yami Island Underwater Excavation(Ⅲ), 2009.

[58]Childs London D. The Warship Mary Rose:The Life and Times of Henry VIII's Flagship. London Chatham Publishing, 2007.

[59]Dobbs C T C. The Raising of the Mary Rose:Archaeology and Salvage Combined Underwater Technology. The Society for Underwater Technology, 1995(1).

[60]Gardiner J. Before the Mast: Life and Death Aboard the Mary Rose The Archaeology of the Mary Rose. Volume 4. Portsmouth: The Mary Rose Trust Ltd，2005.

[61]Hildred A. Weapons of Warre：The Armaments of the Mary Rose. The Archaeology of the Mary Rose. Volume 3. Portsmouth: The Mary Rose Trust Ltd，2011.

[62]Jones M. For Future Generations:Conservation of a Tudor Maritime Collection. The Archaeology of the Mary Rose. Volume 5. Portsmouth: The Mary Rose Trust Ltd，2003.

[63]Marsden P. Sealed by Time：The Loss and Recovery of the Mary Rose. The Archaeology of the Mary Rose. Volume 1. Portsmouth: The Mary Rose Trust Ltd，2003.

[64]Marsden P. Mary Rose, Your Noblest Shippe: Anatomy of a Tudor Warship. The Archaeology of the Mary Rose. Volume 2. Portsmouth: The Mary Rose Trust Ltd，2009.

[65]McKee London A. How We Found the Mary Rose. London Souvenir Press，1982.

[66]Rule London M. The Mary Rose: The Excavation and Raising of Henry VIII's Flagship. 2nd Ed. London Conway Maritime Press Ltd，1983.

[67]Algan A, Yilmaz Y. et al. Geo Amheology of the Ancient Theodosius Hathnur(Yenikapi-Istanbul) Implications to Holocene Sea Level and Cnastal Changes.

[68]Bruchner H. Holocene Shoreline Displacenlents and Their Consequence for Human Societies：the Example of Ephesue in Western Turkey. Zeitschrift für Geomorphologie，2005，137：11-22.

[69]Bmruchner H, Mullenhoff M, Gehlels R, et al. From Archipelago to Flood Plalngeographical and Echological Ehanges in Miletus and its Environs during the Past Six Millenia(Western Anatolia, Turkey). Zeitschrift für Geomorphologie ，2006，142：63-83.

[70]Archaometallurgischer Bericht Uber Feldforshung in Anatolian und Bleiisotopische Studien an erzen und Schlachen Stolner T，Korlin G，Steffenand G, et al Man and Mining-Mensch und Bergbau. Bochum: Der Anschmitt Beiheft: 475-494.

[71]Yilmaz Y. Seismotectonics and Geology of the Area around the Ancient City of Troy, Northwestern Anatolia. Wagner G A, Pernice E, Uerpmann H P. Troia and the Troad: Scientific Approaches. Springer, 2001.

[72]Yilmaz Y, Genc S C, Gurer F O, et al. When did the Western Anatolian Grabens begin to Develop?, Geol Soc，2000，173：353-384.

[73]Cultural Heritage Administration. The Shinan Wreck Underwater Excavation，1988.

[74]Cultural Heritage Administration. The Wando Wreck Underwater Excavation，1984

[75]Fo H Y，Sandström M. Sulfur and Iron in Shipwrecks Cause Conservation Concerns. Chem Soc Rev, 2006, 35: 399-415.

[76]Hung S J，Park H S，Gang W C，et al. Conservation and Study of Restoring a Model of Jindo Ship. International Symposium on Conservation of Culture Heritage, East Asia, 2009.

[77]Kim Y S. Chemical Characterization of Waterlogged Archaeological Wood Holzforschung,1990, 44：169-172.

[78]Mokpo Conservation Institute for Maritime Archaeological. Report on the Excavation of Jindo Logboat, 1993.

[79]National Maritime Museum. Report on the Excavation of Talido Shipwreck, 1999.

[80]National Maritime Museum. The Conservation and Restoration Report of Shinan Ship, 2004.

[81]National Maritime Museum. The Underwater Excavation of the Sea off Sibidongpa Island，Gunsan, 2005.

[82]National Maritime Museum. Sinangun. The Excavation of Anjwa Ship，Sinan, 2006.

[83]National Maritime Museum. Ansan Daebudo Ship Sea Site—Submarine Excavation, 2008.

[84]National Research Institute of Maritime Cultural Heritage Taean Treasure Ship I. II-Submarine Excavatio，2009.

后记

机缘巧合，2000年的一次方案讨论会让我与白鹤梁题刻结下不解之缘。

没去过现场，没有亲身感受，但讨论会上展示的那道片状石梁的图片却深深印在了脑海中。讨论的方案不是想要的答案，知道那不过是众多被否定方案之后的再一次否定，也就知道了保护工作的不易，以为三峡工程建起来了，那段历史将伴随高峡平湖，永沉江底，不复再现。

大约2001年6月，我们接到开展白鹤梁题刻“无压容器”保护可行性方案研究的任务，突然有一种惊喜和冲动。葛修润先生提出用“无压容器”修建保护工程的理念，解决了特殊的地质条件带来的文物和工程安全等关键技术问题，使白鹤梁题刻原址水下保护成为可能。但将这一极具创新的理念变成可实施的方案，所要研究解决的难题很多，仍像一道道不可逾越的屏障。毕竟这是一个在长江主航道上修建的处于变动水位区的水下容器，是一个可供人在40 m深水下观赏，在深水中运行和维护的工程，既无先例可借鉴，更无规范可循，时间如此紧迫，挑战重重。欣喜之余，是沉重的压力和责任，这种压力一直陪伴着我们近十年，每前进一步都倍感艰辛。

白鹤梁题刻原址水下保护工程受到各方高度重视，依托全国的技术力量，为了保护传统文化古迹，一个涵盖水利、建筑、交通、航道、材料、文保和潜艇等跨学科的设计、研究、制造、施工团队逐渐集结，一时群英荟萃，蔚为大观。为了解决工程中的技术问题，大家集思广益，刻苦攻关，在头脑风暴式的思想交流碰撞和试验论证中，一个个看似不可攻克的难题都迎刃而解。多少次现场查勘，汗流浃背；多少次伏案执笔，通宵达旦。寒暑更替，时间轮回，转眼已是八年。一张曾经梦想中的蓝图，在大家辛勤努力下，如神笔马良般变成现实，一个宏大而注定被后人铭记的工程，呈现在公众眼前。

2009年5月，白鹤梁水下博物馆开馆试运行，多年来的运行监测资料表明，保护体内外水压达到了动态平衡，工程处于健康运行状态，保护体内水质清澈，题刻以多种方式展示在游人的面前，相信随着电子工程技术的发展，实时电子图像会更清晰、更完美。

保护工程写入了小学教材，也写进高考试题，引起海内外广泛关注。2010年10月，为了和国际同行分享白鹤梁水下博物馆建造经验，联合国教科文组织在重庆召开了“水下文化遗产的保护、展示与利用”国际会议，高度评价白鹤梁水下博物馆即是就地保护的典型个案。联合国教科文组织网站评价白鹤梁题刻原址水下保护工程将会是同类文物保护和展示的先驱，也将成为特殊景观的杰出代表，在全球范围内是水下文物原址保护的首个成功典范，并且游客不用潜水也可参观。

大型水利水电工程的建设，同时会伴随着淹没区的遗产保护，如三峡库区的文物保护受到了高度的重视，因而产生了许多优秀的保护经验。同时我们还应注意到大型工程建设期长，涉及面广，往往会产生系列的工程纪录，其建设过程本身就留下了大量的建设文化遗产。国际上已有这种保护的先例，保护好这些文化遗产是一项利在当代、功在千秋的事业，是国家和历史赋予我们这一代人的责任。

习近平主席说：“一个民族，必须知道自己是谁，从哪里来的，要到哪里去。”文化贯穿着历史古今，是一个民族得以传承延续、生生不息的载体，从这种意义上来说，白鹤梁题刻原址水下保护工程传承的不仅仅是长江水文资料，更传承着中华民族的文化和文明。它的修建，体现了现代工程技术人员对历史文化的尊重，是现代知识分子向传统民族文化的一次致敬。记得在北京召开的可行性方案评审会上一位院士感慨，白鹤梁保护工程的兴建，表明中国人民不仅有能力、有智慧修建三峡大坝这样的大型工程，同时也有决心保护好老祖宗留下的宝贵文化遗产，它展示的是一种治国理念的创新，一种新时代工程技术人的责任和担当。

我一直庆幸，赶上了这样繁荣的时代，见证了很多伟大工程的诞生，白鹤梁题刻原址水下保护工程亦在其中。作为主要设计人之一，我全过程参与了该工程的设计，过程历经艰难，但矢志不移。十年下来，流逝的是时间，沉淀的是经验，是技术的积累，希望它对中国乃至世界文化遗产保护能有所启示和借鉴。

“人世有代谢，往来成古今。”多年以后，我们终将老去，但白鹤梁还会在那个地方，任凭江流滚滚、烟波浩渺，它自岿然不动、安之若素。传承着它的文化、艺术，讲述着它的故事和古今，如江底明珠，永远闪耀着夺目的光彩。

白鹤梁淹没了，长江还在，记忆还在！

吴建军

2014年6月28日

于武汉

图书在版编目(CIP)数据

水下文化遗产保护：白鹤梁题刻原址水下保护工程/谢向荣，吴建军，章荣发著. — 南京：东南大学出版社，2014.10

ISBN 978-7-5641-5198-0

Ⅰ. ①水… Ⅱ. ①谢… ②吴… ③章… Ⅲ. ①水下-文化遗产-保护-研究 Ⅳ. ① K917

中国版本图书馆CIP数据核字(2014)第214988号

水下文化遗产保护——白鹤梁题刻原址水下保护工程

出版发行 东南大学出版社
出 版 人 江建中
责任编辑 杨 凡
社　　址 南京市四牌楼2号
邮　　编 210096

经　　销 全国各地新华书店
印　　刷 南京顺和印刷有限责任公司
开　　本 889mm×1194mm 1/16
印　　张 22.25
字　　数 568千字
书　　号 ISBN 978-7-5641-5198-0
版　　次 2014年10月第1版
印　　次 2014年10月第1次印刷
定　　价 168.00元

(本社图书若有印装质量问题，请直接与读者服务部联系。电话:025-83791830)